अगली सदी का एकमात्र प्रवेश मार्ग

वैदिक सनातन हिंदुत्व

अगली सदी का एकमात्र प्रवेश मार्ग

वैदिक सनातन हिंदुत्व

मनोज सिंह

प्रभात प्रकाशन, दिल्ली
ISO 9001:2008 प्रकाशक

प्रकाशक • **प्रभात प्रकाशन**
4/19 आसफ अली रोड,
नई दिल्ली-110002

संस्करण • प्रथम, 2018
मूल्य • पाँच सौ रुपए
मुद्रक • आर-टेक ऑफसेट प्रिंटर्स, दिल्ली

VAIDIK SANATAN HINDUTVA *by* Manoj Singh ₹ 500.00
Published by Prabhat Prakashan, 4/19 Asaf Ali Road, New Delhi-2
e-mail: prabhatbooks@gmail.com ISBN 978-93-5266-687-4

सनातन
को
समर्पित

वैदिक सनातन हिंदुत्व

नेति-नेति

प्रकृति सरल है, अगर हम इसे समझ सकें तो। साथ ही उतनी ही रहस्यपूर्ण भी।

इस सृष्टि और उसमें पल-बढ़ रहे छोटे से मानव के जीवन की लंबी कहानी यों ही आसानी से नहीं समझी जा सकती। यही कारण है कि सनातन शास्त्रों ने एक मूल मंत्र दिया 'नेति-नेति'।

इस पुस्तक में दिए विचार अंतिम नहीं हो सकते। वैसे भी यह पुस्तक सनातन जीवनदर्शन पर आधारित है, जहाँ ऋषि-मुनि स्वयं 'नेति-नेति' कहते हैं। न इति न इति। अर्थात् यह नहीं यह नहीं, यह नहीं यही नहीं, यह अंत नहीं है, यही नहीं वही नहीं। अर्थात् आप जो समझ रहे हैं, वह भी अंतिम नहीं है। वह आपका अंतिम अनुभव हो सकता है, मगर किसी दूसरे का भी हो, जरूरी नहीं। यह जितना अनुभव किया जाए, उतना उसे विस्तार मिलता है। इस वाक्य का सीधा संबंध ब्रह्म-ईश्वर से है। अर्थात् यह प्रकृति से संबंधित है। नेति शब्द अनंत का सूचक है। उपनिषदों में ब्रह्म की महिमा के संदर्भ में प्रयुक्त अननंता के लिए इस शब्द को प्रयोग में लाया जाता रहा है, जिसका न आदि है न अंत। यह अनादि से अनंत तक निरंतर है। अब जो नेति है, वह इति नहीं हो सकता। जो अनंत है, निरंतर है, वह एक स्थान पर स्थिर कैसे हो सकता है, किसी एक बिंदु पर उसका अंत कैसे हो सकता है। ज्ञान व विचारों का कोई अंत भला हो सकता है। नेति-नेति उपनिषद् का महावाक्य ज्ञान की प्राप्ति का सतत प्रयास करवाता है। जो कभी अंतिम नहीं हो सकता। इस निरंतरता के कारण ही इस जीवनदर्शन का नाम 'सनातन' पड़ा। जो सनातन है, वह किसी बिंदु पर अंतिम कैसे हो सकता है। हाँ, कोई कह सकता है कि यहाँ तक मेरे विचार पहुँचे हैं, अब आप इससे आगे जा सकते हैं, अगर आप जाना चाहें तो। इसे ही नेति-नेति कहा जाता है। यह करते हुए अर्थात् नकारते हुए या फिर नकार-नकारकर स्वीकार करते हुए बढ़ना, मगर जाना तो आगे पड़ेगा ही। यहाँ ठहरा

नहीं जा सकता। ऋषियों ने तो स्पष्टता से कह रखा है कि जितना कुछ व्यक्त किया जा सका, तथ्य केवल उतना ही नहीं है। उसे भी पूर्णतः समझने के लिए स्वानुभूति की क्षमता विकसित करनी पड़ती है। यही कारण है, मर्मज्ञ ऋषियों ने वेदाध्ययन के लिए दो तत्त्व अनिवार्य माने हैं—श्रद्धा व साधना।

श्रद्धा इसलिए कि जो कहा गया, उस पर विश्वास हो, मगर इतना भी नहीं कि आलंकारिक भाषा में कहे गए रूपकों के निहित शाश्वत सत्यों को न समझते हुए बुद्धि को सिर्फ इन प्रतीकों में ही उलझा लिया जाए और भ्रमित होते रहें, और फिर रहस्यों को समझने के लिए साधना आवश्यक है। जिसके द्वारा सुनने, देखने, पढ़ने से ऊपर उठकर मनन, चिंतन, स्वाध्याय करते हुए, विकसित स्थिति में पहुँचकर सत्य से स्वयं साक्षात्कार किया जा सके। क्योंकि सृष्टि में जो हम आँखों से देख सकें, उससे कहीं अधिक है जिसे हम देख नहीं पाते। उस अनदेखे को देखने के लिए ही ध्यान और साधना की आवश्यकता होती है। ऐसा करने पर प्रतीकों, अलंकार से सजाए गए मंत्रों के भावार्थ तक पहुँचा जा सकता है।

ज्ञान का बोध होते ही उसे व्यक्त करने में भाषा और शब्दों का चयन भी उतना ही मुश्किल होता है। आमतौर पर हमारी भाषा इसे व्यक्त कर पाने में अक्षम हो जाती है। यहाँ एक पल ठहरकर सोचिए, इतने विशाल और रहस्यपूर्ण प्रकृति के निहितार्थ को खोजनेवाले दिव्य वैदिक जीवनदर्शन को व्यक्त करना कितना कठिन कार्य रहा होगा? भाषा और शब्दों का सामर्थ्य तो वेद ऋषियों के सम्मुख भी आया होगा, मगर फिर भी उन्होंने प्रयास किया। उस प्रयास को आगे बढ़ाने का भाव ही नेति-नेति में है। यह प्रत्येक मानव को करना चाहिए। यहाँ भी, इस पुस्तक को पढ़ते समय भी, इसी भाव को पकड़कर, मानकर चलना होगा। चलना चाहिए। पुस्तक को नकारा भी जा सकता है, क्योंकि यह भी तो अंतिम नहीं। संक्षिप्त में कहें तो इससे आगे जाने, और अधिक समझने का दायित्व अब पाठक का हो जाता है। जहाँ तक रही लेखक की बात तो वह सनातनी है, प्रकृति का पुजारी, उसकी यात्रा अभी जारी है।

अनुक्रम

भाग-3

सनातन संस्कृति में प्रकृति

भाग-4
सनातन जीवनदर्शन

भाग-5
विश्व मानव की आधुनिक चुनौतियाँ

भाग-1

विज्ञान की कचरा-संस्कृति

अध्याय-1

वैज्ञानिकों की चेतावनी : पृथ्वी पर मानव सभ्यता के खत्म होने की आशंका

आधुनिक युग के चर्चित भौतिक शास्त्री स्टीफन हॉकिंग का कहना है कि इस सदी के अंत तक हमें अपनी सभ्यता पृथ्वी के अतिरिक्त किसी और ग्रह पर बसा लेनी चाहिए।

(पुस्तक प्रकाशन के ठीक पहले महान् वैज्ञानिक स्टीफन हॉकिंग का स्वर्गवास हो गया है। श्रद्धांजलि)

इस कथन को हल्के में मत लीजिए, न ही हास्यास्पद मानकर अनदेखा कीजिए। यह कथन अपने आप में बहुत कुछ कहता है। इससे यह बात अप्रत्यक्ष रूप से निकलती है कि तब तक पृथ्वी रहने लायक नहीं रह जाएगी। संदेश साफ है, मगर घुमाकर कहा गया है। यहाँ वैज्ञानिक महोदय से पूछा जाना चाहिए कि क्या यह अभी रहने लायक बची है? सच कहें तो यह धरा अब तक नरक बन चुकी है। और प्रतिदिन हालात बद से बदतर होते जा रहे हैं।

लोकप्रिय वैज्ञानिक के उपरोक्त कथन में कहीं-न-कहीं एक डर भी है। यह भय निराधार नहीं, जमीनी हकीकत है। लेकिन वैज्ञानिक महोदय, क्या इसका कारण जानते हैं? शायद जानते हों, मगर न तो समझते हैं, न ही समझना चाहते हैं। वरना यह बतलाते कि इस सर्वनाश का कारण इन्हीं का अपना विज्ञान है। कोई पूछ सकता है कैसे? वह इस तरह से कि विज्ञान ने मनुष्य को उपभोगी बनाकर पृथ्वी का सत्यानाश करने में मदद की। यहाँ वैज्ञानिक यह कहकर पल्ला झाड़ सकते हैं कि यह उनका काम नहीं। मगर क्या वे अपने मनुष्य होने की जिम्मेवारी से बच सकते हैं? नहीं। आखिर राजधर्म, गुरुधर्म की तरह ही वैज्ञानिकों का भी तो कोई धर्म होगा। यह सच है कि बाजार ने आदमी की इच्छाओं को हवा दी। मगर बाजार को आबाद किसने किया? विज्ञान ने। अपने लाभ के

चक्कर में व्यापारी तो लोभी होता ही है, लेकिन एक खरीददार की इच्छा भी कभी खत्म नहीं होती। लोभ और इच्छा पूरी होनेवाली चीज ही नहीं हैं। बल्कि एक-दूसरे से जुड़ते ही स्थिति आग में पेट्रोल डालने के समान हो जाती है। मनुष्य की चाहत कभी रुकती कहाँ है, उसे हवा मिले तो वह और धधकती है। विज्ञान ने आदमी की चाहतों को पूरा कर-करके उसे और हवा दी है। माँग और आपूर्ति का यह चक्र जल्दी-जल्दी घुमाया गया। फिर भी बाजार का पेट नहीं भरा, मगर पृथ्वी खाली होती चली गई।

जिस धरती पर हमारे पूर्वजों ने एक खुशहाल सभ्यता विकसित की थी, जो संस्कृति हजारों-हजार साल से सुखमय और आनंदपूर्वक जीवन जीती आई थी, उसे विज्ञान ने कुछ शताब्दी में ही रहने लायक नहीं छोड़ा। ऐसे में किसे अधिक जागरूक और समझदार माना जाए—हम या हमारे पूर्वज? जो घर रहने लायक ही न रह जाए, वह किस काम का, बेशक फिर चाहे वह सोने-चाँदी का बना और हीरों से जड़ा अति आधुनिक हो। इस हालात के जवाबदार घर में रहनेवाले होते हैं, घर नहीं।

आज के वैज्ञानिक और तथाकथित बुद्धिजीवी वर्ग, चारों तरफ मचे हाहाकार को न जानने को तैयार हैं, न समझने के लिए प्रयासरत हैं। क्या हॉकिंग इस बात को इस तरह से नहीं कह सकते थे कि विज्ञान और बाजार ने धरती को रहने लायक नहीं छोड़ा? वह कुछ कहे या न कहे, हम सीधे-सीधे कह सकते हैं कि विज्ञान का नाम 'उपभोग ज्ञान' होना चाहिए। बहरहाल, वैज्ञानिक महोदय ने अपनी सभ्यता दूसरे ग्रहों पर शिफ्ट करते समय यह स्पष्ट नहीं किया कि उनका आशय सिर्फ मानव से है या पूरी प्रकृति से है? अगर प्रकृति की सभ्यता से है तो वो तो शिफ्ट होने से रही! यकीनन उनका मतलब सिर्फ मानव से ही होगा। यह कैसी स्वार्थी मानसिकता है और संकीर्ण सोच है। यही मूल फर्क है विज्ञान की संस्कृति-आधुनिक सभ्यता और सनातन संस्कृति-वैदिक सभ्यता के बीच। सनातन जीवनदर्शन समस्त जीवों का ध्यान रखता है और ब्रह्म के साथ ब्रह्मांड की बात करता है। वैसे वैज्ञानिक महोदय, क्या आप इतना भी नहीं जानते कि मानव का अकेले अस्तित्व संभव नहीं।

कहा जाता है कि पूर्व में भी प्रलय आ चुका है और कई बार मानव-जीव इस पृथ्वी से नष्ट हो चुके हैं। उन सभी समय में कारण चाहे जो रहे हों, मगर इस बार हमारे सर्वनाश का कारण हम खुद होंगे। अब इसे विडंबना कहें या त्रासदी। हम स्वयं को पूर्व की पीढ़ियों से अधिक ज्ञानी और सूचना संपन्न मानते हैं, लेकिन अपनी बरबादी का सच जानते हुए भी अपनी आँखें बंद किए हुए हैं। यह अधिक दुखदायी है। यह हमारी जड़ता और मूर्खता का प्रदर्शन भी करता है।

उपरोक्त समस्याओं को समय से पहले ही पहचानकर सनातन संस्कृति ने हजारों साल पूर्व इससे बचने के मार्ग को जीवन संस्कृति का हिस्सा बना दिया था। इस मूल

धारणा पर ही वेदों की रचना हुई। ऋग्वेद से अथर्ववेद में इसका वर्णन विस्तार से है। हम वेदों के मंत्रों के दार्शनिक विस्तार में न जाते हुए भी अपने आम जीवन की पारंपरिक संस्कृति से इसे बड़ी आसानी से समझ सकते हैं।

सनातन संस्कृति के स्वस्थ और दीर्घायु होने का मूलमंत्र है कि हम प्रकृति-प्रेमी रहे आए हैं। प्रकृति आदिकाल से हमारी सभ्यता के मूल में रही है। प्रकृति में हमारी जड़ें हैं। यह हमारी सांस्कृतिक सोच में रही है। इसे जानने के लिए हमें सनातन इतिहास को खँगालना होगा, पहचानने के लिए सनातन संस्कृति की बारीकियों को जानना होगा, समझने के लिए वैदिक साहित्य को पढ़ना होगा और मानने के लिए सनातन मानव के जीवन को देखना होगा। यों तो यह सब बेहद सरल है, मगर उसके पीछे छिपे संदेश में गहराई है।

❑

अध्याय-2

1. प्रकृति और मनुष्य

प्रकृति मनुष्य की जननी है, जीवनदायिनी और पालनहार भी। वह देवकी भी है और यशोदा भी। मनुष्य का जीवन प्रकृति की गोद में ही फलता-फूलता है। वह हमारे बाल-सुलभ नटखटपन को सहर्ष स्वीकारती है। प्रकृति में ही जीवन के रहस्य हैं। इसी से हमारे ऋषि-मुनियों ने आध्यात्मिक चेतना ग्रहण की। एक स्तर पर जाकर प्रकृति और मनुष्य एक-दूसरे के पूरक बन जाते हैं। मनुष्य को यह मान भी लेना चाहिए। मानव अपनी भाव-अभिव्यक्ति तक के लिए भी प्रकृति की ओर देखता है। ऐसे में क्या कोई अपनी जननी और जीवनदायिनी को नुकसान पहुँचाना चाहेगा? कोई मूर्ख ही ऐसा करेगा। इसीलिए हमारे तमाम धर्मग्रंथ, ऋषि-मुनियों की वाणी, संतों के अमृतवचन प्रकृति की महत्ता से भरे पड़े हैं। प्रकृति के महत्त्व को बतलाते हुए 'मत्स्य पुराण' में तो यहाँ तक कहा गया है कि सौ पुत्र एक वृक्ष समान। इस महत्त्व को जानते हुए इसके संरक्षण पर सनातन जीवनदर्शन में विशेष ध्यान दिया गया। और हर सभ्यता-संस्कृति को देना भी चाहिए, जो नहीं दिया गया।

प्रकृति के संरक्षण का 'अथर्ववेद' में एक अर्थपूर्ण विचार है, जिसका अभिप्राय है—'हे धरती माँ! जो कुछ भी तुमसे लूँगा, वह उतना ही होगा, जितना तू पुनः पैदा कर सके, तेरे मर्मस्थल पर या तेरी जीवनशक्ति पर कभी आघात नहीं करूँगा।'

यह वचन सनातन मानव शपथ के रूप में लेता रहा है। मनुष्य जब तक प्रकृति के साथ किए गए इस वादे के साथ कायम रहा, सुखी और संपन्न रहा, किंतु जैसे ही उसने इसका अतिक्रमण किया, प्रकृति के विध्वंसकारी और विघटनकारी रूप उभरकर सामने आए। चारों तरफ जो प्राकृतिक विनाश है, वह इसी का दुष्परिणाम है। जो हमारी चिंता का विषय सही मायने में आजकल नहीं बन पा रहा। अपने कथन में हॉकिंग ने भी मानव को सुधरने, सँभलने की सीख नहीं दी बल्कि पलायन करने का सुझाव दे मारा। जो कि अनुचित है।

रक्षक ही अगर भक्षक बन जाए तो क्या कोई बचा सकता है? और यही प्रकृति व मनुष्य के बीच हो रहा है। स्मरण रहे, प्रकृति किसी के साथ भेदभाव या पक्षपात नहीं करती, जबकि हम प्रकृति के साथ अनावश्यक खिलवाड़ करते हैं, जिसके परिणाम में सैलाब आता है, भूकंप और भूस्खलन होता है, सूखा पड़ता है। पर्यावरण में असंतुलन के कारण जलवायु परिवर्तन से मनुष्य के जीवन पर किस तरह का कुप्रभाव पड़ रहा है, हम उससे अब अनजान नहीं। ग्लेशियर के पिघलने मात्र से भूतल में परिवर्तन हो जाता है।

अंत में यही कहा जा सकता है कि प्रकृति से मनुष्य का संबंध अलगाव का नहीं हो सकता। विरोध का तो संभव ही नहीं। हो सकता है तो सिर्फ और सिर्फ प्रेम का, साथ ही सामंजस्य, संतुलन और समझ का बन सकता है। वरना प्रकृति के सहने की भी एक सीमा है। उसके बाद उसकी प्रतिक्रिया बराबर और विपरीत दिशा में झेलने के लिए मानव को तैयार रहना चाहिए। ध्यान रहे, प्रकृति से मनुष्य है, मनुष्य से प्रकृति नहीं।

2. सरस्वती नदी और प्रलय

प्रलय का अर्थ बड़ा रोचक है, संसार का प्रकृति में लीन हो जाना। इसे मानवीय दृष्टि से देखने पर कहा जाएगा—सृष्टि का सर्वनाश। वैसे यह गलत है। यहाँ हमारी दुनिया नष्ट होती है, मगर सृष्टि जो कि प्रकृति है, वह कहाँ नष्ट हो रही! हाँ, जलमग्न हो जाती है। सबकुछ डूब जाता है। अधिकांश पौराणिक कथाओं में प्रलय को पानी से ही जोड़कर देखा गया है, जबकि प्रलय अर्थात् सर्वनाश के कई और कारण तथा प्रकार भी हो सकते हैं। वैसे प्रलय की आध्यात्मिक व्याख्या है—प्रकृति का ब्रह्म में लीन हो जाना, लय हो जाना, विलय हो जाना। अब तक प्रकृति को ही प्रलय करते देखा-सुना था, मगर आधुनिक काल का मानव भी प्रलय करने लगा है।

वेद-पुराण-उपनिषद् और पौराणिक कथाओं में कितनी सच्चाई है? इस बात पर सदा दो मत होते हैं। एक, जो अपने आप को अति बुद्धिजीवी मानते हैं और विज्ञान का हवाला देते हैं, मगर मूल रूप से वामपंथी होते हैं। वे इसे काल्पनिक और बहुत हद तक माइथोलॉजी कह देते हैं। उनके माइथोलॉजी कहने में भी मिथ अर्थात् मिथ्या भाव ही अधिक होता है। दूसरा वर्ग होता है, जो आस्था से जुड़ा है और कहानियों को अक्षरश: सच मानता है। एक का अविश्वास और एक का विश्वास, दोनों में अति का भाव है, जो वैसे भी स्वीकार्य नहीं। सच कहें तो इन सब कथाओं और वर्णन में कहीं-न-कहीं सच्चाई है और सिर्फ उनके शाब्दिक प्रस्तुतीकरण के दौरान उपयोग में लाए गए अलंकार और काव्यात्मक प्रस्तुतीकरण ऐसा भाव देने लग पड़ते हैं कि सबकुछ अविश्वसनीय लगने लगता है।

क्या प्रलय आया था? अगर सच पूछें तो हाँ। इसे इस रूप में ही लिया जाना चाहिए, जिस तरह से आज भी हम प्रलय का उपयोग कई बार करते रहते हैं। जैसे कि प्रलयंकारी तूफान, बाढ़ का प्रलय आदि। इसका तात्पर्य आज भी यही होता है कि भीषण बरसात, तूफान या बाढ़ आई है, जिससे भयंकर नुकसान हुआ है। इसका मतलब यह कदापि नहीं होता कि सबकुछ खत्म हो गया। ठीक इसी तरह वैदिक काल में भी प्रलय आया था, आया होगा, जो भीषण होगा, जो उन दिनों के मनुष्य की कल्पना से कहीं अधिक विकराल और विनाशकारी होगा। मगर यकीनन मनुष्य इसमें से अपने आपको बचा ले जाने में सफल रहा होगा और जो बच गए होंगे, उन्होंने इस अनुभव को साझा किया होगा, आनेवाली पीढ़ियों को यह बतलाने के लिए कि यह कैसा था, क्यों था और हम कैसे बचे।

ऋग्वेद में वर्णित नदियों में सर्वाधिक पूजनीय और पवित्रतम नदी सरस्वती है। उसे 'प्रचंड तरंगोंवाली नदी' के रूप में चित्रित किया गया है। सरस्वती को नदियों में सर्वोत्तम कहा गया है। सरस्वती के बाद ही दूसरी महत्त्वपूर्ण ऋग्वैदिक नदी सिंधु का नाम आता है। आज सरस्वती का अस्तित्व नहीं है। इस कारण से बीच के कालखंड में यह भ्रांति पैदा की गई कि सरस्वती काल्पनिक नदी है या फिर यह सिर्फ वेदों में नदियों की देवी के रूप में स्थापित की गई है। जबकि अब यह प्रमाणित हो चुका है कि सरस्वती नदी का अस्तित्व था और इसके विलुप्त हो जाने के कारण हैं। यही कारण हमें बहुत कुछ कहते हैं, बतलाते हैं, समझाते हैं।

सरस्वती नदी वैदिक काल की सबसे प्रमुख नदी थी। इसलिए उसका वर्णन विस्तार से आता है। वैदिक साहित्य में सरस्वती को जितनी भयंकर नदी के रूप में याद किया गया है, सिंधु को भी नहीं। सरस्वती का वेग अपने वैभव काल में प्रचंड था। उसे पारावतघ्नी और पर्वतपार्श्वों को कमलनाल की तरह तोड़नेवाली कहा गया है। इसे तटबंधों को तोड़नेवाली या अपनी धारा को बदलनेवाली नदी बताया गया है। सरस्वती से इस बात की प्रार्थना तक की गई है कि वह अपने तट से उजाड़कर हमें अन्यत्र जाने को विवश न करे। मगर जरूरी तो नहीं कि नदी मानव की प्रार्थना सुन ही ले। और फिर वह हुआ होगा, जिसकी कल्पना वैदिक आर्य ने नहीं की होगी।

जंगल से निकलकर सभ्यता का विकास पहले-पहल सरस्वती के तटों पर ही हुआ। क्योंकि सबसे पहले और सबसे ज्यादा सरस्वती की ही स्तुति है वेदों में। यह कृषि विकास का दौर रहा होगा। क्या कारण हुए और क्या नहीं, कुछ दावे से तो नहीं कहा जा सकता, मगर कोई भी सभ्यता यों ही समाप्त नहीं हो जाती। इसके एक नहीं अनेक कारण हो सकते हैं। मगर वैदिक साहित्य के साक्ष्यों और वर्णन से ऐसा प्रतीत होता है कि सरस्वती के अस्तित्वहीन होने से पूर्व इसमें भयंकर बाढ़ आई थी, जो फिर प्रलय से

कम नहीं होगी। और इस प्रलय में सबकुछ खत्म हो गया होगा। जो कुछ बचा और जो बच पाए, उन्होंने सिंधु नदी के तट पर बसना शुरू किया। यही कारण है, जो सिंधु घाटी की सभ्यता में नगर संरचना इतनी उन्नत और विकसित नजर आती है। इतिहासकारों की यह दुविधा भी समाप्त होती है कि सिंधु घाटी के लोग सीधे इतने विकसित नगर कैसे बना पाए। क्योंकि वे सरस्वती नदी के तट पर बनाकर आए थे, उस अनुभव के आधार पर वे यह सब करने के लिए सक्षम थे।

उधर सरस्वती की प्रलंयकारी बाढ़ के कई कारण बताए जाते हैं। हिमयुग की समाप्ति से अचानक अधिक मात्रा में पानी का बहना और कुछ एक विद्वानों का मत है कि उन दिनों संस्कृति विकसित हो रही थी तो मनुष्य सीख ही रहा था। उसने उतावलेपन में सरस्वती क्षेत्र की जमकर कटाई की। इस कारण से या फिर दोनों कारण से भूस्खलन हुआ और नदी ने अपना मार्ग बदला। सरस्वती के प्रवाह के अवरुद्ध हो जाने के बाद सरस्वती के ग्रहण क्षेत्र का पानी यमुना और गंगा में बहने लगा। यही कारण है, जो गंगा और यमुना के संगम में सरस्वती को अदृश्य रूप से मिलना कहा गया।

यहाँ हमारे लिए महत्त्वपूर्ण है उन बातों को समझना, जो वैदिक आर्य ने सरस्वती के किनारे समझी थीं। आर्य ने उस अनुभव से बहुत कुछ सीखा और फिर उसे वेदों में जगह दी। प्रकृति को जीवनदर्शन का आधार बनाया। उसका स्तुतिगान किया। संस्कारों और परंपराओं में प्रकृति संरक्षण को महत्त्व दिया। तब जाकर वे हजारों वर्ष से सुखी जीवन जीते आए हैं। लेकिन कुछ शताब्दी में ही हमने अपना बेड़ा गर्क कर लिया। इस संदर्भ में वैज्ञानिक स्टीफन की बातों को सीधे-सीधे कहना हो तो कहा जा सकता है कि पृथ्वी पर हम स्वयं प्रलय ला रहे हैं। और यह प्रलय अकल्पनीय होगा।

❑

अध्याय-3

1. प्रकृति और विज्ञान

प्रकृति को तो हम सब जानते हैं, मगर विज्ञान को कितना जानते-समझते हैं? बड़े विशिष्ट शब्दों में कहना हो तो विज्ञान वह व्यवस्थित ज्ञान या विद्या है, जो विचार, अवलोकन, अध्ययन और प्रयोग से मिलती है। विज्ञान शब्द का प्रयोग ज्ञान की ऐसी शाखा के लिए किया जाता है, जो तथ्य और सिद्धांत से स्थापित और व्यवस्थित होती है। कह सकते हैं कि किसी भी विषय का क्रमबद्ध ज्ञान ही विज्ञान है। मगर हम यहाँ भूल जाते हैं कि विज्ञान प्रकृति के भीतर ही घूमता है और प्रकृति इतनी रहस्यपूर्ण ढंग से परिवर्तनशील है कि विज्ञान को भी स्वयं ही अवधारणा बदलते रहना पड़ता है। यों तो विज्ञान सभी सभ्यता-संस्कृति में है। मगर भारतीय ऋषियों ने जिन प्राकृतिक रहस्यों को हजारों वर्ष पूर्व उद्घाटित किया था, वे कुछ समय पूर्व तक कपोल कल्पित माने जाते थे। अब पश्चिम का आधुनिक विज्ञान उसे ही अपनी खोज मानता है। भारतीय विज्ञान की विवेचना जटिल कार्य है। वह धर्म और दर्शन में घुला-मिला है। इसे समझने के लिए गहराई में उतरना होता है। पश्चिम का विज्ञान सतही और उपभोग के लिए अधिक है, जबकि भारतीय ज्ञान जीवनदर्शन है, वह अध्यात्म से जोड़ता है और हमें प्राकृतिक बनाए रखता है।

किसी भी ज्ञान-विज्ञान या दर्शन की सार्वभौमिकता, प्रकृति के नियमों की कसौटी पर ही कसी जाती है। हम सब प्रकृति के ही अंग हैं। इसलिए हम पर प्रकृति के ही नियम चल सकते हैं। प्रकृति के बाहर हम अस्तित्वहीन हैं। प्रकृति के भीतर भी प्राकृतिक नियमों पर चलकर ही अस्तित्व बचता है और बचाया जा सकता है। ऐसी कोई भी व्यवस्था, जो प्रकृति के अनुरूप नहीं, वह प्रकृति के भीतर कैसे चल सकती है। यह बात हमारे पूर्वज जानते थे। मगर हम, विज्ञान के युग वाले, इसे जानकर भी अनजान हैं। प्रकृति के नियमों की अवहेलना करके, जो व्यवस्था या विचारधारा स्थापित की जाती है या फिर जबरन महिमामंडित की जाती है, वह कुछ समय तक तो अपना प्रभाव दिखा सकती है, सार्थक होने का भ्रम पैदा कर सकती है, लेकिन यह रेत की दीवार की तरह भरभराकर उसी रेत में अस्तित्वहीन हो जाती है। विज्ञान की समझ में बस यही एक भूल है। लेकिन यह भूल छोटी

नहीं बल्कि आत्मघाती है। विज्ञान अर्थात् विशेष ज्ञान। लेकिन किसका? यह प्रकृति का ही ज्ञान है। जिस ज्ञान को हम अंतिम सत्य मान लेते हैं, वह सिर्फ और सिर्फ प्रकृति की प्रवृत्ति है। उसका स्वभाव है। उसके गुण हैं। प्रकृति की शक्ति है। इस शक्ति, प्रवृत्ति, प्रकृति को ही हम जानकर अपने हिसाब से परिभाषित करके अति प्रसन्न हो जाते हैं। मगर कभी यह नहीं सोचते कि प्रकृति से विज्ञान है, विज्ञान से प्रकृति नहीं। और जब कभी भी हम प्रकृति के रहस्यों को जानने के चक्कर में पड़ते हैं तो यह हमारी कौतूहलता लोभ बनकर उसका उपभोग करने लग पड़ती है। तब विशेष ज्ञान विनाश का कारण बनने लगता है। यहाँ हम प्रकृति के ज्ञान में भी बड़े सिलेक्टिव हैं। बस अपने क्षणिक लाभ का ही सोचते हैं। यह हम नजरअंदाज कर जाते हैं कि प्रकृति का कुछ और भी स्वभाव है। वह संतुलन बनाए रखती है। असंतुलन उसे बरदाश्त नहीं। वह अपने विरुद्ध जानेवालों को स्वीकार नहीं करती। पानी के जीवन को पानी से बाहर आने पर मार देती है। यहाँ तो उसी का अस्तित्व बचता है, जो प्रकृति के नियमों को समझते हुए, उसे मानते हुए उसके अनुरूप चलता है। उसके अनुसार स्वयं को ढालता है। क्योंकि प्रकृति आपकी इच्छानुसार ढलने को तैयार नहीं।

वैसे विज्ञान शब्द बहुत पुराना नहीं। यहाँ तक कि न्यूटन स्वयं को वैज्ञानिक नहीं मानते थे। पूर्व में अधिकांश शोध करनेवाले दर्शनशास्त्र से संबंधित थे। और प्रकृति को दर्शन से अधिक समझा जा सकता है, विज्ञान से नहीं। जब तक प्रकृति दर्शन के द्वारा देखी जाती थी, सबकुछ विकासशील था, जैसे ही हमने प्रकृति को आधुनिक विज्ञान के नजरिए से देखना शुरू किया, यह विनाशकारी हो चली है।

प्रकृति और विज्ञान के बीच के अंतर को समझने के लिए वैज्ञानिक स्टीफन हॉकिंग का स्वयं का उदाहरण पर्याप्त होगा। विज्ञान ने तो स्टीफन के जीवन के वर्ष सीमित घोषित कर दिए थे, मगर इस लाइलाज बीमारी के बाद भी हॉकिंग आज तक जिंदा रहे (हाल ही में उनका स्वर्गवास हुआ)। यह प्रकृति का एक उदाहरण है, जिसे विज्ञान समझने में अब तक असफल है।

2. विज्ञान का कचरा

प्रकृति में कुछ भी शाश्वत नहीं। सबकुछ नश्वर है। नष्ट होना ही सिर्फ शाश्वत है। अर्थात् प्रकृति में कुछ भी स्थायी नहीं, प्रकृति कुछ भी स्थायी पैदा नहीं करती। जो आया है, उसे जाना है। हम सबकी मृत्यु तय है। इसका अर्थ है कि जिसकी भी रचना हुई, वह एक दिन नष्ट होगा। मगर इस नाश में पूर्ण विराम नहीं है। यहाँ रूप-स्वरूप बदलता है। विज्ञान तो आज कह रहा है कि ऊर्जा नष्ट नहीं हो सकती। यह तो प्रकृति प्रारंभ से करती आ रही है। असल में कुछ नष्ट नहीं होता, बल्कि अपना रूप बदल लेता है। उपयोगिता बदल जाती है। सबकुछ एक चक्र में अपना रूप-स्वरूप और उपयोगिता बदल रहे हैं।

बदलते रहते हैं। स्वयं में प्रकृति भी स्थिर नहीं। अपना स्वरूप बदलती रहती है। निरंतर परिवर्तनशील है। कह सकते हैं कि परिवर्तशीलता ही प्रकृति का मूल स्वभाव है। परिवर्तन ही प्रकृति है। प्रकृति में परिवर्तन एक निरंतर प्रक्रिया है, जिससे सबको गुजरना है। मानव के अंत का भी हमने प्रलय का नाम दे रखा है और हम यह जानते हैं कि जब कुछ खत्म होगा, तभी कुछ नया जन्म लेगा। वरना पुराना सदा के लिए पड़ा रहे तो नया कैसे आएगा। पुराना न जाए और नया आता रहे तो एक समय के बाद क्या स्थिति होगी, हम उसकी कल्पना कर सकते हैं। तो यह चक्र बड़ा रोचक है। सब एक-दूसरे से जुड़े हैं। हमारा कोई भोजन है, तो हम किसी और के भोजन हैं। एक-दूसरे के लिए उपयोगी।

बस यही फर्क है प्रकृति और विज्ञान में। प्रकृति में कुछ भी कचरा नहीं। सब उपयोगी है, जबकि विज्ञान द्वारा बनाया हुआ सबकुछ एक दिन कचरा हो जाता है। कचरा क्या है? एक समय तक जो उपयोगी था, जैसे ही वह अनुपयोगी हो जाता है, वैसे ही वह हमारे लिए कचरा बन जाता है। विज्ञान का उपभोगवाद, जो भी पैदा कर रहा है, उसका उपयोग होते ही उसको फेंक तो दिया जाता है, मगर वो कचरा बनकर पड़ा रहता है। अर्थात् विज्ञान सिर्फ और सिर्फ कचरा पैदा कर रहा है। वह कचरा, जो कभी खत्म नहीं होता। नष्ट नहीं होता। जबकि प्रकृति में एक का अनुपयोगी किसी और का उपयोगी बन जाता है। मगर विज्ञान का पैदा किया गया, मानव का उपयोगी तो होता है, मगर जैसे ही उसका अनुपयोगी होता है, वो किसी और के किसी काम का नहीं रह जाता। वो हमारे लिए तो कचरा है ही, प्रकृति में भी कचरा ही है।

अपने चारों ओर नजर घुमाएँ, घर-मोहल्ले, शहर में कचरे का ढेर बढ़ता जा रहा है। हम अपने घर को साफ तो कर देते हैं, लेकिन कचरा घर के बाहर फेंक देते हैं, वह फिर शहर के बाहर एक जगह इकट्ठा होकर पहाड़ बनता जा रहा है। कभी स्टेशन के आसपास नजर डालिए, रेलगाड़ी से चलते हुए दोनों ओर देखिए। प्लास्टिक की बोतलें, प्लेट, कप, चम्मच, पॉलिथीन, पैकिंग के अन्य सामान बिखरे पड़े मिलेंगे। इनको नष्ट करने का तरीका हमारे पास नहीं है। जो उपाय सुझाए भी जाते हैं, वे एक नई समस्या पैदा करते हैं। अर्थात् नया कचरा बनाते हैं। विज्ञान की मदद से हम जो भी पैदा करते हैं, वह एक दिन अनुपयोगी बनकर कचरा बन जाता है, फिर सालों, दशकों तक पड़ा रहता है। यह नष्ट नहीं होता, क्योंकि किसी और के काम नहीं आता। जबकि प्रकृति की हर चीज एक समय के बाद मिट्टी में मिल जाती है या मिट्टी बन जाती है। पेड़ के तमाम अवयव पेड़ के लिए ही खाद बन जाते हैं। यहाँ तक कि हमारे शरीर से निकला मल-मूत्र भी मिट्टी-खाद बनकर फिर से उत्पादन में सहयोग की भूमिका में खड़ा हो जाता है। जीव-जंतुओं का शरीर, मिट्टी में मिल जाता है। फिर इसी मिट्टी से नया सृजन होता है। जबकि विज्ञान का कचरा मिट्टी भी नहीं बनता। सब मिट्टी में मिल जाना ही प्रकृति का सर्वोत्तम गुण है,

जिसके कारण सृष्टि का चक्र चल रहा है।

हमारी सनातन संस्कृति तो इस मामले में और विशिष्ट है। यहाँ तो मृत शरीर को पंचतत्त्व में विलीन करने की व्यवस्था की गई है। हम अनुपयोगी मृत शरीर को सँभालकर, सजाकर, सँजोकर नहीं रखते। न ही हमने उसे जमीन में गाड़कर जमीन के उस हिस्से को स्थायी रूप से स्थिर कर दिया। कितनों की कब्र कब तक बनाई जा सकती हैं। कल्पना करें, अगर सभी अपने मृतक पूर्वजों के पिरामिड बनाने लगे होते तो दुनिया का क्या हश्र होता। हमारी संस्कृति ने प्रकृति के इस रहस्य को समझा और मृत शरीर को प्रकृति को जल्दी-से-जल्दी वापस सौंप दिया।

असल में वैज्ञानिक स्टीफन महोदय यह बताना नहीं चाहते कि हमने पृथ्वी पर इतना कचरा फैला दिया है कि पृथ्वी खुद एक कचरा बन गई। यह कचरा नहीं, नरक है। यह विज्ञान नहीं, कचरा-संस्कृति है। जमीन और समुद्रतल ही क्यों, हमने तो अंतरिक्ष में भी कचरा फैलाने की होड़ लगा ली है, और अब हम नए ग्रह की तलाश में हैं कि वहाँ जाकर कचरा फैलाएँ।

अस्पताल में इलाज जरूर हो रहा है, मगर उसका कचरा कितनी अन्य बीमारियों का कारण बन रह रहा है, यह हम नहीं देख रहे। पुरानी गाड़ी-मोटरों-जहाजों को फेंकने की समस्या है। अनुपयोगी मोबाइल-कंप्यूटर का क्या किया जाए, समझ नहीं आ रहा। कारखानों से निकलनेवाला केमिकल नाले, नदी, तालाब, समुद्र को स्थायी रूप से प्रदूषित कर रहा है। यह अपने आप में एक कचरा बनता जा रहा है। हम जो अपने कचरे को रिसाइकिल करने का प्रयास भी करते हैं, उसमें भी निकला कचरा एक स्थायी मुसीबत है। क्योंकि यह वायुमंडल और जल-संपदा को प्रदूषित करता है। इन कारखानों से निकलनेवाले कचरे के बारे में कोई नहीं सोच रहा। सब हवा में छोड़ देते हैं या नदी, तालाब में बहा देते हैं। समुद्र के पानी का भाप बनकर बादल बनना और फिर बरसना और तालाब, नदी में पानी का आना, यह तो एक प्राकृतिक चक्र है। मगर इस पानी में जो केमिकल आ चुका है, उसका कोई रिसाइकिल नहीं। वह वहीं स्थायी रूप से पड़ा है और सिर्फ सड़ ही नहीं रहा बल्कि संपूर्ण वातावरण को सड़ा रहा है।

दूसरी तरफ, सनातन संस्कृति को देखिए, मूल रूप से हमारे सभी पारंपरिक रीति-रिवाज और पर्व-उत्सवों में प्राकृतिक सामानों का उपयोग होता आया है। हमारे तो देवता भी मिट्टी और पत्थर के हैं। पत्तों से, मिट्टी से, लोहे-लकड़ी से अधिकांश सामान बनाए जाते रहे हैं। हम दातुन से मंजन करते थे और मिट्टी से शौच का हाथ धोते थे। हमने कॉस्टिक साबुन और प्लास्टिक ब्रश से जीवन को कचरा नहीं बनाया था। भोजन आदि के लिए भी हम मिट्टी के बरतनों के बाद उन धातुओं का ही इस्तेमाल करते थे, जो रिसाइकिल हो सकें। ताम्र और लोहे का काल तक सब ठीक था। स्टील ने सत्यानाश कर दिया। कृषि

में भी पशुधन का ही इस्तेमाल होता था। गाय-बैल का सबकुछ वापस कृषि उपयोगी था। इस जीवन संस्कृति में सबकुछ ठीक चल रहा था, मगर अच्छी फसल के चक्कर में हमने खाद डालकर जमीन को भी कचरा बना दिया। इस कचरे का वीभत्स रूप देखना हो तो हिमालय के किसी दिव्य क्षेत्र में जाएँ, वहाँ अगर मनुष्य ने आना-जाना शुरू कर दिया है तो अपनी उपस्थिति वे वहाँ फेंके गए कचरे से ही प्रमाणित करता है। हिमालय में कचरे का पहाड़ खड़ा हो रहा है। यह कितना हानिकारक हो सकता है, इसकी कल्पना इसी से की जा सकती है कि स्टीफन हॉकिंग को पृथ्वी छोड़ने की सलाह देनी पड़ गई।

3. विज्ञान में मानवतावाद

विज्ञान मानव का ज्ञान है तो इसमें मानव ही केंद्र में होना चाहिए। देखने में तो यही लगता है। तो फिर इसमें मानवतावाद भी होना चाहिए? बस यहीं आकर विज्ञान फँस जाता है। उसकी पोल खुल जाती है। कैसे? इसे जानने और समझने के लिए पहले थोड़ा अलग हटकर सोचते हैं और याद करते हैं कुछ चर्चित ऐतिहासिक व्यक्तियों को, जैसे कि लेनिन, माओ, स्टालिन, कास्त्रो आदि-आदि। ये वे नाम हैं, जो मूल रूप से मानव की समानता अर्थात् समाजवाद को लेकर आगे बढ़े थे। ये सभी वामपंथी थे। ये आधुनिक मानव को एक सुनहरे भविष्य का सपना दिखाते थे। जहाँ हर नया मनुष्य एक नए समाज के साथ जी रहा होगा। एक आदर्श समाजवाद अर्थात् सबकुछ समान। एकदम परफेक्ट, शानदार जीवन, कल्पना से परे। मगर वह वास्तव में कैसा होगा, इसको परिभाषित करने की बात आए तो सबकुछ काल्पनिक और शानदार शब्दों में डूबा हुआ ही रहता। सीधे-सीधे कहें तो हवा-हवाई। हाँ, उनके द्वारा दिखाए जा रहे सपने अच्छे लगें, इसके लिए वर्तमान को गंदा और घृणित, सबकुछ नकारात्मक बताया जाता। जिससे भविष्य का समाज तुलनात्मक रूप से बेहतर और आदर्श लगे। ये सभी तानाशाही प्रवृत्ति के थे और सबकुछ व्यवस्थित रचना चाहते थे। जहाँ सबकुछ स्पष्ट हो, समाज कायदे-कानून से चले और कोई भ्रम या गलतफहमी भी न हो। अर्थात् समाज की एक आदर्श व्यवस्था और मानव जीवन की उत्तम अवस्था। एक ऐसा मानव, जिसको कोई दिक्कत, दुख और परेशानी न हो। यह दीगर बात है कि वे भविष्य का कभी वर्तमान नहीं बताते और उनका भविष्य सदा भविष्य में ही बना रहता। समय नहीं बताया जाता। बस आपको इंतजार करना है। कुछ और आप कर भी नहीं सकते, करने की इजाजत भी नहीं। यहाँ तक कि सोचने की भी नहीं। हाँ, यहाँ भी इस सुनहरे सपने के केंद्र में मानव था, सिर्फ मानव। लेकिन इन तानाशाहों के सत्ताकाल में मानवजाति की कितनी दुर्दशा हुई, यह इतिहास में दर्ज है।

विज्ञान भी मानवता की बात इन तानाशाहों की तरह ही करता है। वही मानव, जिसके बारे में विज्ञान ने अपने ढंग से पक्की जानकारी देना शुरू किया है, मानो इसके पहले तो

मनुष्य जीता ही न हो। वही विज्ञान, जो इस नए-नए मनुष्य के ऐशो-आराम के लिए सारे साजो-सामान मुहैया करा रहा है और आगे भी हर इच्छा को पूरी करने के लिए तत्पर नजर आ रहा है। लेकिन यह वही विज्ञान है, जो उपरोक्त तानाशाहों की तरह अपने अतिरिक्त किसी और को कुछ नहीं मानता। और अन्य सभी को अपने पैमाने से नापता-तौलता रहता है। उसे तो साहित्य में भी वैज्ञानिक सोच चाहिए। उसके पास पुराने रीति-रिवाजों, धार्मिक मान्यताओं, मिथकों और प्राचीन ज्ञान से लेकर सामाजिक परंपराओं पर भी कोई विश्वास नहीं। फिर चाहे वह हजारों वर्ष से मानव सभ्यता के केंद्र में रहा हो। वह उन सबको सिरे से नकारता है। इस तरह से मानो अब तक मानव का जो भी अनुभव है, वह सब व्यर्थ है। अब तक उसकी जानकारी सब गलत है, आधारहीन है। बस जो विज्ञान बता रहा है, वही सच है।

यह सब इतना हास्यास्पद है कि मानो विज्ञान के कहने पर ही सूर्य पूरब से उग रहा है और चाँद ने शीतलता परोसनी शुरू की हो। और तो और, मानो तारों ने विज्ञान के आदेश पर टिमटिमाना प्रारंभ किया हो। विज्ञान सामान्य तर्कों और तथ्यों से दूर मनुष्य को आसमान की सैर कराने निकल तो पड़ा, मगर वह हड़बड़ी में है। यहाँ उसके लिए सिर्फ और सिर्फ मानव की महत्त्वपूर्ण है। दूसरे जीव-जंतु उसके लिए मायने नहीं रखते। विज्ञान के मतानुसार तो प्रकृति भी मनुष्य के ऐशो-आराम के लिए बनी है। विज्ञान प्रकृति का इस्तेमाल जल्दी-से-जल्दी मानव का भविष्य चमकाने में लगाना चाहता है। और वह उस सपने को बनाने में लग गया, जिसे वह अब तक मानव को दिखाता आया है।

यहाँ विज्ञान की स्थिति ठीक ऊपर दिखाए गए तथाकथित तानाशाह शासकों जैसी है। इस प्रगतिशील विज्ञान में प्रकृति भी उसकी दास और अन्य जीव-जंतु मनुष्य की दया पर निर्भर करते हैं। इसमें मनुष्य को अगर किसी पर दया आ आए या फिर कुछ उसे अच्छे लगें तो उनके लिए वह सीमित तौर पर सुरक्षा के इंतजाम भी कर सकता है। मानो उन पर एहसान कर रहा हो। जैसे कुछ जीव के लिए उसने जंगल में बाढ़ लगाकर अभयारण्य बना दिए। जहाँ वह अपने शौक के लिए जानवरों को पालकर रखने लगा। पहाड़ उसे सुंदर लगते तो उसे भी एक हद तक संरक्षित रखने का काम कर देता। नदी, तालाब को स्वच्छ रखने के पीछे भी कोई आस्था का भाव नहीं होता, बल्कि ऐसा महसूस करवाया जाता मानो वह कोई उपकार कर रहा हो। इन सब में, किसी भी जीव-जगत् की कोई स्वायत्त सत्ता नहीं। यहाँ तक कि प्रकृति की भी नहीं। सबको मानव के आदेशों का पालन करना होता। उनकी स्वतंत्रता और अस्तित्व वहीं तक सुरक्षित रहता, जहाँ तक और जब तक मनुष्य का मन बना रहता। जब तक वे मनुष्य के लिए उपयोगी और भोग का सामान मुहैया कराते रहते। चाहे फिर जंगल में उन जानवरों को देखकर उसे खुशी मिलती हो या फिर पहाड़ पर घूमकर मस्ती आती हो। जब तक यह खुशी और मस्ती है तब तक ठीक, वरना जैसे ही वह उसके अधिकार क्षेत्र में प्रवेश करता, उसे खत्म कर दिया जाता। इस

चक्कर में कई प्रजातियाँ पृथ्वी से समाप्त हो गईं। जो भी उसके मनोरंजन का साधन नहीं रह जाता, उसे कूड़े में फेंक दिया जाता और जो सँजोकर रखे भी जाता, वे सब एक तरह से संग्रहालयों में सजाई गई वस्तु की तरह होते। जिन्हें कला का नाम दिया जाता या फिर किसी विश्वविद्यालय की प्रयोगशाला में मनुष्य के ज्ञानवर्धन के काम आता। अब तक प्रयोग के नाम पर मेढक और चूहे को चीरा-फाड़ा जाता, विज्ञान का यह जुनून वहाँ तक पहुँच गया, जहाँ इन प्रयोगशाला और संग्रहालय में अब खुद मनुष्य भी रखे जाने लगे। कई बार तो मानव को पता ही नहीं कि उस पर प्रयोग भी हो रहे हैं। आज का मानव एक ऑब्जेक्ट है, लक्ष्य है, वस्तु है, उपभोक्ता है, ग्राहक है, रोगी है, नागरिक है, मगर मनुष्य नहीं।

इस वैज्ञानिक मानवतावाद का अंत वही होगा, जो हिटलर-माओ-स्टालिन के सपनों का हुआ था। विनाश-विनाश सिर्फ विनाश और कुछ नहीं। तभी तो वैज्ञानिक स्टीफन हॉकिंग ने आदेश दे दिया कि इस सदी के अंत तक पृथ्वी खाली करो।

विज्ञान इतना भोला जिज्ञासु बालक भी नहीं। विज्ञान ने ही दो विश्वयुद्ध करवाए। पूँजीवाद और वामपंथ विज्ञान की ही देन हैं। इन दोनों जुड़वाँ भाइयों ने धरती पर हाहाकार मचाया हुआ है। विज्ञान के बनाए शस्त्रों ने तबाही की हुई है। युद्ध के बादल मँडराते रहते हैं। विज्ञान ने हर मनुष्य को तानाशाह बना दिया। अन्य जीव उसके गुलाम बन गए। प्रकृति पर नियंत्रण का खेल चालू है। उदाहरणार्थ, मनुष्य ने हिमालय पर विजय प्राप्त कर ली। अब हर पर्वतारोही के लिए वैज्ञानिक यंत्र ईजाद कर लिये गए। ऑक्सीजन का सिलेंडर सबको दे दिया गया। मानो इसके सहारे वह पूरा जीवन गुजार लेगा। हिमालय की चोटी पर पहुँचना, प्रकृति को अपने नियंत्रण में लेने की मानसिकता का प्रतीक बनता जा रहा है। समुद्र तल पर पहुँचकर गोताखोर आस्था से सागर को नमन नहीं करता, बल्कि स्वयं में उसके अभिमान जागता है कि मैंने वो किया जो प्रकृति में मनुष्य को करने की इजाजत नहीं थी। जबकि यह सिर्फ और सिर्फ प्रकृति की एक व्यवस्था है, जहाँ हर जीव के लिए एक स्थान नियत किया गया है। लेकिन हम दूसरे के स्थान पर भी कब्जा करना चाहते हैं। यह सब बेहद दुखद है। विज्ञान चमचमाते भविष्य के लिए वर्तमान की बलि तक देने के लिए तैयार है। उसका अहंकार ऐसा कि वो बुलडोजर से पूरी धरती को सपाट करना चाहता है। समुद्र को मिट्टी से भर देना चाहता है। ठंडी में गरमी से, गरमी में ठंडी की व्यवस्था बनाता है। वर्षा पर नियंत्रण कर लेना चाहता है। नियंत्रण अथवा कंट्रोल करने की इस प्रवृत्ति की कोई सीमा नहीं। सब पर नियंत्रण तानाशाह का मिजाज होता है। यही विज्ञान के साथ है। विज्ञान मानव का स्थायी हिटलर और स्टालिन है, जो सबको मारकर ही रुकेगा। यह है विज्ञान का मानवतावाद। अब यहाँ चिकित्सा के कुछ उपायों पर अंतिम तर्क नहीं दिए जाने चाहिए। क्योंकि विज्ञान की संस्कृति ही हमें बीमार भी कर रही है।

❑

अध्याय-4

1. मानव प्रगति और पर्यावरण

विज्ञान से इतर भारतीय सनातन संस्कृति मनुष्य को भोगवाद से हटकर त्याग की उपयोगिता और महत्ता सिखाती रही है। यह भौतिक की बजाय अध्यात्म की ओर प्रवृत्त होने के लिए प्रेरित करती है। उद्देश्य सिर्फ एक ही था, चंचल चाहतों को नियंत्रण में रखना। इस कारण से मनुष्य लोभ-लालच की बजाय सीमित आवश्यकताओं में जीवन जीना सीखता और इसी जीवनदर्शन पर विश्वास करता था।

प्रगति के नाम पर प्रकृति का अंधाधुंध दोहन तथा उसके हवा, पानी, मृदा (मिट्टी) आदि सभी घटकों में प्रदूषण और असंतुलन उत्पन्न किए जाने से पर्यावरण को जो क्षति पहुँचाई जा रही है, उससे मानवता को प्रलंयकारी विभीषिकाओं का सामना करना अवश्यंभावी दिखाई पड़ता है। जिसके परिणाम चिंता का विषय है। तथाकथित प्रगति के बावजूद मानव अपने व्यक्तिगत सुखों को कायम रखने पर भी संतुष्ट नहीं हो पा रहा, बल्कि उसमें निरंतर बढ़ोतरी करने के नैतिक-अनैतिक प्रयासों में संलग्न दिखाई पड़ता है। विकास विनाश बन चुका है और विनाश को ही हम विकास मान बैठे हैं। भौतिक प्रगति ने आज नैतिक, सामाजिक मूल्यों तथा संस्कृति में जो बिखराव उत्पन्न किया है, उसके कारण पर्यावरण संरक्षण असंभव-सा प्रतीत होता है, जबकि यह तथ्य कितना स्पष्ट है कि प्रकृति प्रदत्त साधनों का उपभोग आवश्यकतानुसार करते हुए उसे संरक्षित रखने का उत्तरदायित्व भी हमारा ही है। कोई गाय के दुग्ध-दोहन के पश्चात् उसे संरक्षण प्रदान न करे तो क्या होगा? अंडे देनेवाली मुरगी को काटकर खा जाने पर आगे अंडा कौन देगा? इन सवालों के जवाब हम नहीं ले रहे और न ही अपने आप से पूछ रहे हैं।

विज्ञान के कालखंड में प्राकृतिक संसाधनों पर अधिकार की प्रवृत्ति को प्रश्रय मिला है, पर उसके संरक्षण की जिम्मेवारी कोई लेने को तैयार नहीं। भोग-प्रवृत्ति एक नशा है, जिससे छुटकारा अब असंभव प्रतीत हो रहा है। ऊपर से विज्ञान सिर्फ लेना सिखाता है,

देना नहीं। ऐसे में इकतरफा खेल कितने समय तक चल सकता है।

प्रकृति की व्यवस्थाएँ सर्वांगपूर्ण हैं। यही कारण है, जो सनातन में इसे परमात्मा मान लिया गया। शिशु जन्म के पूर्व ही माँ के स्तनों में ठीक उस नन्हे बालक की प्रकृति के अनुरूप दूध की व्यवस्था की गई। ठीक इसी तरह हर प्राणी के अनुरूप खाद्य की व्यवस्था का होना और इस तरह से जगत् में सुव्यवस्था और संतुलन बनाकर प्रकृति ने हमारे लिए एक माता का काम ही किया है। मगर हम आवश्यकता से अधिक दोहन कर अपनी ही माता को मारने पर तुले हुए हैं। इन दिनों मनुष्य ने अपनी बुद्धि का उपयोग सिर्फ साधन-सुविधा जुटाने और उसे ही विकसित करने में लगा दिया है। अधिकाधिक लाभ कमाने की इस एकांगी घुड़दौड़ ने सृष्टि का संतुलन बिगाड़ दिया है। प्रकृति एक चक्र है, निरंतर घूमनेवाला। उसकी हम एक कड़ी हैं। मगर हम अपने आगे की कड़ी को काट चुके हैं और स्वयं को अंतिम उपभोक्ता मान बैठे हैं। ऐसे में यह चक्र टूटेगा, जो फिर सभी कड़ी को तितर-बितर कर देगा।

वैज्ञानिक प्रगति के कारण मानवीय सुख-सुविधाओं में जो वृद्धि हुई है, उसकी महत्ता से इनकार नहीं किया जा सकता। यातायात, कृषि, चिकित्सा आदि के क्षेत्रों में अभूतपूर्व काम हुआ है। बिजली, रेडियो, संचार, रेल, मोटर, वायुयान, पनडुब्बी, टेलीविजन के माध्यम से जो सुविधाएँ मिली हैं, वे अकल्पनीय हैं। शल्यक्रिया की उपलब्धियाँ बेहतरीन हैं। समुद्र के खारे पानी को भी मीठे जल में बदलना हमारे सभ्यता के विकास में मील का पत्थर है। लेकिन इस यात्रा में मानव अपनी उपलब्धियों में मदोन्मत्त होकर स्वयं को प्रकृति का अधिपति समझने लगा और अहंकार का शिकार हो चुका है। अपने को सर्वशक्तिमान बनाने के चक्कर में ऐसे-ऐसे अणु-परमाणु बम बना लिए कि पूछो मत। मगर किसके लिए? यह उसकी मूर्खता का एक छोटा सा नमूना है। उच्छृंखल आचरण और स्वेच्छाचार की सारी हदें पार हैं। वह जोश में अपना होश गँवा बैठा है। इसी का दुष्परिणाम है कि हॉकिंग जैसे भौतिकशास्त्री पृथ्वी को छोड़ने की सलाह दे रहे हैं। मगर वे यह भूल रहे हैं कि यह लोभ भी तो मानव साथ ले जाएगा और फिर वहाँ भी नरक ही बनाएगा।

प्रकृति का दोहन इतना तेजी से हो रहा है कि समूचा खनिज भंडार एक शताब्दी के लिए भी पर्याप्त नहीं। इसके कारण धरातल की महत्त्वपूर्ण क्षमताएँ घट रही हैं। यह कुछ-कुछ अपने ही मकान की नींव को कमजोर करने के समान है। क्या वैज्ञानियों को यह दिखाई नहीं दे रहा ? क्या वे पूरी तरह बाजार के नियंत्रण में आ चुके हैं ? अंतरिक्ष के अतिरिक्त तापमान के बढ़ने और हिम प्रदेशों के पिघल जाने पर समुद्रों में बाढ़ आने का खतरा बढ़ रहा है, जो पूरी मानव सभ्यता को अपने अंदर समेट लेगा।

जल, जमीन और वायुमंडल के बाद अंतरिक्ष को भी हम नहीं छोड़ रहे। हम रोज

आकाश में रॉकेट छोड़े जाने से बड़े खुश होते हैं। आखिर स्टीफन की परिकल्पना को साकार भी तो करना है। मगर हम उस चक्कर में कर क्या रहे हैं, इससे अनजान हैं। अंतरिक्ष में घुसपैठ करके हमने आकाश को भी प्रदूषित करना शुरू कर दिया है। अंतरिक्ष में छोड़े जा रहे उपग्रह पृथ्वी के रक्षा कवच को भेदते हुए निकलते हैं। अभी तक हमें सिर्फ ओजोन परत के रूप में ही एक रक्षा कवच की जानकारी थी, जबकि ऐसे अनेक रक्षाकवच हैं, जो हमें बचाते हैं, जिसके बारे में हमें अभी जानना बाकी है, हो सकता है जब तक हम जान पाएँ, तब तक देर हो जाए, क्योंकि इस छेड़छाड़ के दौरान हम अपने रक्षाकवच को ही भेद रहे हैं। उसमें छेद कर रहे हैं। यह आत्मघाती है। क्रिया की प्रतिक्रिया का सिद्धांत सर्वविदित है। यह कोई विज्ञान की देन नहीं बल्कि प्रकृति का स्वभाव है। ऐसे में अंतरिक्ष से छेड़छाड़ का असर हम पर आना स्वाभाविक है। वैसे भी ब्रह्मांड में सबकुछ एक-दूसरे से संबंध रखता है। सब एक-दूसरे से जुड़े हैं और नियंत्रित होते हैं। अंतरग्रही संबंधों और प्रभावों का उल्लेख भारतीय ऋषियों ने हजारों वर्ष पूर्व ही कर दिया था। शास्त्रों में कहा गया है कि हम सब ग्रह-नक्षत्रों से असंदिग्ध रूप से प्रभावित होते रहते हैं। इसी आधार पर ज्योतिष शास्त्र का विकास किया गया। जहाँ ग्रहों का विशिष्ट लाभ और विशिष्ट परिणाम प्राप्त करने के लिए उपयुक्त समय की जानकारी प्राप्त की जा सके। आज तो इस विधा की प्रामाणिकता भी सिद्ध हो चुकी है। ज्योतिष विज्ञान मूलतः नक्षत्रीय व्यवस्था पर आधारित है। अगर उस व्यवस्था में कोई छेड़छाड़ होती है तो स्वाभाविक रूप से गणनाएँ और भविष्यवाणियाँ भी गलत सिद्ध होंगी अर्थात् ग्रह पिंडों के हम पर अप्रत्याशित दुष्परिणाम भी बढ़ने लगेंगे। वर्तमान की घटनाओं से ऐसा दिखाई भी दे रहा है। ब्रह्मांड एक व्यवस्था है। इस व्यवस्था को अव्यवस्थित करने का खमियाजा वही होगा, जो किसी अव्यवस्थित व्यवस्था में रहने वालों का होता है।

पर्यावरण विकृति का कारण है विज्ञान दर्शन। यह विज्ञान के उत्कर्ष के साथ ही उसके दुरुपयोग की कहानी है, जिसमें सुखद से अधिक दुखद भाग है और दिन-प्रति-दिन इसका विस्तार हो रहा है। एक तरफ जल, वायु, मृदा और अंतरिक्ष की विभीषिकाएँ हैं, जो विज्ञान की ही देन है, दूसरी तरफ विज्ञान दर्शन ने मनुष्य के चरित्र व चिंतन को भी विकृत किया है। विज्ञान सिर्फ प्रत्यक्षवाद पर निर्भर है, जिससे मानव दर्शन प्रभावित हुआ है। विज्ञान इस मान्यता पर ही विकसित होता है कि जो कुछ सामने है, बस उसी को माना जाए। वह प्रत्यक्ष को प्रधानता देता है। उससे लाभ प्राप्त करता है, मगर इसके चक्कर में परोक्ष का अंकुश अस्वीकार कर देने पर, धर्म और उसके साथ जुड़े संयम, सदाचार, पुण्यकर्म और मानवता का कोई स्थान नहीं रह जाता। मनुष्य भी उसके लिए एक मशीन है, रोबोट—एक ऑब्जेक्ट। जहाँ फिर सिर्फ पूर्ति का सिद्धांत काम करता है। जिस प्रकार भी जितना भी, जहाँ से भी लाभ उठाया जाए, यही जीवन का ध्येय बना

दिया जाता है। इस तरह कोलाहल, प्रदूषण, गंदगी, बीमारी आदि विपत्तियों से घिरा मनुष्य दिनोदिन जीवनशक्ति भी खोता चला जा रहा है। इस प्रगति के कालखंड में उसने जो पाया, उसकी तुलना में खोया अधिक है।

प्रगति भी कौन सी? सिर्फ और सिर्फ भौतिकी-सांसारिक। आध्यात्मिक प्रगति की बात नहीं की जाती। बौद्धिक प्रगति का आज कोई महत्त्व नहीं। इसलिए साहित्य रचे नहीं जाते, पढ़े नहीं जाते। कला बाजार की वस्तु बनकर रह गई है। यह एकांगी प्रगति खतरनाक है। आज के युग में विश्व मानव समूह के बड़े भाग को माननेवाले लोगों में प्रकृति कहीं है ही नहीं। उसे इसकी समझ ही नहीं। ऐसे में विश्व मानव जिस डाली पर बैठा है, उसी को काट रहा है।

यहाँ सिर्फ विज्ञान की आलोचना करना मूर्खता होगी बल्कि इस दौरान प्रदूषण के साथ ही बढ़ती हुई जनसंख्या और बढ़ती हुई स्वार्थता पर भी ध्यान देना होगा, जिनके कारण अगले कुछ दशक में ही ये प्रगति मानव के गले का फंदा साबित होगी। आज का बुद्धिमान मानव जाने क्यों इतनी अदूरदर्शिता का परिचय दे रहा है, जबकि सनातन संस्कृति में हमारे पूर्वजों ने हजारों वर्ष पहले पर्यावरण के महत्त्व को समझकर जीवन संस्कार ही कुछ ऐसे बनाए कि प्रकृति का संतुलन बना रहे। उसके लिए जल, वायु, पृथ्वी, आकाश सभी पूजनीय थे। भला कोई अपने पूजनीय को हानि पहुँचाता है? नहीं। और इस तरह से हम हर तरह के प्रदूषण से बचे हुए थे। इनके क्या दुष्परिणाम हो सकते हैं, उन्होंने बिना कुछ बुरा देखे और भोगे ही समझ लिया था और हम हैं कि सबकुछ देखकर, जानकर, समझकर और भोगकर भी अनजान बने हुए हैं। ऐसे में कौन अधिक बुद्धिमान माना जाना चाहिए? एक जो बिना ठोकर खाए ही सँभले हुए थे या दूसरे, जो ठोकर खाकर भी सँभलने को तैयार नहीं।

वैसे तो प्रदूषण हर तरह का नुकसानदायक और विनाशकारी होता है। मगर अन्य प्रदूषण में हम अकसर ध्वनि प्रदूषण को भूल जाते हैं, जो वैज्ञानिक उन्नति की दौड़ का एक और दुष्परिणाम है। यह उतना चर्चा में नहीं, लेकिन इसका दुष्प्रभाव बेहद गहरा और वीभत्स है। हम सब यह जानते हैं कि मानव का अंतिम लक्ष्य क्या है, जीवन को शांत, स्थिर और आनंदमय बनाए रखना। इसमें वातावरण एक प्रमुख भूमिका अदा करता है। कोलाहल में हम शांति और सुख नहीं पा सकते। सूक्ष्म प्रकृति में ध्वनि को ही गतिशील माना गया है। स्पंदन से ऊर्जा की तरंग उत्पन्न होती हैं, तभी साधकों ने मंत्र की गरिमा स्थापित की थी। यहाँ शोर और स्वर के बीच के अंतर को समझना जरूरी है। स्वर जीवन है और शोर विज्ञान की देन। प्रकृति में कहीं शोर नहीं होता। यह शोर हमारी पैदाइश है, जो हमें धीरे-धीरे मारती है। इसका सबसे अधिक असर मस्तिष्क पर पड़ता है। यही कारण है, जो आजकल मानसिक विकार और पागलों की संख्या तेजी से बढ़ रही है। ऐसे में

सवाल उठता है कि जब मन-मस्तिष्क ही स्वस्थ नहीं तो कैसा विज्ञान का विकास? यह तो सिवाय विनाश के कुछ और नहीं। आज जिस अनुपात में निदान एवं चिकित्सा की सुविधाएँ बढ़ी हैं, उसी अनुपात में व्याधियाँ और बीमारियाँ बढ़ी हैं। अकारण नहीं, जो अस्पताल भरे पड़े हैं और डॉक्टरी को एक व्यवसाय के रूप में देखा जाने लगा है।

ऋतु परिवर्तन और जलवायु परिवर्तन

ऋतु परिवर्तन प्रकृति की देन है। जलवायु परिवर्तन के लिए हम मानव ही जिम्मेवार हैं। वैश्विक तापमान में आ रही अचानक वृद्धि हमारी क्रियाओं का ही परिणाम है। ऋतु परिवर्तन जीवन का आधार है, वही जलवायु परिवर्तन हमारे विनाश का संदेश। जलवायु परिवर्तन का कारण है पर्यावरण प्रदूषण जिसके लिए विज्ञान की संस्कृति जिम्मेवार है। विज्ञान ब्रह्मांडीय पर्यावरण को विकृत कर रहा है, हमारे जल और वायु को प्रभावित कर रहा है, जबकि ये हमारे जीवन का आधार हैं। यही कारण है विज्ञान का भौतिक विकास सच में देखा जाए तो हमारा सर्वनाश है। आज अगर मौसम अनिश्चित हुआ है तो उसका कारण है पर्यावरण विकृति। अचानक तापमान का बहुत अधिक बढ़ जाना, कहीं-कहीं शीत ऋतु में बहुत अधिक गिर जाना। अतिवृष्टि, सूखा यह सब जलवायु परिवर्तन के ही पैरामीटर्स हैं, जिससे 21वीं सदी को जूझना है। ये संकट इसलिए गंभीर है, क्योंकि स्थिति दिन-प्रतिदिन तेजी से बिगड़ रही है।

ऋतु परिवर्तन प्रकृति का जीवन चक्र है। यह एक सतत प्रक्रिया है। लेकिन जलवायु परिवर्तन प्रकृति की प्रतिक्रिया है, जो हमारे क्रियाओं (कुकर्मों-प्रकृति विरोधी कर्म) के विरोध स्वरूप हो रही है। प्रकृति की यह प्रतिक्रिया हमारे जीवन के विपरीत दिशा में है। अत: इसका हमारे लिए हानिकारक होना स्वाभाविक है।

भारत की जन-चेतना में एक प्रचलित कथन है कि अगर मनुष्य (हम) प्रकृति के साथ छेड़छाड़ करता रहेगा, उसके साथ संतुलन बनाकर नहीं चलेगा तो प्रकृति को संतुलन बनाना अर्थात् बनवाना आता है। इसे प्रकृति की चेतावनी के रूप में भी देखा जा सकता है, बशर्ते हम इसे देखकर समझ सकें।

2. वन संपदा के दोहन से बिगड़ा पर्यावरण संतुलन

पर्यावरण संतुलन में पेड़ों का जितना योगदान है, उतना प्रकृति के अन्य किसी भी घटक का नहीं। इस तथ्य को वैदिक ऋषि जान गए थे, तभी उन्होंने सनातन संस्कृति के संस्कारों में कुछ विशेष व्यवस्था कर रखी थी, जिसका जिक्र आगे विस्तार से आएगा। मगर हम इसे जानते हुए भी अनजान बन गए हैं। तभी तो वन की कटाई तेजी से कर रहे

हैं। जबकि वृक्ष प्रतिदिन वातावरण में घुलते जहर के परिशोधन तथा मानवीय जीवन के लिए आवश्यक और उपयोगी तत्त्वों के संरक्षण में अति महत्त्वपूर्ण भूमिका अदा करते हैं। यही कारण है, जो हमारे पुरातन ऋषियों ने वृक्ष-वनस्पतियों के पोषण और संरक्षण को देवाराधना जितना पुण्य फल देनेवाला माना था। यह अकारण नहीं था कि पौधरोपण को पौराणिक काल से दान, पुण्य, तीर्थ, उपासना के समकक्ष माना गया। आज वन की अंधाधुंध कटाई से ही इकोलॉजिकल चक्र डगमगा गया है, जिसके कारण भूस्खलन, अतिवृष्टि, अनावृष्टि जैसे प्रकृति प्रकोप हो रहे हैं। प्रतिवर्ष उपजाऊ भू-संपदा का एक बड़ा भाग गँवाना पड़ रहा है।

शहरों में तो पेड़ शो के लिए रह गए हैं। दो-चार जो सड़क किनारे होते भी हैं, उसे बड़ी चतुराई से मार दिया जाता है या विकास के नाम पर काट दिया जाता है। शहर का नामकरण ही आजकल कंक्रीट का जंगल कर दिया गया है। लेकिन सीमेंट की दीवारों से जीवन का सिर टकराकर चूर-चूर हो जाता है। कंक्रीट ऑक्सीजन नहीं देता और बिना शुद्ध हवा के नगर एक कब्रिस्तान से अधिक नहीं। जब शहरों में पेड़ होंगे ही नहीं तो मानव निर्मित प्रदूषण को शुद्ध कौन करेगा। एक तरफ शुद्धीकरण वाले वृक्ष घट रहे हैं, दूसरी तरफ प्रदूषण फैलानेवाले मानव की संख्या बढ़ रही है। ऐसे में शहरों का क्या हाल हो रहा है, समझना मुश्किल नहीं। कई शहर रहने लायक नहीं बचे। इस कारण से नदी-तालाब यहाँ तक कि भारत की समृद्धि का महत्त्वपूर्ण स्रोत हिमालय भी बीमार होता जा रहा है, जिसका खमियाजा हम भुगतने लगे हैं, भविष्य में और अधिक भुगतने के लिए तैयार रहें।

वन और मानव समाज प्रकृति के चक्र में एकदम आमने-सामने है, 180 डिग्री पर। बैलेंस पट्टी के दो छोर पर। एक छोर का खिलाड़ी अगर हट जाए तो दूसरा छोर वाला गिर जाता है। वन के बिना मानव समाज का अस्तित्व ठीक इसी तरह गिर सकता है। दोनों छोर के बीच संतुलन जरूरी है। यह एक तरह से तराजू के दो पलड़े हैं। एक के बिना दूसरे का संतुलन नहीं। इन सबको जानते हुए ही पीपल, बरगद की पूजा सनातन में की जाती रही है। वन महोत्सव का पारंपरिक आयोजन होता रहा है। लेकिन अब ये सब सिर्फ वातानुकूलित कमरे में मीटिंग का एजेंडा मात्र है। वहीं एयरकंडीशनर, जो स्वयं पर्यावरण को असंतुलित करने का आज एक बड़ा कारण बनता जा रहा है। कितना हास्यास्पद है, ये सब। वह भी तथाकथित आधुनिक युग में, जिसे सूचना का युग कहा जाता है। इसे तो मूर्खता का काल कहा जाना चाहिए। जहाँ मानव उसी टहनी को काट रहा है, जिस पर वह बैठा है।

विज्ञान प्रकृति के स्वभाव को समझ नहीं रहा, या कहें समझना नहीं चाहता। प्रकृति हमारी पालनहार है, हम बछड़े की तरह दुहने की मर्याद में रहें तो ही लाभ है। अन्यथा

धरती का एक सीमा से बाहर जाकर शोषण, हजारों एटम बम से बड़ा खतरा है। सीधे-सीधे कहें तो प्रकृति और पर्यावरण को संतुलित रहने देने से ही हमारा अस्तित्व बचा रह सकता है। सबसे बड़ी विडंबना यह है कि इस युग में, इस विषय पर लिखा-पढ़ा बोला तो बहुत जा रहा है, मगर उतना किया नहीं जा रहा, जबकि सनातन संस्कृति में इस पर चुपचाप काम बहुत होता है, शोर कम मचाया जाता है।

3. प्रदूषण युग में सिर्फ संरक्षण नहीं पर्यावरण संवर्धन की आवश्यकता

यह प्रदूषण का युग है। पर्यावरण प्रदूषण के सवाल से आज हर कोई जूझ रहा है। बेशक आप उत्तर न देना चाहें, मगर यह सर्वनाशी समस्या मानवीय अस्तित्व पर सवाल खड़े कर रही है। जब तक हमारा विनाश नहीं हो जाता, तब तक का जीवन भी कोई बहुत स्वास्थ्यवर्धक नहीं है। वर्तमान भी नरक ही है। हमने अपने विकास के चक्कर में कई जीव-जंतु की पूरी प्रजाति ही नष्ट कर दी। पता नहीं अब कितनी योनियाँ बची होंगी। ऐसे में जब साँस लेने की हवा, पीने का पानी और खानेवाला भोजन, सबकुछ प्रदूषित हो चुका है तो कोई कैसे बच सकता है। मुश्किल तो इस बात की अधिक है कि मानव के विचार भी प्रदूषित हो चुके हैं तो फिर बचा क्या?

यह इसलिए भी महत्त्वपूर्ण हो जाता है, क्योंकि पर्यावरण का हमारे स्वास्थ्य से सीधा संबंध है, शारीरिक और मानसिक दोनों। जब स्वास्थ्य ही ठीक नहीं तो सबकुछ व्यर्थ है। क्या प्रगति, क्या विकास, क्या सुख-सुविधाएँ, इनका कोई मूल्य नहीं। अगर हम इसे भोगने लायक ही न रह जाएँ तो क्या फायदा। हम इतनी छोटी सी बात भी नहीं समझ पा रहे। यों तो पर्यावरण संरक्षण और संवर्धन के अनेक प्रयास विश्व भर में किए जा रहे हैं, मगर ये बहुत थोड़ा और बहुत देर से किया गया प्रयास है। इसका संपूर्ण और स्थायी समाधान तो सिर्फ और सिर्फ सनातन जीवनदर्शन में है। जो पूरी तरह से अपने आप में पूर्ण है।

सच कहें तो समय आ गया है कि यह घोषित कर दिया जाना चाहिए कि पर्यावरण संरक्षण मनुष्य का पहला कर्तव्य है। क्योंकि जितना भी पर्यावरण बचा है, वह तेजी से घट रहा है, इसलिए सिर्फ इसके संरक्षण से काम नहीं चलेगा, बढ़ाने के लिए संवर्धन जरूरी है। यह पक्का है कि इस समस्या का समाधान न तो सरकारें कर सकती है, न ही सम्मेलन करके चेतावनी को जारी करने से होगा। बुद्धिजीवियों के लिखने और सामाजिक कार्यकर्ताओं के जागरूकता अभियान से भी कुछ विशेष होनेवाला नहीं। इसके लिए संपूर्ण मानवजाति की जीवनशैली, उसकी सोच और संस्कारों में मूल परिवर्तन लाना होगा, जो सनातन संस्कृति में निहित है। विश्व समुदाय को इस जीवनदर्शन को स्वीकारना

होगा। अगर स्वयं के अस्तित्व को बचाना है तो आज नहीं तो कल यह करना होगा। जब हम प्रकृति के समस्त घटकों में परमेश्वर की उपस्थिति अनुभव करेंगे, कण-कण में चेतना है, स्वीकार करेंगे, सभी जीव-जंतुओं पर एक समग्र सोच रखेंगे, तब ही कुछ बात बन सकती है। हमें प्रकृति का उपभोग नहीं उपासना करनी होगी। हमें इस भाव से ऊपर उठना होगा कि प्रकृति जड़ है और उसको जी भरकर दोहन करने का हमारा अधिकार है। बल्कि हमारा कर्तव्य है प्रकृति का संरक्षण और संवर्धन। हमें सनातन संस्कृति के मूल सिद्धांतों को स्वीकार करना होगा, जिसमें प्रकृति के हर रूप की पूजा की जाती है। जहाँ प्रकृति का स्तुतिगान किया जाता है। अन्य धर्म और संप्रदाय इस विकट समस्या पर मौन हैं और यही मौन घातक है। हमें यह मानना होगा कि प्राकृतिक असंतुलन का दोषी केवल और केवल मनुष्य है, तभी हम इसमें कुछ सुधार की उम्मीद कर सकते हैं।

किसी एक मित्र ने कहा कि हमें चिंता करने की क्या जरूरत है, प्रकृति अपने आप सब ठीक कर लेगी और फिर अगर हम उपभोग न करें, तब भी इसका विनाश तो होना ही है, प्रलय तो पहले भी आता रहा है और हम कुछ दोहन करें न करें, एक बार फिर आना ही है।

कितना बचकाना तर्क और मूर्खता भरी सोच है। इस सज्जन मित्र से कहा जाना चाहिए कि हम सब को मालूम है कि एक दिन मरना है तो क्या वे कल ही मर जाने के लिए तैयार होंगे। मित्र का उपरोक्त कथन एक तरह का सुसाइड है। इस तरह के कुतर्कों से आम आदमी में इस तरह की नकारात्मक सोच भरी जाती है, जो बेहद घातक है। इन्हीं के कारण हमारा वर्तमान अभिशप्त है। इन्हीं वजहों से हम कल के लिए सजग नहीं। सतर्क होना तो दूर की बात है। पृथ्वी की स्वाभाविक मृत्यु अन्य ग्रहों-नक्षत्रों के समान अपने नियत क्रम और समय पर हो सकती है, मगर लगता है, उसका बच्चा (मानव) अपनी (पृथ्वी) माँ को समय से पहले ही मार डालने के लिए आतुर है। यह सोच ही कितनी भयावह है।

बहरहाल, इन कुतर्कियों के बीच भी हमें अपनी इस भयंकर समस्या का व्यावहारिक समाधान खोजना ही होगा। हमें इसके लिए अपनी जरूरतों पर नियंत्रण करना होगा। अपनी इच्छाओं पर भी संयम रखना होगा। चाहतों को साधना होगा, बेहतर विकल्प ढूँढ़ने होंगे। उदाहरणार्थ, ऊर्जा के लिए सौर ऊर्जा की ओर देखा जा सकता है। यह हमारी बहुत बड़ी समस्या का कुछ समाधान दे सकता है। यही क्यों, जनसंख्या वृद्धि पर भी नजर रखनी होगी। इस पर उन संप्रदायों को विशेष रूप से शिक्षित करना होगा, जो अपनी जनसंख्या वृद्धि को ही एकमात्र लक्ष्य बनाए हुए हैं। एक रिपोर्ट के अनुसार दुनिया की कुल आबादी आज से छह हजार वर्ष पूर्व मात्र 45 लाख थी। सन् 1501 में यह 44 करोड़ हुई, 1630 में 52 करोड़, 1860 में एक अरब और 2017 में करीब 7.5 अरब

हो चुकी है। सन् 2030 तक यह 8.5 अरब तक पहुँचने की संभावना है। कितना बोझ पड़ रहा होगा पृथ्वी पर। क्या इसके कारण होनेवाले असंतुलन की कल्पना कोई कर भी रहा है ? शायद नहीं। जो सोच रहे हैं व चिंतित और सजग हैं, वे नगण्य हैं, मगर जो नहीं सोच रहे, वे बड़ी संख्या में हैं। अधिकांश इस विषय पर पूरी तरह से निष्क्रिय हैं। अत: आबादी को जो दिन दुगुनी रात चौगुनी बढ़ाने में तन-मन-धन और धर्म से लगे हैं, यही हमारे विनाश का असली कारण बनेंगे। क्योंकि यही मानव की भीड़ प्रदूषण का असली कारण है। सच कहें तो जनसंख्या नियंत्रण ही पर्यावरण का संवर्धन होगा।

क्या स्टीफन हॉकिंग इन विषयों पर भी अपना ज्ञान बाँटेंगे ? क्या उन्होंने विज्ञान के फैलाए हुए कचरा को समेटने का प्रयास किया या फिर उसे निरंकुश तानाशाह की तरह आगे भी तबाही मचाने देने की छूट दी ?

4. हम सिर्फ लेनेवाले, कुछ देनेवाले नहीं

यह बहुत मजेदार है। पृथ्वी पर मानव ही एकमात्र ऐसा जीव है, जो सबसे कुछ-न-कुछ सिर्फ लेता है, मगर देता किसी को कभी कुछ नहीं। वृक्ष से फल-फूल, कृषि से अन्न, नदी-तालाब से पानी और यहाँ तक कि पशुओं से भी कुछ-न-कुछ लेता ही है। गाय-बकरी से दूध ले लेगा, मुरगी के अंडे खा जाएगा। बात यहीं नहीं रुकती, गधे से सामान ढुलवाता है तो घोड़े-हाथी-ऊँट की सवारी। ऐसे अनगिनत उदाहरण हैं, जहाँ यह ले रहा है, मगर एक उदाहरण नहीं मिलता, जहाँ वह किसी को कुछ दे रहा हो। कोशिश कीजिए, आपको कोई भी एक चीज दिखाई नहीं देगी, जो हम प्रकृति को या प्रकृति के किसी भी जीव-जंतु को कुछ भी देते हों। हमारे पास देने के लिए शायद कुछ है भी नहीं।

विकास के नाम पर भी प्रारंभ से ही हमने दूसरों के अधिकार क्षेत्र का हनन किया और उसे अपने उपयोग में लिया। यहाँ तक भी ठीक है, मगर अब तो हम लेने की जगह छीनने लग पड़े हैं। दूध देनेवाली गाय को भी मारकर खाने से नहीं चूकते। जबकि हमारे भोजन का मुख्य अंश इस दूध के द्वारा ही सदियों से बनता आया है। हर दूसरे जीव-जंतुओं से लेने की हमारी प्रवृत्ति समय के साथ बढ़ती ही चली जा रही है। नदी को रोका जा रहा है। पेड़ों को रास्ता बनाने के लिए काटा जा रहा है। पृथ्वी पर कोई भी जीव नहीं बचा, जिसे हमने गुलाम न बनाया हो। विज्ञान ने तो अति ही कर दी। यह पृथ्वी से हर चीज छीन लेना चाहता है। अंतरिक्ष में भी छेद कर रहा है। हमारे चारों तरफ, जो भी विज्ञान का दिया हुआ दिखाई देता है, वह सब सिर्फ और सिर्फ हमारे लिए है और वह दूसरों से छीनकर ही हमें दिया गया है। यह छीनना हमें कहाँ पहुँचा देगा, इसकी कल्पना शायद हम नहीं कर पा रहे। यह छीनना ज्यादा देर तक नहीं चल पाएगा। कभी तो पृथ्वी

का भंडार खत्म होगा, फिर? क्या परिणाम भुगतने के लिए हम तैयार हैं? यह हमारा छीनने की प्रक्रिया का अंत ही है कि अब हमें पृथ्वी पर छीनने के लिए कुछ नहीं बचा। इसीलिए स्टीफन हॉकिंग ने कह दिया कि चलो भाई, अंतरिक्ष में चलते हैं, जहाँ आगे अपने छीनने की अर्थात् लेने की प्रक्रिया जारी रख सकें।

यह लेने की प्रवृत्ति के लिए हमारी इंद्रियाँ जवाबदार हैं और बुद्धि ने विज्ञान के साथ मिलकर छीनने में तत्परता दिखाई। किसी भी पंथ-मजहब-संप्रदाय के पास इस छीनने को रोकने की व्यवस्था नहीं। इस देवभूमि के ऋषियों की सनातन संस्कृति ही एकमात्र जीवनदर्शन है, जिसने इस लेन-देन के संतुलन को समझ लिया था। वेदों में इसको स्थापित किया। यह वो सनातन संस्कृति है, जिसने प्रकृति को कुछ लौटाने का प्रयास किया। लेने के साथ-साथ बराबर से देने की कोशिश की। इस कोशिश को उसने अपने जीवन का अंग बनाया, परंपरा में ढाला, आस्था में परिवर्तित किया, विचारों में समावेश किया और अपने दर्शन के मूल में स्थापित किया। हमारी परंपराएँ प्रमाण हैं इसकी। हम सूर्य को जल चढ़ाते हैं, तुलसी को हर सुबह पानी देते हैं, गाय की पूजा करते हैं, गंगा को माता कहते हैं, बात यहीं नहीं रुकती, साँप (नाग) को दूध भी पिलाते हैं। ऐसे अनगिनत कर्मकांड हैं, जो सिर्फ और सिर्फ देने के लिए बने हैं।

यह इस छोटी सी समझ का ही कमाल था कि वैदिक सनातन संस्कृति प्रकृति के साथ समृद्ध होती चली गई। सदियों से सिर्फ मानव के लिए ही नहीं पूरी सृष्टि की मंगलकामना करते हुए सभी के कल्याण भाव से पृथ्वी पर अपना आनंदपूर्वक जीवन व्यतीत करती चली आई है। आज इस महान् सनातन सभ्यता पर बात करना अधिक संदर्भित हो गया है।

❑

भाग-2

वैदिक आर्य और सनातन संस्कृति

अध्याय-1

1. पाषाण युग

मनुष्य माँ के पेट से तो सीखकर नहीं आया होगा। वह भी पूर्व में जंगली ही रहा होगा। पशु-पक्षी के समान एक जीव। लेकिन भाव और बुद्धि के स्तर पर अन्य पशुओं से भिन्न जरूर रहा होगा, अन्यथा अपनी मानवीय यात्रा नहीं करता। आदिकाल में उसकी पशु-तुल्य जीव से मानव बनने की प्रक्रिया बड़ी धीमी मगर दिलचस्प रही होगी। और जो कुछ भी होगी, वह उसके अनुभव के आधार पर होगी। वह अनुभव जो उसने प्रकृति के साथ किए होंगे। इन अनुभव की आज हम कल्पना ही कर सकते हैं। अब इसका कोई रिकॉर्ड तो मिलेगा नहीं। क्या करें, आज के तथाकथित बुद्धिमानों को हर बात का प्रमाण चाहिए। वह हम कहाँ से लाकर दें। मानव कागज-पैन के साथ तो पैदा हुआ नहीं। वह तो प्रकृति के साथ, प्रकृति के द्वारा, प्रकृति का हिस्सा बनकर प्रारंभ से रहता आया है। हाँ, उस प्रारंभिक कालखंड की कुछ झलक सनातन संस्कृति में मिल सकती है, क्योंकि अब यही एक आदि संस्कृति बची है। इसके लिए वेदों को खँगाला जा सकता है। क्योंकि ये लिखित रूप में आने से पहले भी श्रुति रूप में हजारों वर्ष तक मानव के विकास के साथ विकसित होते रहे। इसमें मनुष्य के प्रकृति के साथ अनुभव को देखा जा सकता है। समझा जा सकता है। यह उसके विकासक्रम का मौलिक दस्तावेज है।

पाषाण युग पत्थरों का अवश्य होगा, मगर प्रकृति के सबसे नजदीक रहा होगा। मनुष्य अपने मूल प्राकृतिक रूप में इसी दौरान था। इस कालखंड में उसकी जीवन यात्रा अद्‌भुत रही होगी। इस दौरान उसकी आवश्यकताएँ निम्नतम होंगी। सिर्फ प्राकृतिक। वे भी शारीरिक। चाहत, अभिमान का नामोनिशान नहीं होगा। सच कहें तो इस बौद्धिक विकास ने ही खेल बिगाड़ा। जिस बौद्धिकता पर हम गर्व करते हैं, असल में उसका हम सदुपयोग नहीं कर पाए। एक बात तय है कि पत्थर युगवाला आदिमानव संग्रह नहीं करता होगा। समूह में जरूर रहता होगा, मगर उस समय प्रकृति के उपभोग का तो

सवाल ही नहीं। वह पत्थरों का युग था। पत्थर के औजार, पत्थर की गुफा। इसके पूर्व में मनुष्य एकदम जंगली रहा होगा। अर्थात् पत्थर उसके विकास की पहली पायदान थी। इसके अवशेष नर्मदा घाटी में मिले हैं और इस काल के ही थोड़े बाद के कालखंड के अवशेष भोपाल के पास भीमबेटका की गुफाओं में देखने को मिल जाते हैं। उस युग की जानकारी बहुत सीमित है। और भी बहुत कुछ होगा, जो इधर-उधर जमीन में छिपा है। जो भी होगा बेहद रोचक होगा। लेकिन यह किसी भी कीमत पर डार्विन की कल्पनानुसार नहीं होगा, जो कि बेहद हास्यास्पद है। क्योंकि जीव अगर समय के साथ विकसित हो रहे हैं, यह धारणा सही है तो आज संसार में असंख्य जीव नहीं बचते। मानव पाषाण युग के पूर्व भी मानव था, बाद में भी मानव ही रहा। अगर कोई अंतर है तो उसके बुद्धि-बल के उपयोग के स्तर पर।

2. पाषाण देव से रुद्र का उद्भव

पाषाण युग था ही पत्थर का। पत्थर के औजार, पत्थर के शस्त्र, पत्थर के पात्र, पथरीली गुफा। पत्थर ही सबकुछ था। स्वाभाविक है पत्थर ही देवता भी हुए। पाषाण देव। इसकी शक्ति को मनुष्य समझ रहा था। यह समझना उसका पाषाण युग से ही तो प्रारंभ होता है। उसके पहले तो वो भी पशुतुल्य था। बुद्धि तो थी, मगर उसका उपयोग अति सीमित था। ईश्वर तो तब भी होंगे, मगर उसकी स्वीकृति के लिए मानव की चेतना, वह भी होगी जरूर, लेकिन तब तक नहीं जागी होगी। उसके पहले देवता पाषाण ही बने, जिसे आज भी हम अपनी संस्कृति में देख सकते हैं। आज भी रुद्र या शिव के नाम पर नदी की जलधाराओं के साथ बहकर आए, चिकने हुए पत्थर रखे जाते हैं, जिन्हें शिव का रूप माना जाता है। हर कंकड़ में शंकर है, कहा भी जाता है। ये पाषाणयुगीन देवता, हमारे प्रथम देव हैं, जिनकी हम आज भी पूजा करते हैं।

पत्थरों का उपयोग पाषाण काल का आदिमानव अपने हथियार के रूप में करता था। पत्थर के इस प्रयोग में भी उसको एक बहुत लंबा समय लगा होगा। हो सकता है, सैकड़ों वर्ष लग गए हों। मगर यही उसका आत्मरक्षा के लिए उपयोग में लिये जानेवाला प्रथम हथियार बना होगा। इस प्रयोग के साथ ही हमें पहले देवता मिले, जिनके पास शक्ति थी। प्रकारांतर में ही इनकी पूजा किसी-न-किसी रूप में शुरू हुई होगी, फिर चाहे वह शस्त्र-पूजा के रूप में ही हुई हो। पहले पूजा न होकर इस प्राकृतिक देव के प्रति गहरा सम्मान भाव रहा होगा या फिर इससे पहले इसे यत्न के साथ जुटाने और सँभालकर रखने के भाव तक ही यह सीमित रहा होगा। इस पाषाण देव की शक्ति के सामने आदिमानव ने अपना पहला समर्पण किया होगा।

वैदिक साहित्य में रुद्र को बार-बार अग्नि से जोड़ा गया है। पत्थरों के औजार बनाने की प्रक्रिया के दौरान हुए अनुभव में इसका रहस्य छिपा है। औजार बनाते समय आग की चिनगारियों को निकलते देखकर आदिमानव को यह सोचकर विस्मय अवश्य हुआ होगा कि यह वही आग है, जो जब-तब जंगलों में रगड़ से उत्पन्न हो जाती है और सबकुछ जलाकर राख कर देती है। वही आग इन पत्थरों के भीतर भी विद्यमान है, यह निष्कर्ष उसे अचंभित करता होगा। कल्पना कीजिए, उस आदिमानव के इस अनुभव को, जो पहले ही पाषाण और अग्नि, दोनों को देवता मानने लगा है। इन दोनों का एक ही में होना उसे हैरान करता होगा और वह इसके सामने पूरे श्रद्धाभाव से समर्पित होता चला गया होगा। उसके देवता रुद्र में अग्निदेव भी हैं, सिर्फ इस वजह से उसकी आस्था रुद्र (शिव) के प्रति और अधिक बढ़ी होगी।

यह बिल्कुल जरूरी नहीं और ऐसा सोचना भी मूर्खता होगी कि प्रारंभ में ही मनुष्य ने आग का उपयोग सीख लिया होगा। यह भी जरूरी नहीं कि दोनों प्राकृतिक घटनाओं पर उसका ध्यान पहली बार में ही चला गया होगा। हो सकता है, इसे समझने में उसे हजारों वर्ष लग गए हों। मगर स्वयं आग को पैदा करने में समर्थ हो जाने के बाद ही वह पाषाण देवता की शक्ति को समझ पाया होगा। उसके पाषाण देव रुद्र में ही अग्नि भी है, इस तरह आदिदेव रुद्र अति शक्तिशाली हुए, क्योंकि उनके भीतर वह शक्ति है, जो जंगलों का विनाश कर सकती है। इस शक्ति के कारण उपजे भाव ने मानव के मन में देव रुद्र के प्रति आस्था और बढ़ा दी होगी। और रुद्र सर्वशक्तिमान देवता के रूप में सभ्यता के प्रारंभिक दौर में ही विराजमान हो गए।

रुद्र के समानांतर शिवलिंग, जिसे सामान्यतः लिंगपूजा कहा जाता रहा है, इसे सृष्टि के जन्म से जोड़ा जाना चाहिए। यह उर्वरता की उपासना है। शिवलिंग को पूजने की प्रथा के पीछे भी एक चिंतन है और फिर उसी के अनुरूप जटिल और विकसित दृष्टि भी है। एक दर्शन है कि विश्व की उत्पत्ति पुरुष और नारी के मिलन से हुई है। इसका शाब्दिक अर्थ कदापि नहीं लगाया जाना चाहिए। सनातन चिंतन अपने क्रमिक विकास में यहाँ उस बिंदु पर पहुँचता है, जहाँ सृष्टि के निर्माण के संदर्भ में उसे सबसे उपयुक्त प्रतीक प्रजनन ही लगता है। और यह कल्पना अद्‌भुत है। मानव उत्पादन के साक्षात् प्रमाण के माध्यम से चिंतन को सीधे-सीधे एक मूर्त रूप दिया गया। सनातन जीवनदर्शन में धरती को माता के रूप में कल्पना करना स्वाभाविक बन गया और आकाश पिता के रूप में स्थापित हुए। धरती पर उगनेवाली वनस्पति-फल-फूल आदि मनुष्य का पोषण कर रहे थे और उसके उत्पादन में आकाश से बरसनेवाले वर्षा का सहयोग मिला। इस तरह से धरती और आकाश के बीच प्रजनन की क्रिया के बीच की परिकल्पना रची गई। दोनों में समानता और सादृश्यता नजर आई। ऋग्वेद में कई स्थानों पर धरती को स्त्री के रूप में दरशाया

गया है और फिर आकाश से गर्भधारण करते भी दिखाया गया है। यह काव्यात्मक शृंगार के रूप में अलंकृत होते भी देखा जा सकता है। इसे प्रतीकों के माध्यम से प्रकृति के गूढ़ रहस्यों को बड़ी सरलता से आमजन के बीच प्रस्तुत करने का एक श्रेष्ठ व सफल प्रयास है। इससे बेहतर दर्शन आधुनिक समाज आज तक नहीं दे पाया।

आज जो लिंग पूजा है, वह असल में सृजन की, रचना की प्रतीकात्मक पूजा है। सृष्टि की उत्पत्ति के लिए लैंगिक की प्रस्तुति, वह भी सादृश्य, शायद सबसे अनुकूल प्रतीत हुई हो। अत: शिव सबसे प्राचीन पाषाण देवता हैं, अग्नि रूप में रुद्र नाम से आदि देवता भी हैं और सर्वशक्तिमान इसलिए, क्योंकि ये सृजन व विनाश दोनों से जुड़े हैं।

प्रकृति के घटनाक्रम से आदिमानव पूर्व में भयभीत भी हुआ होगा। इसलिए वैदिक जन प्रारंभ में रुद्रदेव से भयभीत भी दिखते हैं। वैसे भी रुद्र अग्नि से संबंधित थे, जो जंगलों के सर्वनाश का कारण बन जाती थी। कालांतर में ही उनका संबंध सृजन से हुआ। इस तरह से कह सकते हैं कि सर्वप्रथम पाषाण देव के रूप में स्थापित सनातन संस्कृति में शिव के अनेक रूप और नाम विकसित होते चले गए, जो फिर समय के साथ वे महाकाल के रूप में प्रतिष्ठित हुए।

रुद्र के साथ-साथ इंद्र, वरुण, अग्नि, सूर्य वैदिक काल के सभी देवता प्रकृति के प्रतीक रहे हैं। सबसे शक्तिशाली माने जानेवाले इंद्र भी वर्षा से जुड़े रहे और वर्षा अर्थात् जल जो कि कृषि के लिए अतिमहत्त्वपूर्ण है। अगर इंद्र को देवताओं का देवता (राजा) माना गया तो क्या यह सच नहीं कि उन दिनों वर्षा, मेघ, बादल और जल सभी अन्य देवताओं में, जो कि वे सब भी प्रकृति की शक्तियाँ ही हैं, से अधिक आवश्यक है, इसलिए प्रमुख देवता माने गए। इस तरह से प्राकृतिक शक्तियों की देवता के रूप में उपासना सनातन धर्म के मूल में स्थापित हुई।

❑

अध्याय-2

सिंधु-सरस्वती सभ्यता और वैदिक संस्कृति

सिंधु से लेकर सरस्वती तक फैली सनातन संस्कृति आर्यों के द्वारा विकसित की गई थी। जिसका वर्णन वेदों में भी मिलता है। सिंधु-सरस्वती सभ्यता के उत्खनन में प्राप्त अवशेष और वेद दोनों में बहुत समानता है, जो प्रमाणित करता है कि दोनों एक ही हैं। आर्य कहीं बाहर से नहीं आए थे। वे हमारे ही पूर्वज थे। मगर विभिन्न विदेशी बुद्धिजीवियों के राजनीतिक उद्देश्य, विदेशी संस्थाओं द्वारा पोषित भारतीय इतिहासकार के व्यक्तिगत लाभ और नए-नए पंथ, संप्रदाय, मजहब के निहित स्वार्थ के कारण ये झूठ फैलाया गया कि आर्य हिंदुस्तान में बाहर से आए थे और आक्रमणकारी थे। इस झूठ को कहने के पीछे एक खास मकसद था कि इसके कारण, जाने-अनजाने में ही सही, मध्यकाल में आए विदेशी आक्रमणकारी का भारत की भूमि पर जबरन कब्जा पहली दृष्टि में उचित लगने लगे। कितना हास्यास्पद तर्क बनाया गया था। मगर कोई क्या कर सकता था। इस झूठे इतिहास लेखन के दौरान इन्हीं बाहरी लोगों का देश पर शासन था। तत्कालीन शासकों ने अपने मनगढ़ंत इतिहास को गढ़कर हम पर थोप दिया। विडंबना रही है कि आजादी के बाद भी लंबे समय तक यह झूठ चलता रहा। विशेष रूप से शैक्षणिक संस्थाओं में यह अकादमिक रूप से पढ़ाया जाता रहा। वह तो कालांतर में हुई खुदाई में मिले प्रमाण और विभिन्न वैज्ञानिक प्रणालियों के कारण यह झूठ ज्यादा समय तक चल नहीं पाया, क्योंकि इस झूठ के समर्थन में न तो तथ्य थे, न ही तर्क। जबकि वैदिक आर्य और सिंधु-सरस्वती सभ्यता के बीच में समानता मिलती चलती गई।

इतिहास से छेड़छाड़ दो तरह से होती है। एक, जिसमें इतिहास लिखनेवाला स्वयं का इतिहास लिख रहा हो, इसमें स्वयं को महिमामंडित किया जाता है। यहाँ अहं काम करता है, जिसका तुष्टीकरण किया जाता है। दूसरा होता है, जब कोई और आपका इतिहास लिखे। ऐसे में वह बाहरी अपने लाभ, हित साधन के लिए इतिहास लिखता है।

यहाँ व्यक्ति की ईर्ष्या काम करती है। ऐसे में वह स्वयं को, जिसका इतिहास लिख रहा है, उससे श्रेष्ठ साबित करने के लिए तथ्यों को तोड़ता-मरोड़ता है। यही भारत के इतिहास लेखन के साथ हुआ।

हिंदू सभ्यता की वैदिक संस्कृति जंगल से निकलकर मैदान में आकर बसी थी। प्रकृति में ही इसका जन्म हुआ, प्रकृति में ही यह पली-बढ़ी तो ऐसे में इसका शत-प्रतिशत प्राकृतिक होना स्वाभाविक था। यह प्रकृति से अपना तारतम्य बिठाकर चलती थी। हमारे पूर्वज प्रकृति-पूजक थे। यह उन दिनों की सभ्यता और संस्कृति में साफ-साफ दिखाई देता है, जो वेदों में संकलित भी है।

ऋग्वेद में पृथ्वी को देवी मानकर उसकी स्तुति की गई है। इसकी अधिकतर ऋचाओं (श्लोक) में, आकाश को पिता और पृथ्वी को माता के रूप में स्तुतिगान किया गया है। इन्हें सृष्टि के तमाम जीवों के सृजन और पालन-पोषणकर्ता के रूप में माना गया है। दूसरी तरफ सिंधु-सरस्वती सभ्यता की मिली मूर्तियों में भी मातृदेवी की उपासना नजर आती है। अनेक जगह योनि को दिखाया गया है। कई आकृतियों में योनि में स्थापित लिंग है। जो यह दरशाता है कि उन दिनों इस सभ्यता में लिंग की उपासना प्रचलित रही है। इस सभ्यता के जन शिव के उपासक थे। जबकि ऋग्वेद में रुद्र का उल्लेख है।

सिंधु-सरस्वती सभ्यता में प्राप्त कुछ पट्टिकाओं में पशुओं को देवताओं के रूप में दिखाया गया है। ऋग्वेद में भी पशुओं को देवता मानकर स्तुति की गई है। विशेष रूप से गो (गाय) की स्तुति में ऋषियों ने कई ऋचाएँ कहीं हैं। वसिष्ठ ने सभी देवों के साथ गो और अश्वों से शांति की याचना की है। मोहनजोदाड़ो की एक पट्टिका में पीपल के वृक्ष को देवता स्वरूप पूजने की आकृतियाँ मिली हैं। दूसरी तरफ ऋग्वेद में वसिष्ठ ने इंद्र, अग्नि, जल और औषधियों के साथ वन में रहनेवाले वृक्ष के लिए भी स्तोत्र (स्तुत्यात्मक श्लोक) कहे हैं और उनसे अपनी रक्षा करने की प्रार्थना की है। ऋग्वेद के अनुसार, आर्यों में यज्ञ के प्रति गहरी आस्था थी। सिंधु-सरस्वती स्थलों में भी यज्ञ के प्रमाण मिले हैं। खुदाई में मिले कई कमरों के भीतर हवनकुंड मिले हैं। इसी तरह के अनगिनत प्रमाण हैं, जो यह बतला देते हैं कि सिंधु-सरस्वती घाटी में आर्य ही थे। हाँ, वेद और सिंधु सभ्यता में थोड़ा कालांतर हो सकता है।

हड़प्पा संस्कृति, जो सिंधु सभ्यता का ही दूसरा नाम है, के उत्खनन में न तो वर्तमान की तरह देवालय हैं, न ही देवताओं का वर्तमान स्वरूप है। इसका कारण है, वे प्रकृति-पूजक थे। वैदिक साहित्य जो कि उसी दौरान रचा गया या रचा जा रहा था, उसमें भी सभी देवी-देवता प्रकृति से ही थे। फिर चाहे वह वर्षा हो, पवन हो, आकाश हो, पृथ्वी हो। प्राकृतिक शक्तियों को वैदिक आर्यों ने पूजा। साथ ही, ऐसी कई अहित और अनिष्टकारी प्राकृतिक विपदाओं को राक्षस के रूप में प्रतिबिंबित किया गया। जैसे

कि काले घने बादल, बिजली का चमकना आदि-आदि। मोटे तौर पर कहें तो प्रकृति की वे शक्तियाँ जो हितकारी थीं, वे देवता बन गए और जो अहितकारी थे, वे राक्षस। आर्य अपने इन देवताओं की शक्ति के द्वारा राक्षसों को परास्त करने की प्रार्थना करने लगे। प्रकृति की शक्ति में ही आर्यों ने अपना बचाव ढूँढ़ा। और यहाँ से शुरू हुआ प्रकृति के रहस्यों को जानने की जगह समझते हुए उपयोगी बनाने का क्रम जहाँ प्रकृति के महत्त्व को समझकर माना गया। हड़प्पा संस्कृति में रचा गया वैदिक साहित्य इसी लंबे अनुभव का एक संकलन है। यह सतत प्रक्रिया थी, वरना प्रकृति पूजन तो वह उसके भी पहले, हजारों साल से करता हुआ आया होगा, जो कि स्वाभाविक है। अर्थात् वेदों में संकलित अनुभव एक दिन के नहीं हो सकते।

वैदिक देवशास्त्र का मूल प्राचीनकाल से वैदिक युग तक उस विश्वास में है, जो मानव प्राकृतिक दृश्यों को चेतन एवं दैवीय मानता रहा है। फलतः आकाश, पर्वत, नदी और पौधों की उपासना दिव्यशक्ति के रूप में हुई। इसमें रहस्य से उत्पन्न भय के साथ-साथ इनकी उपयोगिता भी वैदिक मानव समझने लगा था। यह उसके अनुभव से उत्पन्न ज्ञान ही था, जो वह समय के साथ गौ, घोड़ा, पक्षी एवं पशुओं का आह्वान भी करने लगा। यहाँ तक कि अपने ही हाथों बनाए गए पदार्थ, शास्त्र, युद्ध रथ, ढोल, हल, यज्ञ के उपकरण की भी उपासना शुरू हुई। जिसमें वहीं एकमात्र सूत्र है, उपयोगिता के कारण उसको पूजना अर्थात् महत्त्वपूर्ण मानने का भाव।

जो लोग वैदिक संस्कृति के अति प्राचीन होने पर प्रश्नचिह्न लगाते हैं या फिर यह कहते रहते हैं कि आर्य बाहर से आए थे। उनके पास कोई तथ्य या तर्क नहीं होते। अब कहनेवाले तो कुछ भी कह सकते हैं। वह भी शासक, जो कि विदेशी हैं, वह तो वैसे भी कुछ भी कह सकता था। बहरहाल, उनके लिखे को आसानी से गलत साबित किया जा सकता है। ऐसा करने से पहले उनसे यह पूछा जाना चाहिए कि उनके पास उनके कथन के समर्थन में क्या प्रमाण है? जबकि हमारे इस कथन का कि सिंधु घाटी के निवासी ही आर्य थे, के कई प्रमाण उपलब्ध हैं। जैसे कि अभी ऊपर कुछ एक उदाहरण दिए भी गए हैं, जिसमें सिंधुघाटी की सभ्यता में सनातन धर्म के कई चिह्न मिले हैं, जैसे कि किसी मातृदेवी की मूर्ति, शिव या पशुपति जैसे देवता की मुद्राएँ, लिंग-पूजन, पीपल की पूजा आदि-आदि। ये सब सनातन संस्कृति से जुड़े प्रतीक-चिह्न हैं। ये सब अगर तब की सभ्यता में थे तो यकीनन ये सब कम-से-कम पहले से वहाँ की परंपरा और जीवन का हिस्सा रहे होंगे। जो यह प्रमाणित करता है कि सनातन संस्कृति का प्रारंभिक काल सिंधुघाटी सभ्यता से भी पुराना है। संस्कृति एक दिन में तो बनती नहीं। धीरे-धीरे इनका विकास होता है। सनातन संस्कृति के विकासक्रम में सिंधु घाटी को एक पड़ाव माना जा सकता है। अब जब सिंधु घाटी सभ्यता का समय काल ही चार से पाँच हजार वर्ष पूर्व

का माना जाता है और इसे दुनिया की प्राचीनतम सभ्यता के रूप में देखा जा रहा है तो ऐसे में वैदिक संस्कृति, जो इससे भी पूर्व में निरंतर विकसित हो रही थी, कितनी पुरानी होगी, इसकी सहज कल्पना की जा सकती है।

अब जो तथाकथित विद्वान् आर्यों को बाहर से आया बताते हैं, उनके पास न तो तर्क हैं न ही तथ्य, इसलिए उनकी बातें हास्यास्पद हो जाती हैं। एक मिनट के लिए अगर यह मान भी लिया जाए कि आर्य बाहर से आए थे तो उन्होंने भारत में आकर ही वेदों की रचना क्यों की? क्योंकि वेदों में सरस्वती, सिंधु, गंगा, हिमालय और भारत भूखंड का वर्णन आता है। इसका कोई जवाब नहीं मिलेगा। लेकिन इसके उलट यह कहते ही कि आर्य जो हिमालय की गोद में पले-बढ़े, उन्होंने ही यहाँ आर्यावर्त में रहते हुए वेदों की रचना की, तो बाकी के सारे घटनाक्रम सही प्रतीत होने लगते हैं। विरोधियों से तर्कपूर्ण सवाल तो कई पूछे जा सकते हैं। उदाहरणार्थ, क्या इतने विशाल भूखंड के निवासी को किसी बाहरी समूह के द्वारा विस्थापित कर पाना उन दिनों संभव हो सकता था? तब की छोड़ो, आज भी यह संभव नहीं। और फिर एक सवाल और पूछा जाना चाहिए कि तथाकथित बाहरी कहाँ से आए थे? और जहाँ से भी आए थे, अपने साथ अपने मूल स्थान की कोई याद, प्रतीक, ग्रंथ तो साथ लाते! मगर ऐसा कुछ भी नहीं है। आर्यों ने तो यहीं पर वेद रचे।

वैसे यहाँ पर यह उल्लेख करना आवश्यक हो जाएगा कि वेद पूर्व में श्रुति रूप में थे। अर्थात् कब से लोकजीवन में प्रचलन में थे और कितने लंबे समय तक वेदों की रचना होती रही, ठीक-ठीक नहीं कहा जा सकता। मगर इससे यह तो कहा ही जा सकता है कि वेदों की रचना करनेवाले आर्य अति प्राचीन थे और हिमालय के नीचे मैदानी क्षेत्र में रहते हुए एक लंबे कालखंड में अपनी संस्कृति का विकास करते रहे।

वैसे इस संस्कृति को हजारों वर्ष पूर्व का बताने के लिए भी अब कई साक्ष्य मिलने लगे हैं। इधर-उधर की खुदाई और कार्बन डेटिंग प्रक्रिया में तो कहीं-कहीं इनका काल 40,000 वर्ष पुराना तक ज्ञात हुआ है। और फिर ये सिर्फ सिंधु-सरस्वती की घाटी तक ही सीमित नहीं थे, पूर्व में गंगा और दक्षिण में नर्मदा घाटी में भी इनके साक्ष्य मिल रहे हैं। नर्मदा घाटी के प्रमाण को दुनिया के प्राचीनतम मानव सभ्यता के लिए भी जाना जाने लगा है।

हिंदू

कुछ विद्वानों द्वारा हिंदू शब्द सिंधु से बना कहा जाता है। इसे स्वीकारा जा सकता है। मगर यह स्थानीय बोली-भाषाओं के उच्चारण के कारण हुआ होगा। यहाँ सिंधु का

मतलब सिंधु नदी से है, जिसका वर्णन ऋग्वेद में भी है। वैसे वेद में सप्त सिंधु का उल्लेख है। सात नदियाँ सिंधु, सरस्वती, वितस्ता (झेलम), आतुल (शुतुद्रि) (सतलुज), विपासा (व्यास), परूसी (परुषिणी) (रावी) और अस्किनी (अस्क्री) (चेनाब)। इनकी भूमि पर बसनेवाले आर्य कहलाए। विश्व में सात संख्या का आश्चर्यजनक महत्त्व है, जैसे कि सात सुर, सात रंग, सप्तर्षि, सात सागर। वेदों में गंगा, यमुना, सरस्वती, सतलुज, परुष्णी, मरुद्धधा और आर्जीकिया का भी उल्लेख है। सनातन संस्कृति में सप्त नदी का भी वर्णन है, वे नदियाँ हैं—गंगा, गोदावरी, यमुना, सिंधु, सरस्वती, कावेरी, नर्मदा। इन सात नदियों के उल्लेख के बाद भी किसी का यह कहना कि आर्य बाहर से आए थे, कुतर्क ही माना जाना चाहिए। जो इन नदियों का पारंपरिक पुजारी है, वे यकीनन धरती पुत्र होगा। आर्य भारत के सच्चे भूमि पुत्र थे। खैर, उन दिनों हिंदू शब्द धर्म की जगह राष्ट्रीयता या कह सकते हैं, निवासी की पहचान के रूप में प्रयुक्त होता था। चूँकि उन दिनों कोई और धर्म तो था नहीं। और उस समय भारत अर्थात् इस भूमि पर सिर्फ वैदिक धर्म को माननेवाले ही थे। कालांतर में वैदिक धर्म को ही हिंदू धर्म भी कहा जाने लगा।

वैसे सिंधु से हिंदू बनने का तर्क देनेवालों में से कइयों के अनुसार सिंध के पार रहनेवाला हिंदू कहलाए। उनके मतानुसार क्योंकि ईरान और परशिया भाषा में स शब्द ह की तरह उच्चारित होता है तो उनके द्वारा सिंधु के आगे रहनेवाले सभी हिंदू हो गए। यह तर्क थोड़ा हास्यास्पद है, क्योंकि ईरान की सभ्यता तब विकसित हो रही थी और परशिया की भाषा संस्कृत से प्रभावित हो रही थी। किसी बाहरी के द्वारा एक विकसित संस्कृति को क्या कोई नाम दिया जा सकता है? और वह भी उस अति प्राचीन विकसित सभ्यता को, जिससे वह स्वयं कहीं-न-कहीं प्रभावित होती रही हो। यह सब सोचना तर्कसंगत नहीं लगता है। यह जरूर है कि हिंदू शब्द कब प्रारंभ हुआ, कहना मुश्किल है। ठीक उसी तरह, जिस तरह सनातन संस्कृति कब शुरू हुई, अनुमान लगाना मुश्किल है। वैसे बृहस्पति आगम के अनुसार 'हिमालयं समारभ्य यावदिन्दुसरोवरम्। तं देवनिर्मितं देशं 'हिन्दुस्थानं' प्रचक्षते।' अर्थात् हिमालय से लेकर इंदु सरोवर (हिंद महासागर) तक यह देव निर्मित देश हिंदुस्थान कहलाता है।

महर्षि बृहस्पतिजी ने राजनीति शास्त्र पर बृहिस्पत्य शास्त्र लिखा। फिर वराहमिहिर ने बृहत्संहिता शास्त्र लिखा। जिसके बाद बृहस्पति आगम की रचना हुई। ये सब इरानी संस्कृति या अरबी सभ्यताओं के स्थापित होने से बहुत पहले लिखे जा चुके थे। इससे प्रमाणित होता है कि हिंदुस्थान (हिंदुओं का स्थान) नाम प्राचीन ऋषियों द्वारा दिया गया। अब कोई इसे भी नकारने के लिए कह दे कि ये आधुनिक समय में लिखे गए, तो अब इस पर कोई क्या कहे और क्या करे। क्योंकि किसी भी तथ्य या तर्क को न मानने का अधिकार तो एक अंतिम शस्त्र की तरह है, जिसे कभी भी चला दो। लेकिन ऐसे लोगों को

भी यह बात माननी होगी कि प्राचीन भारत में ग्रंथों का ज्ञान श्रुति रूप में था और सदियों तक पीढ़ियों को हस्तांतरित होता रहा। इसलिए इन रचनाओं के लिखे का प्रमाण और सही समय यों ही सुनिश्चित नहीं किया जा सकता।

संस्कृत में प्रत्येक शब्द की उत्पत्ति के पीछे एक विज्ञान है, जिसे शब्द व्युत्पत्ति कहते हैं और इसका आधार मूलत: ध्वनि है। ध्वनि उत्पत्ति, आवृत्ति, ऊर्जा और उच्चारण के आधार पर ध्वनि-परिवर्तित होकर नए शब्दों की उत्पत्ति होती आई है। जैसे सरिता (नदी) शब्द और हरित शब्द आपस में संदर्भित हैं। अथर्ववेद (20.30.4) के 'हरितो न रह्यां' की व्याख्या निघंटु (संस्कृत प्राचीन शब्दकोश) में की गई है। 'सरितो हरितो भवन्ति'। सच तो यह है कि वैदिक व्याख्या में 'स' कई स्थानों में 'ह' ध्वनि में परिवर्तित होते देखा जा सकता है, जैसे कि सरस्वती को हरस्वती कहा गया है 'तं मर्मर्तु दुच्छुना हरस्वती' (2.23.6-ऋग्)। 'श्री' भी कई स्थानों पर 'ह्रीं' के रूप में आया है। अत: हिंदू शब्द वैदिक सिंधु शब्द की ही उत्पत्ति हो सकती है। एक जगह कहा गया है कि 'हीनं दूष्यति इति हिंदू', जो हीनता को दूर करे, वह हिंदू है। हिंदू शब्द की व्याख्या भौगोलिक सीमा के द्वारा भी की जा सकती है। हिंदू=हिं+इंदु=हिमालय+हिंद महासागर। हिं=हिमालय, इंदु=हिंद महासागर। जो हिमालय और हिंद महासागर के बीच रहते हैं, वे हिंदू कहलाए और इस पूरे भू-भाग को हिंदुस्थान कहा गया। यहाँ सारे शब्द संस्कृत से ही हैं। हिं, इंदु, स्थान। अत: हिंदू एक वैदिक शब्द ही है।

एक और प्रमाण मिलता है हिंदूकुश पर्वतमाला से, जिसमें हिंदू शब्द है। अब कहनेवाले इस नाम पर भी अरबी प्रभाव बता सकते हैं और इसका अर्थ निकाल सकते हैं। मगर इस शब्द का उपयोग अनेक संस्कृत साहित्य में मिलता है। हाँ, यह सच है कि चारों वेदों में इस जीवन धर्म को, जीवन संस्कृति को हिंदू धर्म न कहकर वैदिक सनातन वर्णाश्रम धर्म कहा गया है, जो कि अनेक मानवीय धर्म से परिभाषित संस्कृति और सभ्यता है। लेकिन क्या कोई स्वयं का कोई नामकरण करना चाहेगा? वह भी तब, जब उसे अपनी पहचान किसी और को देने की आवश्यकता ही न हो। उस कालखंड में कोई और सभ्यता दुनिया में हमारे समकक्ष थी ही नहीं, जिसे हम अपना नाम-पहचान बताने की आवश्यकता महसूस करते। बहरहाल, यह हजारों साल पुरानी संस्कृति है, एक आदि सभ्यता, अब आदिकाल से यह न जाने कितने नामों से पुकारी जाती रही होगी, पता कर पाना अब संभव नहीं।

अब सवाल उठता है कि हिंदू धर्म की स्थापना किसने की? इसके जवाब में यही पूछना उचित होगा कि पृथ्वी और मानव की रचना किसने की? अर्थात् हम नहीं जानते। यह अपौरुषेय है। सच तो यह है कि सनातन हिंदू धर्म में न तो किसी पुस्तक न ही कोई महापुरुष है, जिसे सब हिंदुओं को मानना जरूरी रहा हो। किसी भी काल में ऐसा नहीं

था। इसीलिए इसे धर्म न कहकर बार-बार जीवन का मार्ग कहना पड़ता है। इसे समाज निर्माण के दिशा-निर्देश का संकलन भी कह सकते हैं। हिंदू धर्म का कोई केंद्रीय संगठन या चर्च या फिर पोप नहीं है। इसमें तो अनेक मत हैं, संप्रदाय हैं, धर्मग्रंथ भी अनेक हैं और ईश्वर व देवता भी कई हैं। सबकी अपनी-अपनी श्रद्धा है, आस्था है, विश्वास है। फिर भी कुछ प्रमुख बातें हैं, जो करीब-करीब सभी सनातन भक्त मानते हैं। खूबसूरती इस बात की है कि इन मूल विचारों पर भी वे बहस करने के लिए स्वतंत्र हैं। इतना प्रजातंत्र है, बोलने-विमर्श की पूरी स्वतंत्रता, विचार-मंथन सतत होता रहता है, जिसमें प्रकृति, मानव धर्म, आस्था, कर्म, पुनर्जन्म का सांसारिक चक्र, मोक्ष आदि विषय आते हैं। जिस पर व्याख्या विस्तारित होती रहती है। इन विषयों पर भी कुछ भी अंतिम सत्य नहीं। अनुभूति अनुसार हर महापुरुष ने अपने समय में अपने शब्दों में इसे परिभाषित किया। इसलिए इसे स्वयं अनुभववाला धर्म भी कहा जाता है। इस धर्म के मतानुसार सभी जीवों में आत्मा होती है और प्रकृति की हर कृति महत्त्वपूर्ण तथा पूजनीय है। हर आत्मा परमात्मा का अंश है और हर चेतना अपनी कल्पना कर सकती है।

ऋग्वेद के अधिकतर देवता वे हैं, जो प्रकृति से है और जिनकी मनुष्य के दैनिक जीवन में अत्यंत उपयोगी होने की भूमिका है। ऋषि वसिष्ठ कई ऋचाओं में प्रार्थना करते हुए कहते हैं—तेजवाले सूर्य हमारी शक्ति के लिए उदित हो, ···चारों दिशाएँ हमें शांति दें··· सिंधुवें (नदियाँ) हमारे लिए कल्याकारी होवें, ···जल हमें शांति प्रदान करे। ···अन्न के साथ पृथ्वी हमें शांति दे। ···पर्वत हमें शांति दे। यहाँ महत्त्वपूर्ण है, यह समझना कि प्रकृति से सहयोग के लिए प्रार्थना की जा रही है, उसका जबरन दोहन नहीं किया जा रहा। ये विचार ही मानव में सहृदयता पैदा करते हैं, फलत: किसी भी प्रकार का अभिमान जाग्रत् नहीं हो पाता।

ऋग्वेद के एक और ऋषि भरद्वाज ने आकाश को पिता, पृथ्वी को माता और अग्नि तथा वसु (सूर्य) को भ्राता कहते हुए उनकी स्तुति की है। वसु का तो अर्थ ही है, जो सबमें निवास करता है, चेतना ऊर्जा। वैसे वेदों में प्रत्येक मंत्र में किसी-न-किसी देवता की स्तुति है, कह सकते हैं, हर मंत्र के एक देवता हैं, जहाँ देवता का अर्थ होता है दाता।

ऋग्वेद के अन्य देवताओं में अधिकतर वे देवता हैं, जो वास्तव में प्रकृति के विभिन्न रूपों, दृश्यों और पदार्थों आदि के रूप हैं। उन्हें देवता के रूप में आह्वान करने का, उनकी स्तुति करने का कारण मनुष्य के कल्याण के लिए उनकी अपरिहार्यता ही है। इसी को ध्यान में रखकर उनके महत्त्व को रेखांकित किया गया है।

वेदों में तो सूर्य को हमारे इस जगत् की आत्मा माना गया है। और फिर यह ठीक भी तो है, सूर्य सभी तरह की ऊर्जा का स्रोत है, इसलिए उसका स्तुति गान हम करते

हैं। सूर्य के बिना जीवन असंभव है, यही कारण है कि सूर्य प्राचीन काल से महत्त्वपूर्ण देवता रहे हैं।

वैदिक संस्कृति के केंद्र में प्रकृति पूजा है, जो अब भी बहुत हद तक बरकरार है। आज भी हमारे जीवन-मूल्यों के नींव में प्रकृति है। इसलिए प्रकृति-प्रेम अब भी बना हुआ है। हम जानते हैं कि हम प्रकृति का ही हिस्सा हैं। यह ज्ञान वैदिक काल से पीढ़ी-दर-पीढ़ी चला आ रहा है। जहाँ हमारे वेदों में प्रकृति के हर रूप की वंदना की गई है, आसमान के तारों और आकाशमंडल तक की स्तुति की गई है, वहीं हमारे ऋषियों ने हजारों वर्ष के अनुभव और आत्मचिंतन के बल से प्रकृति के महत्त्व को समझा, रहस्य को जाना और इसका उपयोग प्राणिमात्र के उत्थान और सुख, शांति तथा स्वस्थ जीवन के लिए किया। लेकिन प्रकृति ज्ञान का उपयोग अपनी असीमित चाहत को संतुष्ट करने के लिए कभी नहीं किया गया। उलटे इससे बचने के संस्कार डाले गए। एक उदाहरण से इसे समझ सकते हैं। पीपल-नीम और तुलसी उनके लिए औषधियाँ थीं और औषधियों का प्रयोग सीमित होता है। जिस तरह औषधियाँ जीवन के लिए महत्त्वपूर्ण हो जाती हैं, ये प्रकृति प्रदत्त औषधियाँ वैदिक संस्कृति में मानव के लिए महत्त्वपूर्ण बना दी गईं। ऐसा करने के लिए समाज में, संस्कारों में, परंपरा में, विचारों में, आस्था में इनको उच्च स्थान प्रदान किया गया। यही नहीं, बल्कि इनके होने मात्र से हमारे स्वास्थ्य पर अनुकूल प्रभाव पड़ता है, इस ज्ञान का प्रचार-प्रसार किया गया, इनके संरक्षण और सुरक्षा के उपाय भी सुझाए गए।

प्रकृति के प्रति सम्मान, पर्यावरण की रक्षा, सिर्फ इसलिए भी की जानी चाहिए, क्योंकि यह जीवनदायिनी है। भला कोई अपनी जीवनदायिनी को नष्ट करता है ? नहीं। कभी नहीं। मगर आधुनिक मनुष्य ऐसा कर रहा है। यहाँ तक कि आधुनिक सनातनी भी इस चक्कर में फँस चुका है। वह अपनी संस्कृति से कट रहा है। हजारों साल के अनुभव से संचित ज्ञान से दूर हो रहा है, जो हमारे धर्मग्रंथों में संकलित है। दुर्भाग्य है, जो इन संस्कारों और जीवन-मूल्यों से अनजान है, जो उसके हित में होते थे और वे सब वेदों में व्यवस्थित रूप से पिरोकर परोसे गए थे। क्यों न हम उस ज्ञान के भंडार में से मोती चुनने का प्रयास एक बार फिर करें। और ऐसा करना इसलिए भी जरूरी हो जाता है, जब बात पृथ्वी छोड़ने की आ जाए। हो सकता है, वेदों, वैदिक संस्कृति और सनातन जीवन के द्वारा हमें कोई राह मिल जाए, जिस पर चलकर विश्व का कल्याण हो सके।

❑

अध्याय-3

1. ऋग्वेद में नदियाँ, जल, कुआँ, सरोवर, समुद्र, वर्षा

वेदों में मनुष्य के प्रकृति के साथ अनुभवों का भंडार है। यह काव्यात्मक रूप में लिखा गया। इसमें प्राकृतिक लीलाओं का रूपकीय विवरण है, जो अनेक प्रसंगों, संदेशों, घटनाक्रम के द्वारा व्यक्त हुआ है। प्रकृति प्रतीक बनी है, मानव की इस महान् रचना में। वेदों में जल, पृथ्वी, वायु, अग्नि, वनस्पति, आकाश के प्रति असीम श्रद्धा प्रकट की गई है। वेद प्रकृति का स्तुतिगान हैं। वेद अद्‌भुत हैं, दिव्य हैं।

प्राचीनकाल से ही पुरानी सभ्यताओं में प्रकृति पूजा का प्रचलन रहा है। लेकिन इनमें भी सनातन का प्रकृति-प्रेम गहरा और उद्‌देश्यपूर्ण है। प्रारंभ में हम प्रकृति की शक्तियों से डरते थे तो उसके प्रति पूजा-भाव रखते थे। जैसे-जैसे समझ बढ़ी, प्रकृति के महत्त्व को समझा तो फिर प्रेमपूर्ण प्रार्थना करने लगे। वैदिक साहित्य यह कहता आया है कि प्रकृति से प्रार्थना करने से हमारे हर तरह के रोग और शोक मिट जाते हैं, कष्ट दूर हो जाते हैं। प्रकृति में ही हमारी समस्या का समाधान है।

हमारे पूर्वजों ने यह जाना व माना कि प्रकृति ही शक्ति है और वही जगतजननी है। उसी के आधार पर हमारा जीवन संचालित होता है। हमें इस प्रकृति में ही जन्म लेना है और इसी मिट्टी में मिल जाना है। अर्थात् हम प्रकृति का ही हिस्सा हैं। इसलिए हमारा प्रकृति के प्रति स्वाभाविक रूप से सकारात्मक भाव होना चाहिए। वेदों में प्रकृति को ईश्वर का साक्षात् रूप मानकर उसके हर रूप की वंदना की गई। उस ईश्वर को तो किसी ने नहीं देखा, लेकिन प्रकृति को तो हम सब देख रहे हैं और जान रहे हैं। ऋषियों ने इस ईश्वर रूपी प्रकृति के महत्त्व को समझा। हमारे मुनियों, त्रिकालदर्शी महात्माओं एवं तपस्वियों ने प्राणिमात्र के उत्थान और सुख-शांति के लिए प्रकृति के रहस्य को खोजा। उन्होंने ही प्रकृति प्रदत्त औषधियों पीपल, नीम, बरगद आदि के अस्तित्व को सुरक्षित रखने के लिए धर्म से प्रकृति की आराधना को जोड़ा। वेदों में प्रकृति का गुण गान

गाया गया तो इसलिए कि प्रकृति जीवनदायिनी है। हम पर्यावरण से घिरे हुए हैं, इसलिए पर्यावरण की सुरक्षा में ही हमारी सुरक्षा है। इसीलिए प्रकृति की सुरक्षा व संरक्षण के लिए सनातन संस्कृति प्रतिबद्ध है। प्रकृति की रक्षा के लिए उसके प्रति सम्मानभाव का बोध होना आवश्यक है। इसलिए उसकी पूजा व्यवस्था की गई, जिसकी विस्तृत व्याख्या वेद करते हैं।

ऋग्वेद विश्व का प्राचीनतम लिखित साहित्य है। इसके पूर्व श्रुति रूप में और भी कई हजार वर्षों से जन-जन के बीच उपस्थित था। यह भारत की महान् विलक्षण संस्कृति का प्रामाणिक दस्तावेज है। यह आदिमानव के विकास-क्रम की कहानी है। यह हिंदू दर्शन और सनातन समाज की पारिवारिक, सामाजिक, राजनैतिक, परंपराओं को दरशाने वाला आदिग्रंथ है। यह कालजयी काव्य है। इसमें प्रयोग किए गए रूपक, उपमाएँ और उनके अलंकार से निर्मित काव्य-सौंदर्य अतुलनीय है। इसमें ऐसी अनेक ऋचाएँ हैं, जो प्रकृति के रहस्यात्मक दृश्यों के अद्‌भुत लोक में झाँकने को प्रेरित करती है। साथ ही ऐसी भी है, जो मनुष्य जीवन के लिए प्रकृति की उपयोगिता को समझाती है, और ये सब प्रस्तुत किया गया है, सुंदर शब्दों के माध्यम से। रचना इतनी सारगर्भित है कि प्रत्येक पाठक, हर बार पढ़कर गहरे और नए-नए अर्थों में उतरता चला जाता है।

जल

जल ही जीवन है। मनुष्य के अस्तित्व के लिए जो कुछ अनिवार्य है, उसमें जल प्रमुख है। हमारे शरीर की रचना में जल का बहुत बड़ा योगदान है। मानव शरीर में लगभग 60 फीसदी जल होता है, जबकि कुछ जीवों में उनके शरीर का 90 प्रतिशत भार जल का होता है। पृथ्वी की लगभग 70-75 प्रतिशत सतह जल से आच्छादित है। पृथ्वी पर जल प्राकृतिक रूप से पदार्थ की तीनों अवस्थाओं में मिलता है—वाष्प, बर्फ, जल। स्वच्छ जल से मनुष्य का शरीर स्वस्थ रहता है और दूषित जलपान करने से वह रोगग्रस्त हो जाता है।

वैदिक संस्कृत में जल के लिए आप शब्द का प्रयोग हुआ है, जो ईरान पहुँचकर फारसी में आब बन गया। जब यही मुगल शासकों के साथ हिंदुस्तान वापस लौटा तो हिंदी को पंजाब (पाँच पानी/नदी), गुलाब, आबोहवा जैसे शब्द दे गया। ऋग्वेदीय ऋषियों ने स्वच्छ जल के महत्त्व को पहचान लिया था। अत: उन्होंने अनेक तरह से जल का गुणगान किया। वेदों में जल देवता हैं। ऋग्वेद में जल देवता को 'आपो द्रेवता' बुलाया गया है। आप: पृणीत भेषजं वरुथं तन्वेऽ मम। ज्योक् च सूर्यं दृशे। (10.9 ऋग्वेद)

हे जलदेव! हमारे शरीर के लिए आप संरक्षक औषधियाँ प्रदान करें। जिनसे आरोग्य लाभ प्राप्त करके हम चिरकाल तक सूर्य दर्शन कर सकें अर्थात् दीर्घायु प्राप्त हो।

यों तो वेदों में सबसे पहले अग्नि, फिर इंद्र और फिर सोम की स्तुति है। मगर इंद्र और सोम कहीं-न-कहीं किसी-न-किसी रूप में जल से ही संबंधित हैं। कई स्थान पर जल को माता के समान बताया गया है। माता अर्थात् जीवनदायिनी। हमने स्वच्छ जल का आह्वान सिर्फ अपने लिए ही नहीं बल्कि अपनी गायों के लिए भी किया है। जल के भीतर अमृत और ओषधि की बात की गई। एक जगह स्तुति में कहा गया है—

'हे ऋषि, जल की वंदना करो। जल के लिए इंद्र युद्ध करते हैं। जल इंद्र की आज्ञा से बार-बार सोम के साथ मिलता है। जल माता के समान संसार की रक्षा करता है, और आत्मीय हो।'

'व्याधि निवारक दिव्य-गुणवाले जल का हम आह्वान करते हैं। वह हमें सुख-समृद्धि प्रदान करे। उस ओषधि रूपी जल की हम प्रार्थना करते हैं।'

ठीक इसी तरह एक स्तुति में प्रतीकों के माध्यम से जल के महत्त्व को दरशाया गया है। 'मैंने जो दुष्कर्म किए हैं, दूसरों के साथ जो अन्याय का आचरण किया है, मैंने जो दुर्वचन कहे हैं, जो झूठ बोला है, हे जल! उन सबको धो डाल।'

इस स्तुति में संदेश गहरे हैं। 'हे जल, जैसे माताएँ बच्चों को दूध देती हैं, वैसे ही तुम अपने सुख का रस (जल) हमें दो।'

ऐसे कई स्तुतिगान के द्वारा जल के गुणों को प्रदर्शित किया गया। मानव जीवन में उसके महत्त्व को स्वीकार किया गया है। शायद आज हम जल को उतना महत्त्व नहीं देते जितना हमारे पूर्वज देते थे। लेकिन फिर उसका दुष्परिणाम भी हम भुगत रहे हैं। आज पेट की अधिकांश बीमारियाँ दूषित जल के कारण हैं। जबकि पूर्व में यही जल पूजनीय था। इसलिए यह शरीर को स्वस्थ रखता था।

आजकल 'जल ही जीवन है' एक स्लोगन मात्र रह गया है, जबकि वेदों ने आदिकाल में ही इसके भावार्थ को जीवन का अंग बना दिया था। तभी ऋग्वेद में कहा गया है, 'हे परमात्मन! हमें प्रदूषित रहित जल, वायु और वन दो।' जल को प्रदूषण मुक्त रखने के उपाय भी सुझाए गए हैं। जल के सभी स्रोतों के बारे में विस्तार से वर्णन है। सनातन जीवनदर्शन में जल के महत्त्व को समझने के लिए यह जानना ही काफी है कि गंगा को माता माना जाता है, जबकि नर्मदा का नाम लेना ही पुण्य के लिए काफी है।

नदियाँ

ऋग्वेद में वर्णित नदियों में सर्वाधिक पूजनीय और पवित्रमय नदी सरस्वती है। उसे

प्रचंड तरंगोंवाली नदी के रूप में चित्रित किया गया है। यह पहली नदी है, जिसकी स्तुति की गई है। उसकी वंदना करते हुए जब कहा जाता है कि 'वह हमें सिंचित भूमि प्रदान करती है, यह हमारी समृद्धि को बढ़ानेवाली है', तो समझ आ जाना चाहिए कि हमारे पूर्वज क्या और क्यों कह रहे हैं। ऋषियों ने इसकी स्तुति करते हुए कहा कि 'शुभ्रवर्णा सरस्वती हमारी भक्ति स्वीकार करे, क्योंकि वह अपने तट पर बसे आर्यों को सुरक्षा भी प्रदान करती है।' सरस्वती को माताओं में सर्वोत्तम, नदियों में सर्वोत्तम और देवियों में सर्वोत्तम कहा गया। देखनेवाली बात यह है कि सरस्वती नदी उस काल में हिंदुस्तान के एक बड़े भू-भाग को सिंचित कर समृद्ध कर रही थी। सरस्वती के अनूठे अनुभव से उपजा ज्ञान ऋग्वेद में संकलित है। सरस्वती की जीवनयात्रा के साथ ही ऋग्वेद की विकासयात्रा भी है। यही कारण है, जो सरस्वती नदी के ह्रास और इसके अंचल को प्रभावित करनेवाले प्राकृतिक प्रकोप का वर्णन आता है। अपनी विपुल जल-संपदा के करण सरस्वती पहले भी बाढ़ के दिनों में भयंकर और विध्वंसकारी नदी बन जाती थी। इसी कारण से अपने कगारों (नदी किनारों) को तोड़नेवाली नदी के रूप में इसका उल्लेख किया गया है। एक ऋचा में उससे अनुरोध किया गया है कि वह अपनी बाढ़ की चपेट से स्रोत के धनधान्य का नाश न करे।

इस बात की आशंका भी प्रकट की गई है कि ऐसी विषम परिस्थिति में सरस्वती के क्षेत्र को छोड़कर अन्यत्र जाने की विवशता न उत्पन्न हो जाए। भयंकर बाढ़ों के लिए कुख्यात नदी सरस्वती की अनेक बाढ़ों में से एक असाधारण रूप से प्रलयकारी बाढ़ का वर्णन इस देश में हजारों वर्ष तक रहा, जिससे सृष्टि की अवधारणा और प्रलय की कल्पना को भी गहरे तक प्रभावित किया। इसका ऋग्वेद में सांकेतिक उल्लेख है। इस भयानक बाढ़ ने, संभवतः सरस्वती की धारा को बदला और दूसरी ओर इसके उद्‌गम क्षेत्र को भूस्खलनों के कारण इस तरह प्रभावित किया कि इसके निकास मार्ग बदल गए। सरस्वती में बहकर आनेवाला पानी यमुना और गंगा की ओर मुड़ गया। अर्थात् सरस्वती का पानी यमुना और गंगा में बहने लगा। इस तरह से जहाँ पर गंगा-यमुना का संगम है, वहाँ असल में सरस्वती का पानी भी एक-दूसरे से मिलता है। अर्थात् वास्तविकता में यह तीन नदियों का ही संगम है, जहाँ दो नदी दृश्य है और तीसरी अदृश्य। जिसे फिर लोक कथाओं में अलग-अलग ढंग से प्रस्तुत किया गया। पौराणिक कल्पना के अनुसार सरस्वती धरती के नीचे बहती हुई प्रयाग में आकर गंगा-यमुना से मिलती है। इस रूपकीय कल्पना के पीछे उपरोक्त सच्चाई है, जिसे हमारे पूर्वजों ने व्यक्त किया। सरस्वती के विलुप्त (खत्म) होते ही अर्थात् सूखते ही इसके तट पर रहनेवालों ने दूसरे स्थान खोजे। जिसमें प्रमुख था सिंधु नदी का तट। इसलिए सिंधु सभ्यता पर आर्य उन्नत नगर योजना बना पाए।

सरस्वती के बाद दूसरी महत्त्वपूर्ण ऋग्वेद नदी सिंधु है। उसे भी विशालकाय नदी के रूप में चित्रित किया गया है, जो वृषभ (बैल) के समान गर्जन-तर्जन करती हुई चलती है। सरस्वती की तरह सिंधु भी भूमि को उपजाऊ बनाने में सहायक है। एक ऋषि ने सिंधु को तेज चलनेवाली घोड़ी के समान अद्भुत और स्वस्थ स्त्री के समान दर्शनीय तक बताया है।

नदी के विस्तृत वर्णन के साथ ही नदियों के साथ के अनुभव को भी सँजोया गया है। जो अनुभव सरस्वती के साथ हुए वे सिंधु में प्रयोग किए गए। सरस्वती के सूखने के बाद वहाँ बसे लोगों ने जब सिंधु घाटी में बसना प्रारंभ किया तो सरस्वती का अनुभव काम आया। इसलिए सिंधु घाटी के नगर बेहतर और योजनाबद्ध नजर आते हैं। यही नहीं, जो खिलवाड़ प्रकृति के साथ सरस्वती नदी के घाट पर किए गए, उनसे सीख लेकर सिंधु और फिर आगे गंगा में प्रकृति के संरक्षण का विशेष ध्यान रखा गया। यों तो वेदों का रचनाकाल लंबा और निरंतर रहा है, जिसमें अनुभव के आधार पर नए श्रुतियों का समावेश किया गया और समयानुसार कई श्रुतियाँ आवश्यकतानुसार प्रचलन से बाहर भी हो गई होंगी अर्थात् अंतिम अनुभव का संकलन ही परंपरानुसार चलता रहा होगा। फिर भी ऋग्वेद में प्रकृति के संरक्षण का क्रमिक विकास नजर आता है। सरस्वती उदाहरण है। आज यह नदी विलुप्त है, मगर यह वैदिक युग में भी धीरे-धीरे सूखने लगी थी। फिर भी इसका विस्तृत वर्णन हुआ है।

सरस्वती व सिंधु के अतिरिक्त ऋग्वेद में गंगा, यमुना, सतलुज, रावी, चिनाब, झेलम, व्यास जैसी बड़ी और सरयू, गोमती, सोहान, रसा, कुभा (जिसे बाद में काबुल नदी कहा जाता है) आदि अनेक सहायक नदियों का भी उल्लेख किया गया है। ऋग्वेद में नदी स्तुति सूक्त है, जिसमें नदियों की वंदना की गई है। पुराणों में ब्रह्मपुत्र, रेवा (नर्मदा) का विस्तृत वर्णन है। इनको लेकर जो ऋचाएँ कही गई हैं, उनके अध्ययन से समकालीन समाज और तत्कालीन संस्कृति के बारे में हम जान सकते हैं। और यह समझ सकते हैं कि हमारे पूर्वज प्रकृति की उस अनमोल व्यवस्था को किस तरह पूजकर वंदनीय बनाते थे और इनके माध्यम से अपने जीवन को समृद्ध रखते थे। नदी को अन्न देनेवाली कहा गया। उनका आह्वान अपनी रक्षा के लिए किया जाता। यही नहीं इस पूरे भूखंड का नामकरण पश्चिम में सिंधु से लेकर उत्तर व पूर्व में गंगा तक आनेवाली सभी बड़ी सात नदियों के आधार पर किया गया।

आज भी हम वर्तमान सनातन संस्कृति में उन वैदिक दर्शन को देख सकते हैं। दुनिया में नदी किनारे अनेक प्राचीन सभ्यताएँ पनपीं, मगर किसी ने अपनी नदियों को अपने सामाजिक-धार्मिक जीवन में वो स्थान नहीं दिया, जो सनातन में दिया गया। आज भी यह देखा जा सकता है कि हम किस तरह नदियों को पूजते हैं। गंगा का हमारे जीवन

में क्या स्थान है। नर्मदा के तो दर्शनमात्र की महिमा हमारे पारंपरिक जीवन में है। यही नहीं, हमारे त्योहारों, पर्वों के दौरान सभी नदियों में आस्था प्रकट की जाती है। और यह सिर्फ नदी तक सीमित न रहकर जल के अन्य स्रोत तालाब, कुआँ आदि के लिए भी देखी जा सकती है।

महत्त्वपूर्ण बात अब यह है कि आज हमने अपनी नदियों का क्या हाल बना रखा है। इसमें मुख्य कारण विज्ञान और आधुनिक जीवन संस्कृति का है। मगर दुखद यह है कि हम इतने ज्ञानी होने के बाद भी अपनी नदियों का संरक्षण नहीं कर पा रहे। नदी पर हमारी आस्था का विस्तृत वर्णन आगे कुंभ, नदी परिक्रमा और अन्य अनेक पर्वों के चर्चा के दौरान आएगा। लेकिन आज हमारा नदी के प्रति उत्तरदायित्व इन कर्मकांडों तक ही सीमित होकर रह गया है। अब इसे दुर्भाग्य कहें या विडंबना।

कुआँ

कुआँ किसी भी द्रव का हो सकता है। आजकल कुएँ पेट्रोलियम के भी होते हैं। जो विज्ञान की कचरा-संस्कृति का एक और प्रतीक है। मगर हम यहाँ कुएँ के पारंपरिक अर्थात् पानीवाले कुएँ की बात कर रहे हैं, जो जीवन से संबंधित है।

जल के महत्त्व को समझकर ही हम नदियों को पूजते आए हैं। ठीक इसी तरह कुओं का भी उल्लेख वेद-पुराणों में आया है। जल के कारण ही इन सब में कुएँ के महत्त्व को दरशाया गया है। यही कारण रहा जो कालांतर में हम कुआँ-पूजन भी करने लगे, जो फिर हमारी संस्कृति का एक अंग बन गया। सामाजिक जीवन की इस परंपरा के बारे में विस्तार से चर्चा आगे करेंगे। जो यह दरशाता है कि कुआँ हमारी सभ्यता में कितना महत्त्वपूर्ण स्थान रखता आया है।

ऋग्वेद में कुएँ का उल्लेख अनेक ऋचाओं में हुआ है। कुआँ उन दिनों भी पीने के पानी और सिंचाई के प्रयोग में लाया जाता था। विभिन्न कारण से, जिसमें नदी की भौतिक सीमाएँ और ऋतु-निर्भरता प्रमुख हैं, कुएँ वैदिककाल में ही समाज का महत्त्वपूर्ण अंग बन गए थे। कुओं के कारण ही हम नदी से दूर अपनी सभ्यता बसा पाए। सिर्फ वर्षा पर हमारी निर्भरता खत्म हुई थी। गाँव बसने लगे थे, जिनका केंद्र यह कुआँ ही होता। यह धीरे-धीरे वैदिक सभ्यता में महत्त्वपूर्ण होता चला गया। आज भी ऐसी अनेक बावड़ी मिल जाएँगी, जिन्हें देखकर यह कल्पना ही हमें अभिभूत कर देती है कि यह अति प्राचीन है। कुओं का वर्णन अनेक घटनाओं, विपदा, संघर्ष और युद्ध के बीच भी आया है। कई स्थानों पर कुएँ को प्रतीक बनाकर कई संदेश देने का प्रयास किया गया। एक प्रार्थना अद्‌भुत है—ऋषि कहता है 'हे सोम, जल निकालने के लिए जैसे घड़ा कुएँ के भीतर

जाता है, वैसे ही हमारे सभी स्रोत तुम्हारे लिए जाते हैं।'

एक बात यहाँ समझना आवश्यक है कि मनुष्य ने पहले दिन से ही जलसंग्रह या सिंचाई आदि का समस्त ज्ञान नहीं पा लिया होगा। यह धीरे-धीरे समयानुसार विकसित हुआ होगा, जिसका क्रमिक विकास हम वेदों में देख सकते हैं। ऋग्वेद में कुएँ के अनेक पर्याय हैं—कूप, काट, कवट, खात, अवत आदि इनमें सभी को आज के कुओं की तरह नहीं माना जा सकता। कुछ गहरे गड्ढे भी रहे होंगे। जो भी हो, जल के इस निपुण प्रबंधन से ही हमारे पूर्वज ऐसे स्थानों पर जाकर बस पाने में समर्थ हुए, जहाँ पानी के साधन बहुत कम थे। लेकिन ऐसा करते समय कहीं भी प्रकृति की सीमाओं का उल्लंघन नहीं किया गया, जैसा आजकल हम बाँध बनाकर नदी को सूखने के लिए मजबूर करते हैं।

वैदिक काल में खेतों की सिंचाई का भी प्रबंध था। एक मंत्र में जल दो प्रकार से बताया गया है—'खनित्रिया' (खोदने से उत्पन्न होनेवाला) तथा 'स्वयंजा' (अपने आप होनेवाला नदी जल)। कूप (कुआँ), कवट (खोदकर बनाए गए गड्ढे) का उल्लेख ऋग्वेद में अनेक स्थानों पर आता है। इससे सिंचाई की जाती थी। 'कुल्या' शब्द भी ऋग्वेद में आया है। पर्वतीय क्षेत्र में छोटी नहर को आज भी 'कूल्ह' (कुल्या) ही कहते हैं। इस तरह से एक सामान्य सा दिखनेवाला कुआँ वैदिक संस्कृति के प्राकृतिक विस्तार का ध्वजवाहक रहा है।

सरोवर, झील, तालाब

सरोवर, झील का अर्थ तालाब या ताल नहीं हो सकता। सरोवर और झील एक ही अर्थ प्रस्तुत करते हैं, जो तालाब और ताल से आकार में बड़े होते हैं। सिंधु सभ्यता की खुदाई में मिले जल आपूर्ति प्रबंधन ने विशेषज्ञों और अध्येताओं का ध्यान अपनी ओर विशेष रूप से खींचा। ढोलावीरा में बरसाती पानी को रोककर जिस तरह से जलाशयों का निर्माण किया गया, उसे देखकर आज भी आश्चर्य है। यह प्राकृतिक जल का मानव निर्मित प्राकृतिक जल प्रबंधन है।

सनातन संस्कृति में जल के सभी स्रोत पूजनीय रहे हैं और उनकी स्तुति समय-समय पर की जाती रही है। नदी, कुओं की तरह ही सरोवर का भी उल्लेख वेदों में किया गया है। इन्हें लेकर कई ऋचाएँ हैं। महर्षि गौतम ने इंद्र की प्रशंसा करते हुए शर्यणावत सरोवर का उल्लेख किया है। एक सूक्त में सरस्वती नदी के साथ मानुष सरोवर का भी उल्लेख आता है, जिनके समीप कुमारों द्वारा यज्ञाग्नि प्रज्वलित करने का वर्णन है।

सरोवर का प्रतीक रूप में भी उपयोग किया गया है। बृहस्पति ऋषि ने ब्रह्मदर्शन के विषय में कहा है—देखने की शक्ति से संपन्न, सुनने की क्षमता से संपन्न, समान और

ज्ञान से युक्त सखा भी अनुभव जन्मज्ञान में उसी प्रकार एक समान नहीं हो सकते, जिस प्रकार कुछ जलाशय मुख तक जलवाले, कुछ कटि तक जल वाले, कुछ स्नान करने के लिए उपयुक्त सरोवर होते हैं।

सरोवर के धार्मिक, सामाजिक, आध्यात्मिक महत्त्व के लिए यह जानकारी काफी होगी कि जिस तरह सनातन संस्कृति में सात नदियाँ पवित्र मानी गई हैं, उसी तरह पाँच सरावेर भी पवित्र माने जाते हैं। कैलास मानसरोवर, यह देवताओं की झील है। मानसरोवर अर्थात् हजारों रहस्यों से भरा हुआ मन का सरोवर। नारायण सरोवर, यहाँ सिंधु नदी का सागर से संगम होता है। इसका वर्णन भगवद्गीता में मिलता है। यह विष्णु का सरोवर है, जहाँ आदिशंकराचार्य भी आए थे। पुष्कर सरोवर, यह ब्रह्मा से संबंधित है। यह कई ऋषियों की तपोभूमि है। इसका वर्णन पुराणों और रामायण में भी है। महाभारत में भी इसका संदर्भ कई बार आया है। दक्षिण में स्थित पंपा सरोवर, इसका संबंध रामायणकालीन है। यह वही स्थान है, जहाँ शबरी राम को बेर खिला रही है। बिंदु सरोवर सरस्वती नदी के तट पर स्थित यह एक तीर्थ है। यह एक मोक्षस्थल भी है। इसका वर्णन ऋग्वेद की ऋचाओं में मिलता है। संभवत: सरस्वती की कोई छोटी धारा पश्चिम की ओर निकल गई होगी। शास्त्रों में सरोवर का स्थान होना ही यह दरशाता है कि वैदिक काल से ही जल के इस स्रोत का कितना महत्त्व था। और उन्हें सामाजिक, धार्मिक, आध्यात्मिक, दार्शनिक रूप से उच्चस्थान प्राप्त था, जिसे सुनिश्चित करने के लिए परंपरा, संस्कार और कर्मकांड सुनिश्चित कर दिए गए थे।

समुद्र, महासागर

इसे सागर भी कह सकते हैं, मगर महासागर कहना ही समुद्र के लिए उचित होगा।

ऋग्वेद में समुद्र का उल्लेख अनेक ऋचाओं में हुआ है। समुद्र में संचरित नौकाओं की बात भी की गई है। संकेत मिलते हैं कि नौकाओं के लिए मार्ग निर्धारित रहे होंगे। समुद्र-मार्ग से व्यापार की चर्चा भी अप्रत्यक्ष रूप से आती है। एक ऋचा में यह कहा गया है कि धन के इच्छुक वणिक लोग समुद्र में नावों से आते-जाते थे। इन सबके बीच वसिष्ठ ऋषि एक स्तुति में समुद्र से भी शांति की प्रार्थना करते हैं। अपेय समुद्री जल के बीच पानी के लिए तरसते हुए यात्रियों की कष्ट कथा का भी उल्लेख किया गया है। पानी के बीच रहकर प्यासे मरने का प्रचलित मुहावरा वैदिक काल से चल रहा है।

हिंदू पौराणिक कथाओं में समुद्र-मंथन के बारे में चर्चित कहानी है, जिसमें देवताओं और असुरों ने मिलकर समुद्र-मंथन किया था। उस काल में समुद्री गतिविधियाँ इस हद तक बढ़ गई थीं कि लगता था, समुद्र को मथा जा रहा है—समुद्र मथना, एक

प्रयोजन, जो आर्थिक लाभ और अमृत की प्राप्ति हेतु होता होगा। इस तरह से भी समुद्र-मंथन को समझा जा सकता है। वैसे समुद्र को लेकर कई अन्य कहानियाँ भी पुराणों में है जैसे भगवान् वराह ने धरती पर से समुद्र का जल हटाकर धरती को मानव के रहने योग्य बनाया। समुद्र की जलपरियों और शेषनाग के साथ एक नागलोक का वर्णन भी आता है। इनके द्वारा दिए गए संदेशों को विस्तार से समझा जा सकता है। ये प्रतीक हैं। यहाँ आस्था के साथ आध्यात्मिक पक्ष है, तो भावार्थ में व्यावहारिक दृष्टिकोण को रखकर देखना होगा।

सागर को भी कैसे तीर्थ बनाया गया, इसके लिए गंगासागर एक उदाहरण हो सकता है। यह सागर द्वीप है, अर्थात् गंगा और सागर का संगम-स्थल। मकर संक्रांति पर यहाँ स्नान का विशेष महत्त्व है। यह प्रसिद्ध हिंदू तीर्थ है। कहा जाता है—सब तीर्थ बार-बार, गंगासागर एक बार। यह कुंभ के बाद दुनिया का सबसे बड़ा मेला है। इसे मोक्षधाम के तौर पर लिया जाता है। आखिरकार यहाँ गंगा का सागर से मिलन है, समर्पण है। गंगा का सागर में अस्तित्व विलीन हो जाना, इस प्राकृतिक घटना को सनातन ने तीर्थ बनाकर मानव को संदेश दिया। वह गंगा जो हमारी माता है, देवी है, जीवनदायिनी है, वह स्वयं यहाँ आकर सागर में विलीन हो रही है, ऐसे ही हमारी आत्मा भी परमात्मा में विलय हो। इस संदेश के साथ हमने गंगासागर को तीर्थ बना दिया। दुर्भाग्य यह है कि इसे हम यात्रा और स्नान तक ही सीमित करके देख रहे हैं और अब तो मात्र पर्यटन मान रहे हैं। यह तीर्थयात्रा से पर्यटन का सफर हमारे भौतिक विकास और आध्यात्मिक पतन का प्रतीक है।

वर्षा

वेदों में इंद्रदेव एक शक्तिशाली देवता हैं, इन्हें देवों का राजा या देवराज भी कहा जाता है। स्वर्गलोक के देवता माने जानेवाले इंद्रदेव वर्षा के स्वामी भी हैं। अब अगर इंद्र वैदिक काल में विशिष्ट स्थान रखते हैं तो वर्षा के महत्त्व को समझा जा सकता है। कालांतर में, विशेषकर पौराणिक कथा काल में इन्हें बेहद घमंडी और स्वर्ग की सत्ता के लिए लालायित दिखाया गया। यह सब अलग विषय है, जिस पर चर्चा हम 'इंद्र' विषय के दौरान आगे करेंगे। मगर वैदिक काल के इंद्र के अनेक नाम हैं—सुरेश, सुरेंद्र, देवेंद्र, देवेश, शचीपति, वासन, सुरपति, शक्र, पुरंदर। इंद्र नाम के कारण ही इंद्रधनुष, इंद्रजाल, इंद्रियाँ जैसे शब्दों की उत्पत्ति हुई। जितने नाम उतने महान्।

ऋग्वेद में मरुद्गण को वृष्टि (भारी बरसात) का देवता कहा गया है। पर्यन्य बादलों के देवता हैं। वह मेघों को अंतरिक्ष में फैलाते हैं। उन्हें ऊपर ले जाकर उनसे वर्षा

कराते हैं। वर्षाजल से धरती तृप्त होती है और ओषधि रूपी वनस्पतियों का पोषण होता है। यज्ञ से वृष्टि होती है और यज्ञ के लिए जो आहुति दी जाती है, वे कर्म होते हैं। इन सभी देवताओं के केंद्र में वर्षा और उससे संबंधित विभिन्न प्राकृतिक घटनाक्रम ही हैं।

वेद में इंद्र का स्थान सर्वोपरि है, अर्थात् वर्षा अति महत्त्वपूर्ण मानी गई। ऋग्वेद में लगभग एक-चौथाई सूक्त इंद्र से संबंधित हैं। ये वेद के सर्वाधिक लोकप्रिय देवता हैं। इन्हें आर्यों का प्रमुख देवता कहा जा सकता है। वर्षा के इस देवता को अनावृष्टि और अंधकार रूपी दैत्य से युद्ध करता दिखाया गया है। कई जगह तो लगता है कि ये वैदिक आर्यों के युद्ध देवता हैं। ऐसा करते समय इंद्र के अनेक मित्र भी हैं। ये सूर्य के भी प्रतिरूप हैं। वेदों में इन सभी देवताओं की अनेक ऋचाएँ हैं, जिनमें इनकी स्तुति की गई है। बहरहाल, यह हमारी आकांक्षा-अपेक्षा का दिव्य रूपांतरण है, जिसका चित्रण अलंकृत रूप में किया गया है।

संक्षिप्त में कहना हो तो वैदिक काल में वर्षा और जल से संबंधित सारे स्रोत महत्त्वपूर्ण हैं और इसका कारण है—कृषि पर निर्भर सभ्यता का होना। देवता का अर्थ होता है—दाता। वर्षा के इन सभी देवताओं की स्तुति का अर्थ है, उनसे अच्छी वर्षा अर्थात् जल की कामना।

❑

अध्याय-4

1. सनातन : कृषिप्रधान समाज

हमारी सनातन संस्कृति में सुर-असुर और देवता-राक्षस की अनेक पौराणिक कथाएँ हैं। ये दोनों पात्र दुनिया में कहीं और से नहीं आए। न ही ये दोनों पूरी तरह से काल्पनिक हैं। हाँ, काव्यात्मक ग्रंथों के चरित्र होने के कारण ये प्रतीक स्वरूप उपस्थित हो सकते हैं। असल में देवता न तो देवलोक से आए, न ही राक्षस पाताल लोक से। ये दोनों ही हमारे पूर्वज थे और इसी आदिभूमि की संतान भूमिपुत्र। मूल रूप से प्रारंभ में दोनों जंगल में निवास करते थे तो इन्हें 'जंगल पुत्र' भी कह सकते हैं। एक ही परिवार के दो भाइयों की तरह ये धीरे-धीरे अलग-अलग क्या हुए कि इनके बीच की दूरियाँ भी समय के साथ बढ़ती चली गईं। और फिर इतिहास लिखा एक भाई ने तो उसने दूसरे को कमतर तो दिखाना ही था। यह स्वाभाविक है।

कालांतर में पौराणिक कथाओं की गलत और इकतरफा व्याख्या ने गलतफहमियाँ और बढ़ा दीं। उस पर से आज के युग के लेखन और चरित्र-चित्रण ने, जिसमें असुर-राक्षस को दो सींगवाला बदसूरत, बदियल मनुष्य दिखाया जाता है, इसने दोनों भाइयों के बीच की दूरियों की खाई और चौड़ी कर दी। राक्षसों-असुरों का ऐसा चित्रण बेहद हास्यास्पद तो था ही, मगर जाने-अनजाने इस अर्थहीन कार्य ने आगे चलकर नुकसान अधिक किया। इस तरह के चित्रण के द्वारा समाज को किसी संदेश की बात भी थोड़ी उथली रह जाती है, जिसमें बुराई पर अच्छाई की जीत दिखाने का प्रयास बतलाया जाता। क्योंकि इस अपरिभाषित व अस्पष्ट संदेश से अधिक इस चित्रण ने समाज में जाने-अनजाने ही दो वर्ग बना दिए। इसको आधार मानकर एक बौद्धिक वर्ग विशेष, जो विदेशी मतों से अधिक प्रभावित है, को यह कहने का मौका मिल गया कि आर्य बाहर से आए थे, आर्य आक्रमणकारी थे, इन्होंने यहाँ के मूल निवासियों को मारकर जंगलों में भगाया, आदि-आदि। और अपनी मनगढ़ंत बात को सही सिद्ध करने के लिए अनेक झूठी कहानियाँ गढ़ीं।

अगर यह भ्रम न होता कि सुर-असुर दोनों अलग नहीं बल्कि एक ही परिवार के हैं तो हम आदिकाल के मानवीय इतिहास की घटनाओं को बेहतर ढंग से समझ पाते। जो वेदों में सांकेतिक रूप से संदर्भित और संकलित हैं। यहाँ यह भी ध्यान रखना होगा कि जो जंगल में रह गए, वे सभ्यता को नहीं स्वीकार करते थे। अतः असभ्य कहलाए, असुर। मगर वे उतने भी असुर प्रकृति के नहीं थे, जितने आज की सभ्यता में हमारे बीच पाए जाते हैं। आज के असुर तो समाज-सभ्यता में रहते हुए अराजक हैं, जो यकीनन राक्षस हैं।

वेद मानव के विकासक्रम का एक लेखा-जोखा भी है। इसके द्वारा आदिमानव से मानव बनने की कहानी को पढ़ा और समझा जा सकता है। संक्षिप्त में कहना हो तो कुछ इस तरह से कह सकते हैं—मानव माँ के पेट से सबकुछ सीखकर पैदा नहीं हुआ था। उसने यहीं धरती पर अपने बुद्धि-बल से धीरे-धीरे प्रकृति के रहस्यों को जानकर अपनी सभ्यता को विकसित किया। वेद इस घटनाक्रम के गवाह हैं। मगर एक बहुत बड़ा कालखंड, वेद रचना के पूर्व का भी होगा, जहाँ विकास धीमा मगर अभूतपूर्व रहा होगा। यह वेदों की श्रुति का काल था। यह मानव के जंगल से निकलने का समय है।

पूर्व पाषाण युग में, आदिमानव गुफाओं-जंगल में रहता होगा। उसका जीवन वन पर ही निर्भर था। धीरे-धीरे उसने कृषि का विकास किया। यह मानव के प्रकृति प्रदत्त जंगल आधारित भरण-पोषण से अलग व्यवस्था थी। जो धीरे-धीरे विकसित होती चली गई। इसके साथ विकसित हुई मानव सभ्यता और उसकी संस्कृति। लेकिन इस विकास में सभी सम्मिलित नहीं थे। कइयों ने जंगलों में रहना ही पसंद किया। और इस तरह दो भाइयों में से एक जंगल में और दूसरा मैदान में रहने लगा। कृषि आधारित जीवन जीनेवाले भाई ने नदी किनारे नगर बसाए, तो दूसरी ओर, पहला भाई जंगलों में ही पहले की तरह अपना जीवन जीता रहा। मैदान में विकसित किए गए नगर में रहनेवाले कृषि पर निर्भर भाई ने स्वयं को बेहतर घोषित करते हुए स्वयं को सुर और देवता कहना प्रारंभ किया, जबकि अपने प्रतिद्वंद्वी भाई को असुर और राक्षस घोषित कर दिया। इन दोनों भाइयों की जीवनपद्धति आगे चलकर अलग-अलग विकसित हुई, जो कि स्वाभाविक था। इसलिए इनकी संस्कृति भी अलग-अलग लेकिन समानांतर विकसित होती चली गई। मगर इनके बीच आपस में संबंध फिर भी बनते रहे, जैसे कि महाभारत काल में भीम और हिडिंबा का विवाह।

नगर में कृषि आधारित संस्कृति के नागरिक आर्य कहलाए और अन्य अनार्य। यहाँ आर्य शब्द के अर्थ मात्र से बहुत कुछ समझा जा सकता है। आर्य का अर्थ उत्तम, श्रेष्ठ, मान्य और मूलतः प्रतिष्ठित व्यक्ति के लिए होता रहा है। आर्यों को अपनी कृषि के लिए समतल भूमि की आवश्यकता होती थी। जो उन्हें जंगलों में आग लगाकर ही प्राप्त हो सकती थी। यह भी एक प्रमुख कारण होता था, सुर-असुर के बीच संग्राम का।

क्योंकि आर्यों को भूमि प्राप्ति में अग्नि की अहम भूमिका होती थी, इसलिए अग्नि उनके महत्त्वपूर्ण देवता बने। वैसे अग्नि अन्य कारणों से भी महत्त्वपूर्ण रही। कृषिभूमि को प्राप्त करने की इस प्रक्रिया ने ही आगे जाकर यज्ञ की परिकल्पना साकार की। अब चूँकि उनकी कृषि वर्षा पर आधारित थी, इसलिए इंद्र उनके प्रमुख दूसरे देवता बने। कृषि के लिए प्रकृति पर निर्भरता अधिक होती है, इसलिए आर्य द्वारा प्रकृति पूजी जाने लगी।

यकीनन पाषाण युग में कृषि आधारित समाज नहीं रहा होगा। मानव तब यायावर था। उस दौरान प्रकृति ही उसका जीवन था। सबकुछ प्रकृति में से ही था। मगर ऐसे में कुछ भी स्थायी नहीं होता था। लेकिन कृषि के आते ही स्थायी निवास होने से समाज का निर्माण और सभ्यता का विकास हुआ। यह भी जंगल में रह गए अनार्यों की संस्कृति के ठीक विपरीत था, जो उन दोनों के बीच द्वंद्व का कारण बनता रहता।

मानवीय सभ्यता के प्रारंभिक काल से भारत एक कृषि प्रधान देश रहा है। जिस सभ्यता की नींव ही कृषि है, उसका ऐसा होना स्वाभाविक है। यहाँ कृषि भी प्रकृति ही है। बीज के जमीन में अंकुरित होने से लेकर पौधे और अन्न का (फल) पौधों पर फलना, एक प्राकृतिक प्रक्रिया है, जिसे योजनाबद्ध ढंग से मानव ने करके उसे कृषि रूप में विकसित किया। स्पष्ट है कृषि प्रकृति आधारित है। इसलिए कृषि केंद्रित संस्कृति भी प्रकृति आधारित हुई। कृषि क्यों शुरू हुई, इसके विश्लेषण को क्रमवार रखें तो मौसम की अस्थिरता, जंगली जानवरों का आतंक, कबीलों की संयमहीनता, आपसी संघर्ष, सूखे आदि जैसे गंभीर संकट, जिनमें खाद्य पदार्थों का अकाल हो जाता। कृषि इन समस्याओं का समाधान है।

हम जिसके सहारे जीवनयापन करते आए हैं, उसका नुकसान नहीं कर सकते। यह तो जिस डाली पर बैठें, उसी को काटने के समान होगा। यह अलग बात है कि आज हम यही कर रहे हैं। फिर भी अपने को आधुनिक, शिक्षित व सूचना से लैस मानते हैं। जबकि इसके ठीक उलट, हमारे पूर्वज हमसे अधिक सतर्क, सजग और सावधान थे, इसीलिए उनके जीवन में हमसे कहीं अधिक सुख, शांति और समृद्धि थी। उनके लिए खेत और पशु ईश्वर तुल्य थे। भोजन-आहार तो आज भी हमें कृषि और पशु से ही मिलता है, मगर हम इनका आदर नहीं करते। हमारे पूर्वजों के तो त्योहार और पर्व भी ऋतुओं व प्रकृति आधारित होते। अर्थात् हर्ष, उल्लास, सामाजिक व पारिवारिक कार्यक्रम भी प्रकृति आधारित बनाए गए। यही कारण है, जो ऋग्वेद में अरण्य को देवता कहा गया है। आर्यों के लिए वन और वन के वृक्ष भी देवता हैं। वनों की प्रशंसा में ऋचाएँ कही गई हैं। वृक्षपूजा की बात की गई है। दसवें मंडल की एक ऋचा है—'कस्तूरी के समान सुगंधवाली, किसानों-कृषि के बिना आहार देनेवाली मृगाणां (पशुओं) की माता अरण्यानी की मैं स्तुति करता हूँ।'

कृषि कार्य से उत्पन्न सभ्यता के लिए उपयोग आनेवाला शब्द सुर का व्यावहारिक प्रयोग मूलत: उत्पादक (कृषिकर्मी) के लिए होता आया है, जबकि इसके विपरीत असुर को अकर्मा, अव्रत, अघायु, अराध कहा गया, जिनका मूल अर्थ है काम न करनेवाला। देवों को सुकर्म, सुक्रतु, सुराध आदि-आदि भी कहा जाता रहा, जो उनकी कर्मठता को बतलाता है। उनकी व्याख्या में श्रम और तप पर जोर दिया गया। ये सभी शब्द श्रेष्ठ अर्थात् आर्य के लिए उपयोग में लाए जाते रहे हैं। यही दृष्टिकोण कालांतर में गीता का दर्शन बना, जो कि कर्म आधारित है। ये कर्म प्रधान कृषि आधारित सभ्यता ही आर्यों की वैदिक सभ्यता कहलाई, जो विकसित होकर वर्तमान स्वरूप में आई।

वेदों में आर्यों के जीवन के आर्थिक पक्ष का वर्णन मिलता है, जिसे देखकर यह कहा जा सकता है कि इनकी जीविका का प्रधान साधन कृषिकर्म ही था। इसका प्रचार-प्रसार खूब किया गया। यही कारण है कि कृषि के संबंध में ऋग्वेद में विस्तृत चित्रण और वर्णन है। यों तो उन दिनों पशु-पालन भी होता था, मगर खेती की चर्चा ज्यादा है। कृषि पर फोकस इतना अधिक था कि एक जगह कहा गया है कि 'जुआ खेलना छोड़कर कृषि करो।' वेद में जमीन जिसे क्षेत्र या खेत कहा जाता रहा है, इसे दो प्रकार का बताया गया, एक उपजाऊ और दूसरा बंजर। खेत किसी एक जाति विशेष के पास रहते हों, अर्थात् जातिगत संपत्ति हो, ऐसे कोई संकेत नहीं मिलते हैं। एक परिवार बड़ा होने पर भी भूमि को हिस्सों में बाँटने की जगह सामूहिक रूप से खेती करते हुए संयुक्त रूप से रहने की प्रथा थी। वैदिक काल में भी खेती आज की ही तरह मूलरूप में होती थी। बस आधुनिक काल के मशीन और ट्रैक्टर आदि नहीं थे। खाद के रूप में गाय के गोबर का उपयोग होता था। अथर्ववेद में पशुओं के प्राकृतिक खाद का महत्त्व बतलाया गया है। सच कहें तो वेद आर्यों के कृषि आधारित समाज का साहित्य है।

2. ऋतु परिवर्तन

ऋतु परिवर्तन प्रकृति का स्वभाव है। इसका कारण पृथ्वी का सूर्य के चारों ओर चक्कर लगाना, उसका अपनी धुरी पर निरंतर घूमना, पृथ्वी की विशिष्ट आकृति और उसकी धुरी का झुकाव। इन सबके साथ, सूर्य की किरणों के पृथ्वी पर आगमन में विभिन्नता, पवन और जलधाराओं के बहाव और दिशा भी कारण हैं।

दिन-रात की तरह ऋतु में भी परिवर्तन एक सुनिश्चित समय के बाद पृथ्वी पर होता रहता है। ऋतु अर्थात् एक कालखंड, एक वर्ष से छोटा, जिसमें मौसम एक खास तरह से बना रहता है। प्रकृति के परिवर्तन के मूल सिद्धांत की तरह ही ऋतु परिवर्तन अर्थात् मौसम में परिवर्तन होता रहता है। यह एक चक्र है। प्रकृति का सुनिश्चित व

स्वनियंत्रित वार्षिक चक्र। इसी के कारण कृषि की व्यवस्था का विकास भी हुआ। जब हमने ऋतुओं की उपयुक्तता को अपने ढंग से अपने उपयोग में लाना शुरू किया, किस समय बुआई की जाए, किस समय जमीन में कितनी नमी होती है आदि-आदि पैमाने बने। यज्ञ के लिए मुहूर्त का विचार अर्थात् इसके लिए बिल्कुल उपयुक्त ऋतुकाल का ध्यान, इससे ही ज्योतिष का जन्म हुआ। फसल की बुआई के लिए उपयुक्त ऋतुकाल या कहें कृषियज्ञ के आरंभ के लिए उपयुक्त मौसम की पहचान की यह विधा है। इसमें ग्रहों-नक्षत्रों का ध्यान रखा जाता है। आज भी किसान ऋतु के सहारे ही खेती का सही समय चुनते हैं। धरती की समस्याओं को सुलझाने में आसमान की मदद का दूसरा नाम ज्योतिष है। कृषि की ऋतु पर निर्भरता, ज्योतिष विधा के जन्म का एक कारण बनी। इस विज्ञान का सुदृढ़ आधार भारत में है। यही अकेला देश है, जहाँ वैदिक काल से ही चंद्र व सौर दोनों गणनाएँ की गईं और दोनों के बीच के अंतराल को समायोजित करने का विधान किया गया। नक्षत्रों, तारों की स्थिति का अध्ययन, प्रकृति के हर परिवर्तन का विश्लेषण और फिर इसके आधार पर ही समय, काल आदि-आदि के पैमाने परिभाषित हुए। इसलिए हमारा समय सूचक गणना प्रकृति परिवर्तन, विशेष रूप से ऋतु-परिवर्तन के साथ समानांतर चलता है।

देवभूमि भारत में छह ऋतुएँ। अर्थात् हर दो महीने में यहाँ ऋतु-परिवर्तन है। यही कारण है, जो हम परिवर्तनशील बने। प्रकृति की परिवर्तनशील व्यवस्था हमारे शरीर और दैनिक जीवन को सीधे-सीधे अपने-अपने ढंग से प्रभावित करती। मगर साथ ही, यही ऋतु-परिवर्तन सामाजिक जीवन को भी प्रभावित करता है। हर ऋतु के अपने फायदे हैं तो नुकसान भी। सनातन संस्कृति में, प्रकृति की इस परिवर्तनशीलता को बड़ी खूबसूरती से अपने हित में, सहूलियत के हिसाब से, आवश्यकतानुसार उपयोग किया गया। कृषि इसका सर्वोत्तम उदाहरण है। प्रकृति की यही परिवर्तनशीलता आगे समय-काल के गणना का आधार बनी।

❑

अध्याय-5

1. समयकाल युग पंचांग

जब कोई घटना घटित होती है तो समय का अहसास कराती है। यही घटनाक्रम समय को परिभाषित करता है। सरल शब्दों में कहना हो तो लगातार घटनाओं के होने अथवा किसी गतिशील के एक बिंदु से दूसरे बिंदु तक जाने के अंतर को, इसकी अनुभूति को समय कहते हैं। वैसे अगर कोई घटना घटित हो रही है तो इसका अर्थ है कि कोई क्रिया हो रही है अर्थात् कहीं कुछ परिवर्तित हो रहा है। घटना मतलब परिवर्तन। यह परिवर्तन ही समय है। प्रकृति का स्वभाव परिवर्तन है, यही शाश्वत है और इसीलिए परिवर्तन का सूचक समय अति महत्त्वपूर्ण है।

संक्षिप्त में सीधे और सरल शब्दों में कहना हो तो समय परिवर्तन का पैमाना है।

समय की बात करते ही कई मजेदार बातें उभरती हैं। जिस समय को नींव बनाकर विज्ञान ने अपनी इतनी चमचमाती रेत की इमारत खड़ी की है, वही विज्ञान समय को स्वयं ठीक-ठीक परिभाषित नहीं कर पाता। आधुनिक भौतिक शास्त्री स्टीफन हॉकिंग, जो हमें पृथ्वी छोड़ने की सलाह ऊपर दे रहे हैं, इस मामले में दाएँ-बाएँ, आगे-पीछे की बातें करते हैं। इस चक्कर में ही उन्होंने एक किताब 'ए ब्रीफ हिस्ट्री ऑफ टाइम' भी लिखी। मगर उसमें भी समय को सीधे-सीधे परिभाषित नहीं कर पाए। इस किताब में उनकी लेखन कला तो उभरती है, मगर विज्ञान पक्ष भ्रमित ही रहता है, जो पाठक को भी भ्रमित रखता है। हाँ, जब दार्शनिक होकर वे यह पूछते हैं कि अगर समय का प्रारंभ किसी बिंदु से हुआ है तो उसके पूर्व क्या था। और वह अपनी दार्शनिकता में यह पूछते हुए तो और भी प्रभावी लगते हैं, जब वे लिखते हैं कि अगर ब्रह्मांड की रचना ईश्वर ने की है तो इसके पहले वह क्या कर रहा था। उपरोक्त किताब के अंत तक वे इसका जवाब ढूँढ़ते रहे, मगर समय को एक दर्शनशास्त्री के रूप में ही कुछ-कुछ परिभाषित करते नजर आए। सनातन दर्शन के पास उनके इन सभी सवालों के जवाब हैं, जब सनातन कहता है कि

सृष्टि में सभी एक चक्र में घूम रहे हैं। चक्र में कोई प्रारंभिक बिंदु नहीं होता।

व्यावहारिक रूप में भी यह बेहद रोचक है कि समय हमारे जीवन का एक महत्त्वपूर्ण पैमाना है, हम सब समझते हैं कि समय क्या है, मगर व्यक्त नहीं कर पाते, परिभाषित करना तो फिर दूर की बात है।

समय का कोई भौतिक अस्तित्व नहीं है। न ही यह प्रकृति की देन है। प्रकृति की अगर कोई एक महत्त्वपूर्ण व्यवस्था है, तो वह है उसकी परिवर्तनशीलता। प्रकृति में सबकुछ परिवर्तित हो रहा है, निरंतर। सच कहें तो परिवर्तन ही प्रकृति है। इस परिवर्तन को हम सदियों से देखते आ रहे हैं, लेकिन जैसे ही इस परिवर्तन को जानते हैं तो ज्ञान कहलाता है और समझने का प्रयास करते हैं तो विज्ञान बन जाता है। कुछ एक परिवर्तन हैं, जो सदियों से पृथ्वी पर घट रहे हैं, एक निश्चित अंतराल के बाद उनकी पुनरावृत्ति होती है, यह एक खूबसूरत प्राकृतिक व्यवहार है। जब इसी परिवर्तन को पहचानकर किसी पैमाने पर नापने लगते हैं तो हम समय को ही परिभाषित कर रहे होते हैं। और फिर इस परिभाषित समय के माध्यम से अन्य परिवर्तन को समझना व समझाना आसान हो जाता है। एक महत्त्वपूर्ण बात समय स्पेस के सापेक्ष है। जैसे ही हम अंतरिक्ष में जाएँगे तो इसी समय पर नए ढंग से विचार करना होगा। अगर बात पृथ्वी की करें तो समय को नापने के लिए पृथ्वी ही सुलभ घड़ी तंत्र है, जो अपने अक्ष और कक्ष में सूर्य को केंद्र में रखकर निरंतर घूम रही है। हमारी पृथ्वी का सूर्य की तुलना में घूमना ही हमें समय का बोध कराता है। मगर चूँकि हम पृथ्वी पर ही स्थित हैं इसलिए पृथ्वी हमारे सापेक्ष नहीं घूमती और यही कारण है, जो पृथ्वी की गति हमें नजर नहीं आती, दूसरी तरफ सूर्य पृथ्वी के सापेक्ष घूमता नजर आता है। सूर्य की दो गतियाँ दिखाई देती हैं—एक तो सूर्य का पूर्व से पश्चिम की तरह पृथ्वी की परिक्रमा, दूसरा सूर्य का पूर्व बिंदु से पहले उत्तर की ओर, फिर उत्तर से दक्षिण की ओर जाकर कक्षा का भ्रमण करना अर्थात् उसके परिक्रमा की कक्षा (सर्किल) भी बदलती रहती है। पहले से दिन-रात बने, दूसरे से वर्ष।

अति प्राचीन काल से वैदिक आर्य ने सूर्य की विभिन्न अवस्थाओं के आधार पर प्रातः, दोपहर, संध्या व रात्रि परिभाषित की और सूर्य की कक्षा व गतियों के कारण पक्षों, मास और वर्ष की गणना प्रारंभ की। यह कब से शुरू हुआ, सही-सही कहना मुश्किल है, मगर यही मुख्य आधार रहा है, जो आज भी जारी है। कालांतर में सूक्ष्म रूप से समय नापने के लिए धूप घड़ी का प्रयोग हुआ और रात्रि में नक्षत्रों से समय निर्धारित किया गया। बालू का घड़ी तंत्र आदि-आदि भी बनाए गए।

इस निरंतर बहते समय को किसी दो बिंदु के बीच खंड बनाकर देखें तो यही कालखंड बन गया। और इस काल और युगों के बीच में घटित घटनाक्रम को लिपिबद्ध करते ही वह इतिहास बन गया। काल से ही बना भूतकाल, वर्तमानकाल, भविष्यकाल।

जो इस वक्त के पहले तक घटित हुआ समय, उस काल को भूतकाल कहा गया। काल उस समय में घटित घटनाक्रम की अभिव्यक्ति को समय के संदर्भ में दरशाता है। घटनाक्रम स्थिति परिवर्तन को समय के सापेक्ष प्रदर्शित करता है। काल का महत्त्व घटना के होने और उसके वर्णन करने के बीच की समय की दूरी का एक पैमाना है। आदिकाल में मनुष्य ने उन घटनाओं को, जो उसके ऊपर गहरा छाप छोड़ गईं, अच्छी या बुरी, उसे याद करते हुए काल को परिभाषित कर दिया। इस तरह से वैदिक काल में ही अनुभवों को संचित करने के उपाय खोज लिए गए थे, जिसका लाभ आधुनिक काल को उठाना चाहिए था। सवाल यह है कि क्या उठाया जा रहा है? नहीं। अनुभवों का लाभ वैदिक काल ने तो लिया, लेकिन फिर बाद में हम चूकते चले गए।

पृथ्वी पर यह समय अर्थात् परिवर्तनशीलता ही तो सबसे महत्त्वपूर्ण है। सबसे शक्तिशाली है। क्योंकि यह प्रकृति का मूल है। सनातन संस्कृति ने इस रहस्य को जानते-समझते, पहचानते, सबसे महत्त्वपूर्ण व शक्तिशाली मानते हुए, उसे नमन किया। और उसे एक नाम दिया, महाकाल, जो फिर भगवान् शिव से संबंधित और संदर्भित है। वही शिव, जो हमारे सबसे शक्तिशाली देवता माने जाते हैं। हम जब शिव की पूजा कर रहे होते हैं तो असल में उस काल-समय की पूजा कर रहे होते हैं, जब महाकाल के सामने नतमस्तक हो रहे होते हैं, तब असल में प्रकृति की अद्‌भुत शक्ति उस परिवर्तन को नमन कर रहे होते हैं, जिससे हम सब कहीं-न-कहीं संबंधित हैं और नियंत्रित होते हैं। सनातन सभ्यता ने समय की इस शक्ति को पहचाना, तभी तो हमारी कहावतों में यह आ गया कि समय बलवान् होता है। जब हम महादेव की आराधना कर रहे होते हैं तो समय की आराधना करते हैं, काल की आराधना करते हैं, परिवर्तन की आराधना करते हैं, सच पूछें तो प्रकृति की आराधना कर रहे होते हैं।

वैदिक आर्य ने अपने अनुभव आधारित ज्ञान को और विस्तार दिया। दिन-रात की परिकल्पना करते समय सूरज की गतिशीलता तो थी ही, साथ में निरंतर होनेवाली अन्य प्राकृतिक परिवर्तितशीलता भी थी। क्योंकि चाँद की उपस्थिति भी क्रम से घटती, फिर बढ़ती रहती और इस तरीके से पूर्णिमा और अमावस्या परिभाषित हुए। और यह पूर्णिमा और अमावस्या भी एक घटना है। इन दो प्राकृतिक घटना के बीच का कालखंड भी परिभाषित हुआ। महीने (मास) और उसके दो पक्ष बने। उधर मौसम (ऋतु) की परिवर्तनशीलता को देखते हुए वर्ष-साल के पैमाने तय हुए। वैदिक आर्यों ने सबकुछ प्रकृति से जोड़ा, फिर चाहे दिन-रात हो या फिर पूर्णिमा-अमावस्या और उसके कारण बननेवाले महीने और ऋतुओं के अनुसार साल। वर्ष का शुभारंभ भी हमने प्रकृति के उस वैभव से जोड़ा, जहाँ से हमें महसूस हुआ कि प्रकृति अपने नए जीवन (रूप-शृंगार) के साथ हमारे सामने प्रस्तुत हो रही है।

निरपेक्ष भाव से देखें तो ब्रह्मांड में सब शून्य है। आसमान में पहुँचकर दिशाहीनता का भाव आता है तो साथ ही समय का अस्तित्व भी खत्म हो जाता है। चूँकि वहाँ दिन-रात नहीं होते। दिन-रात तो पृथ्वी का खेल है। वह भी इसलिए, चूँकि सूर्य के स्थान का परिवर्तन होना, एक चक्र की तरह है, जो एक सुनिश्चित समय के बाद फिर अपने आप को दोहराता है, इस प्रक्रिया की पुनरावृत्ति होती है। क्या ऐसे परिवर्तन ब्रह्मांड में नहीं हो रहे? क्या ब्रह्मांड में भी पुनरावृत्ति के चक्र चल रहे हैं? विज्ञान अभी इसे खोज रहा है, समझ रहा है। मगर वैदिक काल में इस कालचक्र का वर्णन है। पूरा ब्रह्मांड एक चक्र में निरंतर घूम रहा है। हमने जीवन-मृत्यु को भी पुनर्जन्म के द्वारा एक चक्र में डाला हुआ है। सनातन धरातल से निकली बुद्ध-बौद्ध धर्म से भी कालचक्र संबंधित और संदर्भित है। वहाँ भी कालचक्र का अर्थ समय का चक्र ही है। बौद्ध दर्शन के अनुसार भी यह मूलतः प्रकृति से ही जुड़ा हुआ है। इनके मतानुसार भी ब्रह्मांड चार स्थितियों से गुजरते हुए एक पूरा चक्र करता है। बौद्ध ग्रंथों के अनुसार कालचक्र, बाह्य और आंतरिक दोनों हो सकता है। अर्थात् एक कालचक्र ब्रह्मांड में घूम रहा है, एक हमारे भीतर चल रहा है।

सनातन की यही खूबसूरती है कि उसने हर प्राकृतिक घटना के रहस्य में जीवन दर्शन ढूँढ़ने का प्रयास किया। हमारे पूर्वजों ने प्रकृति के इस अद्‌भुत अलौकिक स्वभाव को समझा और फिर उसकी व्याख्या की। विज्ञान ऐसी कई व्याख्या को अब धीरे-धीरे स्वीकृत कर रहा है।

समय के परिभाषित होते ही काल अस्तित्व में आया, हम कालखंड की बात करने लगे और फिर इतिहास की परिकल्पना हुई। इतिहास, जहाँ घटनाओं को समय के क्रम में विधिवत् क्रमानुसार सूचीबद्ध किया गया। फिर महापुरुषों और उस समय में समाज की विशेषताओं के अनुसार युग का नामकरण भी हुआ, जिससे हम उस काल अर्थात् कालखंड को उस नाम से जान सकें, पहचान सकें। एक युग को अन्य से अलग कर सकें। परिभाषित कर सकें। सनातन संस्कृति ने सतयुग, त्रेतायुग, द्वापर और कलियुग नाम से अपने कालचक्र को बाँटा और उसके पुनरावृत्ति की परिकल्पना की। उसका विस्तृत और बृहत् वर्णन सदियों पहले किया जा चुका है। विज्ञान को इस तक पहुँचने में अभी वक्त लगेगा। मगर उसी विज्ञान का एक वैज्ञानिक पृथ्वी से पलायन करने की बात करने लगा। वैदिक संस्कृति प्रलय की बात तो करती है, पलायन की नहीं। उस प्रलय से बचने के उपाय भी सुझाती है, जिसके द्वारा पलायन की आवश्यकता नहीं रह जाती। चिंता की बात यह है कि विज्ञान के द्वारा प्रलय नहीं, सर्वनाश हो सकता है, जिससे प्रकृति का यह चक्र टूट सकता है।

युग

कहा जाता है कि ये विज्ञान का युग है। सनातन के मतानुसार यह कलियुग है। तो क्या विज्ञान कलियुग का कारण है? शायद। यह बहुत हद तक सच है।

मगर यह युग है क्या? हिंदू सनातन सभ्यता के अनुसार युग मतलब निर्धारित वर्षों की काल-अवधि अर्थात् एक सुनिश्चित मगर लंबा कालखंड। सनातन दर्शन की ऐसी मान्यता है कि ब्रह्मांड का कालचक्र चार युगों के बाद अपने आप को दोहराता है। सनातन ज्ञान यह कहता है कि हर 8.2 अरब सालों बाद ब्रह्मांड में जीवन का एक बार निर्माण एवं नष्ट होने की प्रक्रिया रचना पूरी होती है। इस कालावधि को ब्रह्मा का एक पूरा दिन (रात और दिन मिलाकर) कह सकते हैं। शास्त्रों में ब्रह्मा के जीवनकाल के बारे में भी वर्णन मिलता है। आँकड़ों और इसके विस्तार पर न जाते हुए इस थ्योरी के मूल को देखें तो यहाँ भी प्रकृति की परिवर्तनशीलता ही मिलेगी। और मिलता है निर्माण व विनाश का चक्र, जो निरंतर घूमता पहिया है।

काल के इस खंड विशेष के रूप में युग शब्द का प्रयोग ऋग्वेद में मिलता है। पुराण आदि में युग की इकाई और परिमाण का वर्णन मिलता है। वहीं युग धर्म आदि की विशद चर्चा मिलती है। वेदांत ज्योतिष में युग का विवरण है। हमने अपने लौकिक युग को सत्य, त्रेता, द्वापर और कलि नाम से चार भागों में बाँटा है। इन चार युगों को एक महायुग और दिव्ययुग भी कह सकते हैं। इन चार युगों की विस्तृत विवेचना और गणना हमारे शास्त्रों में है, जिसमें इनके कालखंड को विस्तार से सांख्यिकीय के आधार पर दरशाया गया है कि कौन सा युग कितने हजार वर्षों का हुआ। यह सबकुछ नक्षत्रों-ग्रहों के स्थान के अनुसार निर्धारित किया गया। जिसका पुनर्मूल्यांकन आज के खगोलशास्त्री कर रहे हैं। इस पर गहन अध्ययन हो रहा है। यह अपने प्राचीन काल में झाँकने का एक प्रयास है, जिसका सूत्र सनातन धर्मियों ने सदियों पहले दे दिया था। कहा तो यह भी जाता है कि चार युगों का यह 22वाँ चक्र चल रहा है। वैसे इसको लेकर अलग-अलग कई धारणाएँ हैं। मगर सब में यह स्पष्ट है कि इन चार युगों का चक्र निरंतर जारी है। और यही प्रकृति का मूल स्वभाव है।

पूर्व के तीनों युग के प्रारंभ और अंत को लेकर अनेक पौराणिक कथाएँ हैं। कलयुग (कलियुग) के प्रारंभ के बारे में भी भिन्न-भिन्न मत हैं। कोई विद्वान् महाभारत युद्ध से इसका प्रारंभ मानता है, कोई श्रीकृष्ण के निधन से, कोई-कोई तो इसे द्रौपदी की मृत्युतिथि से आरंभ हुआ मानते हैं। और जहाँ तक रही बात कलियुग के अंत की तो शास्त्रों के अनुसार अभी इसमें हजारों वर्ष बाकी हैं। अभी तो कलियुग का प्रथम चरण ही चल रहा है। कलियुग के अंत के पूर्व जो पृथ्वी पर स्थिति होगी, उसका वर्णन भयावह है। मनुष्य की औसत आयु 20 वर्ष रह जाएगी। शरीर घटकर बौना हो जाएगा, युवावस्था

समाप्त हो जाएगी। सभी रोगग्रस्त होंगे और अंत में अन्न उपजना बंद हो जाएगा, पेड़ों पर फल नहीं लगेंगे, धीरे-धीरे धर्म, सत्य, दया, क्षमा और मानवता का लोप होता चला जाएगा। यह आज के संदर्भ में सच ही लगता है। ऐसा नारकीय जीवन किस काम का, जो फिर चाहे वह पृथ्वी छोड़कर विज्ञान द्वारा अंतरिक्ष में कहीं भी हो। इससे बचने का एकमात्र मार्ग है वैदिक सनातन हिंदुत्व।

अनादिकाल से चले आ रहे इतने लंबे समय-काल को सही माप पाना वैसे भी संभव नहीं, मगर महत्त्वपूर्ण है युग वर्णन के द्वारा हम उस युग की विशेषता को जान पाते हैं। किस युग में किस प्रकार के व्यक्ति और समाज होता था, आदि-आदि। हर युग के युगपुरुष अपने युग का प्रतिनिधित्व करते हैं। सतयुग के गुण अलग थे तो त्रेतायुग में ही अवगुण आने लगे थे। द्वापर युग में स्थिति और अधिक बिगड़ी थी। महाभारत उसी का परिणाम था। महाभारत को सनातन समाज में एक सीख और संदेश के रूप में भी देखा जाता रहा है। यह दीगर बात है कि आधुनिक काल में हमने इससे सबक लेना छोड़ दिया और तेजी से पश्चिम सभ्यता के प्रभाव में आ रहे हैं। यह वही पश्चिमी सभ्यता है, जो कलियुग का प्रतिनिधित्व करती है। वही कलियुग, जो विज्ञान की कचरा-संस्कृति की देन है।

पंचांग

पंचांग हिंदू समाज द्वारा माने जानेवाला कलेंडर है। इसके अनेक रूप हैं। मगर हरेक के मूल में प्रकृति ही है। प्रकृति के इस परिवर्तनशीलता को उपयोग में लाने की यह एक बहुमूल्य परंपरा है। सच कहें तो हमने अपने ऊपर प्रकृति के नियंत्रण को एक खूबसूरत संपर्क सूत्र में बदल दिया है। पंचांग इसका एक उत्तम उदाहरण है।

पंचांग, हिंदू काल गणना की रीति से निर्मित कलेंडर, इसे कालदर्शक भी कह सकते हैं। सरल शब्दों में बीते हुए समय की गणना कर परिभाषित करना, वर्तमान को समय के पैमाने पर नियमित करना और भविष्य को उजागर करने की कोशिश करना। अर्थात् समय के तीन भाग हुए—भूतकाल, वर्तमान और भविष्य।

हमने आज अपने वर्तमान को इसी कालदर्शक कलेंडर से नियमित कर रखा है। हमें पता होता है कि आज पूर्णिमा है या अमावस्या। चाँद निकलेगा तो कितना निकलेगा। सूर्योदय और सूर्यास्त कब होगा। देखा जाए तो यह इस बात पर आधारित है कि हम मानते हैं कि पृथ्वी अब तक जिस तरह से घूमने का व्यवहार कर रही थी, वह आज भी कर रही है और आगे भी करती रहेगी। यहाँ कहने का तात्पर्य यह है कि हमारे विचार, हमारे सिद्धांत, हमारी कालगणना, हमारा संबंधित विज्ञान, सब प्रकृति पर आधारित है। इसी के

मद्देनजर हमने भविष्य की वाणी अर्थात् भविष्य के बारे में जानने-बताने की बात शुरू कर दी। यह भविष्यवाणी पूरी-की-पूरी एक विज्ञान बन गई। जिसका आधार है सूर्य, चंद्र और अन्य नक्षत्रों की स्थिति। जिसके मूल में है पुराना अनुभव, जिसके आधार पर भविष्य की कल्पना की गई। मगर कल्पना कीजिए कि हमारे कारण यह सब अव्यवस्थित हो जाए, यही प्रलय के आगमन का सूचक होगा, जिससे वैज्ञानिक डर रहे हैं।

हमारे पंचांग सनातन संस्कृति के कई परतों को खोलते हैं। पंचांग अर्थात् पाँच अंग, पाँच प्रमुख भागों से बने होने के कारण हैं। पाँच प्रमुख भाग हैं—तिथि, वार, नक्षत्र, योग और करण। पंचांग की गणना का आधार है सूर्य, चंद्र और नक्षत्रों की स्थिति। इसीलिए इसमें स्वाभाविक रूप से तीन धाराएँ बन गईं। एक चंद्र आधारित, एक सूर्य आधारित और एक नक्षत्र आधारित। मगर इन सबके मूल में पृथ्वी का घूमना और परिक्रमा करना ही है। दिन-रात मिलाकर 15 दिन के दो पक्ष होते हैं—शुक्ल और कृष्ण। इन दो पक्षों से एक महीने की कल्पना की गई और 12 महीने का एक साल। प्रत्येक साल में दो अयन होते हैं। सात दिन का एक सप्ताह रखने का प्रचलन विक्रम संवत् से शुरू हुआ। एक साल को बारह महीने, प्रत्येक महीना तीस दिन का, जिसमें दो पक्ष, एकपक्ष में लगभग पंद्रह दिन या दो सप्ताह, एक सप्ताह में सात दिन। एक दिन को तिथि, जो पंचांग के अनुसार उन्नीस घंटे से लेकर चौबीस घंटे की होती है। दिन को चौबीस घंटे के साथ-साथ आठ प्रहरों (पहरों) में बाँटा गया और एक प्रहर (पहर) कोई तीन घंटे का होता है, एक घंटे में लगभग दो घड़ी होती है। एक पल लगभग आधा मिनट के बराबर और एक पल में चौबीस क्षण होते हैं। पहर के अनुसार देखें तो चार पहर का दिन और चार पहर की रात।

सनातन शास्त्रों के मतानुसार कालगणना का सूक्ष्म विश्लेषण

कति = सेकंड का 34000वाँ भाग, 1 त्रुति = सेकंड का 300वाँ भाग, 2 त्रुति = 1 लव, 1 लव = 1 क्षण, 30 क्षण = 1 विपल, 60 विपल = 1 पल, 60 पल = 1 घड़ी (24 मिनट), 2.5 घड़ी = 1 होरा (घंटा), 24 होरा = 1 दिवस (दिन या वार), 7 दिवस = 1 सप्ताह, 4 सप्ताह = 1 माह, 2 माह = 1 ऋतु, 6 ऋतु = 1 वर्ष, 100 वर्ष = 1 शताब्दी, 10 शताब्दी = 1 सहस्राब्दी, 432 सहस्राब्दी = 1 युग, 1 युग = 1 कलियुग, 2 युग = 1 द्वापर युग, 3 युग = 1 त्रेतायुग, 4 युग = सतयुग, 1 महायुग = सतयुग + त्रेतायुग + द्वापरयुग + कलियुग, 76 महायुग = मन्वंतर, 1000 महायुग = 1 कल्प, 1 नित्य प्रलय = 1 महायुग (धरती पर जीवन का अंत फिर आरंभ), 1 नैमितिका प्रलय = 1 कल्प (देवताओं का अंत और जन्म), 1 महाकाल = 730 कल्प (ब्रह्मा का अंत और उनका जन्म)।

इस काल-गणना के अति प्राचीन होने पर इन आँकड़ों पर अलग-अलग मत संभव है। यहाँ महत्त्वपूर्ण है इसकी व्यापकता। इस बृहत् काल गणना में एक बात गौर करने

की है कि यह सब चक्र के सिद्धांत पर चल रहा है। अंत के होते ही आरंभ। क्या आज का विज्ञान यहाँ तक पहुँच पाया है? एक विशिष्ट बिंदु पर ध्यान दिया जाना चाहिए, वह है सतयुग का कालखंड सबसे लंबा 4 युग का है, जबकि कलियुग सबसे छोटा है, एक युग का। अर्थात् समय और काल भी कलियुग के साथ नहीं है। इसमें एक स्पष्ट संदेश छिपा है।

हिंदू पंचांग की तीन धाराएँ हैं—एक चंद्र आधारित, दूसरी नक्षत्र आधारित, तीसरी सूर्य आधारित। इस तरह से हिंदू कलेंडर भिन्न-भिन्न रूप से पूरे देश में माना जाता रहा है। चंद्र वर्ष सौर वर्ष से 11 दिन 3 घड़ी और 48 पल छोटा होता है। इसलिए हर तीन वर्ष में एक महीना जोड़ दिया जाता है, जिसे 'अधिक मास' कहते हैं।

चंद्र वर्ष—चंद्र मास

नाम से ही स्पष्ट है कि यह चंद्र आधारित गणना है। लेकिन साथ ही यह भी जान लेना जरूरी है कि यह पृथ्वी के संदर्भ में है। इसलिए पृथ्वी से चाँद में देखे जानेवाले परिवर्तन ही इसका आधार होंगे।

चंद्रमास में 30 तीथियाँ होती हैं, जो दो पक्षों में बँटी होती हैं। शुक्ल पक्ष में एक से चौदह और फिर पूर्णिमा आती है और कृष्णपक्ष में एक से चौदह और फिर अमावस्या। इन तिथियों के नाम संस्कृत शब्दावली में रखे हैं। पूर्णिमा (पूरनमासी), प्रतिपदा (पड़वा), द्वितीया (दूज), तृतीया (तीज), चतुर्थी (चौथा), पंचमी (पंचमी), षष्ठी (छठ), सप्तमी (सात), अष्टमी (आठ), नवमी (नौ), दशमी (दसम), एकादशी (ग्यारस), द्वादशी (बारस), त्रयोदशी (तेरस), चतुर्दशी (चौदस), अमावस्या (अमावस)। चंद्रमा की कला की घट-बढ़ वाले दो पक्षों (कृष्ण-शुक्ल) का जो एक मास होता है वही चंद्रमास कहलाता है। चंद्रमास, वो समय है, जो एक पूर्ण चंद्र से लेकर उसके अगले पूर्ण चंद्र के बीच होता है।

चंद्रमास पूर्णिमा के पश्चात् कृष्णपक्ष की प्रतिपदा से प्रारंभ होकर अगली पूर्णिमा तक रहता है। प्रत्येक मास का कृष्णपक्ष पहले और शुक्लपक्ष बाद में आता है। अँधेरे पक्ष कृष्णपत्र को 'बदी' और उजले पक्ष अर्थात् शुक्लपक्ष का 'सुदी' कहते हैं। बदी-सुदी ये दोनों शब्द हिंदी को संक्षिप्त रूप में करने का एक प्राचीनतम उदाहरण मात्र है। जैसे सुदी—शुक्ल दिवस से बना शुदि—सुदी। कह सकते हैं कि संक्षिप्तीकरण की परिपाटी हिंदी (संस्कृत) में अंग्रेजी से बहुत पहले आ चुकी थी। पूर्णिमा से अमावस्या तक कृष्णपक्ष और अमावस्या से पूर्णिमा तक शुक्लपक्ष। कृष्णपक्ष के अंत में अमावस्या और शुक्लपक्ष के अंत में पूर्णिमा आती है। कृष्णपक्ष को किसी भी कार्य के लिए शुभ

नहीं माना जाता है। ऐसा इसलिए क्योंकि पूर्णिमा के बाद चंद्रमा घटता है। यानी चंद्रमा की कलाएँ कम होती हैं तो चंद्रमा की शक्ति यानी बल कमजोर होता है। इसके साथ ही चंद्रमा के आकार में कमी आने के कारण रातें अँधेरी होती हैं। जबकि शुक्ल पक्ष में अमावस्या के बाद से ही चंद्रमा का आकार बढ़ने लगता है अर्थात् चंद्रमा की कलाएँ बढ़ती हैं, रातें अँधेरी नहीं रहतीं, इस दौरान चंद्र बल मजबूत होता है। यही कारण है इस दौरान शुभ कार्य करने के लिए यह उपयुक्त समय माना जाता है।

चंद्रमास दो प्रकार से हो सकता है, एक पूर्णिमा से दूसरी पूर्णिमा के बीच या फिर एक अमावस्या से दूसरी अमावस्या के बीच। अगर शुक्ल पक्ष के प्रतिपदा से प्रारंभ होकर अमावस्या को पूर्ण हो रहा है तो अमात मास अर्थात् मुख्य चंद्रमास है। कृष्ण प्रतिपदा से शुरू होनेवाला गौण चंद्रमास है।

यहाँ गणना चंद्रमा की गति पर आधारित है। चंद्रमा की स्थिति जिस दिन पूरी नजर आती है, उस दिन पूर्णिमा हो जाती है। और उस समय में चंद्रमा जिस नक्षत्र में होता है और उस महीने का नामकरण उस नक्षत्र के नाम से होता है। इस तरह से जो नाम दिए गए महीनों के उनमें भी नक्षत्रों को ही आधार बनाया गया। चैत्र महीने (मार्च-अप्रैल) का नाम चित्रा नक्षत्र के नाम पर पड़ा। उसी तरह विशाखा नक्षत्र के नाम पर वैशाख मास (अप्रैल-मई)। ज्येष्ठ के नाम पर ज्येष्ठ (मई-जून), आषाढ़ (पूर्वाषाढ़) नक्षत्र पर आषाढ़ (जून-जुलाई), श्रवण के नाम पर श्रावण मास (जुलाई-अगस्त)। भाद्रपद (भाद्रा) नक्षत्र के नाम पर भाद्रपद मास (अगस्त-सितंबर)। अश्विनी (रेवती) के नाम पर आश्विन (सितंबर-अक्तूबर) पड़ा। कार्तिक मास (अक्तूबर-नवंबर) कृतिका नक्षत्र के नाम पर पड़ा। मार्गशीर्ष मास (नवंबर-दिसंबर) का नाम मृगशीरा (मृगशीर्ष) के नाम पर। पौष (दिसंबर-जनवरी) का नाम पुष्य नक्षत्र के नाम पर। माघ महीना (जनवरी-फरवरी) मघा नक्षत्र से बना और फाल्गुन मास (फरवरी-मार्च) फाल्गुनी नक्षत्र के नाम से बना।

इन नक्षत्रों के अपने-अपने गुण-अवगुण निर्धारित किए गए। इनके आधार पर भविष्यवक्ता संबंधित व्यक्ति और घटना की भविष्यवाणी करने लगे। इस पूरी भविष्यवाणी के विज्ञान के परिकल्पना का मूल आधार भी यही है कि प्रकृति एक चक्र के रूप में व्यवहार करती है और नियमित समय के बाद अपने आपको फिर दोहराती है, अर्थात् घटनाओं की पुनरावृत्ति करती है। इस आधार पर हमने अपने पूर्व अनुभव को संकलित किया, विश्लेषित किया और उसके अनुमान पर भविष्य की कल्पना करने लगे। प्रकृति की परिवर्तनशीलता, जिसे हमने समझा और अपने उपयोग में लाना प्रारंभ किया, मानव सभ्यता के प्रारंभ में किया गया यह अभिनव प्रयोग, बौद्धिक स्तर पर एक महत्त्वपूर्ण मील का पत्थर माना जाना चाहिए। क्योंकि यही है, जो हमारे आगे के तमाम ज्ञान-विज्ञान और दर्शन का आधार बना।

सौरमास

सूर्य की एक संक्रांति से दूसरी संक्रांति का समय सौरमास कहलाता है। सौरमास का प्रारंभ सूर्य की संक्रांति से होता है। जिस दिन सूर्य जिस राशि में प्रवेश करता है, उसी दिन की संक्रांति होती है। संक्रांति का अर्थ है, सूर्य का एक राशि से अगली राशि में संक्रमण (जाना)। पूरे वर्ष में 12 संक्रांति होती हैं।

भारत में कई स्थानों पर संक्रांति के दिन मास का प्रारंभ माना जाता है, जबकि कई जगहों पर संक्रांति के दिन मास का अंत माना जाता है।

सौरवर्ष के दो भाग होते हैं। छह माह का उत्तरायण और छह माह का दक्षिणायन। जब सूर्य उत्तरायण होता है, तब हिंदू धर्म के अनुसार तीर्थयात्रा व उत्सवों का समय होता है। दक्षिणायन व्रतों व उपवासों का समय है, जिसका एकमात्र कारण है कि इस समय प्राकृतिक अवस्था के कारण रोग होते हैं, इसीलिए इस काल में व्रत रोग को मिटाने का एक प्राकृतिक उपाय है। यह वैदिक काल से जीवन का हिस्सा बनाया गया, जिसने फिर कालांतर में सांस्कृतिक रूप धारण कर लिया। पुराणों के अनुसार उत्तरायण के समय तीर्थ का महत्त्व बताया गया है और इसका कारण है सूर्य की स्थिति। मकर संक्रांति के दिन सूर्य उत्तरायण होता है। तब सूर्य धनु से मकर राशि में प्रवेश कर रहा होता है। लेकिन जैसे ही सूर्य कर्क राशि में प्रवेश करता है, तब सूर्य दक्षिणायन होता है। इस समय चंद्रमास के अनुसार आषाढ़ और श्रावण मास चल रहा होता है। यही वह काल है, जिसके दौरान व्रत से रोग निवारण की प्रथा है। यही कारण बना, जो सामान्यत: दक्षिणायन में विवाह और उपनयन आदि संस्कार तथा सामाजिक कार्यक्रम वर्जित किए गए हैं। अगर इस दौरान प्रकृति और सूर्य की अवस्था देखें तो समझ आ सकता है कि पर्व-उत्सव क्यों वर्जित किए गए होंगे।

सौर मास के नाम हैं—मेष, वृषभ, मिथुन, कर्क, सिंह, कन्या, तुला, वृश्चिक, धनु, मकर, कुंभ और मीन।

सूर्य के धनु संक्रमण से मकर संक्रमण तक को धनुर्मास कहते हैं। इस माह का विशेष धार्मिक महत्त्व है। जब सूर्य धनु राशि में प्रवेश करता है, तब धर्नुमास का प्रारंभ होता है। यह 15-16 दिसंबर से प्रारंभ होकर 13 जनवरी, अर्थात् मकर संक्रांति पर खत्म होता है। इस दिन सूर्य कर्क रेखा से उत्तर की ओर बढ़ता है, मकर राशि में प्रवेश करता है और फिर सूर्य उत्तरायण हो जाता है। धनुर्मास के महत्त्व का कारण सूर्य है।

नक्षत्र मास

हिंदुओं में मूलत: चंद्रमास के आधार पर ही तीज-त्योहार मनाए जाते हैं। मगर सौर

मास की तरह नक्षत्र मास भी हैं, जो नक्षत्रों पर आधारित हैं।

आकाश में स्थित तारा समूह को नक्षत्र कहते हैं। साधारणत: इसमें वही नक्षत्र लिये जाते हैं, जो चंद्रमा के पथ से जुड़े हैं। वैसे तो ऋग्वेद में सूर्य को भी नक्षत्र कहा गया है। अब तो विज्ञान से भी यह प्रमाणित है कि सूर्य एक तारा ही है। बहरहाल, अन्य नक्षत्रों में सप्तर्षि और अगस्त्य हैं। वैसे वैदिक मान्यताओं के अनुसार 88 नक्षत्र हैं, मगर चंद्रमा-पथ पर 27 ही माने जाते रहे हैं। नक्षत्र हमारे आकाश के मील के पत्थर कहे जा सकते हैं, जिनसे आकाश की व्यापकता का अनुमान लगाया जा सकता है। क्योंकि ये नक्षत्र पृथ्वी से बहुत-बहुत दूर हैं।

तारे हमारे सौरजगत् के भीतर नहीं होते हैं। अर्थात् ये सूर्य से भी बहुत दूर हैं। चूँकि ये सौर परिवार के सदस्य नहीं होते, इसलिए सूर्य की परिक्रमा भी नहीं करते। यही कारण है, जो ये हमें स्थिर लगते हैं। क्योंकि हमारी स्थिति (पृथ्वी की) सूर्य के संदर्भ में बदल रही है या सूर्य पर निर्भर अन्य ग्रह-उपग्रह के संदर्भ में बदलती है, मगर सूर्य मंडल के बाहर से हम तुलनात्मक रूप से स्थिर ही होते हैं। इस तरह से एक तारा दूसरे तारे से जितनी दूर आज देखा जाता है, उतनी ही दूरी पर सदा मिलेगा। इस प्रकार ऐसे दो या दो से अधिक तारे, जो आसपास ही दिखाई देते हैं, उनके समूह को ध्यान से देखकर मन में बिठा लें तो बाद में उन्हें पहचाना जा सकता है। ये सब आपस में मिलकर एक आकृति का निर्माण करते हैं, जो उनकी पहचान बन सकती है। इस पहचान को, उन तारों से बननेवाली आकृति को उससे संबंधित कोई नाम दे दें तो फिर वह तारा समूह सभी के द्वारा पहचाना जा सकता है। यह नाम उन तारा समूह की आकृति-आकार को चरितार्थ करता है। इस तरह से यह नाम ही उनकी एक पहचान बन जाता है। इन सबके बीच से होते हुए चंद्रमा पृथ्वी के चक्कर लगाता है। पृथ्वी से देखने पर चंद्रमा इनके पास से गुजरता दिखाई पड़ता है। यह है चंद्र का भ्रमण-पथ।

नक्षत्र मास के द्वारा प्राचीन काल से काल गणना की जाने लगी थी। इसके द्वारा भविष्य विज्ञान, पंचांग की व्यवस्था भी की गई। आकाश के दृश्य में होनेवाले परिवर्तन का इससे बेहतर सदुपयोग नहीं हो सकता। विभिन्न मानवीय गणना/पैमानों में यह एक उत्तम उदाहरण हो सकता है। इसने ही आधुनिक विज्ञान की नींव रखी। हमारे ऋषि-मुनियों द्वारा प्रकृति में आकाश का भी कितना सूक्ष्म और तर्कपूर्ण विश्लेषण किया गया। शास्त्रों में इसका विस्तार से वर्णन है। इस गणना को आधार बनाकर हम उस काल के समय का निर्धारण कर सकते हैं। यह ज्योतिष विज्ञान का आधार है।

जिस भ्रमण-पथ पर नक्षत्रों के बीच से चंद्रमा गुजरता है, उसी पथ पर सूर्य भी भ्रमण करता है। इसे सूर्य 12 महीने में पूरा करता है। इस पथ के 12 विभाग किए गए, जिन्हें राशि कहा गया। एक ही राशि में कई नक्षत्र आते हैं। यों तो पश्चिम ने भी इन्हीं को

आगे बढ़ाया, मगर वे कई और तारों और नक्षत्रों को बाद में जोड़ते चले गए। यही कारण है, जो उन्होंने कई राशि के नाम रखे, मगर भारतीय पुरातन विद्या में आकाश के उत्तर और दक्षिण खंड में जो तारे हैं, उन्हें नक्षत्रों में परिभाषित नहीं किया। इसलिए सनातन में यह व्यवस्था स्थायी बनी हुई है।

चंद्रमा अश्विनी से लेकर रेवती तक के नक्षत्र में विचरण करता है। यह 27 दिनों का काल 'नक्षत्रमास' कहलाता है। इस कालगणना में महीनों के नाम पूर्णिमा के दिन चंद्रमा जिस नक्षत्र में रहता है, उस पर ही बनाए गए हैं। यही कारण है, जो नक्षत्र मास में भी वही नाम हैं जो चंद्रमास में हैं।

दिन-तिथि-वार

एक दिन को तिथि कहा जाता है। एक सूर्योदय से अगले सूर्योदय का समय, अर्थात् दिन-रात, जिसे वेदों में 'अहोरात्र' कहा गया है, उसी को मूल रूप से तिथि माना जाता है। हिंदू काल गणना के अनुसार मास में 30 तिथियाँ होती हैं, जो दो पक्षों में शुक्ल और कृष्ण पक्ष में बाँटी जाती हैं। शुक्ल पक्ष में 1 से 14 दिन-तिथि और फिर पूर्णिमा, कृष्ण पक्ष में 1 से 14 दिन-तिथि फिर अमावस्या। इन चौदह दिनों के नाम दोनों पक्षों में एक ही हैं, प्रतिपदा, द्वितीय (दूज), तृतीय (तीज), चतुर्थी (चौथ), पंचमी, षष्ठी (छह), सप्तमी, अष्टमी, नवमी, दशमी, एकादशी, द्वादशी, त्रयोदशी, चतुर्दशी। इसके साथ पक्ष का नाम जोड़कर इसे मास का दिन सुनिश्चित किया जाता है। जैसे कृष्ण प्रतिपदा से लेकर चतुर्दशी के बाद अमावस्या आएगी और शुक्ल प्रतिपदा से चतुर्दशी के बाद पूर्णिमा। वार शब्द का अर्थ दिवस भी है। नियत काल व समय, जिसकी पुनरावृत्ति होती रहती है, इसलिए सात दिन के सप्ताह के नामों के अंत में यह शब्द जोड़ा गया है। एक माह में चार सप्ताह होते हैं और सप्ताह में सात दिन। इन सात दिनों को वार कहते हैं।

ये सात वार—सोमवार, मंगलवार, बुधवार, गुरुवार, शुक्रवार, शनिवार, रविवार। प्रत्येक वार के नाम के पीछे एक अपना शास्त्र है और पौराणिक शास्त्रों के अनुसार हर वार की अपनी विशेषता है, जो हमारे विशिष्ट शारीरिक-मानसिक दशा को सुनिश्चित करती है। यह एक वृहद शास्त्र का एक प्रमुख भाग है, जो ज्योतिष गणना में भी काम आता है।

यहाँ यह जानना बहुत जरूरी है कि अंग्रेजी कलेंडर में रात बारह बजे का कोई प्राकृतिक आधार नहीं है, जबकि सनातन गणना में सूर्योदय एक प्राकृतिक घटना-परिवर्तन है। सनातनी काल गणना पूरी तरह वैज्ञानिक है। क्योंकि यहाँ एक तिथि अर्थात् पृथ्वी के सापेक्ष सूर्य और चंद्र के बीच 12 डिग्री का अंतर होना है। चंद्रमा की तेज गति

के कारण उसका अंश सूर्य की तुलना में बढ़ता रहता है और यह हर 12 डिग्री पर एक तिथि बनाता है। इस तरह एक पूरे चक्र में 360 डिग्री को 12 से भाग दें तो 30 तिथि बनती हैं, जिसमें दोनों के बीच 0 डिग्री होने पर अमावस्या और 180 डिग्री होने पर पूर्णिमा।

योग

सूर्य चंद्रमा की विशेष दूरियों को 'योग' कहते हैं। दूरियों के आधार पर बननेवाले 27 योगों को चंद्र की विशेष स्थिति परिभाषित करती है। इन 27 योगों में से कई शुभ हैं तो कई अशुभ। पंचांग के तिथि, वार, नक्षत्र, योग, करण के आधार पर मुहूर्त का निर्धारण होता है। जिन मुहूर्तों में शुभ कार्य किए जा सकते हैं, वे शुभ मुहूर्त कहलाते हैं। उदाहरणार्थ, सिद्धि योग, राजयोग, गुरु पुष्य योग। तिथि और नक्षत्र के बीच तालमेल होने पर योग बनता है। जैसे कि सोमवार के दिन अगर नवमी हो एवं रोहिणी और मृगशिरा नक्षत्र हो तो सिद्धि योग बनता है। 27 में से कुल नौ योगों को अशुभ माना गया है और इस दौरान कोई शुभ-मंगल कार्य से बचने की सलाह दी जाती है। इसका विश्लेषण करने पर ग्रह-नक्षत्र की स्थिति और उसकी प्रकृति और हम पर प्रतिकूल प्रभाव स्पष्ट नजर आता है।

करण

जिस प्रकार एक चंद्रमास में दो पक्ष—शुक्ल और कृष्ण—होते हैं, उसी प्रकार एक तिथि में दो करण होते हैं। एक पूर्वार्ध में एक उत्तरार्ध में। अत: चंद्रमास में 30 तिथियाँ और 60 करण होते हैं। अगर हम इन सब पाँच अंगोंवाले पंचांग का अध्ययन करें तो पाएँगे कि इसके पीछे हर काल-समय को शुभ-अशुभ में विभाजित करके परिभाषित करने का प्रयास है। जहाँ शुभ ग्रहों के अनुकूल प्रभाववाला है और अशुभ मानव पर प्रतिकूल प्रभाववाला मिलेगा। यहाँ प्रकृति द्वारा मानव का हितकारी समय शुभ माना गया है। आज भी हम शुभ अर्थात् अच्छे समय की कामना करते हैं। इसके लिए अपने-अपने ईष्ट से प्रार्थना भी करते हैं।

❑

अध्याय-6

1. सनातन संस्कृति

जब सनातन पर कुछ लिखने की बात आई तो यह सुनिश्चित करना था कि पहले सनातन को धर्म के रूप में वर्णन किया जाए या संस्कृति के रूप में? अगर यहाँ सनातन संस्कृति के विषय में बात पहले करने का निर्णय लिया गया तो यह अपने आप में सबकुछ कह देता है। वैसे भी मानवीय सभ्यता जब जंगल से निकलकर मैदानों में बसने लगी तो उसकी अपनी संस्कृति थी, जीवनशैली थी, आचरण था, व्यवस्था थी। उसमें धर्म का रोल तो बाद में ही आया होगा। वैसे भी सनातन मूल रूप से जीवन संस्कृति है। जीवन धर्म तो बाद में है। हाँ, यह कह सकते हैं कि सनातन संस्कृति के मूल में ही धर्म है।

सनातन अर्थात् आदिकाल से निरंतर, अनंत तक। इस देवभूमि, आज की भारत भूमि, जिसे प्राचीनकाल में 'सप्तसिंधु प्रदेश' कहा जाता रहा, यहाँ अति प्राचीन काल से एक संस्कृति पनपी, जो पूर्णत: प्राकृतिक थी। इसे किसी व्यक्ति विशेष ने नहीं जन्म दिया। यह समय के साथ, मानव के अनुभव के साथ-साथ निरंतर विकसित होती चली गई। यह सच्चे अर्थों में प्रकृतिवाद रहता आया है, जिसने सनातन रूप धारण किया। हिंदुत्व नाम तो बाद में पड़ा। यह नाम किसने दिया, कब दिया, कैसे दिया, क्यों दिया, यह बिल्कुल भी महत्त्वपूर्ण नहीं। क्योंकि हिंदुत्व, अपने मूल रूप में, जमीन पर व्यावहारिक रूप से किसी भी नाम के दिए जाने से पहले से रहा आया है। जो पहले से था, उसे बाद में जो मरजी, जिसके द्वारा भी नाम दिया जा सकता है। ये जीवन संस्कृति आदिकाल से सनातन है। इसलिए इसे 'आदि संस्कृति' भी कह सकते हैं और सनातन संस्कृति तो कहा ही जाता रहा है। यह देश भी आदि देश है। देवभूमि। देवभूमि इसलिए, क्योंकि यहाँ के मानव भी देवगुणवाले माने जाते रहे हैं। उन्होंने मानव में इस देवगुण को संस्कारित करने में भूमिका अदा की। यह वह संस्कृति है, जो प्रकृति के हर कण में देवता का वास मानती आई है।

अति प्राचीन काल में भूमध्य रेखा के दोनों ओर यहाँ जीवन पनपा। यह यही भूमि थी, जिसे जंबू द्वीप कहा जाता था। इस जंबू द्वीप में आदिमानव ने अपने सामाजिक जीवन की नींव रखी। पाषाण युग से भी पहले। प्रकृति से पैदा हुआ, प्रकृति में पल-बढ़ रहा, इस प्राकृतिक मानव का प्रकृति के साथ संबंध स्वाभाविक था और वह प्रकृति के साथ, प्रकृति से समझकर, अपने प्राकृतिक जीवन को बेहतर करता चला गया। और इस प्रक्रिया ने एक संस्कृति पैदा की, जो समय के हिसाब से परिवर्तनशील थी। आवश्यकतानुसार जिसमें बदलाव स्वाभाविक था। तभी तो आज हम उसे पाषाण युग, लौह युग, ताम्र युग, कांस्य युग नाम दे पाते हैं। मगर कृषि सर्वकालीन मूल में रही। इस कृषि आधारित सनातन संस्कृति ने एक सभ्यता को जन्म दिया, जो बाद में हमारे द्वारा सिंधुघाटी, सिंधु-सरस्वती और वैदिक सभ्यता आदि-आदि कई नामों से पुकारी गई। मगर सभी सभ्यताएँ थीं एक ही, सिर्फ समय-काल-स्थान में थोड़ा अंतर रहा। इतने विशाल भू-भाग के कारण यह स्वाभाविक था।

असल में इस अति प्राचीन संस्कृति के बारे में पर्याप्त जानकारी न होने से, बाद में जैसे-जैसे जानकारी मिली, विभिन्न स्त्रोतों से, अलग-अलग काल में, भिन्न-भिन्न लोगों द्वारा नए-नए नाम दिए गए। इस सनातन सभ्यता के बारे में, जाने और अनजाने, अनेक कारणों से भ्रम फैलाए गए। मगर खुदाई में मिलनेवाले प्रमाण और वेद-पुराण के द्वारा यह समझ आया कि ये सब एक ही हैं। सिंधु घाटी की सभ्यता से लेकर कच्छ-गुजरात और मध्य भारत के बस्तर के जंगलों में मिलनेवाले अवशेषों से, खँडहरों से यह प्रमाणित होता है कि उस समय का मानव और उसकी उस समय की सभ्यता कितनी प्राकृतिक थी तथा यह स्वाभाविक भी था। उनके संस्कार, रीति-रिवाज, त्योहार, कर्मकांड, उत्सव, खान-पान, रहन-सहन, परंपराएँ, यहाँ तक कि घर, नगर-निर्माण सबकुछ प्रकृति आधारित था। इसमें कहीं भी प्रकृति का दोहन नहीं था। उपभोग नहीं था। मात्र संतुलित उपयोग था। प्रकृति से जितना लिया, उतना प्रकृति को लौटाना है, यह मूल विचार होते थे। इसी मूल सिद्धांत के कारण यह सभ्यता हजारों साल तक जीवित रही और आज भी बची हुई है। और जब तक प्रकृति है, तब तक बची रहेगी। अर्थात् सृष्टि के अंत तक बनी रहेगी, इसीलिए यह सनातन कही जाती है।

सनातन संस्कृति की एक विशिष्टता है कि यह सरल और सहज है। क्योंकि यह प्रकृति से जुड़ी है। यही एक संस्कृति है, जिसमें साँस लेने, बैठने, सोने, खाने-पीने, खड़े होने जैसी जीवन की रोजमर्रा की बातों को भी प्रकृति से जोड़ते हुए उसे आध्यात्मिक प्रक्रिया के रूप में विकसित किया। यह एक जीवित संस्कृति है, हजारों साल के अनेक अनुभव आज भी परंपराओं में देखे जा सकते हैं। हमारे जीवन को जीवंत बनाते हैं। इसलिए भी यह सनातन है।

2. सनातन धर्म

सनातन प्रकृति उपासना का धर्म है। सूर्य उपासना का धर्म है। मंत्रों का धर्म है। यज्ञ का धर्म है। योग का धर्म है। ज्ञान का धर्म है। मंत्रों का साक्षात्कार के लिए योग में जाना जरूरी, यह ध्यान का धर्म है। सनातन मजहब नहीं, रिलीजन भी नहीं, सनातन धर्म है। यहाँ धर्म को समझने और परिभाषित करने की आवश्यकता है और जो इस तरह से समझा जा सकता है कि धर्म का सही शब्द अंग्रेजी और अरबी-फारसी में है ही नहीं। इस तरह से जब हम सनातन को धर्म के रूप में देखते हैं तो हमें उसे उदाहरण से समझाना होगा, वरना भ्रम हो जाता है। यहाँ धर्म कर्तव्य से है, कर्म से है, चेतना से है, भाव से है।

सच कहें तो सनातन संस्कृति ही एक ऐसा सांस्कृतिक धर्म है, जो हरेक को अपने हिसाब से पूजने की पूरी आजादी देता है। इस आध्यात्मिक स्वतंत्रता के कारण ही, सनातन में सांसारिक सुख से परे जाकर अपने आपको खोजने के लिए अनेक शक्तिशाली आध्यात्मिक प्रक्रियाएँ विकसित हुईं।

सनातन में चार वेद, अठारह पुराण, एक सौ आठ उपनिषद्, गीता, रामायण, श्रीमद्भागवत, महाभारत, मानस आदि अनगिनत पवित्र पुस्तकें हैं। साथ ही त्रिदेव, तैंतीस कोटि देवता, सैकड़ों रूप लिये देवी हैं तो पितृ, गुरु, माता-पिता आदि भी देवता तुल्य ही माने जाते हैं, जहाँ अनेक रूप में ईश्वर और फिर निर्गुण निराकार ईश्वर भी हो, जिसके कि दस अवतार और हजारों अंश अवतार हों, कण-कण में भगवान् हों, ऐसी स्थिति में सनातन एक किताब या एक सन ऑफ गॉड आदि-आदि वाली थ्योरी के मजहब-पंथ और रिलीजन की परिभाषा में कहाँ समा पाएगा ? सागर क्या कभी गागर में समा सकता है भला! यह व्यावहारिक रूप से अपेक्षित भी नहीं। सनातन किसी एक की गुलामी या किसी एक से नियंत्रित होना नहीं सिखाता। यह प्राकृतिक रूप से नियमित होने में विश्वास करता है। यह किसी एक किताब या मेसेंजर को न मानने पर नरक का खौफ पैदा भी नहीं करता।

सनातन धर्म मानवीय जीवन जीने के लिए श्रेष्ठतम मार्गों का विकल्प देता है। साथ ही अमानवीय कार्यों के दुष्परिणाम की ओर सचेत करता है। यह एक अकेला मानव धर्म है। यह वह धर्म है, जो अपने समूह को श्रेष्ठ और दूसरों को निकृष्ट या काफिर कहने की जगह वसुधैव कुटुम्बकम् की भावना का प्रचार करता है। यह वह धर्म है, जो सर्वे भवन्तु सुखिनः की प्रार्थना सिखाता है। सनातन धर्म को किसी एक देश और काल की सीमा से नहीं बाँधा जा सकता। सनातन की सीख सिर्फ हिंदू के लिए नहीं बल्कि समस्त मानवजाति के लिए है। वैसे भी हिंदू शब्द तो बाद में आया, जब दूसरे नाम आने लगे होंगे तभी इस नाम की भी उत्पत्ति हुई होगी। वरना सनातन तो तब से है, जब से मानव ने सभ्यता-संस्कृति का पहला बीज बोया। यह मानव के विचार का आदि है। यह मानव

सभ्यता का प्रारंभ है। सरस्वती, सिंधु, गंगा के तट पर रहने वाले आर्य मूलतः सनातनी हैं। वेद उनके/हमारे प्राचीनतम ग्रंथ हैं। वेद अपने ईश्वर का प्रचार-प्रसार नहीं करते। वैसे भी वेद जीवन संस्कृति है, जीवन दर्शन है। वेद तो कहता भी है नेति-नेति, अर्थात् यही सबकुछ या पूरा ज्ञान नहीं है। यह अंत नहीं है। यह अनंत को परिभाषित करता है। यह उपनिषद् का महावाक्य है, जो ब्रह्म को परिभाषित करता है; वही ब्रह्म, जो शब्दों के परे है। कठोपनिषद् कहता भी है, 'उत्तिष्ठत जाग्रत् प्राप्य वरान्निबोधत', यह स्वामी विवेकानंद का उपदेशात्मक वचनों में एक सूत्रवाक्य भी है। जिसका अर्थ है 'उठो, जागो और जानकार श्रेष्ठ पुरुषों के सान्निध्य में ज्ञान प्राप्त करो।' इसके आगे विद्वान् कहते हैं, आगे बढ़ते रहो, लगातार बढ़ते रहो, चलते रहो, निरंतर चलते रहो, वेद पर ही मत रुको, कहीं पर भी न रुको, लगातार खोज करते रहो। जहाँ स्वयं का उद्धार हो, विश्व का कल्याण हो, मातृभूमि की प्रतिष्ठा स्थापित रहे। अथर्ववेद के मातृभूमि सूक्त में स्पष्ट कहा गया है—'माता भूमिः पुत्रोऽहं पृथिव्या।' (12-1-12) अर्थात् मेरी माता भूमि है और मैं पृथ्वी (मातृभूमि) का बेटा हूँ। यहाँ कह सकते हैं, समाज को उत्तम और उन्नत स्थिति की ओर ले जाने का निरंतर प्रयास करते रहो।

सच कहें तो वेद भी कोई पूजने की किताब नहीं, न ही मजहब के नाम पर खौफ पैदा करनेवाली किताब है। यह तो मानव को मानवता के साथ जीना सिखानेवाली किताब है। और जहाँ तक बात रही इसमें बताए गए कर्मकांड की तो संस्कृति को जीवंत रखने के लिए यह जरूरी है। फिर कर्मकांड में भी अर्थ छिपे हैं और संदेश भी।

सनातन जिसे आजकल हिंदू कहा जाता है। यह एक शब्द अपने आप में पूरा इतिहास समेटे हुए है। वह भी अति प्राचीन। कोई अगर फिर भी पूछे कि क्या यह एक धर्म है? तो फिर इस पर बहस हो जाएगी। जो अगर अर्थपूर्ण और तर्कपूर्ण हो तो इकतरफा हो जाएगा। बहरहाल, अगर यह सच है तो इसे विश्व का प्राचीनतम धर्म कहा जा सकता है। वैसे इसे मूल रूप में वैदिक सनातन वर्णाश्रम धर्म कहा जाता है, जिसे संक्षिप्त में सनातन कह दिया जाता रहा है। इन चार शब्दवाले नाम की विस्तृत व्याख्या में ही सबकुछ है। सनातन का अर्थ यह भी है, जो परंपरानुसार चला आता हुआ हो, सदा रहनेवाला शाश्वत, अनादि से अनंत। सीधे सरल शब्दों में कहें तो हिंदू धर्म मानव की उत्पत्ति और फिर उसके विकासक्रम के साथ जुड़ा है। इसलिए यह सिर्फ धर्म नहीं, जीवन विकास है। मानव विकासक्रम को अपने अंदर समेटे हुए। यह जीवन दर्शन है और जीवन पद्धति भी। यह मानव की प्राकृतिक व्यवस्था है। व्यावहारिक रूप में देखने से समझ आता है कि हिंदू धर्म भारत भूभाग पर पनपी विभिन्न संस्कृतियों एवं परंपराओं का मिश्रण है। इसका कोई एक स्रोत नहीं, संस्थापक नहीं, जन्मस्थल नहीं, एक धर्मगुरु नहीं, एक धर्मग्रंथ नहीं। बल्कि सबकुछ अनेक है, फिर भी यह एक है।

हिंदू धर्म का कोई एक संस्थापक नहीं, इस पर फिर सवाल उठ सकता है कि यह निर्देशित, नियमित, संचालित कैसे होता है? यह मानव संस्थापक के बिना अर्थात् अनादिकाल से अपौरुषेय है। मूलतः यह वेदों पर आधारित धर्म है, जहाँ वेद हजारों वर्षों में धीरे-धीरे श्रुति रूप में विकसित होते चले गए, मानव के अनुभव और आवश्यकतानुसार और फिर जिसमें अलग-अलग उपासना पद्धतियाँ, मत, संप्रदाय और दर्शन का समावेश होता चला गया। अर्थात् सनातन सबको समेटे हुए है। सबको मिला दें तो हिंदू एक विराट् जीवनदर्शन बन जाता है। इसीलिए सनातन वैदिक धर्म अपने आप में अनूठा, विशिष्ट और प्राकृतिक है।

वैसे सनातन का अन्य संप्रदायों, पंथ, मजहबों से तुलना करना थोड़ा गलत हो जाता है। क्योंकि अन्य धर्म वास्तव में धर्म नहीं, अगर ये भी धर्म हैं तो उनमें मानव धर्म, राज धर्म, पितृ धर्म, मातृ धर्म, पुत्र धर्म आदि अनेक धर्मों की क्या व्याख्या है? ये अन्य किसी में भी नहीं मिलेगी, जबकि हिंदू सनातन धर्म इन अनगिनत धर्मों के समावेश का ही नाम है। सनातन धर्म सही अर्थों में सामाजिक जीवन जीने की एक पद्धति मात्र है। महत्त्वपूर्ण यह है कि समाज में भी मानव का स्वतंत्र अस्तित्व बरकरार रखा गया है। फिर जीवन से धर्म है, धर्म से जीवन नहीं। वैसे सनातन, जो समस्त जीवों के जीवन से जुड़ा है, उसे सिर्फ मानव धर्म से जोड़ देना भी थोड़ा गलत होगा।

सनातन धर्म नैतिकता की संहिता है। इसके माध्यम से मोक्ष (आत्मज्ञान, मुक्ति) प्राप्त हो सकती है। यह प्राचीनतम जीवन संस्कृति की अपनी सामाजिक, आध्यात्मिक और धर्म-परंपराएँ हैं। यह सभ्य समाज के निर्माण का मार्ग बतलाता है। यह मानवीय जीवन को एक तर्कसंगत दृष्टिकोण प्रदान करता है। 'सनातन धर्म' संस्कृत भाषा के दो शब्द हैं। सनातन का अर्थ तो हम जानते हैं, वही धर्म शब्द अपने विस्तृत अर्थों के कारण समृद्ध है। इसका एक अर्थ यह भी बनता है—एक साथ मिलकर रहना और समाज का निर्माण करना। इसके मूल में वही 'प्राकृतिक सिद्धांत' हैं, जो ब्रह्मांड की प्रकृति और रचनाओं में निहित हैं। इस तरह से सनातन धर्म का शब्दार्थ 'प्राकृतिक अनंत मार्ग' हो सकता है। बृहत् रूप में देखें तो सनातन के लिए अनंत और निरंतर के अतिरिक्त चिरस्थायी, कभी न शुरू होनेवाला और न खत्म होनेवाला, सार्वभौमिक, प्रमुख और प्राकृतिक आदि भाव उत्पन्न होते हैं। जबकि धर्म को संदेश रूप में देखें तो इससे सद्भाव मार्ग, करुणा, उपदेश, परंपरा, तत्त्वज्ञान, आदेश, सत्य, बुद्धि, दैवीय अनुरूपता, ब्रह्म मानक, मूल चेतना, प्रकृति निहित जीवन सिद्धांत और कर्तव्य का बोध होता है।

सनातन के प्राचीनतम अभिलेख ऋग्वेद में ब्रह्मांड के मनुष्य के साथ संबंध को जानने के साथ-साथ ब्रह्मांड के रहस्य और सत्य को समझने का हरसंभव प्रयास किया गया है। सनातन धर्म की सबसे बड़ी विशेषता है कि यह किसी विश्वास आधारित न

होकर अनुभव आधारित है। इसलिए यह नए-नए अनुभव के साथ नवीनता बनाए रखता है। इसलिए परिवर्तनशील है, यह अपनी स्थापना की किसी भी ऐतिहासिक तिथि से परे है। अर्थात् कोई आदि नहीं अंत नहीं। इसमें सभी निहित हैं और सभी समाविष्ट भी हैं। यह विश्व को परिवार, एक कुटुंब मानता है। इसके मूल में जाएँ तो पाएँगे कि इसके मतानुसार मानव की धार्मिक आकांक्षा का बड़ा हिस्सा हमेशा अज्ञात अपरिभाषित उद्देश्य और किसी संस्थागत आस्था से परे रहा है। इसका अनुमान नहीं लगाया जा सकता। कोई भी अनुमान सिवाय भ्रम के कुछ और नहीं हो सकता है। इसे अपने भीतर ढूँढ़ा जा सकता है। उसके तत्त्व अंदर मौजूद हैं। जहाँ हमारा व्यक्तित्व तीन प्रवृत्तियों से बना है—सात्त्विक राजसिक और तामसिक। सात्त्विक प्रवृत्तियाँ हैं—शुद्ध, स्वच्छ, उत्तम, स्वस्थ और शांत। वहीं राजसिक प्रवृत्तियाँ हैं—सक्रियता, गतिशीलता और सशक्त, जबकि तामसिक प्रवृत्तियाँ हैं—अक्रियता, आलसी, सुस्त, अधकारी। इन तीन प्रवृत्तियों से ही हमारा अस्तित्व है। इससे ही हमारा निर्माण हुआ है। हम सबमें इसका मिश्रण है। किसी में कम, किसी में ज्यादा। जो फिर हमारे व्यक्तित्व को परिभाषित भी करता है। जैसे संत-ऋषि-मुनि जो मुख्यतः सात्त्विक हैं। उनके पास भी कम ही सही, मगर राजस और तमस प्रकृति भी होती है। हर मानव अपनी प्रवृत्ति-प्रकृति के आधार पर ही अपनी कृति का चुनाव करता है।

वैसे तीन तरह की व्यवस्था हो सकती है, जिनके तीन आधार हैं, तीन वृत्ति। एक वृत्ति है लकड़हारे की, जो जंगल से लकड़ी काटता है और उसका प्रयोग कर राख कर देता है। इस तरह जंगल नष्ट हो सकता है। दूसरा है माली की वृत्ति, जो सिर्फ फूल चुनता है, पौधे को नष्ट नहीं करता, जिससे फूल दुबारा आ सकें। तीसरा है भौंरे की मधुकर वृत्ति, फूलों से मधु यानी शहद लेता तो है, बदले में परागण करके जाता है। अर्थात् वह लेता है और वापस कुछ देता भी है। पहले की दोनों वृत्ति में वापस देने की बात नहीं है। सनातन धर्म तीसरी तरह की व्यवस्था है और आमतौर पर दूसरी की तरह बनी रहती है, मगर पहली वृत्ति पर कभी नहीं जाती।

इस तीसरी प्रवृत्ति के लिए ही सनातन हिंदू व्यवस्था में प्रकृति और देवी-देवता एक-दूसरे के पूरक हैं। जो प्रकृति में हैं, वही सनातन धर्म में भिन्न-भिन्न नाम से भगवान्, ईश्वर और देवी-देवता हैं। यहाँ देवता और भक्त का संबंध है, जो देवता से आशीर्वाद लेता है और अपनी आस्था तथा विश्वास देता है। प्रकृति के अनुसार जो समय काल में जड़ हो गया, जो बदली हुई ऋतु के अनुकूल नहीं हुआ, वह अस्तित्वहीन हो जाता है। सनातन संस्कृति के दर्शन में यह परिवर्तनशीलता प्रमुख गुण के रूप में उभरी। हम परिवर्तनशील रहें, इसलिए हमारा अस्तित्व हर समय, काल और परिस्थिति में बना रहा। हमने प्रकृति के शाश्वत नियमों को माना, समझा और उसे आम जीवन में ढाला। आर्य

जीवन में सभ्यता-संस्कृति के विकास के साथ ही देवताओं के रूपों का भी विकास हुआ। पाषाण युग में रुद्र थे, फिर वैदिक काल के प्रारंभ में इंद्र अति महत्त्वपूर्ण देवता रहे, उनकी विशेष पूजा होती थी। पशुपालन शुरू हुआ तो वृष आ गए। मैदानों में कृषि शुरू हुई तो वरुण आ गए, जिन पर खेती निर्भर थी। इंद्र तो थे ही। यों तो यजुर्वेद में लिखा है, 'न तस्य प्रतिमा अस्ति' यानी कि ईश्वर की प्रतिमा संभव नहीं, क्योंकि ईश्वर रूप, रंग और आकार से परे है। वह निराकार है। अपरिभाषित है। मगर साथ में यह भी कहा गया कि जैसे मिट्टी, पानी, द्रव्य का कोई आकार नहीं, मगर उसे कोई आकार दिया जा सकता है। यही कारण है, जो हमने निराकार को आकार दिया, जिसे हम देखकर ध्यान-चिंतन कर सकें। हमारी अपनी सहूलियत के लिए प्रकृति के प्रतीकों को देवता तुल्य बनाया गया, जिससे हम उन्हें पूजकर अपना ईष्ट बना सकें। उनसे संबंध स्थापित कर सकें। उनके मूल्यों को समझ सकें।

सनातन धर्म की व्याख्या प्रकृति की तरह ही अंतहीन है। संक्षिप्त में एक उदाहरण के द्वारा इसे समेटा जा सकता है। सनातन धर्म के पूर्णत: प्राकृतिक होने के कारण ही यहाँ तक कहा जाता है कि सभी जन्म से प्राकृतिक रूप से हिंदू होते हैं और बाद में अपने-अपने संप्रदाय, पंथ, समुदाय को धारण करते हैं।

3. सनातन के मूल तत्त्व

सनातन के मूल में प्रकृति है। उसने अपने सभी गुण, व्यवस्था, दर्शन, ज्ञान प्रकृति से ही लिये। इसलिए जो प्रकृति के मूल तत्त्व हैं, वही सनातन के भी हैं। हम मूलत: प्रकृति-पूजक ही रहे हैं। सनातन का मूल आधार पृथ्वी है। वह सदा पूजनीय रही है।

मगर कालांतर में गूढ़ रहस्यों को जनसामान्य तक पहुँचाने के लिए समय की माँग के अनुसार प्रतीकों का निर्माण हुआ। लोककथाएँ गढ़ी गईं, जनमानस में संदेश के लिए। कई अवतारी पुरुषों ने जीवन-आदर्श को स्थापित किया, जो हमें मार्गदर्शन करते रहते हैं। मगर इन पौराणिक कथाओं के नायक, महापुरुष और अवतार जरूर हैं, मगर ईश्वर नहीं। ये देव हैं, देवी-देवता ईश्वर का रूप हैं, मगर ईश्वर नहीं। ईश्वर अंश उनमें उतना ही है जितना हम सब में।

किसी भी धर्म के मूलतत्त्व उस धर्म को माननेवालों के विचार, मान्यताएँ, आचार तथा संसार के प्रति उनके दृष्टिकोण को ढालते हैं। सनातन के बुनियाद में वंदना, वेद, व्रत और तीर्थ हैं। इसके अतिरिक्त भी कई मान्यताएँ हैं। यह सृष्टि की उत्पत्ति व प्रलय के साथ-साथ पुनर्जन्म और मोक्ष पर यकीन करती है। यह सभी धर्मों के लिए समभाव और मानवता में विश्वास के साथ-साथ कर्म पर यकीन रखती है। सनातन में प्रमुख है प्रकृति

प्रार्थना। जो अनेक रूप, तरीके और प्रकार से हर मानव के जीवनशैली का अंग बना दी गई है। फिर चाहे वो बच्चा, बूढ़ा, जवान, नर-नारी कोई भी हो। यहाँ तक कि यज्ञ कर्म में भी मूल रूप से प्रकृति वंदना ही है।

सनातन के मूल तत्त्वों को चंद शब्दों में व्याख्या कर पाना मुश्किल है। विज्ञान जो प्रत्येक वस्तु, विचार और तत्त्व का अपनी तरह से मूल्यांकन करके अब तक कई विश्वास और सिद्धांतों को धराशायी कर चुका है, वह भी सनातन के मूल तत्त्व को पकड़ने में अभी तक नाकामयाब है। उलटे वेदांत में उल्लेखित ब्रह्म-ब्रह्मांड और आत्मा-परमात्मा के बीच के रहस्य की वैदिक व्याख्या से प्रेरित होता रहता है। यही नहीं, अनेक वैज्ञानिक समय-समय पर सनातन के कई बिंदुओं पर सहमत होते रहे हैं।

सनातन के अध्यात्म और दर्शन के अतिरिक्त कई व्यावहारिक पक्ष भी हैं, और साथ ही कई ऐसे तथ्य भी हैं, जिनकी चर्चा की जानी चाहिए। वरना अधूरा ज्ञान खतरनाक होता है। भ्रम व्यक्ति और समाज दोनों के लिए हानिकारक है। सनातन धर्म के साथ यह स्थिति समय-समय पर विकराल रूप धारण कर लेती है। अर्थ का अनर्थ होता रहता है। मगर सनातन के साथ ऐसा होने के कई कारण हैं। सबसे प्रमुख है, इसका अति प्राचीन होना। ऐसे में समय के साथ भ्रांतियों का जुड़ना स्वाभाविक है। फिर सनातन संस्कृत की व्याख्या का आम प्रचलन में न होना। हमारे सारे धर्म ग्रंथ संस्कृत में हैं, जिसका भाषा ज्ञान बहुत कम लोगों को रह गया है। इस कम जानकारी से ही अर्थ का अनर्थ बनने की संभावना सबसे अधिक है। साथ ही अमूनन कुछ स्वार्थी पंडितों के व्यक्तिगत लाभ का मानवीय कारण होता है। इनके द्वारा झूठी परंपरा और कट्टरता के साथ रूढ़िवादिता और अधिक कर्मकांडी बना दिया गया। जब कोई समझता ही नहीं, तो ऐसे में जो समझा दिया जाता है, वही सत्य मान लिया जाता है। ऐसा नहीं है कि लोग बुद्धिमान नहीं हैं, मगर आज के बुद्धिमानों के पास वक्त नहीं है और जो है भी, वे उसे संस्कृत को सीखकर ग्रंथों को जानने में नहीं लगाना चाहते। आज के अधिकांश बुद्धिजीवी पैसे कमाने के चक्कर में रहते हैं। ऐसे में जो पुरोहितों-पंडितों ने अपनी सुनी-सुनाई, रटी-रटाई व्याख्या पढ़-सुन रखी है, वही सब दोहराते रहते हैं। कुछ एक लोग इस पर अध्ययन का प्रयास कर भी रहे हैं, मगर यह सनातन के बृहत् रूप को देखकर नाकाफी है। और फिर अनुवाद और व्याख्या पढ़कर मूल समझना आसान नहीं, वैसे भी धर्म ग्रंथ काव्य विधा में है जहाँ प्रतीकों और अलंकारों का खूब प्रयोग हुआ है। अब जब परिस्थिति, काल, समय बदल गए तो इनके अर्थों को समझ पाना भी सरल नहीं। ऐसे में कुछ आधे-अधूरे जानकार अंग्रेजी में लिख रहे हैं और खूब बिक रहे हैं। इसका मतलब ही है कि लोग सनातन को जानना चाहते हैं। उसके मूल तत्त्व को पढ़ना चाहते हैं। एक कारण हमारी लंबे समय तक की गुलामी भी है। हमारे तत्कालीन शासकों ने, जो बाहरी थे, अपने हित में सनातन के

रूप-स्वरूप और अर्थ को बड़े षड्यंत्रपूर्वक तोड़ा-मरोड़ा। जबकि यह बेहद प्राकृतिक और वैज्ञानिक धर्म रहा है। उदाहरणार्थ, हमारी संस्कृति में 33 कोटि देवी-देवताओं का जिक्र है। अब देवभाषा संस्कृत में कोटि के दो अर्थ होते हैं। एक अर्थ प्रकार है, दूसरा अर्थ करोड़। अब इस 33 कोटि की व्याख्या दोनों तरह से हो सकती है। इस पर वाद-विवाद और गुमराह किया जा सकता है। अपनी-अपनी रोटी सेंकी जा सकती है। वैसे तो सनातन की मान्यतानुसार कण-कण में भगवान् हैं। इसलिए ईश्वर-देवता की संख्या को अति महत्त्व देना, वह भी पर्याप्त जानकारी के बिना, अनावश्यक होगा। मगर कुछ इस पर ही हिंदू धर्म का दुष्प्रचार करने के लिए, मखौल उड़ाने के उद्देश्य से बात कर सकते हैं। सनातन के प्रकृति-पूजन को लेकर भी मजाक बनाया जाता है, इस संदर्भ में आमजन को सही जानकारी न होने से अमूमन सनातनी भक्त भ्रमित हो जाता है या किया जाता है। जबकि सनातन के मूल में स्थित इन प्राकृतिक देवों को न मानने का ही नतीजा है कि पृथ्वी का यह हाल हमने बना दिया। इन देवताओं का वर्णन और इनका प्रकृति से संबंध की विस्तार से व्याख्या आगे होगी। मगर यहाँ यह समझना जरूरी है कि सनातन ने अपने सिद्धांत में कुछ मूल तथ्य और तत्त्व सुनिश्चित कर रखे हैं, जिनकी जमीनी, प्राकृतिक और अनुभव आधारित व्याख्या है। जो समयानुसार आवश्यकतानुसार स्थापित की गई और लंबे समय से हमारी संस्कृति की नींव बनी हुई है।

वेद

यह सनातन का पवित्र और प्राचीनतम ग्रंथ है। ये चार हैं।

ऋग्वेद—प्राचीनतम वेद। वेद का पद्य भाग है। इसमें देवताओं की स्तुति है, देवताओं का यज्ञ में आह्वान है। देवताओं के गुणों का वर्णन है।

सामवेद—उपासना के संगीतमय मंत्र। वेद का गायन भाग है। सभी वेदों में छोटा है, मगर सभी वेदों का सार रूप है।

यजुर्वेद—कर्मकांड, यज्ञ आदि के गद्यात्मक मंत्र। वेद का गद्य भाग है। इसका स्थान ऋग्वेद के बाद दूसरे नंबर पर आता है। इसमें यज्ञों-हवनों के नियम और विधान हैं।

अथर्ववेद—गुण-धर्म आदि के मंत्र। इसमें चिकित्सा, विज्ञान और दर्शन से संबंधित मंत्र हैं।

वेद ब्रह्मज्ञान का साधन है। वेद आध्यात्मिक प्रतीक भी हैं। मंत्र शास्त्र में भूः, भुवः, स्वः, ये तीन वेदों के प्रतीक हैं। भूः ऋग्वेद से, भुवः यजुर्वेद से, स्वः सामवेद से संबंधित है। भूः, भुवः, स्वः क्रमशः तीनों लोकों, पृथ्वी, आकाश और स्वर्ग के प्रतीक भी हैं। ये

तीनों मिलकर हमारे संपूर्ण शरीर और ब्रह्मांड को भी दरशाते हैं। इसके द्वारा हर मंत्र में ब्रह्म-ब्रह्मा-ब्रह्मांड को संदर्भित किया जाता है। वैसे भूः और ऋग्वेद वाणी है, भुवः और यजुर्वेद मन है, स्वः और सामवेद प्राण हैं।

सनातन व्यवस्था

सनातन में तीन ऋण मुख्य माने गए हैं—देव ऋण, पितृ ऋण, ऋषि ऋण। और इनसे ऋणमुक्त की व्याख्या भी है।

चार युग हैं—सतयुग, त्रेतायुग, द्वापरयुग, कलियुग

चार धाम हैं—द्वारका, बदरीनाथ, जगन्नाथपुरी, रामेश्वरमधाम

चार मठ हैं—वेदांत ज्ञानमठ (रामेश्वरम्), गोवर्धनमठ (जगन्नाथपुरी), शारदामठ (द्वारका), ज्योतिर्मठ (बदरीनाथ)

चार पीठ हैं—द्वारका (शारदा पीठ), ज्योतिर्षि (जोशीमठ बदरीधाम), गोवर्धन पीठ (जगन्नाथपुरी), श्रृंगेरीपीठ दक्षिण में।

चार कुंभ स्थल हैं—हरिद्वार, प्रयाग, उज्जैन, नासिक

चार आश्रम हैं—ब्रह्मचर्य, गृहस्थ, वानप्रस्थ, संन्यास

चार अंत:करण—यह हमारे अंदर चार तरह से काम करता है। मन, बुद्धि, चित्त, अहंकार। ये अंत:करण के चार स्तर भी हैं।

चार वर्ण हैं—ब्राह्मण, क्षत्रिय, वैश्य, शूद्र। व्यवस्था के लिए समाज को चार भागों में बाँटा गया। यह विभाजन कर्म आधारित और व्यक्ति की योग्यतानुसार होता। यह इस वाक्य से स्पष्ट होगा—मैं ज्ञान में ब्राह्मण हूँ, रणभूमि में क्षत्रिय हूँ, व्यवस्था में वैश्य हूँ और सेवा में शूद्र हूँ, मैं हिंदू हूँ।

पंचगव्य—गाय का घी, दूध, दही, गोमूत्र, गोबर को सामूहिक रूप से पंचगव्य कहा गया है। यों तो पाँचों के अपने-अपने विशिष्ट गुण हैं। यह शरीर के रोग निरोधक क्षमता को बढ़ाकर रोगों को दूर करता है।

पंचतत्त्व—पृथ्वी, जल, अग्नि, वायु, आकाश। सनातन दर्शन के अनुसार ये पाँच तत्त्व सभी पदार्थों के मूल माने गए हैं। अर्थात् इनसे ही सृष्टि का प्रत्येक पदार्थ बना है। इन्हें (पृथ्वी) ठोस, जल (द्रव), आकाश (शून्य), अग्नि (ऊर्जा), वायु (गैस) इस तरह से भी लेकर समझा जा सकता है।

छह दर्शन—वैशेषिक, न्याय, सांख्य, योग, मीसांसा, वेदांत (उत्तर मीमांसा)

वेदानुसार सात ऋषि—वसिष्ठ, विश्वामित्र, कण्व, भरद्वाज, अत्रि, वामदेव, शौनक। पुराणों के मतानुसार, विशेषकर विष्णु पुराण के अनुसार सप्तर्षि—विश्वामित्र,

जमदग्नि, भरद्वाज, गौतम, अत्री, वसिष्ठ और कश्यप हैं।

आदिशंकराचार्य ने वेदों का सरल अनुवाद किया, चार मठों की स्थापना चार दिशाओं में की और एक-एक मठ को एक वेद दे दिया।

बदरीनाथ—अथर्ववेद, द्वारका—सामवेद, जगन्नाथपुरी—ऋग्वेद, रामेश्वरम्—यजुर्वेद।

पूर्व दिशा में ऋग्वेद से संबंधित गोवर्धन पीठ की स्थापना हुई। इस पीठ के संन्यासियों को वन और अरण्य से जोड़ा गया। अरण्य (छोटा वन) और वन (बड़ा अरण्य)। वैसे भी संन्यासी वन में ही होते थे, तो इनकी सुरक्षा की आवश्यकता थी भी और गुरुकुल के वन में होने से जरूरी भी हो जाती थी। इस तरह से पूरे भूखंड में वन और अरण्य की सुरक्षा तथा संरक्षण किया गया।

यजुर्वेद को दक्षिण के मठ से संबंधित किया गया। यहाँ का मुख्य काम शिक्षा-दीक्षा दिया गया।

सामवेद से संबंधित पश्चिम में शारदा पीठ है। इसे तीर्थ और आश्रम से जोड़ा गया। तीर्थ का अर्थ पवित्र स्थान और जलधारा से है। यहाँ के शंकराचार्य पूरे देश के आश्रमों की देखभाल करते।

अथर्ववेद से संबंधित उत्तर का ज्योतिष पीठ। इनका संबंध सागर, गिरि और पर्वत से है। ये देश की सीमाओं की रक्षा के लिए महत्त्वपूर्ण हैं और इनके द्वारा इनकी देखभाल की जाती है। इस तरह से चारों वेदों को चार पीठ से जोड़कर प्रकृति को संरक्षित और सुरक्षित किया गया।

सनातन की उचित व्याख्या के लिए शंकराचार्य को मूल तत्त्वों में ही लिया जाना चाहिए। आदिशंकराचार्य का जन्म, कइयों की मान्यता है कि यह 200 बीसी में हुआ। यह तय है कि वे ईसा पूर्व हुए। मगर जान-बूझकर आधुनिक समय के पश्चिम विद्वानों ने इन्हें 800 एडी का समय दिया, ताकि हमारे कई ग्रंथ और विचार बाद के प्रतीत हों। सनातन ने दुराग्रह का हर युग में सामना किया। मगर जिस वक्त सनातन को इसकी सर्वाधिक आवश्यकता थी, तब आदिशंकराचार्य ने अनेक ग्रंथों के भाष्य लिखे और सनातन जीवनदर्शन को एक बार फिर स्थापित किया। उनके इसी योगदान से वे ईश्वर के अवतार माने जाने लगे।

❑

अध्याय-7

1. संस्कृति में संस्कार

सनातन संस्कृति मानव की वह सभ्यता है, जहाँ उसकी भाषा संस्कृत के प्रत्येक शब्द में ही उसकी सार्थक व्याख्या पढ़ी और समझी जा सकती है। संस्कृत, संस्कृति, संस्कार ये सब आपस में गुँथे हुए हैं। इन शब्दों का जन्म अर्थात् शब्द निर्माण एक-दूसरे से प्रभावित है। सनातन संस्कृति में मानव अनेक संस्कार के माध्यम से ही सुसंस्कृत हुआ। वह इन्हीं संस्कारों के कारण शुद्ध हुआ, विकसित हुआ, योग्य हुआ। इन संस्कारों का पालन ही सनातन जीवन संस्कृति बनी। और इसकी विस्तार से व्याख्या करने के लिए संस्कृत भाषा का विकास हुआ। संस्कृत अर्थात् जो बेहतर बनाए। शुद्ध करे। उन्नत करे। विकसित करे। इस तरह से एक ऐसी संस्कृति जो सभ्यता को निरंतर शुद्ध कर रही हो, समाज को सुयोग्य बना रही हो, विकसित कर रही हो, इस देवभूमि पर जन्मी और पनपी। यहाँ विकास भौतिक ही नहीं है, यह बाह्य नहीं है, यह आंतरिक है, आध्यात्मिक है बल्कि सामाजिक भी है। यहाँ जीवनयापन प्रकृति के साथ, प्रकृति से तालमेल बनाते हुए किया जाना अपेक्षित है। इस जीवन को विकसित, हर तरह से करने का ही उद्देश्य है, फिर चाहे व्यक्ति का व्यक्तिगत जीवन, पारिवारिक जीवन, धार्मिक जीवन और सामाजिक जीवन ही क्यों न हो। इन सबको उन्नत, समृद्ध और सार्थक बनाने का काम संस्कारों द्वारा किया जाने लगा। संस्कार शब्द का एक अर्थ शुद्धीकरण भी है, मगर यह भ्रमित कर सकता है। इसलिए इस 'योग्य बनाने से' ही जोड़ा जाना चाहिए। यहाँ योग्य बनने से तात्पर्य है सामाजिक रूप से मानव को योग्य बनाना। सनातन में जीवन के प्रत्येक महत्त्वपूर्ण परिवर्तन को किसी-न-किसी संस्कार द्वारा जोड़ा गया। उसे जीवन परिवार और समाज का पर्व बना दिया। इस तरह से संस्कार मानव बनाने की एक प्रक्रिया है, जिसका पालन करना ही सनातन संस्कृति है।

अन्य सभ्यताओं के अनुसार 'संस्कृति' मूलतः भाषा, खान-पान, पहनावा, रहन-

सहन और लोक व्यवहार आदि को ही माना जाता है। मगर सनातन संस्कृति में यह संस्कारों के साथ परिभाषित होती है। इन संस्कारों को हटा लीजिए, मानव दानव बन जाएगा। आज भी किसी असामाजिक, अव्यावहारिक, अभद्र को देखकर उसके संस्कारों पर सवाल उठाए जाते हैं। विज्ञान नियंत्रित बाजार की संस्कृति ने हमारे जीवन से संस्कार धीरे-धीरे खत्म कर दिए। परिणाम हमारे सामने है, हम कहीं के नहीं रहे। हमने अन्य लोगों के साथ मिलकर अपनी पृथ्वी को भी अपने रहने लायक नहीं छोड़ा। आज अगर इसका समाधान कोई पूछे तो सिर्फ और सिर्फ संस्कार में ही है। यह काम सरकार नहीं कर सकती। प्रकृति का संरक्षण संभव नहीं, जब तक हरेक मानव उससे न जुड़े। और यह तब ही संभव है, जब हर मानव को उसकी संस्कृति संस्कारित करे।

सनातन ऋषियों ने इस सत्य को जान लिया था और उसकी गहन समीक्षा भी कर ली थी कि अगर मनुष्य को माँ के गर्भ में आने से लेकर चिता में जल जाने तक ठीक से नहीं सँभाला गया तो वे तेजी से अपनी मानवीय कमजोरी की वजह से पतन की ओर जाएगा, जिससे वह अपने से ज्यादा समाज और प्रकृति का नुकसान करेगा। उसके जीवन में हर उम्र में अनेक मोड़ आते हैं जहाँ उसे सजग करने की आवश्यकता है, उसे उँगली पकड़कर रास्ता दिखाने की जरूरत है, वरना वह भटक जाएगा। उसे कोई भी भौतिक शक्ति अपने नियंत्रण में ले सकती है। उसे सही रास्ता दिखाने के लिए ही सनातन संस्कारों का प्रचलन जीवन का अंग बना दिया गया। प्राचीन काल में इसका दायित्व परिवार वालों के साथ-साथ संत-पुरोहित के जिम्मे सौंपा गया था।

संस्कार व्यक्तित्व का निर्माण करता है, जो फिर एक आदर्श समाज की स्थापना में सहायक होता है। जिस तरह से शारीरिक रोग के लिए अनेक उपचार हैं, उसी तरह कई मानसिक-सामाजिक रोग का भी संस्कारों के द्वारा इलाज संभव है। यह परिवार, समाज को एकजुट करने में सहायक है। संस्कार कार्यक्रमों के द्वारा सभी एक-दूसरे के संपर्क में आते हैं। ऐसा न होने पर मानव असामाजिक, अकेला और इस कारण से सनकी, संशयी, निर्दयी, अस्त-व्यस्त, दुराग्रही और उच्छृंखल हो सकता है। जो उस मानव और उसके परिवार-समाज के लिए परेशानी का कारण बनता है।

सनातन समाज के विकासक्रम के साथ संस्कारों की संस्कृति में भी काफी बदलाव आता रहा। कुछ नए संस्कार जुड़े तो कुछ बदल गए। इनमें स्थान और प्रकृति एवं आवश्यकतानुसार भी समय-समय पर परिवर्तन होते रहे। वैसे भी परिवर्तनशीलता सनातन धर्म का मूल गुण है। मगर हरेक परिवर्तन के मूल में यही रहा कि कैसे एक जंगल से निकले आदिमानव को सामाजिक मानव बनाया जाए। जैसे-जैसे समाज का रूप-स्वरूप बदला, उसी तरह से आवश्यकतानुसार समयानुसार संस्कार का स्वरूप भी बदलकर उपरोक्त कार्य किए जाते रहे।

मगर अब अति आधुनिक काल में जन्मदिवस और विवाह दिवस मनाने की संस्कृति है, जिसका स्वरूप धीरे-धीरे वैदिक न होकर पूरी तरह पाश्चात्य हो गया है। ऐसे में फिर इनका उद्‍देश्य और फल भी फिर से परिभाषित करने की आवश्यकता हो जाती है। ये अब संस्कार नहीं, कार्यक्रम हो गए हैं। यह पार्टी की संस्कृति है। इनका आपकी संस्कृति और सभ्यता को प्रभावित करना भी स्वाभाविक है, जो फिर अंत में घूम-फिरकर हमारे ऊपर ही असर डालते हैं।

संक्षिप्त में कहना हो तो संस्कृति के संस्कारविहीन हो जाने का खामियाजा भी हमें ही उठाना पड़ता है। सच कहें तो वैज्ञानिक स्टीफन हॉकिंग की चेतावनी का एक ही समाधान है और वह है, सनातन संस्कृति के संस्कारों को विश्व मानव संस्कृति के द्वारा स्वीकार किया जाना।

2. संस्कार

संस्कार से संस्कृति और संस्कृति में संस्कार, इससे तो यह स्पष्ट हो गया कि ये दोनों एक-दूसरे के पूरक हैं। संस्कार के मूल में जाएँ तो इसमें मानव का हित ही प्रमुखता से उभरकर सामने आ खड़ा होता है। सभ्यता के प्रारंभ से ही सुख-शांति और समृद्धि की आवश्यकता मानवजाति के लिए सर्वोपरि रही है। इसके लिए स्वाभाविक रूप से हमारे पूर्वज भी प्रयत्नशील रहते थे। उनकी इस आवश्यकता के महत्त्व को उन दिनों ऋषि-महर्षि भी समझते थे। इसकी पूर्ति के लिए उन्होंने साधना में अपना जीवन लगा दिया। उनकी इस पुण्य प्रक्रिया को संस्कृति का सृजन कहा जा सकता है। उन्होंने अपने अनुभव, चिंतन और विवेक से इस आदर्श स्थिति को प्राप्त करने के सांस्कृतिक साधन निर्मित किए। हमारे सारे धर्मग्रंथ, कथा-साहित्य इसी प्रयोजन की पूर्ति के लिए लिखे गए हैं। यहाँ सुख-समृद्धि का संबंध भौतिक कम आत्मिक अधिक था। वैसे भी शांति मानसिक अवस्था को प्रदर्शित करती है। इसकी प्राप्ति सांसारिक सुख के पीछे भागने से कभी प्राप्त नहीं हो सकती। अत: शांति के साथ सुख सदा आत्मिक ही हो सकता है। प्रकृति-प्रेम, योगाभ्यास, उपासना, व्रत-उपवास, तीर्थयात्रा, देव-दर्शन, दान-पुण्य, कथा-प्रवचन और यज्ञ-अनुष्ठान आदि जितने भी कर्मकांड हैं, सबके मूल में मात्र एक ही उद्‍देश्य है कि व्यक्ति अधिकाधिक निर्मल, उदार, सद्‍गुणी, सदाचारी, संयमी एवं परमार्थवाला बनता चला जाए। इस स्थिति-आस्था को प्राप्त करने के लिए, जिस स्तर की जीवनशैली और मानव चरित्र की आवश्यकता है, उस व्यक्ति का क्रमिक निर्माण जिस कार्यपद्धति से संभव होता है, उसी को संस्कार नाम से पुकारा गया। ये धर्म-प्रायोजित विभिन्न कर्मकांड, हमारी चेतना को, जाने-अनजाने उस स्तर पर विकसित

करने का प्रयत्न करते हैं, जिसे अपनाने पर मनुष्य का जीवन अधिक पवित्र, लोकोपयोगी और सार्थक हो सके।

हमारे ऋषियों ने केवल स्वयं के जीवन के उद्धार का लक्ष्य नहीं रखा, न ही शास्त्र रचना तक अपना कर्तव्य माना। उन्होंने आम जनजीवन की चेतना को जाग्रत् करके उसके जीवन को भी सुखी-शांति और सफल बनाने की चेष्टा की। इसे जनजागरण कह सकते हैं। एक विकसित सभ्यता के लिए समृद्ध संस्कृति का निर्माण कह सकते हैं। यह जन-सामान्य के अंत:करणों में सद्प्रवृत्तियों को उगाने-बढ़ाने का प्रयास है। यही ऋषियों की जीवन-साधना होती, जहाँ स्वयं से आगे बढ़कर विश्व कल्याण का भाव हो।

मानव कल्याण की महान् परंपराओं में संस्कार सबसे प्रमुख और महत्त्वपूर्ण अनुष्ठान है। इस संदर्भ में एक अति विचारणीय तथ्य है कि संस्कारों द्वारा व्यक्ति-परिवार को प्रशिक्षित किया जाता रहा है तो पर्व-त्योहार द्वारा समाज को। इन पुण्य सनातन परंपराओं पर अगर हम ध्यान दें तो इनका महत्त्व और उपयोग आसानी से समझा जा सकता है। संस्कार वह उपचार है, जिसके माध्यम से मनुष्य को सुसंस्कृत बनाना सबसे सरल और प्रामाणिक रूप से संभव है। सीधे कहें तो संस्कार मानव बनाने की एक प्रक्रिया है। व्यक्तित्व निर्माण के सनातन मार्ग को ही संस्कार कहा जा सकता है।

बालक के गर्भ में प्रवेश करने से लेकर जीवनयापन की विविध परिस्थितियों में से गुजरते हुए शरीर छोड़ने तक विविध अवसरों पर संस्कारों के आयोजन की व्यवस्था हमारे धर्म-ग्रंथों ने कर रखी है। जीवन में सतत काम आनेवाली सत्प्रवृत्तियों का बीजारोपण इन संस्कारों के समय ही हो जाता है। यदि किसी बालक-बालिका के सभी संस्कार ठीक रीति से समुचित वातावरण में किए जाएँ तो उसका ऐसे सुविकसित व्यक्तित्व के रूप में विकसित होना पूर्णत: संभव है, जिससे उसका जीवन सुखमय, आनंदमय, प्रतिभा संपन्न और सफल हो सके। इसे व्यक्तित्व विकास की सृजनात्मक प्रक्रिया कहा जाए तो साहित्यिक रूप से उचित होगा।

प्राचीन काल से अब तक, सनातन समाज में प्रत्येक कार्य संस्कार से आरंभ होता रहा है। उस समय संस्कारों की संख्या भी लगभग चालीस थी। जैसे समय बदला, जीवन व्यस्त हुआ कुछ संस्कार विलुप्त हो गए। गौतम स्मृति में चालीस प्रकार के संस्कारों का उल्लेख है। महर्षि अंगिरा ने इन्हें पच्चीस संस्कारों में सीमित किया। व्यास स्मृति में सोलह संस्कारों का वर्णन हुआ है। हर युग में संस्कार हमारे धार्मिक व सामाजिक जीवन की पहचान रहा है। यह हमारे जीवन की दिशा भी तय करते रहे हैं। भारतीय संस्कृति में मनुष्य को राष्ट्र, समाज और जनजीवन के प्रति जिम्मेदार बनाने के लिए जो नियम तय किए गए, वे संस्कार ही हैं। समयानुसार काल-परिस्थिति के अनुसार इनमें बदलाव हुए। मगर उद्‌देश्य सदा वही रहा—व्यक्तित्व का विकास।

संस्कार में किए जानेवाले कार्यक्रमों में पूजा, यज्ञ, मंत्रोच्चारण आदि होता है। इन संस्कारों का व्यावहारिक और सामाजिक के साथ व्यक्तिगत पक्ष भी है। और अब तो इनके वैज्ञानिक महत्त्व भी स्थापित हो रहे हैं। आज सनातन हिंदू संस्कृति में प्रमुखतः सोलह संस्कारों का उल्लेख किया जाता है। ये भी स्थान, ग्रंथ और ब्राह्मण के द्वारा बदले जाते रहे हैं। मगर इनमें प्रमुखतः यही होते रहे हैं—गर्भाधान, पुंसवन, सीमंतोन्नयन, जातकर्म, नामकरण, निष्क्रमण, अन्नप्राशन, चूड़ाकर्म, विद्यारंभ, कर्णबेध, यज्ञोपवीत, वेदारंभ, केशांत, समावर्तन, विवाह, अंत्येष्टि।

आधुनिक परिप्रेक्ष्य में समय की कमी और कुछ एक संस्कारों को एक साथ किया जाने लगा। मुख्यतः अब ये संस्कार किए जाने लगे—नामकरण संस्कार, चूड़ाकर्म (मुंडन) संस्कार, अन्नप्राशन संस्कार, विद्यारंभ संस्कार, विवाह संस्कार, अंत्येष्टि संस्कार, मरणोपरांत संस्कार।

सोलह संस्कारों में से भी जो एक असामयिक हो गए हैं, उनके पीछे कारण आधुनिक युग है, जैसे कि प्रथम संस्कार गर्भाधान का है। प्राचीनकाल में रतिक्रिया वासना के लिए न होकर मुख्यतः संतानोत्पादन के लिए होती थी। अब जब एकांत मिलन का प्रयोजन सिर्फ वासना की पूर्ति रह गया हो तो गर्भाधान संस्कार के लिए स्थान कहाँ रह जाता है। इसलिए ये संस्कार स्वयं ही अप्रासंगिक हो गया। वरना पूर्व में पति-पत्नी यह संकल्प करते थे कि हम सुयोग्य बनाने के सामर्थ्य से संपन्न होने के कारण समाज को शरीर और मन से स्वस्थ नागरिक भेंट करने के लिए तत्पर हैं।

यह संस्कार कुछ-कुछ इस तरह से भी समझा जा सकता है कि बीज का स्वस्थ होना महत्त्वपूर्ण है, अगर बीज स्वस्थ होगा तो इससे फूटकर निकलनेवाला पौधा भी स्वस्थ होगा। यहाँ मानव के गर्भ में आने से पूर्व माता-पिता के अंश में भी स्वस्थ होने का प्रयास किया गया है। विज्ञान तो आज बतलाता है कि माता के विचार शिशु के गर्भ में विकास पर प्रभाव डालते हैं, सनातन ऋषियों ने तो इसे सदियों पहले ही संस्कारों द्वारा समाज में स्थापित कर दिया था। अब ऐसे विचार ही नहीं दिए जाते, ऐसे में होनेवाले शिशु के सात्त्विक होने की क्या गारंटी हो सकती है।

ठीक इसी तरह नाक, कान छेदने की प्रथा भी असामयिक होती जा रही है। जबकि इसे एक्यूप्रेशर और एक्यूपंक्चर से जोड़कर समझा जा सकता है। कई और भी संस्कार आधुनिक जीवन के लिए धीरे-धीरे अप्रासंगिक हो गए हैं, जबकि इनका महत्त्व भी खत्म नहीं हुआ। जैसे कि वेदारंभ और यज्ञोपवीत संस्कार। फिर भी कुछ संस्कारों की चर्चा यहाँ की जा सकती है, जिससे उनकी उपयोगिता आज के युग में भी समझी जा सके।

पुंसवन संस्कार की प्रेरणा

यह श्रेष्ठ, तेजस्वी नई पीढ़ी देने का संकल्प है। विचारवान-चरित्रवान शिशु की कामना। सोलह संस्कारों में से यह दूसरा संस्कार है। गर्भ ठहर जाने पर इस संस्कार के द्वारा भावी माता के आहार, आचार, व्यवहार, चिंतन, भाव को उत्तम बनाने का प्रयास किया जाता है। यह गर्भ के तीसरे महीने में संपन्न कराया जाता है। क्योंकि तब तक गर्भस्थ शिशु के विचार तंत्र का विकास प्रारंभ हो जाता है। यह गर्भवती को उसके निजी कर्तव्यों के साथ-साथ सारे परिवार को नई आत्मा (जीव) के लिए स्वागत के उपयुक्त वातावरण बनाने का धर्मानुष्ठान है। यह सच है कि बालक को संस्कारवान बनाने के लिए सर्वप्रथम माता-पिता का संस्कारी होना जरूरी है। इसकी पूर्ति संस्कारों के द्वारा की जाती है। आज आधुनिक शिक्षा व्यवस्था में दांपत्य जीवन और शिशु निर्माण के संबंध में कोई शिक्षा नहीं दी जाती, जिसका परिणाम हमारे सामने है।

महाभारत में अभिमन्यु की कथा यहाँ संदर्भित है। अभिमन्यु ने गर्भ में ज्ञान सीखा था। यह सिर्फ कहानी नहीं यथार्थ है। हम बहुत कुछ प्राकृतिक रूप से माँ के पेट से सीखकर आते हैं। इसे ज्ञान का हस्तांतरण कह सकते हैं। यही सनातन में संस्कार है। आधुनिक विज्ञान को इसे समझने में वक्त लगेगा, लेकिन सनातन में यह हजारों वर्ष पूर्व में स्वीकार कर लिया गया है और उसे साकार करने के लिए विभिन्न संस्कारों का प्रयोजन भी कर दिया गया है। जिसका लाभ सनातन समाज ने लंबे समय तक उठाया भी है।

नामकरण संस्कार की उपयोगिता

नाम व्यक्ति की पहचान होता है। साथ ही नाम का व्यक्ति के मनोविज्ञान और व्यक्ति विकास पर भी गहरा प्रभाव पड़ता है। आजकल नामकरण संस्कार के साथ ही जातकर्म संस्कार भी कर लिया जाता है, जिसमें बच्चा बुद्धिमान व बलवान हो की प्रार्थना की जाती है। नामकरण संस्कार के दौरान जीव के पूर्व संचित संस्कारों में जो हीन हो उसे मुक्त करना और जो श्रेष्ठ हो, उसे उभारना और उसका नामकरण इसी के अनुरूप रखा जाना। इन संस्कारों में बालक-बालिका का कोई भेद नहीं किया जाना चाहिए। सनातन में कहीं भी इस भेद का समर्थन नहीं किया गया है।

नामकरण संस्कार के अवसर पर बालक के शारीरिक पालन-पोषण की ही नहीं मानसिक विकास की विधि व्यवस्था भी समझाई जाती है ताकि माता-पिता ही नहीं, परिवार के अन्य सदस्य भी नवीन आगंतुक को सुसंस्कृत बनाने में अपनी भूमिका समझे और उसका क्रियान्वयन कर सकें। नामकरण के महत्त्व को इस तरह से समझें कि हम नाम 'रावण' नहीं रखते।

इस संस्कार को उल्लासपूर्वक करवाने पर शिशु के माता-पिता और उपस्थित परिवार-समाज के अन्य लोगों में, बच्चों में श्रेष्ठ गुण के निर्माण का महत्त्व जागता है। वे शास्त्रों के ज्ञान के अनुसार प्राप्त सूत्रों के प्रति कर्तव्य-बोध से भर जाते हैं। जिसका लाभ फिर उस बालक के व्यक्ति निर्माण से लेकर परिवार-समाज निर्माण में भी सहायक होता है।

अन्नप्राशन क्यों

जब बालक के दाँत उगने लगें तो मान लेना चाहिए कि प्रकृति ने शिशु को ठोस आहार की अनुमति प्रदान कर दी है। ऐसे में अन्न का शास्त्रीय ज्ञान महत्त्वपूर्ण हो जाता है। अन्नप्राशन के समय बच्चा छोटा होता है। इस वक्त उसके स्वास्थ्य रक्षा के लिए किस प्रकार कितना और क्या भोजन कराया जाए, जिससे वह शारीरिक के साथ मानसिक रूप से स्वस्थ और सात्त्विक एवं संस्कारित हो। यह समझना माता-पिता के लिए महत्त्वपूर्ण और आवश्यक हो जाता है। अन्न से शरीर ही नहीं, मन भी बनता है। इसलिए अन्न अति महत्त्वपूर्ण है। सनातन संस्कृति में अन्न देवता कहा गया। प्रचलित कहावत है—'जैसा खाए अन्न, वैसा बने मन'। इसलिए आहार स्वास्थ्य के दृष्टि से उपयुक्त हो, साथ ही संस्कारयुक्त हो, इसके लिए भी परिजनों को जागरूक करना आवश्यक हो जाता है। अन्न को ओषधि व प्रसाद के रूप में ग्रहण किया जाना चाहिए। इस संकल्प के साथ ही यह संस्कार कराया जाता है। यह एक तरह का डायटीशियन का कंसल्टेशन है, जिसमें शास्त्र अर्थात् लंबा अनुभव जुड़ा होता है, जो अधिक व्यावहारिक होता है। इसमें आस्था के होने से यह डायटीशियन से अधिक प्रभावशाली और लाभकारी सिद्ध होता है।

चूड़ाकर्म का मर्म

मुंडन का अर्थ है, मस्तिष्क को संस्कारवान बनाने की आवश्यकता पर ध्यान देना। बालक छोटी आयु में ही बाह्य जगत् से सीखना प्रारंभ कर देता है। इस समय बालक पर संस्कार किस प्रकार डाले जाएँ, जिससे वह एक स्वस्थ नागरिक बने, यह उद्देश्य है इस संस्कार का। हिंदू धर्म में प्रसव के साथ सिर पर आए बालों को हटाकर, खोपड़ी की सफाई भी जरूरी है। मगर मूल उद्देश्य शिशु का बौद्धिक विकास ही है।

इन संस्कारों का संबंध हमारे शरीर में होनेवाले प्राकृतिक परिवर्तन से भी है। जैसे पुंसवन संस्कार का माँ के गर्भ से, अन्नप्राशन संस्कार का शिशु के दाँत से और चूड़ाकर्म संस्कार (मुंडन, शिखा स्थापना) का संबंध उसकी खोपड़ी की त्वचा की सक्षमता से

जुड़ा है। ठीक इसी तरह विद्यारंभ संस्कार, जब बालक/बालिका की आयु शिक्षा ग्रहण करने योग्य हो जाए, तब उसका विद्यारंभ संस्कार किया जाता है। अर्थात् यह संस्कार बालक के मस्तिष्क की अवस्था पर प्राकृतिक रूप से निर्भर है। विवाह संस्कार में, जब व्यक्ति परिवार निर्माण की जिम्मेवारी उठाने योग्य शारीरिक और मानसिक रूप से परिपक्व हो जाए तो युवक और युवती का विवाह संस्कार कर देना चाहिए। यह विशिष्ट संस्कार जन्म-जन्मांतर के लिए वैवाहिक संबंध स्थापित करता है। यही कारण है जो हिंदू समाज में परिवार में बिखराव नहीं था। इसी तरह से कुछ एक संस्कार पारिवारिक और सामाजिक भी हैं। वानप्रस्थ संस्कार, जब गृहस्थ की जिम्मेवारी समाप्त हो जाए तो उत्तराधिकारियों को परिवार की जिम्मेवारी सौंपकर अपने आप को धीरे-धीरे सामाजिक और परमार्थ के काम में लगाना ही श्रेयस्कर होता है।

विभिन्न संस्कारों के दौरान किए गए कर्मकांडों में जहाँ सभी परिवार के सदस्य और समाज के लोग इकट्ठा होते हैं, उस दौरान मंत्रों के उच्चारण और व्याख्या से ज्ञान व संदेश पहुँच जाता है। सकारात्मक प्रभाव उस परिवार पर विशेष रूप से पड़ता है, जो संस्कारों का आयोजन कर रहे हैं। इस तरह से परिवार और समाज सुसंस्कृत होता चला जाता है।

जीवन एक यात्रा है और जिस तरह यात्रा में यात्री अपना ध्यान रखता है या रखा जाना चाहिए, ठीक उसी तरह जीवन का भी ध्यान रखना चाहिए। जीवन की सफल और सार्थक यात्रा को सुनिश्चित करना हिंदू धर्म की महान् आध्यात्मिक विरासत है। यह एक विराट् यात्रा है। कहीं ऐसा न हो कि हम मार्ग में भटकते हुए, दुःख भोगते हुए और पश्चात्ताप एवं भ्रम में ही संपूर्ण जीवन यात्रा व्यतीत कर दें। हमारे पूर्वजों ने इस सत्य को गहरे तक पहचाना और उसकी समीक्षा की। प्रत्येक मानव-जीवन, जहाँ माँ के गर्भ में आने से लेकर चिता में समर्पण होने तक अनेक महत्त्वपूर्ण मोड़ से गुजरता है, अगर हर मोड़ पर दिशा-निर्देश न हो तो भ्रमित होकर पीड़ा और पतन की ओर अग्रसर हो सकता है। इसलिए यहाँ सजगता, सावधानी जरूरी है, जिसके लिए संस्कारों का प्रचलन किया गया।

एक संस्कार के कार्यक्रम से अनेक संस्कारित होते हैं। और इस प्रक्रिया के द्वारा समृद्ध सनातन संस्कृति का निर्माण सदियों से होता रहा है। खेद है कि हम इन संस्कारों की महान् शिक्षा से दूर होते चले गए। आज संस्कार मनोरंजन, खान-पान का कार्यक्रम बनकर रह गया। अधिकांश ने तो इसे असुविधाजनक मानकर छोड़ ही दिया है। यही कारण है, जो हमारा अंधकार युग प्रारंभ हुआ, रिश्ते टूट रहे हैं, परिवार बिखर रहे हैं, जीवन में प्रेम नहीं रहा, समाज में आक्रोश पनप रहा है। इस अँधेरे से निकलने का एकमात्र उपाय है, वैदिक संस्कारों की जीवन में वापसी।

❑

अध्याय-8

1. यज्ञ

यज्ञ अग्नि पूजा है। अग्नि की अपनी कुछ विशेषताएँ हैं। आदिकाल से अग्नि आदिमानव के ऊर्जा का स्रोत है। वह उससे उष्णता ग्रहण करता रहा है। इसलिए उसकी उपासना और उससे मंगलकामना करता है। अग्नि का आह्वान करता है। जिससे वह उसके जैसे सदा ऊर्जा से भरा रहे और कर्मठ, तत्पर, उत्साही, साहसी व निर्भिक बने।

यज्ञ को आर्यों से जोड़ा जाता रहा है। वेदों में यज्ञ का विस्तृत वर्णन है। देवता और राक्षसों के बीच संघर्ष के लिए भी यज्ञ ही प्रमुख कारण था। आर्य अर्थात् देवता कृषि आधारित थे तो उनके लिए वर्षा जरूरी थी। और यज्ञ के द्वारा इंद्र की स्तुति होती, साथ ही अग्नि का पूजन भी होता था। अग्नि ऋग्वेद में प्रमुख देवता हैं। असल में अग्नि के पूजन से ही जंगल कृषि योग्य भूमि बनती थी और साथ ही आर्यों का यह मानना था कि यज्ञ की अग्नि से ही वृष्टि होती है। वृष्टि अर्थात् पानी बरसना। ऋग्वेद के दूसरे सबसे प्रधान देवता इंद्र हैं और इनका भी दैवीय महत्त्व इनकी वर्षा कराने की क्षमता में ही निहित है। इन दोनों का ही आह्वान यज्ञ में किया जाता था। यज्ञ भी एक तरह का देवपूजन ही है। कालीबंगा और लोथल में यज्ञ कुंड मिलने से यह भ्रांति भी दूर हुई कि आर्य बाहर से आए थे। यह इस बात का प्रमाण है कि हड़प्पा सभ्यता वैदिक संस्कृति का ही एक भाग है और हड़प्पा के निवासी भी यज्ञ करते थे। अर्थात् आर्य ही थे।

यज्ञ योग की विधि है। प्रकृति से जुड़ने की अद्‌भुत सनातन व्यवस्था है, जो फिर आध्यात्मिक परंपरा बनी। यह अग्नि के महत्त्व का प्रतीक है। सनातन जीवन संस्कृति के वैदिक जीवन काल की यह मानव समाज को सबसे बड़ी देन है। यह शुद्ध होने की प्रक्रिया है। अग्नि को पावक कहते हैं, क्योंकि यह अशुद्धि को दूर करती है। लोहे के अयस्क को उच्च ताप देने पर लोहा पिघलकर निकलता है। इस क्रिया को लोहे का यज्ञ कहते हैं। यज्ञ न केवल स्वयं के शुद्धीकरण अपितु वायुमंडल को भी स्वच्छ बनाने की

अति प्राचीन परंपरा है, जो आज के युग में वैज्ञानिकों के द्वारा प्रामाणिक भी हो चुकी है। इसके लिए इस पक्ष का विस्तार में अध्ययन किया जा सकता है। मगर इसके दूसरे पक्ष को नजरअंदाज करना मूर्खता होगी। और वह है इसका व्यावहारिक पक्ष, जो अधिक महत्त्वपूर्ण है। यज्ञ के निमित्त समाज एकत्र होता आया है। यज्ञ का एक प्रमुख उद्देश्य धार्मिक प्रवृत्ति के लोगों को सत्प्रयोजन के लिए संगठित करना भी है। वैसे भी समाज में संघ शक्ति ही सबसे प्रमुख है। समूह में एकत्र होकर मंत्रोच्चारण के द्वारा मन और भाव को केंद्रित करना उन दिनों एक उद्देश्य होता। यह प्रत्यक्ष रूप से आपके अनेक इंद्रिय दोष को रोकती है और शारीरिक, मानसिक भावनात्मक रूप से व्यक्ति को शुद्ध करती है।

भविष्य की अनिश्चितता और अनियमितता के लिए आध्यात्मिक-भावनात्मक पुरुषार्थ आवश्यक है। सनातन व्यवस्था में सामूहिक प्रार्थना और साधनात्मक प्रयोग अधिक प्रभावशाली माने गए हैं। मनुष्य को विनाश से बचाकर विकास की ओर जाने के लिए ईश्वरीय संकल्प जरूरी है। यहाँ विकास का संदर्भ मात्र भौतिक से नहीं है। अपनी आत्मा, चेतना, भावना, विचार और कार्यकुशलता को ईश्वरीय प्रयोजन के साथ जोड़ने के लिए यज्ञ के रूप में सामूहिक-आध्यात्मिक प्रयोग किए जाते रहे हैं। इसके द्वारा आत्मविकास और आत्म-परिष्कार के लाभ व्यापक हैं।

यज्ञ शुभकार्य है, यह देवकार्य हैं। यह शुद्ध होने की प्रक्रिया है। यज्ञ में प्रयोग की जानेवाली हर वस्तु शुद्ध और पवित्र रखी जाती है। देवत्व से जुड़ने की पहली शर्त पवित्रता ही है। ऐसे में यज्ञ में शामिल होनेवालों को भी मन, विचार, तन और व्यवहार से शांत और पवित्र होना अपेक्षित हो जाता है। ऐसा करके हम सर्वशक्तिमान ईश्वर से जुड़ने के लिए, एकाग्र मन से मंत्रों और प्रार्थना द्वारा, अपने आप को भावना, विचार और आचरण से पवित्र होने की कामना करते हुए, ईश्वर से जुड़ने का प्रयास करते हैं। यह एक तरफ की ध्यान की मुद्रा है, जहाँ हम मंत्रोच्चार द्वारा अपने ऊपर उन भावों को एकत्र करने का स्वयं ही प्रयत्न करते हैं।

सच कहें तो यज्ञ भी प्रकृति पूजन ही है। यज्ञ में सूर्य का ध्यान किया जाता है। सूर्य से सारे विश्व में प्राण का संचार होता है। वह जीवन की ऊर्जा का स्रोत है। वृक्ष-पशु, प्रकृति के सहजक्रम में, सीमित प्राण-शक्ति धारण करते रहते हैं। मनुष्य में यह क्षमता है कि वह ध्यान और यज्ञ के द्वारा अपनी आवश्यकताओं के अनुरूप बड़ी मात्रा में प्राण-शक्ति को आकर्षित करके धारण कर सकता है। शरीर से सामान्य दिखनेवाले अनेक महापुरुषों ने इसीलिए असाधारण कार्य किए हैं।

यज्ञ का संबंध योग से है और इसका संबंध अग्नि से भी है। यज्ञ के माध्यम से घी को, प्रतीकात्मक प्रयोग में पारंपरिक रूप से अग्नि का भोजन बनाने से है। और फिर

आयुर्वेद और औषधीय विज्ञान द्वारा इन अग्नि से होनेवाले धुएँ में वायु-शोधन के गुण निहित हैं।

यज्ञ के तीन अर्थ हैं, उद्देश्य भी कह सकते हैं—देव पूजा, दान और संगठित करना। यज्ञ के तीन तात्पर्य हैं—त्याग, बलिदान और शुभ कर्म। अपने प्रिय खाद्य पदार्थों एवं मूल्यवान सुगंधित पौष्टिक द्रव्यों को अग्नि के माध्यम से संसार को वितरित कर देना। यज्ञ के दौरान उच्चारित वेद मंत्रों की शब्द ध्वनि आकाश में व्याप्त होकर लोगों के अंत:करण को सात्त्विक और शुद्ध बनाती हैं। सामाजिक प्रगति का सारा आधार सहकारी त्याग, परोपकार आदि प्रवृत्तियों से है। इस तरह से यज्ञ प्राकृतिक पूजन के साथ सामाजिक उद्देश्य को पूरा करने की एक प्रक्रिया है।

वर्तमान में, समाज और विश्व में, चारों ओर जो समस्याएँ हैं, वे हमारी ही देन हैं। हमने अपने विनाश का सामान स्वयं निर्मित किया है। हमने स्वयं गलत मार्ग चुना है। मनुष्य अब स्वयं पैदा किए संकटों के सामने लाचार अनुभव कर रहा है। वह अपने ही बनाए चक्रव्यूह में फँस चुका है। इससे निकलने के लिए मानवीय शक्ति से आगे की शक्तियों की आवश्यकता है। यज्ञ, ध्यान व प्रार्थना के द्वारा हम उन दैवीय शक्तियों का आह्वान करते हैं। उनसे प्रेरित होने की शक्ति अर्जित करते हैं। यह प्रयोग हमारे पूर्वज वैदिक काल से करते आ रहे हैं।

वर्तमान काल में उस सर्वशक्तिमान महाकाल के साथ साझेदारी के सूत्र हैं—उपासना, साधना, आराधना। उपासना अपनी चेतना को सांसारिक विषयों से समेटकर, परमात्मा की चेतना के निकट ले जाना, उससे भावनात्मक आदान-प्रदान के बाद उससे एक होने का प्रयास करना। साधना अपने जीवन को ईश्वरीय अनुशासन के अनुरूप ढालना। अंत:प्रेरणा, स्वाध्याय, सत्संग के माध्यम से अपनी प्रवृत्तियों में अभ्यास डालने का प्रयास। आराधना अपने पुरुषार्थ से परमात्मा की सेवा का प्रयास करना। यों तो परमात्मा निराकार, अरूप, अशरीर है तो उसकी सेवा की आवश्यकता नहीं। मगर संसार उसका दृश्य रूप है, ऐसा मानकर उसके इस सुंदर प्रकृति को और अधिक सुंदर बनाने का प्रयास करना ही सच्ची ईश्वरीय आराधना है। इस प्रकृति में सभी आ जाते हैं, पशु-पक्षी-वृक्ष। इस तरह से एक बार फिर सनातन का अध्यात्म प्रकृति के इर्दगिर्द ही घूमता है। हमारी उपासना, साधना, आराधना के केंद्र में प्रकृति ही है।

परमात्मा की शक्तिधाराएँ, देव शक्तियाँ विश्व की व्यवस्था बनाने में जुटी रहती हैं और इसका माध्यम बनती है प्रकृति। हम भी वैदिककाल से लोकमंगल के लिए ही यज्ञ करते आए हैं। तभी तो हम देवताओं का आह्वान करते हैं। प्रकृति की शक्तियों की स्तुति गाते हैं। यहाँ यज्ञ-पूजन को सरल शब्दों में समझने की आवश्यकता है। सर्वप्रथम हम कलश स्थापित करते हैं। यहाँ कलश ब्रह्मांड का प्रतीक है। क्योंकि इसमें धारण करने

की क्षमता है, पात्रता है। इसमें जल है। यहाँ भी हम संपूर्ण ब्रह्मांड को केंद्र में रखकर ही पूजन कर रहे हैं अर्थात् प्रकृति का ही पूजन करते हैं, जिसके प्रति वास्तविक श्रद्धा हो तो उसको पूजने का मन करता है। पूजन में सम्मान की भावना को क्रिया रूप में व्यक्त किया जाता है। श्रद्धा को सक्रिय बनाना ही पूजन है। पूजन में कुछ अर्पित किया जाता है, चढ़ाया जाता है, जिसको हम श्रद्धा से नमन कर रहे हैं। कलश में स्थापित देवताओं का कार्य-प्रभाव-क्षेत्र बढ़े, पूजा में हम यही कामना करते हैं और फिर निवदेन करते हैं कि उनकी हम पर विशेष कृपा बनी रहे। प्रकृति के पूजन से हम प्रकृति के अपने ऊपर कृपा का ही आह्वान करते हैं।

सनातन जीवन संस्कृति में समाज के प्रत्येक कार्य को एक यज्ञ में परिकल्पित किया गया है। यहाँ तक कि युद्ध भी एक यज्ञ ही है। और प्रत्येक यज्ञ का आवश्यक अंग है शंखनाद। युद्ध से लेकर और पूजन के पहले भी यह ध्वनि उत्पन्न की जाती रही है, जो जन-समूह के बीच अपने अर्थों-संदेशों के साथ उपस्थिति होती। ये प्रतीक हर यज्ञ में एक अलग अर्थ संप्रेषित करते। ठीक इसी तरह हम यज्ञ या किसी भी पूजा-स्तुति आदि कर्मकांड के पूर्व में माथे पर चंदन धारण करते हैं, अर्थात् तिलक लगाते हैं। तिलक लगाकर हम उसके श्रेष्ठ होने का भाव प्रकट करते हैं। असल में शरीर की सारी क्रियाओं का संचालन विचारों से, मस्तिष्क से होता है। शरीर इससे ही चलनेवाला यंत्र है। विचारों में श्रेष्ठता का भाव बना रहे, मस्तिष्क स्वच्छ और स्वस्थ रहे, उसमें देवत्व का संचार होते रहे तो फिर हमारे सारे क्रियाकलाप श्रेष्ठ होंगे और फिर मनुष्य अपने कर्मों से गौरव प्राप्त करेगा। सच कहें तो मनुष्य को देवत्व का स्पर्श देने के लिए ही हम उसका तिलक करते हैं। तिलक लगाते समय हम प्रार्थना करते हैं कि देव शक्तियाँ इस चंदन-रोली के माध्यम से हमारे मस्तिष्क को सुसंस्कारित बनाए। इस तरह से हम आत्मा और परमात्मा में संपर्क स्थापित करते हैं और प्रकृति की विभिन्न उद्देश्य से जुड़ते हैं।

ऋग्वेद में अग्नि को आराध्य माना गया है। जब से मनुष्य ने अग्नि-ऊर्जा का उपयोग सीखा है, तभी से उसकी प्रगति के मार्ग खुले हैं और इसीलिए अग्नि आदिदेव के रूप में स्थापित हैं। वे पुरोहितों के मार्गदर्शक भी माने गए हैं। अग्नि को प्रतीक मानकर कई संदेश दिए गए। इसमें कई प्रगतिशील के सिद्धांत छिपे हैं। इसमें जीवनदर्शन को समझा जा सकता है। अग्नि की गति ऊपर की ओर सहज होती है। अग्नि स्वयं प्रकाशित है। मनुष्य अपनी प्रज्ञा को जाग्रत् रखे तो अंधकार-अज्ञान में भटकने की स्थिति ही नहीं बनेगी। अग्नि से गर्भ-ऊर्जा निकलती है। अग्नि से मिलकर हर पदार्थ अग्नि रूप हो जाता है। अग्निदेव को जो कुछ प्राप्त होता है, वह सबमें समान रूप में वितरित कर देते हैं। अपने लिए बचाकर रखने की प्रवृत्ति अग्नि में नहीं। इन सभी सत्प्रवृत्तियों को, जो अग्नि के विशेष गुण हैं, हम अपने अंदर भी पैदा करने का प्रयास करें, किसी पूजन में

ऐसे विचारों का होना कितना उत्तम और श्रेष्ठ हो सकता है। इसकी परिकल्पना ही की जा सकती है, समझा जा सकता है, व्याख्या करना मुश्किल है। यज्ञ में इन्हीं अग्निदेव के पूजन से हम सामूहिक रूप से यज्ञ करनेवालों में ऐसी चेतना का विकास करने का प्रयास करते हैं।

यज्ञ के दौरान विशेष अवस्था में बैठने के लिए आग्रह का कारण उसका आसन है, जिसके द्वारा योगासन के लाभ की प्राप्ति है। ठीक इसी तरह आहुति देने के लिए विशेष उँगलियों के प्रयोग करने के आग्रह के पीछे एकमात्र कारण है एक्यूप्रेशर का लाभ प्राप्त हो सके। इस तरह से यज्ञ के द्वारा हम योगासन और एक्यूप्रेशर दोनों का लाभ प्राप्त कर रहे होते हैं।

आधुनिक काल में यज्ञ का सामाजिक पक्ष

प्रारंभ से यज्ञ का एक प्रमुख उद्देश्य रहा है, समान विचार के अनेक लोगों का एकत्रीकरण। जब अग्नि का प्रयोग शुरू हुआ होगा तो आग के चारों तरफ मानव गरमाहट के लिए बैठने लगा होगा। अन्न और भोजन को भूनने के लिए भी वह अग्नि के चारों ओर एकत्र होता होगा। यह उसके सामाजिक मेलजोल का एक कारण बन जाता होगा। जानवरों से सुरक्षा और ठंड से बचाव भी उसके इकट्ठे होने का कारण होता होगा। अग्नि से लेकर यज्ञ के वैदिक स्वरूप तक पहुँचने में उसने एक लंबा सफर तय किया होगा। उसमें अध्यात्म और प्रकृति का शुद्धीकरण जैसे अनुभव धीरे-धीरे जुटे होंगे। मगर एक जगह इकट्ठे होने का कारण अग्नि देव बने रहे। आज भी होली और लोहड़ी जैसे उत्सव में अग्नि की भागीदारी को समझा जा सकता है।

आज के युग में मनुष्य ने अपने आप को अकेला कर लिया है। यहाँ तक कि घर भी अब अकेले वाले हो गए। जीवन में अकेलापन एक सामाजिक रोग बन गया है, जो फिर कई बीमारियों का कारण है। हालात इतने खराब हो गए हैं कि शादी/परिवार के बिना अब तो पूरा जीवन अकेले काटने के चक्कर में लोग रहते हैं। क्या यह समाज के लिए लाभप्रद है ? नहीं, ऐसे तो समाज ही नहीं बचेगा। ऐसे में सनातन संस्कृति का यज्ञ-संस्कार लोगों को एक साथ लाने, एक जगह एकत्र करने का कारण बन सकता है।

क्या हवन के माध्यम से बीमारियों की रोकथाम की जा सकती है ?

देव संस्कृति में यज्ञ को बहुत व्यापक अर्थों में लिया जाता है। उच्च आदर्शों को जीवन में प्रयुक्त करने के लिए किए गए संकल्पबद्ध प्रयासों को 'यज्ञ' कहा जाता रहा है। यज्ञ और हवन एक-दूसरे के पूरक और समानांतर शब्द हैं। कुंड में अग्नि के माध्यम

से देवता को प्रसाद या पदार्थ पहुँचाने की प्रक्रिया है यज्ञ। जिसकी अग्नि में आहुति दी जाती है, इन पदार्थों को हवि, हव्य या हविष्य कहते हैं, इससे हवन नाम पड़ा। हवन कुंड में अग्नि प्रज्वलित करके जिन पदार्थों की आहुति दी जाती है, उनमें फल, शहद, घी, काष्ठ (लकड़ी) प्रमुख है। इस प्रक्रिया अर्थात् कर्मकांड को ही हवन कहते हैं। यह यज्ञ कर्म अर्थात् हवन वैदिक काल से चला आ रहा कर्मकांडीय अनुष्ठान है, जो संसार को सनातन संस्कृति के ऋषियों की देन है। इसमें मानव की उपासना, ध्यान और शुद्धीकरण के साथ-साथ आहुतियों की सुगंधि के प्रभाव से, सूक्ष्म जगत् के शोधन के साथ ही दिव्य वातावरण बनाने का प्रयास भी होता है।

हवन में विशेष प्रकार के पदार्थों की आहुति देने से कई प्रकार के रोग नष्ट होते हैं। इसे आधुनिक विज्ञान की भाषा में 'यज्ञ चिकित्सा' कहते हैं। कई देशों में यज्ञ चिकित्सा का प्रचलन बढ़ रहा है। जैसे कि टाइफाइड में नीम, चिरायता, त्रिफला और शुद्ध गो घृत (गाय का घी) और चावल की आहुत डालने से महत्त्वपूर्ण गैस जैसे एथिलीन ऑक्साइड, प्रोपिलीन ऑक्साइड, फार्मल्डीहाइड आदि उत्पन्न होती हैं। एथिलीन ऑक्साइड गैस आजकल सबसे अधिक प्रयुक्त होनेवाली जीवाणुरोधक गैस है, जो शल्य चिकित्सा से लेकर जीवनरक्षक ओषधियाँ बनाने तक में उपयोगी है। वैज्ञानिक प्रोपिलीन ऑक्साइड गैस को कृत्रिम वर्षा का आधार मानने लगे हैं। गोघृत में मानव शरीर में पहुँचे रेडियोधर्मी विकिरणों का दुष्प्रभाव नष्ट करने की असीम क्षमता है। अग्नि में गाय के घी की आहुति देने से उसका धुआँ जहाँ तक फैलता है, वहाँ तक का सारा वातावरण प्रदूषण और आणविक विकिरणों से मुक्त हो जाता है। आश्चर्य नहीं होगा यह सुनकर कि एक चम्मच गो घृत को अग्नि में डालने से एक टन प्राणवायु (ऑक्सीजन) बनती है, जो अन्य किसी उपाय से संभव नहीं। गो घृत के कई गुणकारी और चमत्कारी परिणाम हैं।

संक्षिप्त में कहें तो यज्ञ-हवन भारत की दुनिया को एक अद्‌भुत दिव्य भेंट है। प्रकृति जिस कार्य को प्रारंभ करती है उसे पूर्णतः तक पहुँचाती है। किसी भी कार्य को अपूर्ण छोड़ देना प्रकृति के नियमों का उल्लंघन करना है। अतः यज्ञ जैसे अध्यात्म प्रयोगों व संकल्पों को पूर्णता तक पहुँचाना जरूरी है, इसे ही पूर्णाहुति कहते हैं। सनातन जीवनदर्शन में जीवन को यज्ञमय बनाना यज्ञ की पूर्णता है। इससे परिवार, समाज, विश्व का कल्याण होगा।

मंत्र

यज्ञ/हवन में मंत्रों का विशेष स्थान है। सनातन में ध्वनियाँ को विशेष महत्त्व प्राप्त है। धर्म शास्त्र 'ॐ' को पृथ्वी की पहली ध्वनि मानता है। इसके उच्चारण में अनेक

गहरे अर्थ छिपे हैं। और इसका निरंतर प्रयोग करने से शरीर, मन, आत्मा और आसपास के वातावरण में भी सकारात्मक प्रभाव देखा जा सकता है। मंत्र वे प्रणव शब्द हैं, जिनके द्वारा ईश्वर से संपर्क स्थापित किया जाता है। ये सेतु का कार्य करते हैं। वैदिक दर्शनशास्त्र कहता है कि जहाँ कुछ कार्य हैं, वहाँ कंपन है और जहाँ कंपन है, वहाँ शब्द अवश्य हैं। ऐसे में जहाँ प्रणव (वे शब्द, जिससे ईश्वर की स्तुति की जाए) शब्द का उच्चारण होगा, वहाँ कंपन अवश्य होगा और यह कंपन कार्य करेगा। अर्थात् ईश्वर से सीधा संबंध बन पाएगा। जिसके बाद फिर हम मंगल कामना कर सकते हैं।

2. गायत्री मंत्र

ॐ भूर्भव स्वः तत्सवितुर्वरेण्यं भर्गो देवस्य धीमहि धियो यो नः प्रचोदयात्।

गायत्री एक महामंत्र है, जिसकी महत्ता 'ॐ' बराबर मानी जाती है। यह ऋग्वेद और यजुर्वेद दोनों वेदों का एक महत्त्वपूर्ण मंत्र है। विस्तार से देखें तो यह यजुर्वेद के मंत्र और ऋग्वेद के मेल से बना है। ऐसा माना जाता है कि इस मंत्र के उच्चारण मात्र से ईश्वर की प्राप्ति होती है।

इस मंत्र में सवित्र देव की उपासना की गई है। यही कारण है, जो इसे सावित्री भी कहा जाता है। जब सृष्टि के प्रतीक की कल्पना की जाने लगी, तब विश्व को त्रिपदा गायत्री का स्वरूप माना गया। असल में गायत्री एक छंद भी है, जिसमें आठ-आठ अक्षरों के तीन चरण हैं। गाय-त्री के तीन पद होते हैं। तीनों लोक में परमेश्वर समाया हुआ है। इस विश्व को परमेश्वर का विराट् स्वरूप माना जाए। इन तीनों लोक, अंदर-बाहर और चारों ओर, दसों दिशाओं में है। इन तीनों लोक में समाए ईश्वर (परमेश्वर) के रूप की व्याख्या है गायत्री। इसके विस्तृत व्याख्या के लिए ही गायत्री मंत्र की रचना हुई। गायत्री मंत्र का जप स्वयं में ही यज्ञ है। गायत्री भारतीय संस्कृति की जननी एवं यज्ञ को भारतीय धर्म का पिता माना जा सकता है। गायत्री वेदमाता है। इस संसार में जो कुछ है, वह सब ब्रह्मस्वरूप गायत्री ही है। गायत्री वेदों की जननी है। गायत्री मंत्र समस्त वेदों का सार है। इसका सरल शब्दार्थ है—

'उस प्राण स्वरूप, दुःखनाशक, सुखस्वरूप, श्रेष्ठ, तेजस्वी, पापनाशक, देवस्वरूप परमात्मा को हम अपनी अंतरात्मा में धारण करें। वह परमात्मा हमारी बुद्धि को सन्मार्ग में प्रेरित करे।'

या दूसरे शब्दों में—

'हम सृष्टिकर्ता प्रकाशमान परमात्मा के वरण करने योग्य तेज का ध्यान करते हैं, वह परमात्मा हमारी बुद्धि को सत् की ओर प्रेरित करे।'

अब जब ध्यान और साधना से सत् विचार हमारे चरित्र में प्रवेश करने लगेंगे तो हम स्वत: अंदाजा लगा सकते हैं कि हमारे व्यक्तित्व में कितना सकारात्मक और सार्थक बदलाव आ जाएगा। मात्र मंत्रोच्चारण से हम ब्रह्मांड की ऊर्जा पा सकते हैं।

यह मंत्र मूल रूप से ऋग्वेद में उद्धृत हुआ है। इसके ऋषि विश्वामित्र हैं। इसके देवता सविता हैं। इस मंत्र के अर्थ की गंभीर व्यंजना-व्याख्या सबसे अधिक की गई। इस मंत्र की इतनी महिमा क्यों है, यह इसके विस्तृत भावार्थ से समझा जा सकता है। यहाँ भावार्थ भी अनुभव करने के लिए है। वेद-मंत्र ध्यान-मनन-चिंतन द्वारा स्वयं अनुभूति करने के लिए प्रेरित करता है। यहाँ शब्द सिर्फ मार्ग दिखा सकते हैं।

ॐ भूर्भुव: स्व:—भू: भुव: स्व: तीनों लोक में, अपने भीतर-बाहर और चारों दिशाओं में ॐ (परमेश्वर) समाया हुआ है। यह विचार, आस्था, भाव, गायत्री मंत्र में इन शीर्ष शब्दों से व्यक्त होती है। परमेश्वर को सर्वत्र विद्यमान माना जाए।

तत्-वह ध्यान में रखा जाए। 'यह' ही सबकुछ नहीं, 'वह' अधिक मूल्यवान है, जो दिखाई नहीं देता। भविष्य की, परोक्ष की, दिव्य चेतना की पुकार है 'वह'।

'वह' जो परमेश्वर है, उसके चार ईश्वरीय गुण हैं, सवितु: (प्रकाशमान), वरेण्यं (वरण करने योग्य), भर्गो: (तेजस), देवस्य (दिव्य-देव)।

अगर ये चार ईश्वरीय गुण चिंतन और कर्तव्य में शामिल कर लिये जाएँ तो नर-नारायण, आत्मा में परमात्मा की दिव्य ज्योति प्रज्वलित हो सकती है। सवितु:—हम दीप की तरह जलकर दूसरों के लिए प्रकाशवान बनें। वरेण्य—सदा श्रेष्ठ तन का चयन करें। अर्ग—अनाचार, अविवेक अन्याय को नष्ट करने की प्रवृत्ति का संवर्धन करें। अधर्म का नाश और धर्म की स्थापना के लिए सदा प्रेरित रहें। देवस्य—दिव्यता का जीवनक्रम में समावेश हो। पवित्र, निर्मल, उदार, संयमी आत्माएँ देव कहलाती हैं। अर्थात् मानव की देवात्म में परिणति।

धीमहि—धारण करें। उपरोक्त विचार हमारे जीवन का अंग बने। यह हम अपनी आस्था में उतारें।

धियो यो न: प्रचोदयात्—सिर्फ निज ही नहीं, समस्त समाज की प्रगति की कामना की गई है। सर्वतोमुखी यथार्थ में इससे बड़ी कामना नहीं हो सकती।

इस मंत्र के देवता सूर्य हैं, जो ब्रह्मांड की समस्त ऊर्जा का स्रोत है। दूसरी ओर, जाग्रत् जग में मन ही मानव की शक्ति है। मन ही प्राण का प्रेरक है। मन और प्राण के संबंध की व्याख्या हैं ये महामंत्र। इसके द्वारा जो कामना की गई है, उसकी एकमात्र अभिलाषा है कि मानव को ईश्वर की ओर से मन के रूप की जो दिव्यशक्ति प्राप्त हुई है, उसके द्वारा वह परम ज्ञान प्राप्त करे और कर्मों द्वारा अपना जीवन सार्थक करे।

इस मंत्र की साधना के द्वारा अंतरंग में पड़ी प्रसुप्त शक्तियों का जागरण होता है,

जिनकी प्रखरता सामान्य मानव को असामान्य, अद्‌भुत, असीम, अद्वितीय बना सकती है। मनुष्य में दिव्य शक्तियों के बीज विद्यमान हैं। इन शक्ति बीजों को अंकुरित करने की विद्या ही साधना है। गायत्री मंत्र द्वारा यह सरलतापूर्वक की जा सकती है। इसके जाप से हमारे अंदर की दिव्य शक्ति जाग उठती है। जो फिर विश्व कल्याण में लगाई जाती है। यह है गायत्री मंत्र का दिव्य और विश्वस्वरूप, जो आज के युग में अधिक संदर्भित है।

3. महामृत्युंजय

महामृत्युंजय मंत्र—

ॐ त्र्यम्बकं यजामहे, सुगन्धिं पुष्टि वर्धनम्।
उर्वारुकमिव बन्धनान् मृत्योर्मुक्षीय मामृतात्॥

मृत्यु पर विजय प्राप्त करनेवाला महामृत्युंजय मंत्र, जिसे त्र्यम्बकं मंत्र भी कहा जाता है, ऋग्वेद का श्लोक है। इस मंत्र में कई नाम और रूप हैं। इस मंत्र में त्र्यम्बकं को संबोधित करते हुए प्रार्थना की गई है, जो कि तीन नेत्रोंवाले रुद्र हैं। यह रुद्र के उग्र पक्ष को भी दरशाता है, संकेत करता है, इसलिए इसे रुद्रमंत्र भी कहा जाता है।

यह यजुर्वेद के रुद्र अध्याय में, भगवान् शिव की स्तुति हेतु की गई एक वंदना ही है। यह मृत्यु को जीतनेवाला महान् मंत्र है। ऋषि-मुनियों ने महामृत्युंजय मंत्र को वेद का हृदय कहा है। इसका उल्लेख शिवमहापुराण में विस्तार से है। महामृत्युंजय मंत्र में 33 अक्षर हैं, जो महर्षि वसिष्ठ के अनुसार 33 करोड़ देवताओं के प्रतीक हैं। गायत्री मंत्र की तरह ही इसका चिंतन और ध्यान के लिए इस्तेमाल किया जाता है। आज ये हिंदू धर्म में सबसे व्यापक स्तर पर जाना जानेवाला और उपयोग किए जानेवाला मंत्र है। यहाँ त्र्यम्बकं अर्थात् त्रिनेत्रों वाला, यह रुद्र का विशेषण है, जो फिर महादेव के साथ जुड़ जाता है। शिव को मृत्युंजय के रूप में समर्पित महान् मंत्र का अर्थ भी गहरा और दिव्य है।

अक्षरशः अर्थ—

त्र्यम्बकं—त्रि नेत्रों वाला, कर्मकारक। यजामहे—जिसे हम पूजते हैं, हमारे श्रद्धेय हैं। सुगन्धिम—मीठी महकवाला, सुगंध से भरपूर। पुष्टि—एक सुपोषित स्थिति, जीवन की परिपूर्णता, भरा पूरा। वर्धनम—वह जो पोषण करता है, वृद्धि करता है, शक्ति देता है। उर्वारुक मिव—एक खीरे की तरह, जैसे ककड़ी इस तरह। बन्धनान्—बंधन से, वास्तव में समाप्ति से अधिक लंबी। मृत्योर्मुक्षीय—मृत्यु से मुक्त करना, हमें स्वतंत्र करे। माऽमृतात्—अमरता की ओर, मोक्ष।

मंत्र का शब्दार्थ यह हो सकता है—हम तीन नेत्रवाले भगवान् शंकर की पूजा करते

हैं, जो प्रत्येक श्वास में जीवनशक्ति का संचार करते हैं, जो संपूर्ण जगत् का पालन-पोषण कर रहे हैं, उनसे हमारी प्रार्थना है कि जिस प्रकार एक ककड़ी बेल में पक जाने के उपरांत उस बेल रूपी संसार के बंधन से मुक्त हो जाती है, उसी तरह हम भी इस संसार रूपी बेल के पक जाने के उपरांत जन्म-मृत्यु के बंधनों से सदा के लिए मुक्त हो जाएँ और हमें मोक्ष की प्राप्ति हो।

इसका भावार्थ यह हो सकता है कि त्रि-नेत्र वाला वह सब देखता है, जो हम देख सकते हैं, मगर वह भी देखता है, जो हम नहीं देख सकते, इसीलिए त्रिनेत्र है। हम इसी त्रि-नेत्रीय का चिंतन करते हैं, जो हमारे जीवन की मधुर परिपूर्णता को पोषित करता है और उसकी वृद्धि करता है। वह हमें मृत्यु के बंधन से स्वतंत्र और अमरत्व प्रदान करे।

और विस्तार दें तो भावार्थ यह भी हो सकता है। वह जो त्रिनेत्रों वाला है, जिसे हम पूजते हैं, सम्मान करते हैं, जो हमारा श्रद्धेय है, वह मीठी महकवाला सुगंधित है, वह जो हम सबका पोषण करता है, शक्ति देता है, वृद्धिकारक है, जो हमें हर्षित करता है, आनंदित करता है, स्वास्थ्य प्रदान करता है, हमें सुपोषित करता है, वह हमें मृत्यु से स्वतंत्र करे, मुक्ति दे, हमें मोक्ष प्राप्त हो और अमृत्व भी।

उपरोक्त सभी शब्दार्थ और भावार्थ से स्पष्ट है कि इस तरह हम जीवन-मरण, सुख-दुख के इस उतार-चढ़ाव से उबरने का प्रयास करते हैं और उस सर्वशक्तिमान से अपने मंगल होने की कामना करते हैं। जैसी कामना वैसे विचार, वैसी ही शक्ति संचारित होती है, शरीर और मस्तिष्क में। यों तो मंत्र के शब्दार्थ जानने के बाद हमारे मन में यह शंका उत्पन्न हो सकती है, क्योंकि हम इसे चमत्कारिक मानते रहे हैं। मगर सच तो यही है कि इस भावना को सच्चे मन से कामना करने पर, मन की शक्ति से क्या-क्या संभव हो सकता है, वह किसी चमत्कार से कम नहीं होता। यही सनातन जीवनदर्शन के मूल में है। हम उस परमेश्वर का ही अंश हैं और अपनी साधना से उस परमेश्वर से जुड़कर अपनी शक्तिनुसार अतिरिक्त ऊर्जा ले सकते हैं।

सनातन हिंदू धर्म में इस मंत्र को प्राणरक्षक और महामोक्ष मंत्र भी कहा जाता है। इस मंत्र को सिद्ध करनेवाला जातक निश्चित ही मोक्ष को प्राप्त करता है। यह मंत्र मानव का न केवल मृत्यु भय से मुक्ति दिला सकता है बल्कि उसकी अटल मृत्यु को भी टाल सकता है।

❑

अध्याय-9

योग (योगा)

योग हमारे ऋषियों की विश्व को एक अमूल्य देन है। अनमोल भेंट है। वरदान है। हजारों वर्ष से यह सनातन जीवन का अभिन्न अंग रहा है। यह किसी-न-किसी रूप में विश्वस्तर पर भी लंबे समय से प्रचलन में और अति लोकप्रिय है। यह दीगर बात है कि इतनी प्रसिद्धि के बाद इसे विश्व पहचान तब मिली, जब भारत के प्रधानमंत्री नरेंद्र मोदी के प्रयास स्वरूप 11 दिसंबर, 2014 को संयुक्त राष्ट्र महासभा ने प्रत्येक वर्ष 21 जून को विश्व योग दिवस के रूप में मनाने की मान्यता दी। इसके पूर्व ही सैकड़ों वर्षों से योग बौद्ध धर्म के साथ तिब्बत, चीन, जापान होते हुए विश्व में फैल चुका था। यह जैन धर्म में भी ध्यान रूप में उपस्थित है।

योग शब्द का सरल अर्थ है जोड़ना, एकता या बाँधना। योग शब्द संस्कृत के शब्द 'युज' से निकला है, जिसका अर्थ है जुड़ना। आध्यात्मिक स्तर पर इस जुड़ने का अर्थ है, सार्वभौमिक चेतना के साथ व्यक्तिगत चेतना का एक होना। सरल शब्दों में कहना हो तो यह एक आध्यात्मिक प्रक्रिया है, जिसमें शरीर, मन और आत्मा को एक साथ लाने (योग) का काम होता है। योग भारतीय ज्ञान की हजारों वर्ष पुरानी शैली है। साधारणत: आम लोग इसे केवल शारीरिक व्यायाम ही मानते हैं। जहाँ लोग श्वास लेने के विभिन्न तरीकों के साथ शरीर को खींचते, घुमाते, मोड़ते-मरोड़ते हैं। मगर यह इतना भर नहीं है। यह सिर्फ व्यायाम और आसन नहीं। व्यावहारिक स्तर पर भी योग शरीर, मन और भावनाओं को संतुलित करने और इनके बीच तालमेल बनाने का एक साधन है। अपने सही अर्थों में देखें तो योग का मतलब है जीवात्मा का परमात्मा से मिल जाना। आत्मा का परमात्मा का एक हो जाना ही योग का चरम है। योगाचार्य महर्षि पतंजलि ने संपूर्ण योग के रहस्य को अपने योगदर्शन में सूत्रों के रूप में प्रस्तुत किया है। उनके मतानुसार चित्त को एक जगह स्थापित करना योग है। योग विज्ञान में जीवनशैली का पूर्ण सार आत्मसात्

किया गया है। योग के द्वारा हम एक आध्यात्मिक ऊँचाई पर पहुँच सकते हैं, जो हमारी सभी कल्पनाओं से परे होगा।

योग देवभूमि भारत में हजारों साल से जीवन का अभिन्न अंग रहा है। इसका सही-सही समय का अनुमान नहीं लगाया जा सकता। और लगाने की आवश्यकता भी क्या है। यह तब से प्रचलन में है, जब वेद अपने श्रुति काल में था। हम जब वेदों का सही समय निर्धारण नहीं कर पा रहे तो इसका कैसे कर सकते हैं। इसका उल्लेख ऋग्वेद में मिलता है। इसे हम सिंधु-सरस्वती सभ्यता में भी पाते हैं। इस सभ्यता की खुदाई में मिले सिक्कों पर योगमुद्रा में विराजमान एक आकृति है। यह उस समय योग की व्यापकता को प्रामाणिक करता है। साथ ही यह दरशाता है कि सिंधुघाटी सभ्यता और वैदिक सभ्यता एक ही है, जिसे अलग-अलग दिखाने का दुष्प्रचार पश्चिम पोषित इतिहासकारों ने किया। प्राचीनतम उपनिषद् बृहदारण्यक में भी योग का उल्लेख मिलता है। जहाँ एक स्तवन (स्तुति) (वेदमंत्र) में प्राणायाम का वर्णन है। छांदोग्य उपनिषद्, जो प्राचीनतम दस उपनिषदों में नौवाँ एवं बृहदाकार है, उसमें प्रत्याहार (योग) का वर्णन आता है। योग के वर्तमान स्वरूप का उल्लेख कठोपनिषद् में आता है। यह यजुर्वेद शाखा के उपनिषदों में अति महत्त्वपूर्ण है। जहाँ एक जगह कहा गया है 'इंद्रियों को संयम करके आत्मा में लीन हो जाना ही 'योग' है।' विभिन्न संहिताओं में शारीरिक आचरण, ध्यान व तपस्या का अभ्यास किया जाता था। योग धीरे-धीरे विस्तृत स्वरूप लेता चला गया। इसका विस्तृत वर्णन भगवद्गीता-महाभारत में भी मिलता है। संक्षिप्त में कहना हो तो हिंदू जीवन दर्शन के प्राचीन मूलभूत सूत्र के रूप में योग का स्थान है। सबसे अलंकृत रूप से पतंजलि योगसूत्र में इसका उल्लेख मिलता है जहाँ योग को कुछ इस तरह से परिभाषित किया जाता है—

'योगः चित्त-वृत्ति निरोधः'

महर्षि पतंजलि के अनुसार योग का प्रारंभ अनुशासन से होता है, चित्त की वृत्तियों को चंचल होने से रोकने से होता है।

कालांतर में पतंजलि को योग के पिता के रूप में जाना जाने लगा। जैन धर्म की पाँच प्रतिज्ञा और बौद्ध धर्म के योगाचार की जड़ें पतंजलि योगसूत्र में ही मिलेंगी।

आधुनिक युग में योग

आज हम विज्ञान के ज्ञान की बात करते हैं और हर तथ्य को तर्क से तौलते हैं। मगर इतनी सी बात नहीं समझ पा रहे कि आधुनिक मेडिकल विज्ञान से हम बीमारियों को ठीक (नियंत्रित) करते हैं, जबकि योग के द्वारा आप बीमार ही न पड़ें। इस अवस्था

को सुनिश्चित किया जाता है। दवाइयों के साइड इफेक्ट, आर्थिक नुकसान व शारीरिक कष्ट के बावजूद सस्ते, सरल, सहज रूप से उपलब्ध योग को न जाने क्यों हम करने से परहेज करते हैं, पता नहीं क्यों विश्वास नहीं करते। या फिर आलस में इससे बचते हैं। यह सच है कि इसका प्रभाव धीमा होता है, मगर यह स्थायी होता है। फास्ड फूड के जमाने में अगर हम हर दिन का कुछ थोड़ा-सा समय भी इस पर खर्च करें तो हमारा आनेवाले कल का बहुत-सा समय हम अर्जित कर सकते हैं। आज हम सिर्फ शारीरिक रूप से ही बीमार नहीं है बल्कि मानसिक रूप से अधिक अस्वस्थ हैं, जिसके कारण हम जीवन का आनंद लेने से वंचित हैं। योग के माध्यम से शरीर, मन और मस्तिष्क को पूर्ण रूप से स्वस्थ किया जा सकता है। योग सबसे पहले बाहरी शरीर (फिजिकल बॉडी) को लाभ पहुँचाता है। बाहरी के बाद यह शरीर के भीतर (आंतरिक) मानसिक और भावनात्मक स्तर पर काम करता है। आज आधुनिक जिंदगी में हम तनाव के कारण अनेक मानसिक परेशानियों से पीड़ित हैं। योग हमें इनसे मुकाबला करने की शक्ति प्रदान करता है। आधुनिक काल में योग तनावपूर्ण समाज में स्वास्थ्य बनाए रखने का मुख्य साधन है। योग बुरी आदतों के प्रभावों को भी उलट देता है और विभिन्न नशे के चंगुल से मुक्त कराने में सहयोग करता है। योग की सुंदरता इस बात में है कि यह बूढ़े-बच्चे-युवा, स्वस्थ-कमजोर, महिला-पुरुष और सभी मजहब-पंथ-संप्रदाय के लोगों के लिए लाभप्रद हो सकता है। योग प्रतिरक्षा प्रणाली को मजबूत बनाकर जीवन में नव-ऊर्जा का संचार करता है और समाज में सकारात्मकता फैलाता है। जब सकारात्मक और स्वस्थ समाज होगा तो विश्व का कल्याण होगा।

गीता में श्रीकृष्ण एक स्थल पर कहते हैं—'योगः कर्मसु कौशलम्,' योग से कर्मों में कुशलता आती है। आज के कर्म प्रधान काल में कुशलता अत्यधिक महत्त्वपूर्ण है। ऐसे में योग स्वाभाविक रूप से महत्त्वपूर्ण हो जाता है।

योग के चार प्रमुख प्रकार हैं। इन्हें योग के चार रास्ते भी कह सकते हैं—

(i) राजयोग

इस योग की शाखा का महत्त्वपूर्ण अंग है ध्यान। इस योग के आठ अंग हैं, जिस कारण से पतंजलि में इसका नाम 'अष्टांग योग' रखा गया। ये आठ अंग इस प्रकार हैं—यम (शपथ लेना-प्रण करना), नियम (आचरण का नियम, आत्म-अनुशासन), आसन, प्राणायाम (श्वास नियंत्रण), प्रत्याहार (इंद्रियों का नियंत्रण), धारण (एकाग्रता), ध्यान (मेडिटेशन) और समाधि (परमानंद)। राजयोग सभी योगों का राजा कहा जाता है। क्योंकि इसमें प्रत्येक प्रकार के योग का कुछ-न-कुछ पक्ष-अंश अवश्य मिल जाता है।

(ii) कर्मयोग

कर्मयोग सेवा का मार्ग है। कोई भी इस योग से नहीं बच सकता। इसका सिद्धांत है कि जो आज हम अनुभव करते हैं, वह हमारे अतीत में किए गए कार्यों का परिणाम है। इस बारे में जागरूक होकर हम वर्तमान के द्वारा भविष्य का रास्ता बनाते हैं। जब भी हम निस्स्वार्थ भाव से अपना काम करते हैं और दूसरों की सेवा करते हैं तो हम कर्मयोग कर रहे होते। कर्मयोग का प्रतिपादन गीता में विशद रूप से हुआ है। योग का एक अर्थ यह भी है—कर्मों का कुशलता से संपादन करना। इस प्रकार कर्म करना कि वह बंधन उत्पन्न न कर सके। ऐसा करते ही जीवन सुखमय कर्म पथ बन जाता है। गीता के अनुसार कर्मों से संन्यास लेने की अपेक्षा कर्मयोग अधिक श्रेयस्कर है। वैसे भी मनुष्य एक क्षण भी कर्म के बिना नहीं रह सकता। कर्मयोग से भी मोक्ष की प्राप्ति हो सकती है, परम आनंद को पाया जा सकता है।

(iii) भक्तियोग

यह भक्ति-आनंद का पथ है। यहाँ भक्ति का योग है, इसे भावनात्मक आचरण वालों को सुझाया जाता है। इसमें अधिकांश वृद्ध मिलेंगे। यह उनके लिए सहज और उपयुक्त भी है। यह प्रकृति-प्रेमी व्यक्ति के लिए भी उपयोगी है। भक्तियोग भक्ति के मार्ग का वर्णन करता है। सृष्टि में हर तरफ परमात्मा को देखकर उसे भगवत मानकर उसे पूजने का योग है। भक्तियोग भावनाओं को नियंत्रित करने का एक सकारात्मक उपाय है। यह तरीका सरल भी है। भक्तियोग अर्थात् भक्ति मार्ग हमारे भीतर सभी के लिए स्वीकार्यता और सहिष्णुता पैदा करने का अवसर प्रदान करता है। जीवन में व्यक्ति को प्रेम परमात्मा से हो जाए तो वह मुक्तिदाता बन जाता है। ज्यों-ज्यों ईश्वर से लगाव बढ़ता है, नश्वर सांसारिक वस्तुओं से लगाव कम होने लगता है। भक्तियोग में आत्मसंयम, अहिंसा, निश्छलता आदि गुणों की अपेक्षा की जाती है। चित्त की निर्मलता के बिना निस्स्वार्थ प्रेम संभव ही नहीं।

(iv) ज्ञानयोग

यह बुद्धि का योग है। अगर हम भक्तियोग को भक्तों के मन का योग मानते हैं तो ज्ञानयोग ऋषियों के बुद्धि-विद्वत्ता का योग है। इसे दर्शनशास्त्र कह सकते हैं। इस पथ पर चलने के लिए योग के ग्रंथों के अध्ययन और इस अध्ययन-चिंतन के माध्यम से बुद्धि के विकास की आवश्यकता होती है। ज्ञानयोग को सबसे कठिन माना जाता है। यह सबसे प्रत्यक्ष योग है। यहाँ गंभीर अध्ययन की आवश्यकता होती है। यह उन लोगों को आकर्षित करता है, जो बौद्धिक रूप से इच्छुक हैं और ज्ञान के क्षेत्र में कार्य करने के

लिए प्रेरित हैं। ज्ञानयोग का संबंध स्वज्ञान से है अर्थात् स्वयं (स्व) की जानकारी प्राप्त करने की इच्छाशक्ति। ज्ञान के माध्यम से ईश्वरीय स्वरूप का ज्ञान, वास्तविक सत्य का ज्ञान प्राप्त करना ही लक्ष्य है। एक ज्ञान-योगी ज्ञान द्वारा ईश्वर की प्राप्ति के मार्ग में आगे बढ़ने के लिए प्रेरित होता है। संक्षिप्त में सीधे-सीधे कहना हो तो ज्ञानयोगी मायावी संसार के असल तत्त्व को पहचानकर और वेदांत के अनुरूप अपनी आत्मा के वास्तविक स्वरूप को जानकर मुक्ति प्राप्त करता है।

❑

अध्याय-10

1. सनातन हिंदू—एक प्रकृति-प्रेमी

सनातन संस्कृति की एक सामान्य गृहिणी भी अपने अबोध बच्चे से कहती है कि रात में पेड़-पौधे छूना नहीं, फूल तोड़ना नहीं, क्योंकि वे सो जाते हैं, उन्हें रात में परेशान करना ठीक नहीं। वह माता यह तो नहीं जानती कि ऐसा क्यों कहा जाता है, मगर सनातन संस्कृति में किस हद तक संवेदना और प्रकृति से जुड़ाव-लगाव है, यह आसानी से कोई भी समझ-देख सकता है। किसी गाँववासी को इसका वैज्ञानिक कारण शायद नहीं पता होगा कि पेड़ रात को कार्बन डाइऑक्साइड छोड़ते हैं, जो हमारे लिए हानिकारक होता है। उसे यह जानने की जरूरत भी नहीं, उसे तो परंपराओं ने शिक्षित कर रखा है। उसे तभी तो पता है कि रात को पेड़ों के नीचे सोना नहीं चाहिए। (कुछ एक पेड़ इसके अपवाद हैं) इस तरह से कह सकते हैं कि प्रकृति-प्रेम सनातन जीवन की परंपराओं में रचा-बसा है।

यहाँ हिंदू के साथ सनातन लिखने की खास वजह है। क्योंकि हिंदू तो हम सब हैं, मगर कइयों में सनातन संस्कृति और वैदिक जीवनदर्शन अब न के बराबर रह गया है। एक बड़ा वर्ग सिर्फ नाम का हिंदू रह गया है। जो सनातन हिंदू हैं, उनको प्रकृति-प्रेमी कहने के पीछे भी विशेष कारण है। प्रेमी मतलब जो प्रेम करता है। प्रेम करनेवाला कभी दोहन नहीं कर सकता, शोषण नहीं कर सकता, अपने प्रेम का अनादर और उस पर अत्याचार नहीं कर सकता। प्रेम करनेवाला प्रेमपूर्वक साथ-साथ, सुख में, आनंद में रहता है। कम-से-कम ऐसा करने का प्रयास करता रहता है। यही प्रेम जब हद से आगे बढ़ जाए, भाव से व लगन से, बिना किसी स्वार्थ के, तन-मन-धन से किया जाए तो यही प्रेम आराधना बन जाती है। एक सनातनी हिंदू का प्रकृति-प्रेम, संपूर्ण समर्पण भाव के साथ है। सच तो यह है कि वो उसे पूजता है। इसीलिए सनातन हिंदू को प्रकृतिपूजक भी कहा जाता है। प्रकृति उसके जीवन का एक हिस्सा है। और कोई अपने जीवित शरीर के हिस्से को नजरअंदाज नहीं कर सकता। यहाँ तो सनातनी का प्रकृति-प्रेम अंधविश्वास तक पर पहुँच जाता है, जब वह यह कहता है कि पीपल पर भूत रहते हैं, जिससे उसका प्रिय पीपल सुरक्षित रह सके।

क्या किसी और संस्कृति में पेड़-पौधे, पशु-पक्षी को पूजा जाता है? क्या किसी सभ्यता में सूर्य, चंद्र, नदी, कुआँ, अग्नि आदि-आदि देवता हैं? सेमेटिक धर्म के आने के पूर्व कुछ कबीलों में सूर्य की उपासना थी, परंतु सेमेटिक में तो एकेश्वरवाद के साथ ही एकोपास्यवाद भी है। अर्थात् उपासना की पद्धति में भी एक ही स्वीकार्य है, जबकि वैदिक धर्म में एकेश्वरवाद के साथ ही बहूपास्यवाद भी है। यहाँ वैदिक धर्म का मूल, कइयों की कई तरह से उपासना की इजाजत देता है। इसलिए प्रकृति सनातन सभ्यता में पूजनीय है। विश्व के अन्य भागों में विकसित हुई प्राचीन सभ्यताओं में भी प्रकृति से कुछ-कुछ समीपता थी। विशेषकर सूर्य पूजन का प्रचलन कई संस्कृतियों में रहा है। मगर उनके स्थान पर आए नए संप्रदाय/मजहबों में वे सब प्रकृति से दूर होते चले गए। क्योंकि इसमें एकोपास्यवाद का बड़ी कट्टरता से पालन करने का निर्देश है। वैसे अन्य प्राचीन सभ्यताओं में भी प्रकृति की भागीदारी उतनी नहीं थी, जितनी सनातन वैदिक संस्कृति में रही आई है। इसका एक कारण यह भी है कि अन्य भूभाग पर रेगिस्तान या बर्फीला क्षेत्र होने से प्रकृति का सौंदर्य और विविधता भारत जैसी नहीं थी। जबकि भारत भूमि पर प्रकृति की विशेष कृपा है। यह भूमि प्राकृतिक रूप से समृद्ध है। छह ऋतुएँ हैं। पहाड़, नदी, तालाब, झील, झरने, वन—जीवन के लिए सबकुछ हैं। इसलिए यह देवभूमि है। यहाँ आर्य हुए। जो श्रेष्ठ भी इसीलिए हुए, क्योंकि वे प्रकृति के संदर्भ में संपूर्ण थे। उन्हें कहीं नहीं जाना पड़ा, जबकि पूरी दुनिया यहाँ आती रही। ऐसे में कौन नहीं बनेगा प्रकृति-प्रेमी।

प्रकृति पूजन भी एक कारण है, जो कई विदेशी सभ्यता और संस्कृति के निरंतर आक्रमण के बाद भी सनातन संस्कृति अपने मूल रूप-स्वरूप में बची रही। क्योंकि प्रकृति हमारे जीवन-शैली का अभिन्न हिस्सा थी और है। और प्रकृति पहले भी थी अब भी है और आगे भी रहेगी। और जब तक रहेगी हम भी प्रकृति के साथ जुड़े रहेंगे। इसी जीवन-शैली को समझने की जरूरत है, जिससे अब हम भी जाने-अनजाने दूर हो रहे हैं। हम सबके लिए यही घातक है। पर्यावरण का संरक्षण प्रकृति के साथ दोस्ती से ही संभव है। प्रकृति का उपभोग करके पलायन करने से नहीं। और फिर हॉकिंग जैसे वैज्ञानिकों को समझना होगा कि यह उपभोग की संस्कृति हमें ब्रह्मांड में कहीं और भी जीने नहीं देगी। ये जहाँ भी जाकर बसेगी, अप्राकृतिक ही होगी, अर्थात् नरक ही बनाएगी।

हिंदू और प्रकृति एक-दूसरे से इतने जुड़े हैं कि हिंदुत्व को प्रकृतिवाद भी कहा जा सकता है। हिंदुत्व और प्रकृतिवाद, ये दो शब्द जरूर हैं, मगर सही अर्थों में देखें तो इनके भावार्थ एक ही है। इन्हें समानार्थी कह सकते हैं। ये एक ही सिक्के के दो पहलू हैं। इसलिए 'हिंदुत्व का प्रकृतिवाद', 'हिंदुत्व में प्रकृतिवाद' के स्थान पर 'हिंदुत्व एक प्रकृतिवाद' कहना अधिक सटीक और सार्थक होगा। सच पूछा जाए तो हिंदुत्व को हिंदुत्व कहना ही गलत है। यह प्रकृति के साथ प्रकृति के बीच, प्रकृति को समझते हुए, प्रकृति

से तालमेल बनाते हुए एक बेहतर जीवन जीने की मानव की हजारों वर्ष के सांस्कृतिक विकास क्रमवाली एक मानवीय सभ्यता है। जिसने निरंतर विकास तो किया, लेकिन प्रकृति से बाहर जाकर नहीं। अग्नि का उपयोग, कृषि व्यवस्था, चक्के का दैनिक जीवन में सहयोग, ऐसे अनेक मील के पत्थर हुए। मगर इनसे कभी भी उपभोग नहीं किया गया। इससे भी अधिक महत्त्वपूर्ण है कि मानवीय कमजोरी को समझते हुए, लालच न बढ़े, भौतिक इच्छाएँ नियंत्रित रहें, उसके लिए सनातन संस्कृति में पहले ही कई इंतजाम कर दिए गए। परंपरा, रीति-रिवाज, संस्कारों, पूजा, कर्मकांड, आस्था आदि के द्वारा जनमानस को नियमित किया गया। इन सबके कारण हुआ यह कि विकास तो हुआ, मगर प्रकृति का शोषण करके नहीं, दोहन करके नहीं, बल्कि एक बेहतर प्राकृतिक जीवन जीने की अभिलाषा के साथ हुआ और जो विकास हुआ भी, वह प्राकृतिक ही था कृत्रिम नहीं।

ये सनातन संस्कृति का ही कमाल है कि हिंदू, इस शब्द से आगे कुछ कहने की आवश्यकता नहीं रह जाती। फिर भी ऐसा लगता है कि बहुत कुछ कहना रह गया है। खासकर कि आज की पीढ़ी के लिए। यों तो सदियों से सनातन हिंदू शब्द अपनी तरह से विकसित होता हुआ, हर काल में नए-नए रूप लेता हुआ, नई-नई व्याख्या के साथ बौद्धिक लोगों के द्वारा परोसा जाता रहा है। मगर इसको जीया आम लोगों ने ही है, वह भी यह जाने बिना कि वे हिंदू जीवन जी रहे हैं। यही तो इसकी खासियत है। हिंदू विशेषताओं की चर्चा करने लगें तो कहने को बहुत कुछ है। मगर कहने पर यह सब सामान्य लगता है। लेकिन ये सामान्य भी कितना महत्त्वपूर्ण है, हम जान ही नहीं पाते। समझना तो दूर की बात है। असल में हिंदुवाद जीवन के नजदीक है। वही जीवन, जो हमें प्रकृति से मिला है। यही हिंदुत्व में प्रकृतिवाद है।

वैसे प्रकृतिवाद शब्द का विचार मन में आया किसी और कारण से है। जैसे कि वामपंथी स्वयं को जनवादी, प्रगतिशील आदि-आदि नाम से पुकारकर स्वयं को परिभाषित करने का प्रयास करते हैं, अपनी व्याख्या करते हैं। मगर वे मात्र सौ-दो सौ साल के अंदर ही आलोचना के ऐसे शिकार हुए कि आज समाज और राजनीति दोनों में हाशिए पर हैं। दूसरी तरफ बाजार के युग में भी पूँजीवाद की आलोचना होती है, जो होनी भी चाहिए। ऐसी व्यवस्था जहाँ सिर्फ पूँजी का वाद हो, यह तो वैसे भी पूर्णतः मानवीय जीवन व प्रकृति दोनों के खिलाफ होगा। ठीक इसी तरह, हम राजनीतिक व्यवस्था में भी कई तरह के तंत्र विकसित कर चुके हैं, जैसे कि राजतंत्र, प्रजातंत्र आदि-आदि। उसी तर्ज पर एक प्रकृतितंत्र भी है। यह तो सच ही है कि हम जीवन का हर पल और हर कण प्रकृति से ही लेते हैं। हमारा जीवन नियंत्रित और नियमित भी प्रकृति से ही होता है। अर्थात् हम सब प्रकृति तंत्र का एक हिस्सा हुए। मगर फिर भी हम प्रकृति को जितना हलके में लेते हैं, यही इस युग की सबसे बड़ी खामी है। इसे मूर्खता भी कहा जाना चाहिए। लेकिन हिंदुत्व प्रकृति

तंत्र की सत्ता को स्वीकारता है। यही नहीं, सनातन हिंदू ही एक ऐसी जीवन पद्धति है, जो प्रकृति के साथ जीने के लिए प्रेरित करती आई है। इसलिए अगर किसी को प्रकृतिवाद समझना है तो सनातन हिंदुत्व को देख सकता है।

2. सनातन पर्व उत्सव में प्रकृति दर्शन

वेदों में प्रकृति को ईश्वर का साक्षात् रूप मानकर उसके हर रूप की वंदना की गई है। साथ ही आसमान के तारों और आकाश मंडल की स्तुति कर उनसे रोग, शोक व विपदा से बचने की प्रार्थना की गई है। ऐसा मत रहा है कि धरती और आकाश की प्रार्थना से हर तरह की सुख-समृद्धि पाई जा सकती है और दुख का निवारण होता है। इसलिए ऋषियों ने प्रकृति के अनुसार जीवनयापन करने की सलाह दी। उन्होंने वर्ष में होनेवाले ऋतु परिवर्तन चक्र को समझकर उस दौरान उपवास और उत्सव मनाने के लिए नियम बनाए ताकि एक तरफ ऋतु परिवर्तन के नुकसान से बचा जा सके, दूसरी तरफ ऋतु अनुसार जीवन जीने में सुख और आनंद प्राप्त किया जा सके।

यह सच है कि जिस तरह मौसम के अनुसार प्रकृति में परिवर्तन होता है, उसी तरह हमारे शरीर और मन-मस्तिष्क में भी ऋतु के अनुसार परिवर्तन होता है। यह ऋतु परिवर्तन हमारे ऊपर प्रभाव डालता है, ठीक उसी तरह अन्य जीव-जंतुओं पर भी असर करता है। इस दौरान प्रकृति के अन्य घटक-तत्त्व जैसे वृक्ष, पहाड़, नदी, पशु-पक्षी, जीव-जंतु आदि सभी प्रकृति के नियमों का पालन कर उससे होनेवाली हानि से बचने का प्रयास करते हैं। मानव को भी ऐसा करने की सलाह सनातन में दी गई है। और फिर हानि के डर से ही क्यों, यह व्यवस्था के साथ सामंजस्य बनानेवाली बात है। हम जिसका अंग हैं, भाग हैं, घटक हैं, उसके साथ तो तालमेल बिठाना ही चाहिए। वरना व्यवस्था कैसे चलेगी। या तो व्यवस्था टूट जाएगी या व्यवस्था हमें तोड़ देगी। दोनों स्थिति में ही नुकसान मानव का है।

भारत भू-खंड पर प्रकृति की विशेष कृपा है। यहाँ वर्ष में छह ऋतुएँ होती हैं—शीत-शरद, हेमंत, शिशिर, वसंत, ग्रीष्म, वर्षा। वसंत, ग्रीष्म और वर्षा देवी ऋतुएँ हैं तो शरद, हेमंत और शिशिर पितरों की ऋतुएँ हैं। ऐसा क्यों? इसके पीछे एक दृष्टिकोण है, जिसे विस्तार से समझने के लिए सनातन के मूल तत्त्व को समझना होगा, जो आगे आनेवाली चर्चा में स्पष्ट होगा। सनातन में वसंत से नववर्ष की शुरुआत मानी जाती है। ऐसा माने जाने के भी प्राकृतिक कारण हैं। सभी ऋतुओं को मास-महीने के हिसाब से देखें तो वसंत ऋतु चैत और बैसाख माह अर्थात् मार्च-अप्रैल में, ग्रीष्म ऋतु ज्येष्ठ और आषाढ़ में अर्थात् मई-जून में, वर्षा ऋतु श्रावण-भाद्रपद अर्थात् जुलाई-सितंबर में, शरद ऋतु आश्विन-कार्तिक अर्थात् अक्तूबर-नवंबर, हेमंत ऋतु मार्गशीर्ष-पौष अर्थात् दिसंबर-जनवरी, शिशिर ऋतु माघ-फाल्गुन अर्थात् जनवरी-फरवरी में आती है।

वसंत ऋतु

प्राचीन काल में यह सभी सभ्यताओं में नववर्ष के शुरुआत की ऋतु मानी जाती रही है। प्रकृति इस दौरान अपना सौंदर्य बिखेरती है। मौसम सुहाना और पृथ्वी अपना नया वस्त्र धारण करती है। यह उत्सवों की ऋतु है। सर्वश्रेष्ठ है। यह 'ऋतुराज' के नाम से पुकारी जाती है। पौराणिक कथाओं की मानें तो वसंत कामदेव के पुत्र हैं। श्रीकृष्ण गीता में कहते हैं 'मैं ऋतुओं में वसंत हूँ।' इसके बाद कुछ और नहीं रह जाता कहने के लिए। इस दौरान होली-धुलेंडी, रंगपंचमी, शिवरात्रि, वसंत पंचमी, नवरात्रि, रामनवमी, नव संवत्सर, हनुमान जयंती जैसे पर्व-उत्सव मनाए जाते हैं।

ग्रीष्म ऋतु

इसमें सूर्य उत्तरायण की ओर बढ़ता है और तापमान अधिकतम हो जाता है। लेकिन अच्छी वर्षा के लिए अच्छी गरमी पड़ना भी जरूरी है। गरमी में ही अनाज पकता है और कई विषैले कीटाणु नष्ट होते हैं। प्रकृति ने गरमी में ही कुछ बेहद रसीले और विशिष्ट स्वादवाले फल दिए, जैसे कि आम-लीची। वैसे भी शरीर के लिए भी गरमी कई मायनों में लाभकारी होती है, फिर भी चूँकि ग्रीष्म ऋतु प्राणिमात्र के लिए कष्टकारी है। अतः इस दौरान सनातन संस्कृति में तप और व्रत की विशेष व्यवस्था की गई है। निर्जला एकादशी, वट सावित्री व्रत, शीतलाष्टमी, देवशयनी एकादशी, गुरुपूर्णिमा आदि त्योहार आते हैं। गुरुपूर्णिमा के बाद वर्षा ऋतु का आगमन हो जाता है।

वर्षा ऋतु

वर्षा नया जीवन लेकर आती है। जंगल में मोर नृत्य करने लगते हैं। प्रकृति की व्यवस्था भी अद्भुत है, ग्रीष्म ऋतु में प्यास जगाई जाती है, जो फिर वर्षा ऋतु में बुझाई जाती है। यही जीवन-चक्र है। यही सृष्टि का सौंदर्य है। अब इस ऋतु के दौरान भी प्राकृतिक व्यवस्था में फेरबदल होता है। बाढ़-कीचड़, कीटाणु। सनातन ने इससे बचने के उपाय कर रखे हैं। आधुनिक वैज्ञानिक काल की तरह वो ऋतुओं के खिलाफ जंग नहीं लड़ता, उलटे प्रकृति की व्यवस्था के साथ सामंजस्य बनाते हुए स्वयं को बदल लेता है। यह सोच दीर्घकाल में लाभकारी सिद्ध होती है। अगर श्रावण मास में भी उपवास रखा जाता है तो इसके भी प्राकृतिक कारण हैं। इसी दौरान सावन सोमवार, तीज, रक्षाबंधन और श्रीकृष्ण जन्माष्टमी आदि त्योहार मनाए जाते हैं।

शरद ऋतु

शरद का प्रभाव कुछ-कुछ वसंत ऋतु की तरह होता है। वसंत का अपना सौंदर्य

है तो शरद में अपनी मनमोहकता है। शरद मनोहारी और स्वस्थ ऋतु मानी जाती है। तुलसीदासजी द्वारा इस ऋतु का अति सुंदर वर्णन रामचरितमानस में हुआ है। वसंत के दिन सुंदर हो सकते हैं, मगर रात का सौंदर्य तो शरद पूर्णिमा को ही उतरता है। चारों ओर स्वच्छता और स्वस्थता के कारण नवजीवन नजर आता है। इस दौरान श्राद्ध पक्ष, नवरात्रि, दशहरा, करवाचौथ आदि त्योहार मनाए जाते हैं। शारदीय नवरात्रि के साथ ही गोपाष्टमी, अक्षय नवमी, देवोत्थान एकादशी, बैकुंठ चतुर्दशी, कार्तिक पूर्णिमा आदि-आदि व्रत-त्योहार भी विशिष्ट हैं।

हेमंत ऋतु

शरद पूर्णिमा के बाद हेमंत ऋतु का प्रारंभ माना जा सकता है। शीत ऋतु दो भागों में बाँटी गई है। हलके जाड़े को हेमंत ऋतु और तीव्र को शिशिर। हेमंत ऋतु में सुहावना और लुभावना मौसम होता है। यह यात्राओं के लिए उत्तम समय होता है। हेमंत ऋतु में स्वास्थ्य बेहतर होता है। आयुर्वेद में हेमंत को सेहत बनाने की ऋतु कहा गया है। इस समय शरीर के दोष शांत होते हैं। ऋतुसंहार में महाकवि कालीदास ने हेमंत का विशिष्ट वर्णन किया है। जहाँ हेमंत के सौंदर्य को देखने की हमें एक नई दृष्टि मिलती है। इस दौरान धनतेरस, रूप चतुर्दशी, दीपावली, गोवर्धन पूजा, छठ पूजा आदि त्योहार पड़ते हैं। शरद और हेमंत में उत्सव, पर्व और त्योहार आगे-पीछे हो सकते हैं। क्योंकि यह सब ऋतु परिवर्तन का काल है, जहाँ तिथियों के हिसाब से उलटफेर हो सकता है।

शिशिर

कड़ाके की ठंड। इस दौरान ऋतुचक्र पूरा होने का संकेत प्रकृति से मिलता है। इस ऋतु में मानो प्रकृति पर बुढ़ापा छा जाता है। अगर इसे अंत माना जाए तो यकीनन नवजीवन आनेवाला है। नववर्ष की आहट सुनाई देने लग पड़ती है। इस दौरान मकर संक्रांति का त्योहार आता है, जो सनातन हिंदू धर्मानुसार सबसे बड़ा त्योहार है। इसी दिन से सूर्य उत्तरायण होना शुरू होता है।

आगे जब हम इन पर्व, उत्सव और त्योहारों पर विस्तार से चर्चा करेंगे तो पाएँगे कि ये सभी ऋतु से सामंजस्य बनाने के लिए एक परंपरा के रूप में संस्कृति का हिस्सा बनाए गए हैं। जो हमें संकेत भी देते हैं, दिशा-निर्देश के साथ आगाह भी करते हैं। साथ ही जीवन को प्रकृति की अवस्थानुसार, उल्लास, आनंद से भर देने का सफल प्रयास करते चलते हैं।

❑

भाग-3

सनातन संस्कृति में प्रकृति

अध्याय-1

1. व्रत-पर्व-त्योहार

सनातन धर्म में मनुष्य को सांसारिक जीवन में रहकर भी ईश्वर से जोड़ने के लिए कई तरह के विधि-विधान हैं। जो उत्साह, उमंग, समर्पण और आपसी प्रेम-भाव को बढ़ाते हैं। हमें ईश्वर के नजदीक ले जाते हैं। यह व्रत-पर्व-उत्सव का देश है, यहाँ त्योहारों की संस्कृति है।

जिन तिथियों में स्नान, दान, ध्यान आदि पुण्य कर्म होते हैं, वे 'पर्व' कहलाते हैं। संक्रांति, पूर्णिमा, छठ आदि पर्व हैं। जिनमें आमोद-प्रमोद, हर्ष-उल्लास, आनंद मनाया जाता है, वे त्योहार कहलाए जाते हैं। होली, दीवाली त्योहार हैं। सनातन संस्कृति में एक तीसरी श्रेणी व्रत की भी है, जिसे उपवास भी कहा जाता है। जन्माष्टमी, शिवरात्रि आदि व्रत हैं। शास्त्रों के अनुसार व्रत-पर्व-त्योहार में एक अंतर गुणों का भी है। वैसे तो तीनों ही त्रिगुणात्मक हैं, तीनों में सात्त्विक, राजस और तामस तत्त्व का कम-ज्यादा अंश मिश्रित होता है। लेकिन व्रत में सात्त्विक प्रधान होता है, पर्व में राजस प्रधान होता है, जबकि त्योहारों में तामस प्रधान होता है। वैसे पर्वोत्सव तथा व्रतोत्सव सभी त्योहार कहलाते हैं। अर्थात् पर्व में भी उत्सव है और व्रत में भी उत्सव का भाव ही है। यह सनातन जीवन की खूबसूरती है। ये सभी तीनों श्रेणी के उत्सव सनातन को विशिष्ट बनाते हैं।

सनातन संस्कृति में पर्व-त्योहार मनाने की परंपरा बहुत पुरानी है। जीवन एवं परिवार समाज के प्रत्येक अवसर पर सुख-शांति-समृद्धि व विश्व कल्याण के लिए उत्सव के रूप में आयोजन करना हमारी संस्कृति का मूल स्वरूप है। प्रायः जीवन की हर खुशी का अवसर हम त्योहार के रूप में मनाते आए हैं। सभी पर्व-त्योहार-व्रत सार्थक ही नहीं विज्ञान-सम्मत भी हैं। सभी समयानुकूल और प्रकृति की गरिमा लिये हुए हैं।

यहाँ ध्यान देनेवाली विशेष बात है कि हमारी छह ऋतुएँ हैं—वसंत, ग्रीष्म, वर्षा, शरद (शीत), हेमंत, शिशिर। अर्थात् ऋतुओं में भी इस देवभूमि पर अद्‌भुत विविधता है।

यहाँ समय-समय पर गाए जानेवाले बारह मासे तक में विभिन्न ऋतुओं की विशेषताओं और कल्याणकारी भावनाओं का चित्रण है।

वसंत अर्थात् नवजीवन, नववर्ष का आगमन माना जाता रहा है। वसंत ऋतु चैत्र और वैशाख माह में अर्थात् मार्च-अप्रैल में। ग्रीष्म ऋतु ज्येष्ठ-आषाढ़ माह अर्थात् मई-जून में। वर्षा ऋतु श्रावण-भाद्रपद अर्थात् जुलाई से सितंबर, शरद ऋतु आश्विन और कार्तिक माह अर्थात् अक्तूबर और नवंबर। हेमंत ऋतु मार्गशीर्ष और पौष माह अर्थात् दिसंबर से जनवरी और शिशिर ऋतु माघ-फाल्गुन अर्थात् 16 जनवरी से फरवरी।

हिंदू माह और अंग्रेजी कलेंडर के बीच लगभग यही स्थिति होती है। सीधे-सीधे कहना हो तो हर दूसरे महीने मौसम में परिवर्तन पाएँगे। जिस तरह से हर मौसम में प्रकृति में परिवर्तन होता है या फिर कहना चाहिए कि प्रकृति में परिवर्तन के कारण ऋतुएँ बनीं, उसी प्रकृति परिवर्तन के कारण हमारे शरीर और मन-मस्तिष्क में भी परिवर्तन होता है। और जिस तरह प्रकृति के परिवर्तन का असर कम करने के लिए वृक्ष, पशु-पक्षी आदि सभी उस दौरान प्रकृति के नियमों का पालन करते हुए उससे होनेवाली हानि से बचने का प्रयास करते हैं, उसी तरह मानव को भी ऐसा करने की सलाह हमारे ऋषियों-मुनियों ने दी। या यों कहें कि सनातन संस्कृति में प्रकृति के परिवर्तन से तालमेल बिठाने की व्यवस्था की गई है। शरीर, मन, मस्तिष्क को इस परिवर्तन के अनुकूल बनाने का प्रयोजन किया गया। इस दौरान ऐसे त्योहार पर्व-व्रत नियत किए गए और उनसे संबंधित ऐसी धार्मिक, आध्यात्मिक, सांस्कृतिक जीवनचर्या और कर्मकांड बनाए, जो व्यावहारिक और प्राकृतिक हैं और जिनका पालन करने से व्यक्ति का जीवन सुखमय व्यतीत हो सकता है। अत: हिंदू धर्म के सभी व्रत-त्योहार-पर्व खगोलीय घटना, ऋतु (मौसम) परिवर्तन, सौर मास, चंद्रमास और नक्षत्र मास के महत्त्वपूर्ण बदलाव पर आधारित हैं। अर्थात् प्राकृतिक बदलाव पर निर्भर करते हैं। हमारी तरह ही हमारे त्योहार तक प्रकृति के प्रभाव से प्रभावित हैं। इस तरह से हमारे व्रत-पर्व-त्योहार पर्यावरण से जुड़े हैं। इसके द्वारा हम किसी और का नहीं बल्कि अपना हित ही साधते हैं। यह हम जानते आए हैं कि हमारा जीवन प्रकृति की खगोलीय घटनाओं से संचालित होता रहता है। यह नियंत्रित भी होता है और नियमित भी। इस संदर्भ में यहाँ एक उदाहरण से संक्षिप्त में समझते हैं। अन्य त्योहारों के बारे में विस्तार से आगे चर्चा करेंगे।

नव संवत्सर (नववर्ष)

वसंत ऋतु हिंदू पंचांग का प्रथम मास चैत्र अर्थात् मार्च-अप्रैल का महीना प्राचीनकाल से नए वर्ष की शुरुआत माना जाता रहा है। जब से ईसाई धर्म का प्रचार-

प्रसार हुआ तब से इस प्राकृतिक नववर्ष को बदल दिया गया। मगर चूँकि यह हमारे यहाँ संस्कृति में रचा-बसा था तो कुछ-कुछ बच गया।

चैत्र माह की शुक्ल प्रतिपदा को ही नववर्ष की शुरुआत होती है। पहली जनवरी की तरह अकारण नहीं है, न ही यह रात के अँधेरे में बारह बजे मनाया जाता है। यह सूर्य की स्थिति पर निर्भर करता है और सूर्योदय के साथ मनाया जाता है। चैत्र शुक्ल प्रतिपदा को पूजित नव संवत्सर में ब्रह्माजी और उनकी निर्माण की हुई सृष्टि के प्रधान देवी-देवताओं, यक्ष-राक्षस, गंधर्वों, ऋषि-मुनियों, मनुष्यों, नदियों, पर्वतों, पशु-पक्षियों और कीटाणुओं के साथ रोगों के उपचारों तक का पूजन होता है। नव संवत्सर शुक्ल प्रतिपदा से ही अनुकूल मानी जाती है, कृष्णपक्ष प्रतिपदा से नहीं। शुक्ल प्रतिपदा अर्थात् पूर्णिमा की ओर बढ़ना। यह सृष्टि के निर्माण अर्थात् प्रकृति के नवरूप में उपस्थित होने से संदर्भित अधिक है। 21 मार्च के दिन धरती सूर्य का चक्कर पूर्ण कर लेती है और अपने नए चक्र का प्रारंभ करती है। इस वक्त दिन और रात बराबर होते हैं। प्राचीन अरब, रोम और यूनान के लोग भी इस चैत्र माह में ही अपना-अपना नववर्ष मनाते थे। इन सबसे पहले ही विक्रमादित्य के काल में भारतीय ऋषि-मुनियों ने विक्रम संवत्, एक भारतीय कलेंडर-हिंदू पंचांग की शुरुआत कर दी थी। इससे भी पूर्व सप्तर्षि संवत् को हिंदुओं का सबसे प्राचीन संवत माना जाता रहा है, जिसे संवत्सर (संवत्-वर्ष-साल) कहा जाता है, वह मोटे तौर पर ऋतुओं का एक पूरा चक्र है।

सनातन संस्कृति में यह नववर्ष हर राज्य में अलग-अलग नाम से पुकारा जाता रहा है, जैसे—गुड़ी पड़वा, युगादि, उगादि (उगाडी), विशु, नवरेह। प्रायः इनकी तिथि मार्च और अप्रैल के महीने में पड़ती है। पंजाब में बैसाखी नाम से 13-14 अप्रैल को मनाई जाती है। नानकशाही कलेंडर के अनुसार 14 मार्च नया साल होता है। अप्रैल महीने की 14 या 15 तारीख को बंगाल में नववर्ष पोहेला मनाया जाता है। तब बंगाली लोग एक-दूसरे को 'शुभो नोबो बोरसो' कहकर बधाई देते हैं। तमिल नववर्ष को पुथांडू कहते हैं। यह 14 अप्रैल को ही मनाया जाता है। तेलुगू नववर्ष भी मार्च-अप्रैल के बीच आता है। आंध्र प्रदेश में इसे उगादि (युगादि=युग+आदि का अपभ्रंश) के रूप में मनाते हैं। केरल में नया साल विशु 13 या 14 अप्रैल को मनाया जाता है। कश्मीरी नवरेह, नवरेह अर्थात् नववर्ष, यह चैत्र नवरात्र का पहला दिन और चैत्र मास के शुक्ल पक्ष का भी प्रथम दिवस होता है। कन्नड़ नया वर्ष उगाडी-उगादि भी चैत्र माह के पहले दिन ही मनाया जाता है। इस दिन महाराष्ट्र में गुड़ी पड़वा य मराठी-पाडवा के नाम से नया वर्ष मनाया जाता है। चैत्र मास की शुक्ल प्रतिपदा, इसलिए इसे वर्ष प्रतिपदा भी कहते हैं। गुड़ी का एक अर्थ विजय पताका भी होता है। असम में नववर्ष बोहाग बिहू के नाम से मनाया जाता है। 'बोहाग बैसाख' के नाम से भी कहा जानेवाला यह पर्व अप्रैल के मध्य ही आता है।

चैत्र शुक्ल प्रतिपदा वसंत ऋतु में आती है। जब वृक्ष, लता फूलों से लदे होते हैं। प्रकृति अपने नवयौवन के साथ उपस्थित होती है। इसे मधुमास भी कहते हैं। यह वर्ष का सर्वश्रेष्ठ दिवस है। हिंदू नववर्ष का प्रारंभ, सृष्टि का आरंभ दिवस। श्रीराम व युधिष्ठिर का राज्याभिषेक दिवस, माँ दुर्गा की साधना चैत्र नवरात्र का प्रथम दिवस। इसी दिन से विक्रम संवत् शुरू होता है महाराजा विक्रमादित्य के कारण। यह आर्य समाज का स्थापना दिवस, संत झूलेलाल जयंती आदि अनेक महत्त्वपूर्ण रूप से भी मनाया जाता है।

इस तरह से प्रत्येक पर्व और व्रत-त्योहार के मूल में जाएँगे तो पाएँगे कि यह प्रकृति संबंधित है। मूलतः प्रकृति-पूजन है। साथ ही प्रकृति का संरक्षण और संवर्धन भी है। इनके द्वारा हम प्रकृति के नजदीक जाते हैं। प्रकृति से ऊर्जा और प्रेरणा लेते हैं। मगर विशिष्ट बात है कि इन सभी पूजन में सिर्फ स्वयं का नहीं बल्कि पूरे विश्व का कल्याण और ब्रह्मांड में शांति एवं समृद्धि की भावना होती है।

❑

अध्याय-2

व्रत-उपवास

आजकल जिसे देखो, डायटिंग कर रहा है। हमारे ऋषि सदियों पहले डायटिंग का रास्ता बता चुके हैं। सच कहें तो हमारे ऋषि-मुनि डॉक्टर थे और डायटीशियन भी। आज का डॉक्टर रोग को ठीक करता है, जबकि ऋषि-मुनि मानव को रोगी होने से बचने की व्यवस्था सनातन संस्कृति में कर गए। आधुनिक डायटीशियन तो सिर्फ शारीरिक स्वास्थ्य पर ही केंद्रित होते हैं, मगर ऋषि शरीर के साथ-साथ मन और आत्मा का भी ध्यान रखते आए हैं। व्रत-उपवास तो एकपक्ष है, भोजन कैसा, कब और क्या लिया जाना चाहिए यह भी सामाजिक परंपरा का हिस्सा बनाया गया। यह है सनातन संस्कृति की एक और विशेषता। इसे इस तरह से समझा जा सकता है कि यहाँ अन्न भी देवता माने गए। भला देवता का कोई अनादर कर सकता है ? नहीं। शास्त्रों में अन्न को ओषधि की तरह लेने का निर्देश दिया गया। ओषधि को भी प्राकृतिक रूप से अन्न की तरह लेते रहने पर बाहरी दवाई की आवश्यकता ही नहीं पड़ती। सनातन में एक शब्द और आता है, सात्त्विक भोजन। जैसा अन्न खाओगे आप का व्यवहार भी वैसा ही होगा। इस तरह से सामाजिक और पारिवारिक व्यवस्था भी साधी गई। क्या आज के डायटीशियन इन सब पक्ष को देखते हैं ? नहीं। संभव नहीं। मैं, गीताप्रेस से व्रत-उपवास की किताब जब लेने गया तो पाया इसकी कीमत इतनी कम है कि हर कोई खरीदकर पढ़ सकता है, आसानी से समझ सकता है। मगर हमने इस पर ध्यान ही नहीं दिया परिणामस्वरूप आज हम डॉक्टर-डायटीशियन को मोटी फीस चुकाने के लिए अभिशप्त हैं।

व्रत से न केवल शरीर बल्कि मनुष्य की अंतरात्मा भी शुद्ध होती है। इनसे ज्ञान शक्ति, विचार शक्ति, बुद्धि में विकास के साथ श्रद्धा-भक्ति और पवित्रता में भी वृद्धि होती है। एक अकेला उपवास सैकड़ों रोग का उपचार कर सकता है। व्रत और उपवास के नियमपूर्वक पालन से उत्तम स्वास्थ्य और दीर्घायु की प्राप्ति होती है। वेद-पुराण

में जिस तपस्या का सर्वाधिक महत्त्व बताया गया है, वह व्रत-उपवास ही है। आदित्य पुराण में व्रतों से दु:ख-दरिद्र और रोगों के नाश की बात की गई है। सीधे-सीधे कहें तो व्रत-उपवास सनातन संस्कृति (हिंदू धर्म) के प्राण हैं, मूल में हैं। व्रतों पर वेद-पुराणों में विस्तार से व्याख्या है।

भारत की सनातन संस्कृति में व्रत-उपवास सर्वव्यापी हैं। सभी श्रेणी के नर-नारी एक से लेकर अनेक दिनों तक का व्रत-उपवास बड़ी श्रद्धा से करते हैं। इनके फल और महत्त्व प्राय: सर्वज्ञात हैं, लेकिन जो नहीं जानते, वे भी बिना जाने ही यह करके इसका लाभ प्राप्त करते हैं।

यों तो व्रत और उपवास लोकजीवन में एक ही हैं, अंतर सिर्फ इतना है कि व्रत में भोजन किया जा सकता है और उपवास में निराहार ही रहना पड़ता है। व्रत कुछ-कुछ संकल्प के नजदीक है। मौन व्रत इसका एक श्रेष्ठ उदाहरण हो सकता है। इसके द्वारा संकल्पशक्ति बढ़ती है। आत्मा का शुद्धीकरण होता है। बुद्धि, विचार, ज्ञान तंतु विकसित होते हैं। व्रत-उपवास की तरह ऐसा कोई और साधन नहीं, जिससे अनेक लाभ प्राप्त होते हों।

शास्त्रों में व्रत-उपवास के अनेक प्रकार हैं, अनेक रूप हैं और इसे हिंदू पंचांग से संबद्ध किया गया है। प्रत्येक दिन के लिए विशेष तरह के कर्मकांड की व्यवस्था है, जिनके पीछे मूलत: प्राकृतिक प्रभाव का ही ध्यान रखा गया है। सभी व्रत-उपवास मास, पक्ष, तिथि, वार, नक्षत्र, योग, करण और समय के द्वारा निर्धारित होते हैं। बहुत से व्रत-उपवास ऐसे भी हैं, जो उपवास, पूजा और दान तीनों के सहयोग से ही संपन्न होते हैं। व्रती को क्रोध, लोभ, मोह और आलस्य को त्यागना अपेक्षित है। संक्षिप्त में कहना हो तो व्रत-उपवास स्वर्गीय सुख प्राप्त होने के प्रमुख साधन हैं।

❑

अध्याय-3

1. अमावस्या

यह हिंदू माह की 30वीं और कृष्णपक्ष की अंतिम तिथि है। यह एक विशिष्ट खगोलीय घटना है। यही कारण है, जो यह हमारी संस्कृति में आदिकाल से अति महत्त्वपूर्ण भी है। इस प्राकृतिक घटनाक्रम का महत्त्व यहाँ तक है कि हर माह की अमावस्या को कोई-न-कोई व्रत-पर्व अवश्य होता है। इनका भारतीय जनजीवन में सांस्कृतिक और आध्यात्मिक महत्त्व है। ज्योतिष शास्त्र व धार्मिक दृष्टि से भी अमावस्या बहुत महत्त्वपूर्ण मानी जाती है। सूर्य पर ग्रहण इसी तिथि को लगता है। पितृ दोष से मुक्ति पाने के लिए अमावस्या का विशेष महत्त्व है। शास्त्रों में इस तिथि को तर्पण, स्नान, दान आदि के लिए पुण्य फलदायी माना गया है। इनमें सोमवार को पड़नेवाली सोमवती अमावस्या कहलाती है तो कार्तिक अमावस्या के दिन दीपावली मनाई जाती है। माघ अमावस्या को मौनी अमावस्या कहा जाता है। यह शुभ माना जाता है। इस दिन गंगा (नदी), विशेषकर संगम स्नान का विशेष महत्त्व है। इस दिन व्रतों में महाव्रत है। यह सबसे बड़ी अमावस्या है।

आखिर ये अमावस्या इतनी महत्त्वपूर्ण है क्यों? अगर गहराई में जाएँ तो पाएँगे कि यह सिर्फ एक प्राकृतिक घटनाक्रम नहीं है, जो हर माह आता-जाता है। इस समय सूर्य-पृथ्वी और चंद्रमा एक सीधी लकीर पर स्थित होते हैं। इसके अनेक प्रभाव हैं, प्रकृति पर और प्रकृति में रहनेवाले हम मानव पर। यह बिना चंद्रमा का दिन है, अर्थात् इस दिन चंद्रमा दिखाई नहीं देता। मतलब इस रात चाँदनी नहीं होगी। चारों ओर अंधकार होगा। स्वाभाविक है, इसका प्रभाव जीव-जंतुओं पर पड़ता है। ऐसे में इनकी सेवा करना हम मानवजाति का फर्ज बन जाता है। ऐसे अनेक कर्मकांड हैं, जिनमें कहीं-न-कहीं यही मूल भावना है, जहाँ प्रकृति की व्यवस्था में सभी प्राणी जाति का ध्यान रखने का एक सामूहिक और सांस्कृतिक प्रयास तथा स्वयं के लिए व्रत। व्रत अर्थात् भूखे रहना, शरीर के लिए, इस परिवर्तन की रात्रि, यही सर्वाधिक फलकारी है।

2. सोमवती अमावस्या

वर्षभर में ऐसा एक या दो बार ही हो पाता है, जब अमावस्या सोमवार को पड़े। इस दिन ग्रहों-नक्षत्रों की स्थिति विशेष होती है। अमावस्या सोमवार को पड़ने पर यह सोमवती अमावस्या अपने आप में ही सनातन धर्म में विशेष महत्त्व रखती है। इस दिन विवाहिता स्त्रियों द्वारा पीपल की पूजा की जाती है और 108 बार धागा लपेटकर परिक्रमा की जाती है। विवाहिता के द्वारा अपने पतियों की दीर्घायु कामना के लिए व्रत रखा जाता है। पीपल की पूजा के कारण इसे अश्वत्थ प्रदक्षिणा व्रत भी कहते हैं। इस दिन मौन व्रत का विधान है और साथ ही नदियों में स्नान-दान का भी महत्त्व है। परंपरा के द्वारा पीपल के महत्त्व को सनातन ने समाज में स्थापित किया। आज हम जानते हैं कि पीपल के कितने लाभ हैं। तभी ऋषियों ने इसमें सभी देवों का वास कहा और इसकी पूजा करवाई। सोमवार का दिन महादेव का माना जाता है। इस दिन अमावस्या पड़ने से इसका विशेष महत्त्व महिलाओं के लिए स्थापित हुआ। यह अमावस्या अमूमन ज्येष्ठ-आषाढ़ अर्थात् जून जुलाई में पड़ती है। इस पूरी गरमी में पीपल की परिक्रमा को प्राकृतिक रूप से समझना होगा। ऐसा करना स्वास्थ्य के लिए कितना लाभकारी हो सकता है।

❑

अध्याय-4

1. पूर्णिमा

मास की 15वीं और शुक्ल पक्ष की अंतिम तिथि पूर्णिमा, इस दिन चाँद आकाश में पूरा होता है। पूरा चाँद आदिकाल में मनुष्य को हर्षोल्लासित करता होगा। आकाश में शीतल प्रकाश फैलानेवाली एक सुंदर-सी गोलाकार आकृति। चाँदनी उसे मोहित करती होगी। इसलिए इसका सदा से हमारे सामाजिक जीवन में महत्त्व रहा है। हर माह की पूर्णिमा को, कोई-न-कोई पर्व अथवा व्रत जरूर होता है। चैत्र पूर्णिमा को हनुमान जयंती, वैशाख पूर्णिमा को बुद्ध जयंती, ज्येष्ठ पूर्णिमा को वट सावित्री, आषाढ़ पूर्णिमा को गुरुपूर्णिमा, श्रावण पूर्णिमा को रक्षाबंधन, अश्विनी पूर्णिमा को शरद पूर्णिमा, फाल्गुन पूर्णिमा को होली। पूर्णिमा समृद्धि का प्रतीक है। इसे पूरणमासी, पौर्णिमा भी कहा जाता है। अनेक अवतारों ने इसी दिन धरती पर जन्म लिया।

2. पूर्णिमा में उपवास

सनातन संस्कृति में हर पूर्णिमा में उपवास की व्यवस्था थी। मगर आधुनिक पीढ़ी को यह रूढ़िवादी परंपरा लगी। वैसे भी यह अब उनके लिए महत्त्वपूर्ण नहीं। वे इसको लेकर हँसी भी उड़ा सकते हैं। मगर असल में हँसी के पात्र तो वे खुद हैं, जो अपने पूर्वजों के महत्त्वपूर्ण अनुभवजनित इस ज्ञान को नजरअंदाज कर रहे हैं। सच तो यह है कि चिकित्सा विज्ञान की दृष्टि से भी पूर्णिमा में उपवास स्वास्थ्य के लिए उपयुक्त है।

पूर्णिमा को चाँद पृथ्वी से पूरा नजर आता है और सबसे नजदीक भी होता है। ग्रहों का एक-दूसरे ग्रहों पर आकर्षण का प्रभाव पड़ता है। ऐसा आज के वैज्ञानिक बतलाते हैं। मगर हमारे पूर्वज पहले से जानते थे। इस पूरे चाँद के कारण समुद्र में हाई टाइड आता है। जब लहरें आगे की ओर बढ़ती हैं और समुद्र उग्र हो जाता है। अर्थात् चंद्रमा का असर समुद्र के पानी पर पड़ता है। हमारा शरीर का 70 प्रतिशत भाग भी पानी ही है, तो उस पर

भी इस चंद्रमा का असर पड़ता है, जिससे हमारे शरीर में उग्रता और रक्तचाप बढ़ता है। ऐसे में अगर हम भोजन भारी करें या अधिक खाएँ तो शरीर की शक्ति उसको पचाने के लिए अपना सामर्थ्य उस दिन खो चुकी होती है, अर्थात् इस दौरान पाचनशक्ति कमजोर होती है। इस अवस्था में शरीर पर अतिरिक्त बोझ डालना स्वास्थ्य की दृष्टि से उचित नहीं ठहराया जा सकता। यही नहीं, इस पूर्णिमा के चाँद द्वारा उत्पन्न गुरुत्वाकर्षण के कारण मनुष्य के भावों और विचारों पर भी असर पड़ता है। उसके इमोशन पर एक दबाव होता है और ऐसा होना स्वाभाविक है। जब आपके शरीर के 70 फीसदी जलपर उच्च दबाव है तो मन विचलित, उद्वेलित, आक्रोशित हो सकता है। ऐसे में उपवास अर्थात् भोजन न करते हुए आध्यात्मिक मनन करने से आपके शरीर और मानसिक स्वास्थ्य पर सकारात्मक असर होता है। एक पक्ष और है, पूर्णिमा में चाँदनी रात में मन अधिक चंचल होता है, उसको संयमित करने के लिए भी व्रत और पर्व रखे गए।

आज का मानव इस सामान्य प्राकृतिक व्यवस्था में असामान्य अवस्था को नहीं मानता। अब नहीं मानता, इसलिए तो बीमार है, शारीरिक और मानसिक दोनों रूप से। इस मामले में हमारे पूर्वज अधिक जागरूक और सजग थे। उन्होंने इस ज्ञान को विस्तार से समझाकर इसे हमारे दैनिक जीवन के संस्कार में डाल दिया था। वे जानते थे कि मनुष्य धर्म व आस्था के नाम पर यह जरूर स्वीकार कर लेगा। यही कारण रहा कि हम सब मुफ्त की सलाह पर स्वास्थ्यवर्धक सुझाव को मानते चले आ रहे हैं। लेकिन आज के पढ़े-लिखे मानव को जब कोई डॉक्टर कहेगा, वह भी मोटी फीस लेकर, तब ही वे मानेंगे, मगर तब तक देर हो चुकी होती है।

3. गुरु पूर्णिमा

यह पूर्णिमा अतिविशिष्ट है। सनातन में इसके द्वारा सामाजिक व्यवस्था को जो संदेश दिया है, वह इसे अतिविशिष्ट बनाती है। इस दिन गुरु की पूजा का विधान है। आषाढ़ मास की पूर्णिमा ही गुरु पूर्णिमा है। आषाढ़ अर्थात् वर्षा ऋतु का आगमन। और ऐसी व्यवस्था की गई थी कि इस दिन से आगे के तीन-चार माह तक साधु-संत एक ही स्थान पर रहेंगे। सच तो यह है कि वर्षा में आवागमन संभव नहीं और आमजन भी कुछ हद तक खाली ही होते हैं। इस दौरान कोई और सामाजिक कार्यक्रम भी नहीं होते। तो क्यों न इस समय का सदुपयोग किया जाए। जब साधु कहीं जा नहीं सकता तो एक जगह उसको निवास करवाकर उससे ज्ञान प्राप्त करना कितना श्रेयस्कर होगा। वैसे भी ज्ञान बिना आस्था और गुरु के संभव नहीं। अंधकार से प्रकाश की ओर ले जानेवाला गुरु ही होता है। इस तरह समाज की एक व्यवस्था थी, जब पूरा गाँव गुरु से ज्ञान लेता,

शिष्य गुरुकुल में गुरु की पूजा-अर्चना करते, अपने सामर्थ्यानुसार दक्षिणा देते। आज भी सनातन परंपरा में इस दिन गुरु का सम्मान किया जाता है।

यह पर्व जीवन में गुरु की महत्ता को समर्पित है। कहा जाता है कि आषाढ़ पूर्णिमा को ही आदिगुरु वेद व्यास का जन्म हुआ था। गुरु पूर्णिमा मनाने के कई सांकेतिक और गूढ़ अर्थ भी हैं। दर्शन यह है कि आषाढ़ में पूर्णिमा का पता ही नहीं चलता, क्योंकि आकाश में बादल होते हैं। बादल से घिरे रहने के कारण चाँद के दर्शन दुर्लभ हो जाते हैं। एक अर्थ यह निकलता है कि चाँद के चारों ओर जमा बादल को हटाकर ही चाँद का प्रकाश जाग सकता है। बादल की तरह अंधकार को हटाकर चाँद की चमक पाना ही गुरु ज्ञान है। दूसरा संकेत यह है कि प्रकाशमान गुरु के चारों ओर शिष्य रूपी बादलों का इन दिनों घेरे रहना। दुनिया में यही संस्कृति है, जो गुरु के महत्त्व और आदर्श को स्थापित करने का पर्व मनाती है।

4. वट पूर्णिमा

इस दिन बरगद की विशेष पूजा होती है। सुहागिन औरतें अपने पति की समृद्धि के लिए वटवृक्ष (बरगद) के चारों ओर धागा बाँधती हैं। वट पूर्णिमा को वट सावित्री भी कहा जाता है, क्योंकि इसी दिन सावित्री अपने पति सत्यवान के प्राण यमराज से वापस लेकर आई थी। यह पूजा स्कंद और भविष्योत्तर के अनुसार ज्येष्ठ माह की पूर्णिमा को होती है। यह पर्व गुजरात, महाराष्ट्र, कर्नाटक में अधिक मनाया जाता है। इसमें बरगद के पेड़ के चारों ओर लाल धागे (मौली) का सूत्र बाँधते हुए 108 चक्कर लगाए जाते हैं। अब इसे प्रकृति से संपर्क करने का एक माध्यम माना जा सकता है। बरगद के अपने विशेष गुण हैं। ऐसे गुणवान पेड़ की पूजा और उसकी 108 बार परिक्रमा सीधे-सीधे आपको उस पेड़ से जोड़ देती है। लोककथा में भी सत्यवान का मृत शरीर वटवृक्ष के नीचे ही पड़ा था, जहाँ उसे पुनर्जीवन मिला। वैसे तो वृक्षों को ईश्वर का प्रतिनिधित्व माना गया है। लेकिन वृक्षों में भी वटवृक्ष अमरत्व का प्रतीक है और यह उसके प्राकृतिक गुणों के कारण है। हमारे ऋषियों ने इसी गुणों को जानकर वटवृक्ष को हमारे सामाजिक जीवन का अभिन्न अंग बना दिया।

❑

अध्याय-5

सूर्य-ग्रहण, चंद्र-ग्रहण

पूर्णिमा और अमावस्या की तरह ही ग्रहण भी एक खगोलीय घटना है। सच कहें तो सूर्यग्रहण और चंद्रग्रहण प्रकृति का चमत्कार है। इस दौरान आकाश में अद्भुत दृश्य प्रस्तुत होता है।

सूर्यग्रहण में चंद्रमा पृथ्वी और सूर्य के मध्य में आ जाता है। ऐसा होने पर चंद्रमा के पीछे सूर्य का बिंब कुछ समय के लिए ढक जाता है। यह घटना अमावस्या को होती है। अब चूँकि चाँद का आकार सूर्य और पृथ्वी से कहीं छोटा है, इसलिए यह सूरज के कुछ हिस्से को ही ढक पाता है और खंड ग्रहण कहलाता है। कभी-कभी ही ऐसा होता है कि चाँद सूरज को पूरी तरह से ढक ले। यह पूर्ण सूर्यग्रहण होता है। मगर यह पृथ्वी पर बहुत छोटे से क्षेत्र में थोड़े से समय के लिए ही रह पाता है। उस दौरान आसमान में अँधेरा छा जाता है और उस क्षेत्र में दिन में रात हो जाती है।

आज विज्ञान की दृष्टि से यह घटना अति महत्त्वपूर्ण मानी जाती है। इस समय ही वैज्ञानिक सूर्य के ऊपर अध्ययन कर पाते हैं। इन्हीं अवसरों पर अनेक खोजें हुईं। असल में सूर्यग्रहण के दौरान सूर्य किरणों का अध्ययन आसान हो जाता है, जिसके द्वारा पदार्थों की संरचना, अणु-परमाणु आदि पर विशेष जानकारी इकट्ठी की जा सकती है।

विज्ञान तो यह सब आज कर रहा है। मगर इस घटना की जानकारी वैदिक काल में भी थी। सूर्यग्रहण की होनेवाली पुनरावृत्ति की पूर्व सूचना हजारों वर्ष पूर्व भी ऋषियों के पास थी। इससे संबंधित ज्ञान के संबंध में ऋग्वेद में अत्रिमुनि का नाम आता है। वेदांग ज्योतिष का महत्त्व हमारे वैदिक पूर्वजों के इस महान् ज्ञान का प्रमाण है। यह सब दरशाता है कि भारतीय ऋषियों को ग्रह-नक्षत्रों की दुनिया के बारे में पता था। महर्षि अत्रिमुनि जो कि प्रथम आचार्य माने जाते हैं, उनके माध्यम से ग्रहण के धार्मिक, वैचारिक, आध्यात्मिक एवं ज्योतिष पक्ष का विस्तृत वर्णन ग्रंथों में मिलता है। अब इससे

भी पूर्व आर्यों के पास यह ज्ञान कब से था, इसका अनुमान लगाना नामुमकिन है। करीब डेढ़ से ढाई हजार वर्ष पूर्व हुए प्राचीन भारत के महान् गणितज्ञ ज्योतिष 'आर्यभट्ट' अपनी पुस्तक आर्यभटीय में साफ-साफ लिखते हैं—'छादयति शशी सूर्य शशिनं महती च भूच्छाया।' विस्तृत व्याख्या करने पर जो वर्णन आता है, उसका संदर्भ ग्रहण से होता है। अर्थात् जब चंद्रमा पर पृथ्वी की छाया पड़ती है तो चंद्रग्रहण लगता है और जब पृथ्वी पर चंद्रमा की छाया पड़ती है तो सूर्यग्रहण लगता है।

पुराणों में तो यह कहा गया कि राहु चंद्रमा को और केतु सूर्य को ग्रसता है। ये दोनों ही छाया की संतान मानी जाती हैं। अब इन दोनों को भी प्रतीक के रूप में रखने पर इस परंपरा के पीछे दिए जा रहे संदेश को समझा जा सकता है।

चंद्रग्रहण में चंद्रमा पृथ्वी के ठीक पीछे उसकी छाया में आ जाता है। यह केवल पूर्णिमा को घटित होता है। चंद्रग्रहण की अवधि सूर्यग्रहण से अधिक होती है। सूर्यग्रहण के विपरीत चंद्रग्रहण को नंगी आँखों से देखा जा सकता है। सामान्यतः सूर्यग्रहण की अपेक्षा चंद्रग्रहण अधिक देखे जाते हैं। परंतु वास्तविकता में चंद्रग्रहण से अधिक सूर्यग्रहण होता है। यह इसलिए नहीं पता चल पाता, क्योंकि सूर्यग्रहण का समय और क्षेत्र बहुत सीमित होता है।

यहाँ महत्त्वपूर्ण यह है कि इन ग्रहण को लेकर वैज्ञानिक और वैदिक दृष्टकोण क्या हैं। विज्ञान इस प्रकृति की घटना का फायदा उठाकर इसके द्वारा सूर्य और पृथ्वी के उन गुणों को खोजने के चक्कर में रहता है, जिसका वह बाद में मानव की भौतिकता के लिए उपभोग कर सके। जबकि वैदिक दृष्टिकोण हजारों वर्ष पूर्व से इस घटनाक्रम को सृष्टि के जीवन चक्र का एक अंग मानते हुए इसके दुष्परिणामों से मानव को बचाता है और इसका आध्यात्मिक लाभ प्रदान करते हुए जनसामान्य के जीवन में आनंद और समृद्धि लाने का प्रयास करता है। वैदिक काल में भी ग्रहणों पर अध्ययन और परीक्षण होते रहे हैं। मगर आज के और तब के अध्ययन में यही मौलिक अंतर है। इस दौरान जनसामान्य को घर पर ही भजन-कीर्तन करने की सनातन परंपरा रही आई है। आखिर क्यों कई सारे कार्य ग्रहण के दौरान करना वर्जित था। ध्यान से देखने पर आज उसे हम समझ सकते हैं। कुछ इस तरह की व्यवस्था बनाई गई थी कि मनुष्य ग्रहण में घर से बाहर न निकले। ऐसा कोई कार्य न करें, जिससे अतिरिक्त ऊर्जा की आवश्यकता हो। यहाँ तक कह दिया गया कि ग्रहण देखना अशुभ है। मंदिरों के कपाट तक बंद कर दिए गए। मगर इन सब सरल व्यावहारिक व्यवस्था के पीछे वैज्ञानिक कारणों को आज समझा जा सकता है। सूर्यग्रहण के समय आँखों का बचाव और सूर्य की किरणों से त्वचा के रोग होने का भय रहता है। इसीलिए तो आपको घर में ही सांस्कृतिक रूप से बंद रहने के लिए मजबूर कर दिया गया। जो विशेष सकारात्मक प्रभाव मानव को सूर्य और चंद्रमा के द्वारा मिल

रहा होता है, उनके ग्रसित हो जाने पर उन सब प्रभाव से हमारा वंचित होना स्वाभाविक है। इस बात को कितनी सरलता से सनातन संस्कृति में समावेश कर दिया गया। ग्रहण के दौरान हमारे शरीर, मन-मस्तिष्क पर असर पड़ना स्वाभाविक है। इसलिए भोजन के लिए मना किया गया। ऐसी भी मान्यता दी गई कि ग्रहण के समय कीटाणु तेजी से फैलते हैं। अनुभवों से यह जानकारी थी कि चंद्रग्रहण के समय कफ बढ़ता है तो सूर्यग्रहण के समय पित्त की शक्ति कमजोर पड़ती है। इससे निपटने के लिए व्रत-उपवास रखने की सनातन संस्कृति सदियों से चली आ रही है।

हमें पूर्व में ग्रहणों की जानकारी किस हद तक थी। इसका एक और प्रमाण है कि महाभारत युद्ध के दौरान पहले ही गणना करके बता दिया गया था कि कुरुक्षेत्र में पूर्ण सूर्यग्रहण लगेगा। इससे युद्ध के घटनाक्रम पर क्या प्रभाव पड़ा था, यह हम सब जानते हैं। जब भरी दोपहरी में पूर्ण सूर्यग्रहण लगता है तो पक्षी भी अपने घोंसलों में लौट आते हैं। अन्य जानवरों पर भी इसका प्रभाव देखा जा सकता है तो फिर इस ग्रहण का प्रभाव हम पर क्यों नहीं पड़ेगा। ग्रहण के दौरान सूर्य हमारे संपर्क से दूर हो जाता है। हम सब सूर्य से ही नियंत्रित होते हैं। हम अपनी समस्त ऊर्जा सूर्य से ही लेते हैं। इसलिए सूर्य आदि नक्षत्रों पर घटनेवाली कोई भी घटना से पृथ्वी अछूती नहीं रह सकती। इसके प्रभाव से हम बच नहीं सकते। बस सनातन संस्कृति इस दुष्प्रभाव से बचाने का प्रयास सदियों से करती आ रही है।

❑

अध्याय-6

एकादशी व्रत

हिंदू पंचांग की ग्यारहवीं तिथि को एकादशी कहते हैं। यह तिथि मास में दो बार आती है—पूर्णिमा के बाद वाली कृष्ण पक्ष की एकादशी और अमावस्या के बाद वाली शुक्ल पक्ष की एकादशी। सनातन संस्कृति में इना दोनों ही एकादशियों का बहुत महत्त्व है। इस तरह से साल में कुछ 26 एकादशियाँ पड़ती हैं। (12 मास की 24 और दो अधिक मास की।) शास्त्रों में सभी का विस्तार में वर्णन है। इस दिन रखे जानेवाले व्रत के साथ कुछ एक परंपराओं पर ध्यान देना बहुत महत्त्वपूर्ण होगा। परंपरानुसार कहा गया है कि एकादशी के दिन प्रातः लकड़ी का दातुन न करें; नीबू, जामुन, आम के पत्ते लेकर चबा लें। वृक्ष से ये पत्ते तोड़ना भी वर्जित है, सिर्फ गिरे हुए पत्ते का ही सेवन करना है। अर्थात् इस कर्मकांड के बहाने गाँव-नगर के पेड़ों का संरक्षण हो गया। महीने में दो बार पूरी आबादी ऐसा कोई काम नहीं करेगी जो पेड़ों को नुकसान पहुँचाए। कोई धार्मिक परंपरा प्रकृति के संरक्षण का इससे बेहतर उपाय नहीं कर सकती। यह प्रकृति-प्रेम का उत्कृष्ट उदाहरण हो सकता है।

इस व्रत में भोग-विलास से दूर सदाचार प्रमुख है। गीता में श्रीकृष्ण कहते हैं कि किसी भी स्थिति में यज्ञ, दान और तपस्वी कर्म त्यागने योग्य नहीं हो तो इन्हें अवश्य किया जाना चाहिए। शास्त्रों के अनुसार व्रतों की महिमा तप से कम नहीं। व्रत भी तप ही है। व्रतों में भी एकादशी व्रत सर्वोपरि कहा गया है। जैसे नदियों में गंगा, प्रकाशक तत्त्वों में सूर्य, देवताओं में विष्णु की प्रधानता है, ठीक इसी तरह व्रतों में एकादशी व्रत की प्रधानता है।

अगर आप हर पंद्रह दिन में उपवास-व्रत रखेंगे तो वैसे ही आपके शरीर का शुद्धीकरण हो जाएगा। साल में 26 बार नियमित करने से शरीर निरोग होकर सभी दोष शांत हो जाते हैं। और व्यक्ति सुख-शांति और समृद्धि के साथ लंबी आयु प्राप्त करता

है। आज के भौतिक युग में जीव की स्वाभाविक प्रवृत्ति भोगों की ओर है, ऐसे में हर पंद्रह दिन में व्रत संकल्प, उपवास अर्थात् भोग-विलास से दूरी। संसार में इनसे दूर रहना ही वैराग्य है। इससे मिलनेवाले सहज लाभ की कल्पना की जा सकती है। ऐसी अपेक्षा की जाती है कि एकादशी की पूर्व संध्या से ही, अर्थात् दशमी की रात्रि से ही सात्त्विक नियमों का पालन करना प्रारंभ कर देना चाहिए। एकादशी के दिन पूर्ण उपवास अर्थात् भोजन नहीं लेना चाहिए। फिर भी व्रत का अनेक स्तर है, जो श्रद्धा से संभव है, वह करना चाहिए। निर्जल व्रत, उपवास-व्रत, केवल एक बार अन्न रहित दुग्धाहि पेय या एक बार रात्रि में फलाहार या किसी भी एक समय फलाहार। ऐसा करने से काया निरोगी होती है। साथ ही स्थानीय स्तर पर कई जगह कहा जाता है कि एकादशी के दिन झाड़ू नहीं लगाना है। क्योंकि इससे चींटी व अन्य सूक्ष्म जीवों के मरने का भय रहता है। ऐसी ही अनेक परंपराएँ जगह-जगह, भिन्न-भिन्न रूप में मिल जाएँगी। अन्य जीवों के प्रति प्रेम का ऐसा उदाहरण किसी सभ्यता संस्कृति में नहीं मिलेगा। जब पूरा समाज हर महीने में दो बार नियमित रूप से संकल्प के साथ व्रत-उपवास करते हुए अपना जीवन व्यतीत करेगा तो वह संस्कृति समृद्ध होगी और सभ्यता श्रेष्ठ बनी रहेगी, यही सनातन है।

❑

अध्याय-7

कुआँ पूजन

कुआँ पूजन को जानने-समझने से पहले कुएँ के बारे में थोड़ा जान लेना बेहतर होगा। मानव के लिए वायु के बाद जल ही अति महत्त्वपूर्ण है। यहाँ तक कि अन्न से भी अधिक। इसीलिए नदी सनातन सभ्यता में अति महत्त्वपूर्ण रही है। नदी का स्थान देवताओं के समान है और यह सनातन संस्कृति में किस हद तक पूजनीय है, इसका अंदाज इसी बात से लगाया जा सकता है कि गंगा को माँ और नर्मदा को माते पुकारा जाता है। संक्षिप्त में कहना हो तो जल ही जीवन है और नदी का पूजा जाना असल में जल का पूजन है। नदी जल प्रदान की प्राकृतिक व्यवस्था है तो कुआँ मानव की अपनी खोज। ये उसने धीरे-धीरे विकसित की, जिसका उपयोग उसने पीने और सिंचाई के लिए किया। किसी-किसी स्थान पर तो कुओं के आसपास, नीचे जमीन के भीतर रहने की भी व्यवस्था की गई। ठंडक के लिए, पानी की निकटता के लिए।

कुआँ या बावड़ी जमीन को खोदकर बनाई गई एक संरचना है, जिसे जमीन के नीचे स्थित जल को प्राप्त करने के लिए बनाया जाता रहा है। इस कुएँ द्वारा जल की उपलब्धता के बाद मानवीय सभ्यता के बसने की एक और व्यवस्था हो पाई थी अन्यथा तब तक मानव नदी, झील, तालाब किनारे ही बसता आया था। अब नदी से दूर भी गाँव बसने लगे। तो फिर इन गाँवों में कुओं का वही महत्त्व होना स्वाभाविक था, जो नगर की सभ्यता में नदी का रहा आया था। इस तरह कुएँ का पूजन शुरू हुआ, जो असल में जल के महत्त्व को ही पुनः स्थापित करता है। कुएँ का जिक्र वेदों में भी आया है।

सनातन संस्कृति में कुआँ पूजन सदियों से होता रहा है। दुनिया की किसी और सभ्यता में ऐसा कोई धार्मिक कार्य नियत नहीं है। यों तो इसे हमारी सभ्यता में भी संस्कृति से जोड़ा जाता है। मगर यहाँ सनातन संस्कृति ही धर्म है। दुर्भाग्य से इस पारंपरिक सांस्कृतिक कार्यक्रम का प्रचलन हमारे यहाँ भी तेजी से कम हुआ है। आज की पीढ़ी को यह बताया गया और इस तरह से शिक्षा दी गई कि कुआँ पूजन पिछड़ेपन की निशानी है।

इतना कि किसी के साथ इसके बारे में इसकी चर्चा करो तो आप की बात को वह हँसी में उड़ा देगा। मजाक में कह सकता है कि कुआँ भी कोई पूजा करने की चीज है। आपको देहाती भी करार दिया जा सकता है। अगर आपने फिर भी हार नहीं मानी और अपनी दादी-नानी के किस्से सुनाए तो अंतिम तर्क दिया जाएगा कि अब कुआँ है कहाँ, अब तो घर-घर नल पहुँच गया है। और फिर अंतिम सवाल दाग दिया जाएगा कि क्या हम अब नल की पूजा करें? और हम इस सवाल के बाद शायद चुप हो जाएँ। लेकिन सवाल उठता है कि आखिर कुआँ पूजन हमारे पूर्वज हजारों वर्षों तक क्यों करते रहे? कोई वजह तो होगी कि हिंदू धर्म में कुआँ पूज्य माना जाता रहा है? इस अति प्राचीन संस्कृति में कोई भी कर्मकांड अपने मूल रूप में अकारण नहीं है। हमारी धर्म और संस्कृति की हर रस्म के पीछे कोई-न-कोई महत्त्वपूर्ण संदेश छिपा है।

कुआँ पूजन की प्रथा के विस्तार में जाएँ तो बच्चे के जन्म के बाद कुओं का पूजन किया जाता रहा है। जन्म के चालीसवें दिन यह रस्म की जाती। प्राकृतिक रूप से देखें तो इसके बाद जच्चा को पवित्र माना जाता है। अब यहाँ पवित्र होने को चिकित्सा की भाषा में मेडिकली फिट कह सकते हैं। आधुनिक मेडिकल साइंस भी माँ के लिए लगभग 40 दिन का आराम जरूरी बताता है। इतने दिनों में उसका शरीर अपने पूर्व रूप में आ जाता है और वह गृहस्थी व अन्य कार्य के लिए शारीरिक रूप से तैयार हो चुकी होती है। इस दिन माता हल्दी, चावल, रोली आदि से कुआँ का पूजन करती है। साथ ही घर-परिवार और मोहल्ले की महिलाएँ इकट्ठी होकर कुआँ पूजन के गीत गाती हैं।

इसी तरह जब दूल्हा बारात लेकर जाता है, तब भी कुआँ पूजन किया जाता है। और फिर विवाह के बाद बहू के घर आने के बाद भी कुआँ पूजन होता है। सच कहें तो इस तरह से इसके साथ घर की नई नवेली बहू का कुएँ पर आना-जाना शुरू हो जाता है। कह सकते हैं कि यह एक महत्त्वपूर्ण मीटिंग प्वॉइंट है। सामाजिक मेल-मिलाप का ठिकाना कहा जा सकता है। इस नव आगंतुक के आने-जाने को सुचारु रूप से अमल में लाने के लिए हमारे पूर्वजों ने यह एक सामाजिक व्यवस्था बनाई। यहाँ कोई सवाल उठा सकता है कि पूजा ही क्यों? वर्तमान की पश्चिम संस्कृति के हिसाब से तो यहाँ पार्टी होनी चाहिए थी। बस इस पार्टी और पूजा के बीच के अंतर को जानना ही महत्त्वपूर्ण है, जो हिंदुत्व की खूबियों को उजागर करता है और उसे प्रकृति के नजदीक ले जाता है। इसे समझने के लिए पूजा और पार्टी के मूल को जानना होगा, जिसके लिए किसी ग्रंथ को पढ़ने और विद्यालय जाने की आवश्यकता नहीं।

पूजा हम किसकी करते हैं? दैवीय शक्ति की, जो समाज-परिवार से परे आकार-निराकार है और जीवन के लिए अति महत्त्वपूर्ण है। फिर उसे उच्चतम स्थान पर स्थापित कर दिया जाता है। ऐसा करते ही हमारे अंदर आ जाता है उसके सामने समर्पण का

भाव। उसके लिए आदर और विश्वास का भाव। हम जिसकी पूजा करते हैं, उससे अपेक्षा तो करते हैं, मगर वहाँ उपभोग का भाव नहीं होता। देवता, ईश्वर के आते ही एक सकारात्मक ऊर्जा एवं मानवीय दृष्टिकोण और एक ऐसे वातावरण का निर्माण किया जाने लगता है, जहाँ पर जुड़ी होती है स्वच्छता। हम अपने पूजागृह को सबसे अधिक साफ रखते हैं। जहाँ बैठने पर हमारे मन में अच्छे भाव पनप सकें। इसी कारण से सनातन संस्कृति में हर उस चीज की पूजा की जाती है, जो प्राकृतिक रूप से जीवनदायक हो, जीवनोपयोगी हो, जीवनरक्षक हो। बरगद से लेकर पीपल और तुलसी, जल के हर स्रोत, नदी, तालाब, झरने, कुएँ सबकी पूजा का प्रावधान है। अर्थात् हमने बिना अधिक बतलाए हुए भी एक सामान्य मानव के मन-मस्तिष्क में इनकी महता को उनके जीवन में स्थापित कर दिया। और इस तरह से हम युगों से प्रकृति का संरक्षण कर रहे हैं। ऐसा करके हम किसी और पर एहसान नहीं करते। यह हमारे अपने हित में है।

तो कौन हुआ अधिक बुद्धिमान? सनातन के पूर्वज, जिन्होंने कुआँ पूजन जैसी प्रथा बनाई या फिर आज के पार्टीबाज? पार्टी उपभोग की संस्कृति है। यहाँ आनंद नहीं मस्ती की सत्ता होती है। अर्थात् यह मानसिक कम शारीरिक अधिक होता है। शारीरिक सुख सदा व्यक्तिगत और स्वार्थ के साथ ही स्थायी नहीं हो सकता। जबकि पूजन व्यक्तिगत से होकर पारिवारिक और सामूहिक होकर स्थायी शांति व आनंद प्रदान करता है।

जहाँ तक रही कुआँ पूजन की विधि आदि में कर्मकांड की बात तो यह सामान्य जन को सांस्कृतिक और धार्मिक रूप से बाँधने के लिए बनाया गया है। लेकिन अगर उसमें समय, काल, स्थान के कारण कोई विकृति आई भी है तो उसके पीछे समकालीन कुछ स्वार्थी तत्त्वों के व्यक्तिगत लाभ लेने की मंशा हो सकती है, जिसे हम समय-समय पर ठीक भी करते रहे हैं।

कुआँ पूजन की तरह ही अगर हम अपने घर के नल और पेयजल व्यवस्था का पूजन करने लगें तो हम पहले तो उस स्थान को स्वच्छ रखने लगेंगे, जो आखिर में हमारे ही स्वास्थ्य के लिए उचित है। अगर हम सार्वजनिक प्याऊ को एक बार देवालय मानकर देखें और उसका पूजना शुरू करें तो आप इन स्थानों को अधिक साफ रखना शुरू कर देंगे। ऐसा करते ही आपके मन में एक सकारात्मक और सृजनात्मक ऊर्जा की उत्पति होगी। अगर आप आधुनिक घर के जल स्रोत और यहाँ तक कि पानी की बोतल को पूजना शुरू कर देंगे तो उत्पन्न होनेवाले विशिष्ट भाव के कारण यही सामान्य पानी आपको अधिक शीतलता प्रदान करेगा। क्योंकि अब जो आप पी रहे होंगे, वह सिर्फ पानी नहीं होगा, बल्कि आपके मन-मस्तिष्क में उत्पन्न हुई आस्था और श्रद्धा के कारण उससे पैदा हुए रस ने इस साधारण जल को भी अमृत बना दिया होगा।

❑

अध्याय-8

1. पीपल (पीपल पूजन)

पीपल सनातन संस्कृति में देववृक्ष माना जाता है। स्कंध पुराण में वर्णित है कि पीपल के मूल में विष्णु, तने में केशव, शाखाओं में नारायण, पत्तों में श्रीहरि और फलों में सभी देवता निवास करते हैं। आम प्रचलन में पीपल के मूल में ब्रह्मा, मध्य में विष्णु तथा अग्रभाग में शिव का वास माना जाता रहा है। सरल शब्दों में कहना हो तो आमजन के लिए पीपल भगवान् विष्णु का स्वरूप है। श्रीकृष्ण ने तो एक जगह कहा भी है कि 'समस्त वृक्षों में मैं पीपल हूँ'। हिंदू शास्त्रों के जानकारों से बात करें तो कहेंगे कि पीपल की सविधि पूजा-अर्चना करने से संपूर्ण देवता स्वयं ही पूजित हो जाते हैं। इतनी विस्तारपूर्वक धार्मिक कथा-कहानी-व्याख्याओं का ही कमाल था कि हिंदुस्तान के किसी भी गाँव-देहात में कोई भी पीपल को काटने की कल्पना नहीं कर सकता था। आखिर ऐसा करके कौन पाप का भागीदार बनेगा। अर्थात् पीपल किसी भी सूरत में न काटा जाए, पुरातन काल से इसके लिए एक धार्मिक भाव वह भी हरेक के मन में डाल दिया गया था। ऊपर से आम लोगों के जीवन में यह भी कहलवा दिया गया था कि पीपल का वृक्ष लगाने से वंश परंपरा कभी नष्ट नहीं होती। पीपल की सेवा करनेवाले सद्गति (मरणोपरांत मिलनेवाली मुक्ति) प्राप्त करते हैं। इन सब बातों का परिणाम था कि हर कोई पीपल लगाने के चक्कर में रहता। फलस्वरूप यह हुआ कि हिंदुस्तान के हर गाँव में एक नहीं अनेक पीपल होते। यहाँ तक कि पीपल कई गाँवों की पहचान बन जाता। इतना ही नहीं, पीपल की नियमित पूजा भी होती। जब अमावस्या, हिंदू कलेंडर वर्ष में सोमवार को पड़ती, उस दिन सोमवती अमावस्या का व्रत रखा जाता और पवित्र पीपल के पेड़ की 108 बार परिक्रमा कर महिलाएँ विशेष पूजा करतीं।

सवाल उठता है कि ये सब क्यों? इसका बड़ा और सीधा अर्थ है कि हमारे पूर्वज पीपल के गुणों के जानकार थे। क्योंकि पीपल ही ऐसा वृक्ष है, जो चौबीस घंटे ऑक्सीजन

देता है। अर्थात् हमारे ऋषि-मुनि बिना किसी किताबी ज्ञान के जानते थे कि पीपल एक प्रदूषण कीलर है, वह भी प्राकृतिक। और फिर जिसका विस्तारपूर्वक वर्णन उन्होंने अपने धार्मिक ग्रंथों में किया। इतना ही नहीं पीपल के अनेक औषधीय गुण भी हैं, जिन्हें विस्तार से समझाने के लिए श्लोकों की रचना की गई। वे यह भी जानते थे कि अधिकांश आम जनता भोली-भाली है और वह सूक्ष्म ज्ञान न तो जानती है और न ही जानना चाहती है। वह तो वही करती है, जो उससे धर्म, संस्कार, परंपरा के नाम पर करवाया जाए। बस इसीलिए उन्होंने पीपल को देवता बनाकर पूजा करवा दी। पीपल पूजन को जीवनचर्या का हिस्सा बना दिया गया। वैसे भी देवता कौन होते हैं? जो हमारे प्राणों की रक्षा करें, हमारे जीवनदाता हों। अब यहाँ, जमीन पर पीपल से बड़ा जीवनदायक कौन हो सकता है। इसलिए पीपल हमारे विष्णु और महेश बन गए।

पीपल प्राणवायु प्रदान कर वायुमंडल को शुद्ध करता है। सिर्फ इसी गुणवत्ता के कारण भारतीय शास्त्रों में इस वृक्ष को सम्मान मिला। हमारे पूर्वज जानते थे कि पीपल के जितने ज्यादा वृक्ष होंगे, वायुमंडल उतना ही शुद्ध होगा। इसलिए पीपल को काटने को धार्मिक रूप से निषेध करवाया गया। ऊपर से अधिक-से-अधिक पीपल लगाने के लिए प्रोत्साहित किया गया। है न कमाल की सनातन संस्कृति। जहाँ हमारे देवता यों सोचो तो काल्पनिक हैं, लेकिन हकीकत में देवगुण वाले ही हैं। पीपल की तरह ही हमारे अन्य अनेक प्राकृतिक देवता हैं। ये सब आसमानी या हवा-हवाई नहीं हैं, न ही कोई अवतार या ईश्वर के दूत-पूत हैं, बल्कि हकीकत में जमीनी स्तर पर हमारे रक्षक हैं।

पीपल के गुणों को देखें तो यह वर्ण को उत्तम करनेवाला, योनि को शुद्ध करनेवाला और पित्त, कफ, घाव और रक्तविकार को नष्ट करनेवाला है। पानी को शुद्ध करने के लिए जलपात्रों और जलाशयों में ताजे पीपल के पत्ते डालने की प्रथा अति प्राचीन है। कुएँ के समीप पीपल का उगना आज भी शुभ माना जाता है। कई महान् राजाओं के समय सर्प विष के खतरे को निष्प्रभावी करने के उद्देश्य से जगह-जगह पीपल के पेड़ या उसके ताजे पत्ते मार्गों पर रखवाए जाते थे। पीपल पूजने का प्रमुख कारण है कि पीपल की छाया में ऐसा आरोग्यवर्धक वातावरण निर्मित होता है, जिसके सेवन से शरीर स्वस्थ होता है और मानसिक शांति प्राप्त होती है। पीपल के वृक्ष की अनेक परिक्रमा के पीछे कदाचित् इसी सहज प्रेरणा का आग्रह है। पीपल के वृक्ष के नीचे मंत्र, जप, ध्यान तथा सभी प्रकार के संस्कार करना शुभ माना गया है। श्रीमद्भागवत में वर्णित है कि द्वापर युग में परमधाम जाने से पूर्व श्रीकृष्ण इसी दिव्य पीपल वृक्ष के नीचे बैठकर ध्यान में लीन हुए। बिहार राज्य के गया जिले में बोध गया स्थित महाबोधि मंदिर परिसर में बोधि वृक्ष स्थित है। यह एक पीपल का वृक्ष ही है। जहाँ भगवान् बुद्ध को बोध (ज्ञान) प्राप्त हुआ था।

कल्पना कीजिए, जब प्रदूषण नहीं था तब भी प्रदूषण खत्म करने की इतनी चिंता

और इसका जबरदस्त इंतजाम किया गया। ग्रंथों, कथाओं, परंपराओं के माध्यम से पर्यावरण को संरक्षित किया गया। इसे संस्कृति का हिस्सा बना दिया गया। इस तरह से पीपल के विशाल वृक्ष हमारे दैनिक जीवन से जोड़ दिए गए। सड़क किनारे भरी दोपहरी में एक राहगीर को छाँव मिलती। सामाजिक जीवन में कहीं-कहीं पीपल के नजदीक कुएँ भी खुदवाए, छोटे-बड़े मंदिरों की स्थापना की, धर्मशालाएँ भी बनवाईं। अर्थात् लंबी यात्रा वालों को यहाँ रुकने पर शुद्ध जल, शुद्ध वायु, शुद्ध वातावरण, शुद्धजनों से मुलाकात, सबकुछ शुद्ध प्राप्त हो सके। और ये सब भी बड़ी सरलता, सहजता से बिना किसी आडंबर के करवाया गया। बिना किसी अतिरिक्त ज्ञान का बोध कराकर, यों ही पर्यावरण संरक्षण को सांस्कृतिक रूप से सभ्यता के मूल में स्थापित कर दिया। ऐसा करते-करते सनातन संस्कृति ने प्रकृति को जीवन का अंग बना दिया। या यों कहें कि हमारे जीवन के अंदर प्रकृति को बड़े खूबसूरत ढंग से मूल्यवान बना दिया गया।

संस्कृत में पीपल को अश्वत्थ कहते हैं। ऋग्वेद में भी इसका उल्लेख है। एक ऋचा में कहा गया है कि औषधियो, तुम अश्वत्थ वृक्ष पर निवास करती हो, तुम रोगी के ऊपर कृपा करती हो, उसे बल प्रदान करती हो। अन्य ग्रंथों में भी पीपल को पवित्र और पूज्य माना गया है। सिंधु घाटी की सभ्यता की खुदाई में कई पात्रों के ऊपर पीपल की आकृति अंकित मिली हैं, जो प्रमाणित करता है कि सदियों से पीपल हमारे सामाजिक जीवन में अति महत्त्वपूर्ण स्थान रखता आया है। सनातन संस्कृति के अनेक पर्वों पर इसकी विधिवत् पूजा इसके महत्त्व की निरंतरता को प्रदर्शित करता है। पीपल दीर्घायु होता है और अपने भक्तों को स्वस्थ और दीर्घायु प्रदान करता है।

2. नीम

नीम के पेड़ का सनातन में धार्मिक महत्त्व है। माँ दुर्गा का रूप माने जानेवाले इस पेड़ को नीमारी देवी भी कहते हैं। इस पेड़ की पूजा की जाती है। नीम की पूजा! मगर क्यों? क्योंकि इसमें अनेक औषधीय गुण हैं। गाँव-नगरों में त्रिवेणी रोपी जाती है, त्रिवेणी अर्थात् बड़ और पीपल के साथ नीम लगाई जाए। नीम भारतीय मूल का पूर्ण पतझड़ पेड़ है। यह तेजी से बढ़ता है। नीम का पेड़ सूर्य के प्रतिरोध के लिए विख्यात है। यह उच्च तापमान को भी बरदाश्त कर लेता है। यह वह वृक्ष है, जो सूर्य से प्रभावित क्षेत्र में भी छाया देता रहता है। यह नाजुक पेड़ नहीं है। किसी भी प्रतिकूल अवस्था में जीवित रहता है।

नीम मूलतः भारतीय पर्यावरण के अनुकूल है। यह भारत में बहुतायत में पाया जाता है। यह स्वाद में कड़वा होता है, लेकिन इसके फायदे अनेक हैं। यह कई रोगों में

प्रभावशाली ढंग से उपचार करता है। आयुर्वेद में नीम को बहुत उपयोगी और महत्त्वपूर्ण पेड़ माना गया है। नीम के कई चमत्कारी गुण हैं। नीम कीड़ों को मारता है। अनाज में इसके पत्ते रखे जाते हैं। नीम की छाल का लेप चर्मरोग में फायदा करता है। इसका दातून भारत के आम जनमानस के दाँत और मसूड़े स्वस्थ रखता है। नीम की पत्तियाँ चबाने से रक्त शुद्ध होता है। नीम की पत्ती को उबालकर उसके पानी से नहाने पर चर्मरोग, विशेषकर चेचक में फायदा होता है। नीम के लेप से बाल स्वस्थ होते हैं। नीम की पत्ती के रस से पीलिया में फायदा होता है। यह मधुमेह में भी अत्यधिक लाभकारी है। इससे बवासीर, जलन और पेट के विकार दूर होते हैं। यह वृक्ष नहीं औषधि का पेड़ है। इसे जीवनदायी वृक्ष कहना ज्यादा उपयोगी होगा। इसका प्रयोग शरीर की रोग प्रतिरोधक क्षमता बढ़ाने के लिए किया जाता है।

भारत में एक कहावत प्रचलित है कि जिस धरती पर नीम के पेड़ होते हैं, वहाँ मृत्यु और बीमारी कैसे हो सकती है। नीम को लेकर अब अन्य देश भी जागरूक हो रहे हैं। नीम को संस्कृत में निम्ब कहते हैं। नीम स्वभाव से कड़वा मगर इसके गुण बड़े ही मीठे होते हैं। इसीलिए लोकप्रिय कथन है 'एक नीम-सौ हकीम'। चरक संहिता जैसे प्राचीन चिकित्सा ग्रंथों में इसका उल्लेख है। इसे ग्रामीण औषधालय का नाम दिया गया है। सनातन जीवन संस्कृति में नीम का पेड़ ग्रामीण जीवन का अभिन्न अंग है। चैत्र नवरात्रि में, नववर्ष के दौरान नीम के रस का सेवन प्रात: नौ दिनों तक करने की परंपरा रही है। इस तरह पूरे वर्ष स्वस्थ रहा जाता है। यह रस एंटी-सेप्टिक, एंटी-बैक्टीरियल, एंटी-वायरल, एंटी-वर्म, एंटी-एलर्जिक, एंटी-ट्यूमर आदि गुणों से भरपूर है। ऐसे अनेक औषधीय फायदे हैं, जिनका उपयोग घरेलू इलाज के लिए सदियों से किया जाता रहा है। स्वस्थ शरीर होगा, निरोगी काया होगी तो समाज-परिवार भी स्वस्थ होगा। सुख-समृद्धि की पूरी प्राकृतिक व्यवस्था सनातन ने कर रखी है।

3. केला

यह बहुतायत मे मिलनेवाला एक सामान्य फल है। मूल रूप से दक्षिण-पूर्व एशिया के उष्णदेशीय क्षेत्र में पाया जाता है। इसके पौधे थोड़े लंबे होते हैं, मगर इन्हें गलती से भी वृक्ष न समझा जाए। इसका तना एक छद्म तना है, जिस पर विशेष प्रकार की बड़ी पत्तियाँ उगती हैं और साथ में केले का फल गुच्छे के रूप में उत्पन्न होता है।

केला एक ऐसा फल है, जो विटामिन, मिनरल्स और प्रोटीन का सबसे अच्छा स्रोत है। यहाँ तक कि इसके छिलके में भी कमाल के गुण छिपे होते हैं। यह मौसमी फल नहीं है और बारह महीने आसानी से मिल सकता है। इसकी पत्तियाँ और तना पशुओं के चारे

में प्रयोग आती है। केले के छिलके में दाँतों को साफ करने के गुण होते हैं।

केले के पेड़ में लकड़ी नहीं होती बल्कि यह पत्तों से लिपटा होता है, इसलिए इसे वृक्ष नहीं कहते। यह एक विशिष्ट पौधा-पेड़ है। इसकी पत्तियों पर कई जगहों पर भोजन परोसा जाता है। इसके पत्तों का एक विशेष गुण है, इस पर कुछ भी नहीं ठहर पाता। इस एक विशिष्ट कारण से इसका ऐसा प्रयोग किया जाता है। और यही कारण है जो केले के पत्ते प्राचीन काल से पूज्य और पवित्र माने जाते हैं। यह शुभ-मंगल और पवित्रता का प्रतीक है। सनातन के मुख्य पर्व पर केले के पौधे से ही गृहद्वार को सजाया जाता है। केले के पेड़ को घर के सामने बाग-बगीचे में लगाना शुभ माना जाता रहा है। यह संपन्नता का भी प्रतीक है। यज्ञ में चारों कोनों पर इसे स्थापित किया जाता है। विवाह मंडप में भी यह प्रमुखता से उपयोग में लाया जाता है। इसमें स्वयं भगवान् विष्णु वास करते हैं। ग्रहों के संदर्भ में देखें तो यह बृहस्पति का स्वरूप है। मान्यता है कि केले के पेड़ में देवगुरु बृहस्पति का वास होता है। सत्यनारायण की पूजा में केले के पत्तों का मंडप होता है। कई व्रतों में भगवान् विष्णु को केले का भोग लगाया जाता है। पुरी में भगवान् जगन्नाथ को केले के फूल से बनी शाक का भोग लगाया जाता है। केले के पेड़ को जल चढ़ाकर सुबह-सुबह प्रणाम करने का विधान शास्त्रों में है। वास्तु-शास्त्र में भी केले के पौधे को बहुत शुभ माना जाता है।

केला एक संपूर्ण भोजन है, कंप्लीट फूड। केला खाने के अनेक फायदे हैं। प्रतिदिन एक केला खाने से आप जीवनभर पूरी तरह से स्वस्थ रह सकते हैं। केला आपका वजन बढ़ाने में सहयोग करता है। आपको तंदुरुस्त, हृष्ट-पुष्ट बनाता है। यह आपके दिल और आँखों की रक्षा करता है। यह भूख और प्यास दोनों मिटाता है। कच्चे केले खाने के अपने फायदे हैं तो पके हुए केले के अपने लाभ हैं। यह तुरंत एनर्जी देता है। खेल और व्यायाम वालों को इसका सेवन जरूर करना चाहिए। केले में मौजूद अमीनो एसिड शरीर में तनाव को कम करता है। केले में मौजूद हाई पोटैशियम दिमाग को तेज बनाता है। अल्सर और एसिडिटी में यह लाभकारी है। डायरिया में तुरंत राहत प्रदान करता है। अन्य अनेक बीमारियों में यह एक व्यावहारिक समाधान और उपचार करता है। केला आसानी से सस्ते में उपलब्ध भी होता है। यह सब हम आज जान पाए, मगर सनातन ऋषि जानते थे, इसलिए केले को सनातन संस्कृति में पूजनीय बनाया गया।

4. तुलसी/तुलसी पूजन

तुलसी का पौधा सनातन हिंदू के घर में होना धार्मिक रूप से अनिवार्य माना गया है। कितनी खूबसूरती और सरलता से हमारे पूर्वजों ने प्रकृति के बेहद उपयोगी

और लाभकारी पौधे को हमारे जीवन, परिवार और समाज-संस्कृति का हिस्सा बना दिया। तुलसी भारत के हर आँगन का हिस्सा होती रही है। क्यों? यह हमारी संस्कृति के प्रकृतिवादी होने का एक और प्रमाण तो ही है, साथ ही यह हमारे पूर्वजों के प्रकृति ज्ञान का जीता-जागता प्रमाण है। तुलसी एक औषधीय पौधा है और इसकी पत्तियाँ सुगंधित भी होती हैं। सनातन धर्म के अनुसार तुलसी पवित्र मानी जाती है और लोग इसे घर के आँगन और गृहद्वार पर लगाते आए हैं। पुरातन ग्रंथों में तुलसी के गुणों एवं उसकी उपयोगिता का विस्तारपूर्वक वर्णन है। वैदिक काल में ही हमारे पूर्वज प्रकृति में से हितकारी और लाभकारी प्राकृतिक चीजों को जान पाए थे और उसका सदुपयोग करने लग पड़े थे। कालांतर में इसका उपयोग एलोपैथी, होमियोपैथी और यूनानी दवाओं में भी होने लगा। आयुर्वेद में प्रारंभ से तुलसी को उसके विशेष औषधीय गुणों के कारण विशेष महत्त्व दिया गया है। यह ऐसी ओषधि है, जो ज्यादातर बीमारियों में काम आती है। इसका उपयोग सर्दी-जुकाम, खाँसी, दंत रोग और श्वास संबंधी रोग के लिए फायदेमंद है। यह दादी-नानी का बेजोड़ घरेलू नुस्खा है। कफ में तुलसी के पत्ते का एक चम्मच रस पीने से कफ साफ हो जाता है।

तुलसी शब्द का अर्थ है अतुलनीय पौधा। यह सबसे पवित्र जड़ी-बूटी है। इसे जड़ी-बूटी की रानी भी कहा जाता है। इस अति लाभकारी पौधे की पूजा सुबह-शाम हम वैदिक काल से करते आए हैं। भोजन में एक मसाले के रूप में भी इसका प्रयोग होता है। यह बीमारी को रोकने और स्वास्थ्य को बढ़ावा देने के काम आती है। यह एक प्राकृतिक एंटी आक्सिडेंट है। यह जलन और सूजन कम करने के भी काम आती है। यह जीवाणुरोधी गुणों से समृद्ध है। इसमें विटामिन ए, सी और के, मैगनीज, ताँबा, कैल्सियम, आयरन, मैग्नीशियम हैं और यह ओमेगा-3 फैट्स जैसे आवश्यक पोषक तत्त्वों से परिपूर्ण है। ये सभी पोषण तत्त्व हमारे समग्र स्वास्थ्य के लिए बहुत उपयोगी हैं। यह तनाव को दूर करता है। तुलसी से सिरदर्द और पेटदर्द से राहत मिलती है और गुरदे की पथरी में लाभ होता है। यह साँसों की बीमारी में भी लाभकारी है। यह आँखों के लिए भी फायदेमंद है। यह त्वचा को निखारती है और रूप सँवारती है। इसलिए भी यह पारंपरिक रूप से घर-घर में लगाई और पूजी जाती रही है।

तुलसी प्रकृति का वरदान है। इसलिए इसे सनातन संस्कृति में सुख और कल्याण के तौर पर देखा जाता है। तुलसी पौधे का हर भाग स्वास्थ्य के लिहाज से फायदेमंद है। तुलसी की जड़, उसकी शाखाएँ, पत्ती और बीज सभी का अपना महत्त्व है। इसका उपयोग यौन-रोग की दवाइयों में भी होता है। महिलाओं के अनियमित पीरियड्स के इलाज में यह लाभकारी है। यह दस्त के रोकथाम में भी काम करती है। चोट लगने पर तथा साँस की दुर्गंध दूर करने के लिए भी उपयोग में आता है।

हिंदू शास्त्रों में तुलसी को पूजनीय, पवित्र और देवी स्वरूप माना गया है। तुलसी को माँ लक्ष्मी का रूप मानकर घर के आँगन में पूजनीय स्थान दिया जाता है। तुलसी की पूजा होती है तो हर पूजा में तुलसी होती है। यह तुलसी के महत्त्व को रेखांकित करता है। तुलसी के घर में होने से घर में सकारात्मक और सुखद वातावरण बना रहता है। परिवार के सदस्यों का स्वास्थ्य उत्तम रहता है। इसकी एक पत्ती रोज खाना ही काफी है। इसलिए यह मंदिरों-घरों में बाँटे जाने वाले प्रसाद में दी जाती रही है। हमारी संस्कृति में तुलसी पूजन से लेकर तुलसी विवाह तक की समृद्ध परंपरा है।

मोटे तौर पर पाँच प्रकार की तुलसी होती है। कृष्ण/श्याम तुलसी, राम तुलसी, श्वेत/विष्णु तुलसी, वन तुलसी, नीबू तुलसी। इन सबको मिलाकर इसका अर्क निकाला जाए तो यह सबसे प्रभावकारी एंटी ऑक्सिडेंट, एंटी-बैक्टीरियल, एंटी वायरस, एंटी फ्लू, एंटी बायोटिक, एंटी इन्फ्लेवेमैट्री व एंटी डिजीज की तरह कार्य कर सकता है। यह एक बेहतरीन विषनाशक की तरह कार्य करती है। इसके रोजाना सेवन से शरीर से हानिकारक एवं अवांछित तत्त्व निकल जाते हैं और शरीर के आंतरिक अंगों की सफाई हो जाती है। इसके सेवन से लाल रक्तकणों में वृद्धि होती है। हीमोग्लोबिन का स्तर बढ़ता है। इसके प्रयोग से मौसम में परिवर्तन के समय होनेवाली स्वास्थ्य संबंधी परेशानियों से बचाव हो सकता है। तुलसी के पत्ते के नियमित सेवन से शरीर की रोग प्रतिरोधक क्षमता बढ़ जाती है।

लोकजन में ऐसी आस्था है कि घर में तुलसी का पौधा होने पर परिवार की आर्थिक स्थिति अच्छी होती है। इसे समझने के लिए कोई रॉकेट साइंस या अर्थशास्त्र पढ़ने की आवश्यकता नहीं। तुलसी के होते ही घर में बीमारी नहीं पनप सकती। वरना बीमारी आर्थिक रूप से किसी को भी तोड़ सकती है। स्वस्थ परिवार ही समृद्ध होता है। तुलसी संजीवनी है, जो हमें नवजीवन देती है।

आज का युग आँगन वाले घरों का तो रहा नहीं, जहाँ 'मैं तुलसी तेरे आँगन की' के दर्शन को घर-घर व्यावहारिक बनाया जा सके। मगर छोटे-छोटे गमलों में इसे उगाकर घर में जरूर रखा जा सका है। इतनी लाभप्रद होने के बाद भी क्या हम अब भी ऐसा नहीं करेंगे? सच तो यह है कि आधुनिकता के नाम पर हम अपनी संस्कृति और प्रकृति से दूर होकर अपना ही नुकसान कर रहे हैं।

5. वटवृक्ष (बरगद की पूजा)

बरगद एक विशाल और विशिष्ट वृक्ष है। विशिष्ट इसलिए कि इसकी शाखाओं से जड़ें निकलकर हवा में लटकती हैं तथा बढ़ते हुए जमीन के अंदर घुस जाती हैं, जो

फिर एक नया स्तंभ बन जाता है। कुछ समय पश्चात् यह वृक्ष इतना विशाल रूप ले लेता है कि साधारणत: इसकी मुख्य जड़ों को पहचानना भी मुश्किल हो जाता है। इसकी प्राकृतिक खूबसूरती है कि इसका बीज बहुत छोटा होता है, जबकि यह पेड़ अति विशाल है। यह प्रकृति का एक संदेश भी है।

हिंदू धर्म में वटवृक्ष की बहुत महत्ता है। ब्रह्मा, विष्णु-महेश की तरह वट, पीपल और नीम को माना जाता है। यह त्रिमूर्ति की तरह ही त्रिवेणी है। इसमें बरगद (वट) ब्रह्मस्वरूप है। वैसे त्रिदेव का प्रतीक है वटवृक्ष पूजा। इसकी छाल में विष्णु, जड़ में ब्रह्मा, शाखाओं में शिव का वास माना जाता है। अनेक व्रत और त्योहार में वटवृक्ष की पूजा होती है। जैसे वट सावित्री और अक्षय वट पूजा। वटवृक्ष को अमर माना जाता है, क्योंकि इसका जीवन काल बहुत अधिक लंबा होता है। बहुत लंबे समय तक जीवित रहने के कारण ही इसे अक्षय वट कहते हैं। अधिकांश हिंदू मंदिर इस पेड़ के नीचे बनाए जाते रहे हैं। पौराणिक मान्यता है कि जिसने अपने जीवन में बरगद का पेड़ लगा लिया, उसे मोक्ष की प्राप्ति अवश्य हो जाती है। बरगद का पेड़ कई परिंदों और जीवों को भरपेट आहार देता है और साथ ही रहने का स्थान भी। गिलहरी, चीटियाँ विशेष रूप से यहाँ पलती हैं। यह जितना अन्य जीवों के लिए उपयोगी है, उतना ही मनुष्य के लिए भी। वटवृक्ष को दैवीय उपहार माना जाता है। यह प्रकृति के सृजन का प्रतीक है।

असल में हिंदू धर्म इतना सहिष्णुता है कि वह प्रकृति तक से कृतज्ञता ज्ञापित करता है। सूर्य, चंद्र, पृथ्वी से जो भी कुछ लेता है, उसे देवता-तुल्य माना जाता है। इसी क्रम में वटवृक्ष की पूजा की जाती है। पुराणों में स्पष्ट है कि बरगद में ब्रह्मा, विष्णु, महेश तीनों का वास है। इसके नीचे बैठकर पूजन, व्रत कथा आदि सुनने से मनोकामना पूरी होती है। वटवृक्ष दीर्घायु (अमरत्व) के साथ ही ज्ञान व निर्वाण का भी प्रतीक है। बरगद अन्य की अपेक्षा ज्यादा ऑक्सीजन बनाता है। यह 20 घंटे से ज्यादा समय तक ऑक्सीजन बनाता है। पुराणों में वर्णन आता है कि प्रलय में जब समस्त पृथ्वी जल में डूब जाती है, उस समय भी वट का वृक्ष बच जाता है। यह इस वृक्ष की विशालता और शक्ति स्वरूप का अलंकृत रूप है। वैसे यह भी सच है, किसी बाढ़-तूफान में बरगद के ही बचने की अंतिम संभावना होती है। अक्षय वट कहलाने वाले इस वृक्ष के एक पत्ते पर ईश्वर बालक रूप में विद्यमान है। अक्षय वट के संदर्भ कालिदास की रचनाओं और हेन त्सांग चीनी यात्री के यात्रा वर्णन में भी हैं। जैन और बौद्ध भी इसे पवित्र मानते हैं तथा कइयों ने इसके नीचे तपस्या की है।

प्रकृति के इस अति विशिष्ट वृक्ष का स्थान यों ही सनातन संस्कृति में अति विशिष्ट नहीं है। अकाल में भी यह वृक्ष हराभरा रहता है। इस समय पशुओं को इसके पत्ते और इसके फल पर निर्वाह करना सरल होता है। इसकी डालियों से निकलनेवाला दूध और

इसकी छाल-पत्तों से अनेक ओषधि बनाई जाती है। इसकी छाया में असीम शांति मिलती है। इसके नीचे बैठकर एक आम श्रद्धालु भी तप कर सकता है। वटवृक्ष के नीचे ही सावित्री ने अपने पति को पुनः जीवित किया था। तब से यह व्रत वट सावित्री के नाम से जाना जाता है। प्रयाग में गंगा के तट पर स्थित अक्षयवट को तुलसीदास ने 'तीर्थराज का छत्र' कहा है। सनातन संस्कृति में अखंड सौभाग्य और आरोग्य के लिए वटवृक्ष की पूजा की जाती है। योगी भगवान् शिव भी वटवृक्ष के नीचे ही समाधि लगाकर तप-साधना करते थे। पौराणिक कथाओं में संदेश स्पष्ट है, अब अगर कोई न लेना चाहे तो क्या किया जा सकता है।

❑

अध्याय-9

गौमाता/गो पूजन

सनातन संस्कृति में गो (गाय) माता है, उसकी पूजा की जाती है। गाय को माता का दर्जा देना अपने आप में ही बहुत कुछ कह देता है। यों तो अन्य सभ्यता के लिए, विशेषकर पश्चिमी देश और अरब की संस्कृति के लिए यह एक मजाक का विषय हो सकता है कि हम हिंदू न जाने किस-किस को अपनी माता बना लेते हैं। कभी धरती को माता, कभी गंगा को माता, कभी नर्मदा मैया और फिर गोमाता। लेकिन वे सब शायद इसके पीछे छिपी गहरी सोच से अनजान हैं।

सनातन संस्कृति में ही श्रीकृष्ण की दो-दो माताएँ थीं। एक जन्म देनेवाली माता देवकी और दूसरी पालनेवाली माता यशोदा। श्रीकृष्ण की जन्मों से जुड़ी कहानी को अगर हम सच न भी मानें, तब भी इन कहानियों के सरल शब्दार्थ के पीछे भी एक गहरा संदेश है। श्रीकृष्ण का जन्म विकट परिस्थितियों में हुआ। देवकी ने अपने पुत्र को जन्म तो दिया, मगर इस आशंका से कि उनके पुत्र की हत्या कर दी जाएगी, श्रीकृष्ण यशोदा को सौंप दिए जाते हैं। माता यशोदा ने श्रीकृष्ण का लालन-पालन इस तरह से किया कि मानो वे उनकी अपनी संतान हो। माता यशोदा ने जन्म देनेवाली माता देवकी से एक कदम आगे बढ़कर श्रीकृष्ण को लाड़-प्यार किया, जिसका परिणाम यह हुआ कि श्रीकृष्ण यशोदा को अपनी मैया मानते थे। और अपने पर उनका हक अधिक मानते थे। यहाँ संदेश स्पष्ट है, जन्म देनेवाले से अधिक महत्त्व उसका है, जो आपको पालता है, पोसता है, बड़ा करता है। ऐसा करने में खाने-पिलाने, दुलारने-सजाने से लेकर बालक की सुरक्षा का भी ध्यान रखना होता है, जो कि अधिक महत्त्वपूर्ण हो जाता है। और ये सब भी ममतामयी भावना के साथ किया जाना अपेक्षित होता है। गाय मानव का ध्यान ठीक माता यशोदा की तरह से रखती है। आमतौर पर जिस नवजात शिशु की माता का दुर्भाग्यवश देहांत हो जाता है या माता शारीरिक रूप से कमजोर होती हो और अगर अपने

शिशु को स्तनपान न करा पाए तो ऐसी स्थिति में उस शिशु को गाय का दूध देने की बात कही जाती है। यह प्रथा आज भी जारी है।

गाय एकमात्र ऐसा जानवर है, जिसके थन से मुँह लगाकर कोई भी मानव-बालक, यहाँ तक कि अन्य जानवर के शिशु-पिल्ले भी दूध पी सकते हैं। ऐसा होते समय गाय की आँखों में उतर रही ममता को आसानी से पढ़ा जा सकता है। गाय के दूध के भरपूर उपयोग का यह सिलसिला मानव के जीवन में आगे भी निरंतर जारी रहता है। इस तरह से गाय हम लोगों के लिए श्रीकृष्ण की यशोदा हुई। सिर्फ इतना ही नहीं, हमारा जीवन कृषि पर आधारित है। हमारी कृषिप्रधान अर्थव्यवस्था की रीढ़ गाय को माना जा सकता है। गाय ही एकमात्र ऐसा पशु है, जिसका सबकुछ मानव के काम आता है। गाय का दूध, मूत्र, गोबर के अलावा दूध से निकला घी, दही, छाछ, मक्खन आदि सभी उपयोगी है। इसीलिए गुरु वसिष्ठ ने पुरातन काल में ही गाय का नाम कामधेनु, कपिला, देवनी, नंदिनी आदि दिया। कामधेनु हिंदूधर्म में एक देवी हैं, जिनका स्वरूप गाय का है, इन्हें सुरभि भी कहते हैं। कामधेनु से जो भी कामना करो, उसे वह मिल जाता है। (काम-इच्छा, धेनु-गाय)। ठीक भी तो है, गाय माता से जो भी कामना करो, वह हमें देती है। अब यहाँ कामना-इच्छा का संदर्भ मानव से है, किसी दानव से नहीं। आज हमारी अधिकांश इच्छाएँ असुरी हो चुकी हैं, अब इसके लिए तो हम गोमाता को जिम्मेवार नहीं ठहरा सकते।

शास्त्रों में अनेक तरह की गायों का उल्लेख है। कपिला पीले भूरे रंग की दिव्य गाय है। जबकि देवनी बहुत अधिक दूध देनेवाली विशिष्ट गाय है। नंदिनी महर्षि वसिष्ठ की गाय है, जो कामधेनु की पुत्री है। नंदिनी का दुग्धपान करनेवाला अमर हो जाता है। यह दूध के साथ हर तरह का पक्वान्न देती है। यहाँ सीधे-सीधे शब्दों पर न जाएँ, इनके शब्दार्थ ही भावार्थ को समेटे हुए हैं और इनसे मिलनेवाला संदेश भी साफ है। बशर्ते इसे हम ग्रहण करना चाहें।

वैज्ञानिक शोधों से पता चलता है कि गाय में जितनी सकारात्मक ऊर्जा होती है, उतनी किसी अन्य प्राणी में नहीं। गाय एकमात्र ऐसा प्राणी है, जो ऑक्सीजन ग्रहण करता है और ऑक्सीजन ही छोड़ता है। गाय की पीठ पर रीढ़ की हड्डी में स्थित सूर्यकेतु स्नायु हानिकारक विकिरण को रोककर वातावरण को स्वच्छ बनाते हैं। यह पर्यावरण के लिए अति लाभदायक है। यह सूर्यकेतु नाड़ी सर्वरोगनाशक, सर्वविषनाशक होती है। सूर्यकेतु नाड़ी सूर्य के संपर्क में आने पर स्वर्ण का उत्पादन करती है। गाय के शरीर से उत्पन्न यह सोना गाय के दूध, मूत्र व गोबर में मिलता है। गाय का दूध या मूत्र पीने से यह स्वर्ण हमारे शरीर में जाता है और गोबर के माध्यम से खेतों में। आयुर्वेद में कई रोगियों को स्वर्णभस्म दिया जाता रहा है। गाय के दूध, दही, घी, मूत्र, गोबर द्वारा तैयार किया गया पंचगव्य कई रोगों में (कैंसर में भी) लाभदायक है। पंचगव्य शरीर की रोग निरोधक

क्षमता को बढ़ाकर कर रोगों को दूर करता है। देशी गाय के गोबर में करोड़ों जीवाणु होते हैं। गाय के घी से यज्ञ करने पर ऑक्सीजन बनती है। यही कारण है कि मंदिरों में गाय के घी का दीपक जलाने तथा धार्मिक समारोह में यज्ञ करने की प्रथा प्रचलित है। भारतीय गाय के गोबर से बनी खाद ही कृषि के सबसे उपयुक्त मानी जाती है। यह गोबर अमृत समान है। जबकि रासायनिक खेती द्वारा कृषि को लगभग नष्ट कर दिया जा रहा है। एक बार में ज्यादा फसल के चक्कर में कुछ ही समय बाद खेत उर्वरक नहीं रह जाते। ऊपर से रासायनिक खेतों से कैंसर जैसी बीमारी उत्पन्न होती है। पहले खेतों को गाय के गोबर में गोमूत्र, नीम, धतूरा, आक आदि के पतों को मिलाकर बनाए गए कीटनाशक द्वारा किसी भी प्रकार के कीड़ों से बचाया जाता था। जो प्राकृतिक और स्थायी समाधान था।

ऋग्वेद में गाय को अघन्या कहा गया है। यजुर्वेद कहता है कि गो अनुपमेय (अतुलनीय) है। अथर्ववेद में गो माता को संपत्तियों का घर कहा गया है। सनातन संस्कृति में पहले, गाय की संख्या के आधार पर व्यक्ति की समृद्धि मापी जाती थी। गोदान सर्वश्रेष्ठ दान होता था। संन्यासी सिर्फ गाय के सहारे अपना जीवन व्यतीत करते थे। भगवान् श्रीकृष्ण ने कहा है कि मैं गायों में कामधेनु हूँ। गाय इतनी अनमोल है कि इसके गोबर से गोबर गैस और बाद में बचे पदार्थ का उपयोग जैविक खाद के रूप में लिया जाता है। आधुनिक वैज्ञानिक भी इस बात को मानते हैं कि गाय के गोबर में विटामिन $बी_{12}$ प्रचुर मात्रा में पाया जाता है। यह रेडियोधर्मिता को भी सोख लेता है। इसीलिए हमारे पुराने घर गोबर से लीपे जाते थे जिसके अनेक फायदे थे। आज हम कंक्रीट के घरों में रह रहे हैं जबकि आज हमें अपने आपको रेडियोधर्मिता से बचाने की अधिक आवश्यकता है। पूर्व में गाय के गोबर के कंडे का ईंधन के रूप में इस्तेमाल होता था और इसके धुएँ से कीटाणु और मच्छर आदि भाग जाते हैं। आजकल विज्ञान के दिए रासायनिक धुएँ से ऐसा करते हैं, जिसके साइड इफेक्ट भी हैं। आज भी ऐसा कहा जाता है कि किसी परमाणु हमले की स्थिति में शायद गोबर से बने घर ही हमें बचा पाएँगे।

हम जानते रहे हैं कि गोमूत्र और गोबर फसलों के लिए बहुत उपयोगी कीटनाशक होते हैं, इसलिए पारंपरिक जुताई करते समय गिरनेवाले गोबर और गोमूत्र से भूमि में स्वत: खाद डलती चली जाती थी। इस तरह से पैदा की गई सब्जी, फल आदि की गुणवत्ता स्वास्थ्य के हिसाब से सर्वश्रेष्ठ होती थी। आज के ट्रैक्टर से यह लाभ हमसे दूर हो गया। विज्ञान के द्वारा हम जल्दी और ज्यादा फसल ले रहे हैं। लेकिन वो हमारे स्वास्थ्य के लिए कितना लाभप्रद है, इस पर प्रश्नचिह्न लगा रहता है।

गाय के गोबर का चर्मरोग में उपचार का महत्त्व सर्वविदित है। गाय का दूध पीने से शक्ति का संचार होता है। यह हमारी रोग प्रतिरोधक क्षमता को बढ़ाता है। इसे पीने से मोटापा नहीं बढ़ता बल्कि यह पाचक होता है। जो शरीर को हृष्ट-पुष्ट बनाता है। ऐसी

मान्यता है कि काली गाय का घी खाने से बूढ़ा व्यक्ति भी जवान हो जाता है। गाय का घी अनेक रोगों की रोकथाम में काम आता है। गोमूत्र उत्तम औषधियों में शामिल है। गोमूत्र से बनी ओषधि से कैंसर, ब्लडप्रेशर आर्थराइटिस, सर्वाइकल, हड्डी संबंधी रोगों का उपचार संभव है। गाय का दूध से बनी दही के लिए सिर्फ इतना कहना ही काफी होगा कि 'जो पिये दही, वह रहे सही।' दही हमारे पाचनतंत्र को सेहतमंद बनाए रखने के साथ-साथ सौंदर्य निखारने में भी महत्त्वपूर्ण भूमिका अदा करता है। दही में हृदयरोग, हाई ब्लडप्रैशर और गुर्दों की बीमारी रोकने की अद्‍भुत क्षमता है। छाछ पीने से पेट की गरमी हट जाती है। बटरमिल्क में विटामिन सी, ए, ई, के और बी पाए जाते हैं। जो शरीर के पोषण की जरूरत को पूरा करते हैं। गाय के दूध से निकला हुआ मक्खन हितकारी, वर्ण को उत्तम करनेवाला, बलकारी, अग्नि प्रदीपक और वात, पित्त, रक्तविकार, क्षय, बवासीर तथा खाँसी को नष्ट करता है। गाय का मक्खन शारीरिक क्षमता बढ़ाने और पेट संबंधित सभी रोगों को दूर करने में सहायक होता है। इसमें विटामिन ए, डी, के और ई के अलावा लेसिथिन, आयोडीन और सेलेनियम जैसे तत्त्व होते हैं, जो दिल की सेहत के लिए लाभकारी हैं। यह थायराइड में भी फायदा करता है।

यह सब गाय की उपयोगिता का एक संक्षिप्त विवरण है। विस्तार में लिखना पड़े तो एक गो-ग्रंथ लिखा जा सकता है। वैसे भिन्न-भिन्न ग्रंथों में इसका विस्तृत वर्णन हुआ भी है। गो जीवनभर अपने दूध, गोबर, मूत्र आदि से मानव का कल्याण करती है। उसके बछड़े बड़े होकर बैलगाड़ी खींचने और खेतों की जुताई में काम आते हैं। क्या कोई और माता हो सकती है, जो अपने (मानव के) बच्चों का इस हद तक ध्यान रखे, इतना त्याग करे, वह भी बिना किसी अपेक्षा के। इसीलिए बड़ी सरलता से सनातन संस्कृति में गाय को माता मानकर जहाँ एक ओर उसकी देखभाल की गई, वहीं दूसरी ओर उसके महत्त्व को एक आमजन को भी समझा दिया गया।

वैज्ञानिकों के बीच ऐसी धारणा बन रही है कि भूमध्य रेखा के दोनों ओर सबसे पहले गरम भूखंड उत्पन्न हुआ, जिसे भारतीय परंपरा में जंबू द्वीप कहते हैं। सृष्टि में सबसे पहले मनुष्य और गाय का इसी जंबू द्वीप (भूखंड) में उत्पन्न होना माना जाता है। तब ही से गाय हमारा लालन-पालन कर रही है, बिना किसी भेदभाव के। आदिकाल से चले आ रहे इस मातृत्व के कारण ही सनातन संस्कृति में गाय अधिक महत्त्वपूर्ण है। काश! आज की पीढ़ी इसके महत्त्व को समझे। कम-से-कम इतना तो माने कि आज भी हमारे भोजन का बहुत बड़ा हिस्सा गाय के दूध पर ही निर्भर है। जो हमें स्वत: ही बिना किसी स्वार्थ भोजन देती है, क्या हमें उसकी हत्या करनी चाहिए? कोई मूर्ख, अज्ञानी ही होगा, जो गो हत्या का समर्थन करेगा। हे माते! इन भटके हुए लोगों को सद्‍बुद्धि देना।

❑

अध्याय-10

मकर संक्रांति (लोहड़ी)

मकर संक्रांति कोई सामान्य त्योहार नहीं बल्कि यह वैदिक उत्सव है। सूर्य के स्वागत के लिए मनाया जानेवाला पर्व। इसी दिन उत्तरी गोलार्ध सूर्य की ओर मुड़ जाता है। इस त्योहार का संबंध प्रकृति, ऋतु परिवर्तन और कृषि से है। ये तीनों चीजें ही मानव के जीवन का आधार हैं। पारंपरिक रूप से यह पर्व हजारों वर्ष से सनातन संस्कृति में मनाया जाता रहा है। ईसा से कम-से-कम हजार वर्ष पूर्व ब्राह्मण एवं उपनिषद् ग्रंथों में उत्तरायण के छह मासों का उल्लेख है।

पौष मास में जब सूर्य धनु राशि को छोड़कर मकर राशि में प्रवेश करता है, तभी इस पर्व को मनाया जाता है। मकर संक्रांति के दिन ही सूर्य की उत्तरायण गति प्राप्त होती है। इसलिए इस पर्व को कहीं-कहीं उत्तरायणी भी कहते हैं। तमिलनाडु में इसे 'पोंगल' कहते हैं, जबकि कर्नाटक, केरल और आंध्र प्रदेश में इसे संक्रांति नाम से ही मनाते हैं। गुजरात-उत्तराखंड में इसे उत्तरायण, हरियाणा-हिमाचल और पंजाब में माघी, असम में भोगाली बिहू, कश्मीर घाटी में शिशुर संक्रांत, उत्तर प्रदेश और पश्चिम बिहार में खिचड़ी, पश्चिम बंगाल में पौष संक्रांति और कर्नाटक में मकर संक्रमण भी कहते हैं। इस दिन से सूर्य का उत्तर में आना या भौगोलिक रूप से कहें तो सूर्य का ठीक पूर्व से न निकलकर थोड़ा उत्तर दिशा से निकलना होता है। इस तरह से मकर संक्रांति (14 जनवरी) से कर्क संक्रांति (14 जुलाई) के बीच में छह मास के समयांतर काल को उत्तरायण कहते हैं, जबकि 14 जुलाई से 14 जनवरी दक्षिणायन कहलाता है। यहाँ अयन अर्थात् गति है। उत्तरायण अर्थात् सूर्य की उत्तर की ओर गति जबकि दक्षिणायन का सीधा मतलब है, सूर्य की दक्षिण की ओर गति। यह है संस्कृत की सारगर्भिता।

सनातन संस्कृति का प्रभाव जहाँ-जहाँ पहुँचा, वहाँ-वहाँ मकर संक्रांति किसी-न-किसी रूप में जरूर मनाई जाती है। यहाँ तक कि बांग्लादेश में भी पौष संक्रांति,

थाईलैंड में सोड्गाकरण, लाओस में पि मा लाओ, म्याँमार में थिंड्यान, कंबोडिया में मोहा संगक्रान और श्रीलंका में पोंगल या उझवर तिरूनल नाम से मनाया जाता है। नेपाल में मकर संक्रांति को माघे संक्रांति और वहाँ का थारू समुदाय माघी नाम से मनाता है।

यह त्योहार भारत और आसपास के क्षेत्र में जितनी विविधता के साथ मनाया जाता है और जितना यह जन-जन में प्रचलित है, उतना कोई और पर्व नहीं। हरियाणा और पंजाब में एक दिन पूर्व लोहड़ी मनाई जाती है। मकर संक्रांति उत्तर भारत में मुख्यत: दान-पुण्य का पर्व है। बंगाल में इस दिन स्नान के पश्चात् तिल दान की प्रथा है। इस दिन किसान अपनी अच्छी फसल के लिए भगवान् को धन्यवाद देता है और यह अनुकंपा बनी रहे, ऐसा आशीर्वाद माँगता है। इसलिए इस त्योहार को फसलों व किसान का त्योहार माना जाता है। तीर्थ स्थानों पर इस दिन मेलों का आयोजन होता आया है। इसमें सामान आदि की खरीददारी की जाती है। यह अति प्राचीन परंपरा है। अर्थात् प्राचीन काल से इस दिन से आम जनजीवन में उत्साह का संचार होता आया है। ऐसा माना भी जाता है कि 14 जनवरी मकर संक्रांति से पृथ्वी पर अच्छे दिनों की शुरुआत होती है। इलाहाबाद में संगम पर प्रत्येक वर्ष एक माह का माघ मेला लगता है। माघ मेले का प्रथम स्नान इसी दिन होता है। कुंभ के मेले के पहले स्नान की शुरुआत भी इसी दिन से होती है। गंगा व अन्य पवित्र नदियों के अनेक घाटों पर बड़े-बड़े मेले लगते हैं, जहाँ स्नान और दान किया जाता है।

शास्त्रों के अनुसार दक्षिणायन को देवताओं की रात्रि अर्थात् नकारात्मक का प्रतीक जबकि उत्तरायण को देवताओं का दिन अर्थात् सकारात्मक का प्रतीक माना गया है। इसलिए इस दिन जप, तप, दान, स्थान, श्राद्ध, तर्पण आदि धार्मिक क्रिया-कलापों का विशेष महत्त्व है। लेकिन उपरोक्त सब के पीछे हम इस बात को मुख्य रूप से समझ लें, जो सनातन जीवन का आधार है, कि सूर्य इस दिन से अपनी पोजीशन बदल रहा है, जिससे पृथ्वी पर बदलाव आएगा। अर्थात् यह प्रकृति के सकारात्मक बदलाव का संकेत है, जिसे फिर त्योहार के रूप में मनाना ही हमारी संस्कृति रही है। इस तरह से हमारा प्रकृति के साथ संबंध बना रहता है।

भारत देश उत्तरी गोलार्ध में स्थित है। मकर संक्रांति के पूर्व सूर्य दक्षिणी गोलार्ध में होता है अर्थात् भारत से अपेक्षाकृत अधिक दूर, इसी कारण यहाँ पर रातें बड़ी और दिन छोटे होते हैं और सर्दी का मौसम होता है। किंतु मकर संक्रांति से सूर्य उत्तरी गोलार्ध में आना शुरू होता है। अतएव इस दिन से रातें छोटी और दिन बड़े होने लगते हैं तथा गरमी का मौसम शुरू होता है। दिन बड़ा होने से प्रकाश अधिक और रात्रि छोटे होने से अंधकार कम होगा। इसलिए इस पर्व को अंधकार से प्रकाश की ओर जाने के रूप में भी देखा जा सकता है। सूर्य का प्रकाश अधिक अर्थात् प्राणियों की चेतना एवं कार्यशक्ति में वृद्धि। इस

सकारात्मकता को ही हमारी संस्कृति में एक पर्व के रूप में उल्लास से मनाया जाता है। विविध रूपों में सूर्य की उपासना, आराधना व पूजन किया जाता है।

सामान्यत: भारतीय पंचांग पद्धति की समस्त तिथियाँ चंद्रमा की गति पर आधारित है, किंतु मकर संक्रांति को सूर्य की गति से निर्धारित किया जाता है, इसलिए यह पर्व प्रतिवर्ष 14 जनवरी को ही पड़ता है। मान्यता है कि इस दिन भगवान् भास्कर अपने पुत्र शनि से मिलने स्वयं उसके घर जाते हैं। महाभारत काल में भीष्म पितामह ने अपना देह त्यागने के लिए इसी दिन को चुना था।

वैसे संक्रांति पूरे वर्ष में बारह होती है। संक्रांति का अर्थ है सूर्य का एक राशि से दूसरी राशि में जाना (संक्रमण करना)। कई स्थानों पर संक्रांति ही मास का प्रथम दिन होता है। सभी बारह संक्रांतियों में मकर संक्रांति ही विशेष है, तो उसका कारण भी उपरोक्त विशिष्ट प्राकृतिक परिवर्तन होता है, जो पृथ्वी पर मानव के अनुकूल बदलाव लाता है।

उत्तर भारत में मकर संक्रांति की पूर्व संध्या पर, लोहड़ी में अँधेरा होते ही आग जलाकर अग्निदेव की पूजा करते हुए तिल, गुड़, भुने हुए मक्के की आहुति दी जाती है। इस अवसर पर मूँगफली और तिल की बनी गजक और रेवाड़ियाँ आपस में बाँटकर खुशियाँ मनाते-नाचते हैं। लोकगीत गाया जाता है। भारत के बड़े भू-भाग पर मकर संक्रांति के दिन सफेद-काले तिल का सेवन अनिवार्य है। मूँग-चावल को ब्राह्मणों और अपंगों में बाँटा जाता है। यह तन-मन-कर्म से शुद्धता का दिन है। बिहार में इसे खिचड़ी नाम से जाना जाता है। समूचे उत्तर भारत में खिचड़ी खाने व दान में देने की परंपरा है। इस दिन उड़द, चावल, तिल, चिवड़ा और अन्य दान किया जाता है। दही-चिवड़ा खाया जाता है, साथ ही तिल का सेवन मिष्टान्न के रूप में होता है। महाराष्ट्र में सभी विवाहित महिलाएँ अन्य सुहागिन महिलाओं को दान करती हैं। साथ ही तिल-गुड़ के विशेष पकवान को आपस में बाँटने की प्रथा है। इस लेन-देन के दौरान स्थानीय भाषा में तिल-गुड़ लो और मीठा-मीठा बोलो कहने की परंपरा है। बंगाल में भी इस दिन स्नान के बाद तिल दान की प्रथा है। इस दिन गंगासागर में स्नान-दान के लिए लाखों की भीड़ उमड़ती है। गुजरात और राजस्थान में इस दिन पतंग उत्सव का आयोजन होता है।

जो खाने की परंपरा इस पर्व में स्थापित की गई है उसमें भी प्रकृति को ही देखकर सब तय किया समझ आता है। मकर संक्रांति में तिल का विशेष स्थान है और उसके इस महत्त्व का प्राकृतिक कारण है। तिल में भरपूर मात्रा में कैल्सियम, लोहा, ऑक्जेलिक एसिड, अमीनो एसिड, प्रोटीन, विटामिन बी, सी, ई भी होता है। इस तरह से इसके कारण यह कई रोगों के इलाज में काम आता है, साथ ही विशेष ऋतु में स्वास्थ्य के लिए लाभकारी है। इसके साथ ही गुड़ भी मिल जाने पर इसकी ओषधि गुण और प्राकृतिक

स्वास्थ्य मूल्य बढ़ जाता है। तिलहन फसल समूह का नाम तिल पर ही पड़ा। तेल का मूल संबंध तिल से ही है। तिल से कड़ी मेहनत के बाद से निकला तेल। इसलिए भी मुहावरा बना 'तिल से तेल निकालना'। इन सब गुणों के कारण सनातन संस्कृति ने इसे आस्था में बदला और धार्मिक महत्त्व स्थापित कर मकर संक्रांति में इसके उपयोग करने की व्यस्था कर दी। एक तरह से हम प्राकृतिक ओषधि लेने लगे। यही नहीं, जीवन में जन्म से लेकर मृत्यु तक तिल का स्थान हर कर्मकांड में महत्त्वपूर्ण रखा गया। किसी भी शुभ कार्य, पूजा, हवन में भी तिल आवश्यक बना दिया गया। यहाँ तक कि मृतक को श्रद्धांजलि देने हेतु तेल और जल को लेकर ही तिलांजलि शब्द की उत्पत्ति हुई। सनातन इस तरह से जीवन व्यवस्था में तिल को स्थापित कर गया और मकर संक्रांति जैसे महत्त्वपूर्ण पर्व को इस अति विशिष्ट तिल के साथ जोड़ दिया गया, जो कि उस समय की ऋतु के अनुकूल है। यह है सनातन संस्कृति के द्वारा मानव के लिए प्राकृतिक रूप से स्वस्थ रहने की व्यवस्था।

❑

अध्याय-11

वसंत पंचमी

भारत में छह ऋतुओं में से वसंत ऋतुराज है। वसंत पंचमी ऋतुराज के आगमन के उल्लास में मनाया जानेवाला सनातन संस्कृति का पर्व है। यह माघ महीने के शुक्ल पक्ष की पंचमी को मनाया जाता है। हम क्या पूरी प्रकृति ही मानो ऋतुराज की अगवानी में जीवंत होती प्रतीत होती है। इसका संबंध विष्णु से भी है, इसलिए इसे श्रीपंचमी भी कहते हैं। इसी दिन प्रकृति धानी साड़ी पहनकर, फूलों से लदी अपना मोहक-मादक रूप धारण करती है। शायद यही कारण है जो इस दिन स्त्रियाँ पीले वस्त्र धारण करती हैं। भगवान् श्रीकृष्ण ने कहा भी है कि वे ऋतुओं में वसंत हैं।

भारत में वसंत आमजन का सबसे मनचाहा मौसम है। इस मौसम में न तो सर्दी होती है, न ही चिलचिलाती धूप और न ही बारिश। यह हर तरह से उत्तम दिन होते हैं। गुनगुनाती धूप, स्नेहिल हवा, चारों ओर सुंदर दृश्य, यह कामदेव की ऋतु है। अपने मनपसंद ऋतु आने से मन का प्रफुल्लित होना स्वाभाविक है। प्रकृति भी हमारा साथ देती है। चारों तरफ यौवन की अँगड़ाई है। इस समय फूलों की बहार आ जाती है, खेतों में सरसों पककर चमकने लगती है, जौ और गेहूँ की बालियाँ खिलने लगती हैं, आम के पेड़ों पर बौर आ जाती है, हर तरफ रंग-बिरंगी तितलियाँ मँडराने लगती हैं। पुराणों में यह ऋषि पंचमी नाम से उल्लेखित है। इसको लेकर अनेक पौराणिक कथाएँ हैं। इसे स्वर-वाणी-संगीत की देवी सरस्वती से जोड़ा जाता है। यह सरस्वती वंदना का दिन है। सरस्वती पूजा पूर्वी भारत में बड़े उल्लास से मनाई जाती है। ऋग्वेद में भगवती सरस्वती का वर्णन है। वेदों के अनुसार ये परम चेतना हैं। यह हमारी बुद्धि, विवेक की संरक्षिका हैं। असल में वसंत ऋतु आते ही प्रकृति का कण-कण खिल उठता है। मानव के साथ ही पशु-पक्षी भी उल्लास से भर जाते हैं। यह हमारे शरीर में नई ऊर्जा, नई चेतना का संचार करता है। पूरी प्रकृति को एक नया जीवन प्रदान करता है। मानव का जीवन एक बार

फिर एक नई उमंग से भर जाता है। यह कलाकारों, चित्रकारों के लिए विशेष महत्त्व का पर्व बन गया है। क्योंकि यहाँ भी सृष्टि का सृजन होता प्रतीत होता है। देवी सरस्वती को ज्ञान, कला, बुद्धि, संगीत, गायन, वादन की देवी माना जाता है। इस दिन छात्र सरस्वती की पूजा करते आए हैं। इसी दिन शिशुओं को पहली बार अक्षरज्ञान का पाठ भी पढ़ाया जाता है। इस तरह से यह माँ सरस्वती की महिमा के गुणगान का दिन है। जहाँ सरस्वती हैं, वहाँ निर्मल आनंद तो रहता ही है।

किसानों की फसल लक्ष्मी के रूप में तैयार रहती है। बुआई के साथ परिश्रम का फल भी मिलने लगता है। इस प्रकार आर्थिक चिंताओं से मुक्त होकर किसान जब ऋतुराज का मनमोहक आगमन देखता है तो उसका मन प्रफुल्लित हो जाता है। ऐसे में वह खुलकर प्रकृति से फाग खेलता है। कहा जाता है कि यह पर्व सनातन संस्कृति में सदियों से चला आ रहा है। पारंपरिक रूप से वर्तमान स्वरूप में आने की शुरुआत तब हुई, जब भारत संपन्न था। और वो काल मौर्य शासकों का था। गुप्तकाल आते-आते यह लोकप्रिय उत्सव बन गया। भारत कृषिप्रधान देश है, इसीलिए ये पर्व कृषिक्षेत्र में धूमधाम से, हल की पूजा करके मनाया जाता रहा है। जिस संस्कृति में प्रकृति के नवजीवन के पर्व पर, मानव चेतना, बुद्धि व मनोवृत्तियों की देवी माता सरस्वती की वंदना की जाती हो, उस सभ्यता का समृद्ध और वैभवपूर्ण होना स्वाभाविक है।

❑

अध्याय-12

होली

होली का आगमन इस बात का सूचक है कि अब जीवन में बहार ही बहार है। क्योंकि यह पर्व शिशिर ऋतु की समाप्ति और ग्रीष्म ऋतु के आगमन का सूचक है। इस बीच ऋतुओं के राजा वसंत का आगमन हो चुका होता है, जो प्रकृति और जीवन में उल्लास भर रहा होता है। इसके आते ही खेतों के फल पक जाते हैं, सरसों खिली होती है, जिन्हें देखकर किसान का मुग्ध होना स्वाभाविक है, यह परिश्रम का फल जो है। इस ऋतु में पेड़ों पर नए पत्ते आ जाते हैं। इसी ऋतुराज वसंत की फाल्गुनी पूर्णिमा पर होली का आगमन होता है। होली शब्द होला से उत्पन्न हुआ है, जिसका अर्थ अन्न, नई और अच्छी फसल से है। वैदिक काल में इस पर्व को नवात्रैष्टि यज्ञ कहा जाता था, जिसमें खेत के अधपके अन्न के दानों को यज्ञ में आहुति देकर प्रसाद स्वरूप ग्रहण करने का विधान था। नई-नई फसल का नवान्न अर्थात् गेहूँ की जो बालियाँ अग्नि में जलाई जाती है, उसमें उसका बाहरी हिस्सा जल जाता है, भीतर का अन्न बच जाता है, यही प्रह्लाद है और जो बाहर की बालियाँ जल जाती हैं, वही होलिका है।

यह रंगों का त्योहार दो दिन मनाया जाता है। पहले दिन होलिका जलाई जाती है। इसे होलिका दहन भी कहते हैं। यह अग्निपूजा है और इसका संबंध कृषि से है। दूसरे दिन खेले जानेवाले रंग का संबंध सीधे वसंत से है, क्योंकि प्रकृति भी इस समय रंगीन होती है। वसंत उल्लास से भरा होता है, इसलिए यह उल्लास मस्ती का त्योहार है। इस तरह से यह त्योहार वसंत का संदेशवाहक हुआ। यह राग-रंग का त्योहार है, क्योंकि प्रकृति भी अपने पूरे यौवन पर होती है। संगीत में नाचती-गाती, रंग बिखेरती तो लोग भी लोकगीत के साथ ढोलक की ताल पर नाचते-गाते हैं। और क्यों न गाएँ, इस वक्त पेड़-पौधे, पशु-पक्षी सभी उल्लास में होते हैं। यह प्रेम और संबंधों का त्योहार है। यह सभी आडंबर को तोड़नेवाला उत्सव है। होली का एक पक्ष सांस्कृतिक तो एक पक्ष कलात्मक भी है।

होली संगीत और साहित्य से भी जुड़ी हुई है। रंगों की तरह ही इसके अनेक रूप/पक्ष हैं।

होली पर्व मनाने के पीछे अनेक पौराणिक कथाएँ और ऐतिहासिक घटनाएँ भी जुड़ी हैं। जिसमें प्रह्लाद और होलिका की कथा सर्वाधिक लोकप्रिय है। भक्त प्रह्लाद के पिता हिरण्यकशिपु नास्तिक और अधर्मी थे। उनके कहने पर ही उनकी बहन होलिका प्रह्लाद को लेकर आग में बैठ गई, जिसमें होलिका तो जलकर राख हो गई और प्रह्लाद बच गया। बाद में भगवान् विष्णु ने नृसिंह का अवतार लेकर हिरण्यकशिपु का वध किया। उसी समय से होलिका दहन और होलिकोत्सव मनाया जाता है। इस तरह से होली अधर्म के ऊपर धर्म, बुराई के ऊपर भलाई, दानत्व के ऊपर देवत्व की विजय का पर्व है। कुछ लोगों का यह भी मानना है कि होली में रंग लगाकर, नाच-गाकर लोग शिव के गणों का वेश धारण करके उनका आचरण करते हैं। भौतिकता से दूर अपने मूल रूप में, मदमस्त, मिट्टी के शरीर का मिट्टी के साथ खेलना। यह भी एक तरह का वैराग्य भाव ही है। एक लोककथा में श्रीकृष्ण ने दुष्टों का दलन कर गोप-बालाओं के साथ रास रचाया, तब से होली का प्रचलन है। एक कथा यह भी प्रचलित है कि जिस दिन श्रीकृष्ण ने पूतना राक्षसी का वध किया, उसी हर्ष में गोकुलवासियों ने रंग खेलने का उत्सव मनाया। वैदिक काल से इस पर्व की परंपरा रही है। बस इसका स्वरूप बदलता रहा। यह आर्यों द्वारा हर युग में मनाया गया।

पूरे भारतवर्ष में ब्रज की होली सबसे अधिक मशहूर है। ब्रजक्षेत्र में होली मनाने के पीछे राधा-कृष्ण का दिव्य प्रेम है। ब्रज की होली के साथ बरसाने की लठमार होली भारत में आकर्षण का केंद्र है। इसके पीछे कई सामाजिक संदेश है, जिसमें पुरुष महिलाओं पर रंग डालते हैं और महिलाएँ उन्हें लाठियों और कपड़ों के कोड़े से मारती हैं। कुमाऊँ की होली का अपना रंग है तो बंगाल की होली का अपना रूप। और पंजाब के होला-मोहल्ला का अपना ही स्वरूप है। बिहार का फगुआ, छत्तीसगढ़ की होरी से लेकर महाराष्ट्र, मध्यप्रदेश, तमिलनाडु से लेकर नेपाल तक होली में अनेक विविधता है। दक्षिण में इसे भगवान् शिव का ध्यान भंग करनेवाले कामदेव के बलिदान को लेकर मनाया जाता है।

मनुष्य का आधुनिक जीवन अनेक कष्टों और विपदाओं से भरा हुआ है। वह दिन-रात अपने जीवन की पीड़ा को दूर करने में प्रयासरत रहता है। इसी आशा-निराशा के क्षणों के बीच होली जैसा पर्व उसके जीवन में उत्साह और उल्लास का संचार कर देता है।

ऐसा माना जाता है कि होली के दिन लोग पुरानी कटुता भूलकर फिर से गले मिलते हैं। एक-दूसरे को रंग लगाते ही सारे गिले-शिकवे दूर हो जाते हैं। सुबह रंग खेलकर शाम को कपड़े बदलकर एक-दूसरे के घर मिलने जाते हैं। मिष्टान्न और स्वादिष्ठ

पकवान खाए और खिलाए जाते हैं। इसमें बच्चे, बूढ़े सभी बराबरी से मस्ती और आनंद लेते हैं। इस दिन रंग गुलाल, गोष्ठी, परिहास, गायन, वादन और जलक्रीड़ा के साथ धमाल किया जाता है। यह है सनातन परंपरा है। आज अगर इसका रूप विकृत हुआ है तो बाजार के रंग और हमारी मानसिकता से। कीचड़ में खेलना उत्तम है, क्योंकि हमारा शरीर मिट्टी का ही है, लेकिन हमारा कीचड़ बन जाना हमारे अंदर की पशुता है।

मानवीय मस्ती और प्राकृतिक आनंद का शरीर और मन-मस्तिष्क पर अनुकूल और सकारात्मक प्रभाव पड़ता है। चूँकि ये सर्दी के मौसम के अंत में मनाया जाता है तो आलस से भरे शरीर में इस त्योहार से अतिरिक्त ऊर्जा मिलती है। शिथिल शरीर सक्रिय हो जाता है। एक रात पूर्व जलाई गई होलिका से भी शरीर को उष्णता मिलती है। यह पर्व संबंधों को पुन: जीवंत करने, उन्हें और सुदृढ़ बनाने में मदद करता है। यह होली के द्वारा सनातन संस्कृति की समाज को देन है।

❑

अध्याय-13

रामनवमी

यह मर्यादा पुरुषोत्तम श्रीराम का दिन है। वे सनातन संस्कृति के आदर्श पुरुष हैं। एक महानायक। ईश्वर के अवतार। विश्व इतिहास में उन जैसा कोई दूसरा उदाहरण नहीं। रामनवमी चैत्र शुक्ल की नवमी को मनाया जाता है। इस दिन श्रीराम का जन्म हुआ था। इस पर्व के साथ ही माँ दुर्गा के नवरात्रों का समापन भी होता है। रामनवमी चैत्र नवरात्रि की समाप्ति का दिन है। इस पुण्य दिन को पवित्र नदियों में स्नान और दान का महत्त्व है।

सच कहें तो यह मानव की प्रकृति का पर्व है। यह उसकी प्रवृत्ति का उत्सव है, जो समाज और राष्ट्र के लिए अति आवश्यक है। यह उन आदर्शों की याद दिलाता है, जो हर पुरुष और नारी में होना चाहिए। श्रीराम की तरह हर नागरिक पितृ और मातृभक्त साथ ही देशभक्त भी बने। श्रीराम को समझने के लिए हनुमान-सा दिल, लक्ष्मण-सा विश्वास और भरत की श्रद्धा चाहिए। यह श्रीराम का परिवार के प्रति प्रेम ही था, जो वे सहर्ष वनवास गए। रावण वध उनके स्त्री की रक्षा और सुरक्षा के साथ उनके नारी के प्रति अपने कर्तव्य को प्रदर्शित करता है तो एक राक्षस के वध द्वारा समाज को संदेश भी है। श्रीराम का जीवन हर सामाजिक मानव के लिए एक संपूर्ण ग्रंथ है। जिसे हम रामायण पढ़कर समझ सकते हैं। यहाँ हम असंग्रह और निर्लोभ की शिक्षा ग्रहण कर सकते हैं। सीता के पतिव्रत और श्रीराम के पत्नीव्रत से प्रेरणा ले सकते हैं।

आदर्श शासन व्यवस्था के लिए आज भी राम-राज्य की कल्पना ही की जाती है। सदा अपने वचन का पालन करनेवाले श्रीराम का पुरुषार्थ हमें जीवनभर प्रेरित करता रहे, यही पर्व का उद्देश्य है और निमित्त भी। यह हमारे व्यक्तित्व के विकास में सहायक है। समाज का उद्धार ऐसे मर्यादा पुरुषोत्तम के आचरण से ही संभव है। जिस संस्कृति के आदर्श नायक श्रीराम होंगे, उस सभ्यता का श्रेष्ठ होना स्वाभाविक है। आज विश्व मानव की सभी समस्याओं का समाधान मर्यादा पुरुषोत्तम श्रीराम के चरित्र में ही है।

उनके द्वारा माता सीता के त्याग को लेकर जो भ्रम फैलाया जाता है, वे लोग इसके द्वारा दिए गए संदेश को चतुराई से छिपा ले जाते हैं। जबकि यह त्याग की पराकाष्ठा है। यह किसी स्वस्थ शरीर द्वारा अपनी आत्मा को त्यागने के समान है। आज के भौतिक युग में स्वकेंद्रित मनुष्य के लिए यह एक सर्वश्रेष्ठ उदाहरण हो सकता है। त्याग के बिना विश्व कल्याण नहीं। सत्ताधारियों के लिए एक आदर्श। प्रजा के लिए आदर्श। परिवार के लिए आदर्श। समाज के आदर्श। युगों-युगों के आदर्श। यही कारण है कि 'जय श्रीराम' सनातन नारा है, सनातन मंत्र है, सनातन जयघोष है।

❑

अध्याय-14

नागपंचमी

सनातन जीवनदर्शन सिर्फ मानव की बात नहीं करता। उसकी सृष्टि में सभी जीव-जंतु आते हैं और उसकी दृष्टि में सभी समान हैं। यह वह संस्कृति है, जो केवल प्राणिमात्र ही नहीं बल्कि जड़-चेतन, चल-अचल सभी में ईश्वर का रूप देखती है। सनातन हिंदू संस्कृति में पशु-पक्षी, वृक्ष-वनस्पति, सबके साथ आत्मीय संबंध जोड़ने का प्रयत्न किया गया है। इसके लिए प्रत्येक के साथ या उन्हें माध्यम बनाकर पर्व और उत्सव मनाने की प्रथा स्थापित की गई। गाय की पूजा और उसे माता का उच्च स्थान देने की बात तो सभी जानते हैं। मगर हमारी संस्कृति में कई माताएँ-बहनें कोकिला-व्रत भी रखती हैं। कोयल के दर्शन हो अथवा उसका स्वर कान पर पड़े, तब ही भोजन लेना, ऐसा व्रत है। वृषभोत्सव के दिन बैल का पूजन किया जाता है। चींटी और कुत्ते को भोजन कराने की परंपरा तो दैनिक जीवन का हिस्सा है। श्राद्ध में तो कौवे को भी भोजन परोसा जाता है। वट सावित्री जैसे व्रत में बरगद की पूजा होती है। परंतु नागपंचमी हमारी संस्कृति की विशिष्टता की पराकाष्ठा है, जब हम इस दिन नाग का पूजन करते हैं। गाय, बैल, कोयल, वटवृक्ष, कुआँ आदि का पूजन, उनके साथ आत्मीय संबंध, उनके उपयोगी होने के कारण हो सकते हैं, लेकिन नाग हमारे किस उपयोग में आ सकता है? यह सवाल मन में उठना स्वाभाविक है। तो कहीं नाग का डर तो नहीं? क्योंकि नाग के काटने से जान जाए बिना नहीं रहती। परंतु हमारी संस्कृति में डर के कारण ऐसा कुछ किया गया होगा, लगता नहीं। यह हमारे संस्कारों में नहीं।

नाग को देव के रूप में स्वीकार करने में हमारे पूर्वज आर्यों के हृदय की विशालता के दर्शन होते हैं। नाग के महत्त्व को समझने के लिए व्यावहारिक जीवन का विश्लेषण जरूरी है। भारत कृषिप्रधान देश है और साँप खेतों का रक्षण करते हैं। यह जानकर हमें हैरान नहीं होना चाहिए। असल में जीव-जंतु, चूहे आदि जो फसलों को नुकसान करते हैं,

उनका नाश करके साँप हमारे खेतों को हरा-भरा बनाए रखते हैं। इसलिए उसे क्षेत्रपाल भी कहते हैं। साँप हमें कई संदेश भी देता है। साँप के इन गुणों को देखने-समझने और जानने के लिए हमारे पास गुणग्राही दृष्टि होनी चाहिए। साँप सामान्यत: किसी को अकारण नहीं काटता। उसे परेशान करनेवालों या छेड़नेवालों को ही वह डसता है। आखिरकार साँप भी तो प्रकृति (ईश्वर) का सृजन है। उसे भी अपने जीवन को जीने का अधिकार है। वह यदि हमें कोई नुकसान नहीं कर रहा तो उसे भी हमें मारने का कोई हक नहीं। यदि हम अकारण उसके प्राण लेना चाहें और वह आत्मरक्षा में हमें डस ले तो वह दुष्ट या गलत कैसे कहा जा सकता है।

साँप को सुगंध भाती है। तभी तो वह चंपा के पौधे से लिपटकर या फिर चंदन के वृक्ष पर निवास करता है। केवड़े के वन में भी फिरता है। यही सुगंध हमारे जीवन, समाज और परिवार में भी प्रिय है। अर्थात् साँप और मनुष्य की पसंद इस बिंदु पर एक समान है। हमारे जीवन में भी सद्गुण व सुविचार की सुगंध के प्रति आकर्षण बना रहे, यह हमें साँप के द्वारा संदेश है। साँप की तरह ही हमें भी शक्ति (विष) उन पर नहीं व्यर्थ करना चाहिए, जो हमें कष्ट नहीं दे रहे, परेशान नहीं कर रहे। हाँ, दुर्बल पर तो नहीं मगर दुर्जन पर अपनी शक्ति खर्च की जा सकती है। इन सब गुणों के कारण वैदिक काल से साँप हमें प्रिय हैं। कुछ दैवीय साँपों के मस्तिष्क पर मणि की बात कही गई है। मणि अमूल्य होती है। यह इस बात को समझाने की ओर इशारा है कि हमें भी जीवन में अमूल्य वस्तुओं को (विचारों को, धर्म को) मस्तिष्क पर रखना चाहिए, दिमाग में बिठाना चाहिए। इसका दूसरा अभिप्राय यह भी निकाला जा सकता है कि समाज के महापुरुषों (मूल्यवान व्यक्तियों) का स्थान सदा मणि की तरह उच्च होना चाहिए। साँप बिल में रहता है और एकांत जीवन व्यतीत करता है। इसे भी मानव जीवन के लिए आदर्श रूप में प्रस्तुत किया जाता रहा है।

भारत विभिन्न अति प्राचीन परंपराओं वाला देश है। हर परंपरा में एक संदेश और व्यवस्था भी है। साँप का संदर्भ आते ही सपेरा भी हमारे आँखों के सामने तैर जाता है। आज हो सकता है पश्चिम की शिक्षा के कारण हम इन्हें हलके में लें। ऐसा करने की हमारी आदत है। आधुनिक शिक्षा हमें विश्लेषण और परंपराओं को समझने के लिए प्रेरित नहीं करती, जिससे हम बहुत कुछ जानने से वंचित हैं। सपेरों के साथ भी एक समृद्ध इतिहास है। इसके द्वारा साँपों के बारे में बहुत कुछ जाना जा सकता है। ये नागों और मनुष्य के बीच एक कड़ी का काम करते हैं। ये प्राचीनकाल से देश की विविध संस्कृति को एक हिस्से से दूसरे हिस्से में पहुँचाते हैं। आज ये धीरे-धीरे लुप्त होते जा रहे हैं। इनके साथ ही एक व्यावहारिक ज्ञान और हमारी संस्कृति की विशिष्टता का एक रंग फीका पड़ रहा है। कला और संगीत का वह रूप-स्वरूप खत्म हो रहा है, जो नाग और सपेरों

के साथ जुड़ा था। अब भी नागपंचमी पर इन सपेरों को गाँव-कस्बों में देखा जा सकता है। नागों-साँपों को बचाना आज हमारे लिए वैसे भी आवश्यक है, क्योंकि कई बीमारियों और रोगों की अनेक आधुनिक दवाइयाँ इनके विष पर ही निर्भर है। अर्थात् आज साँप जीवन बचाने के लिए उपयोगी होता जा रहा है।

हिंदू पंचांग के अनुसार सावन माह की शुक्ल पक्ष की पंचमी को नाग पंचमी का त्योहार मनाया जाता है। लोकाचार या देश-स्थानभेद वश यह कई जगहों पर कृष्णपक्ष में भी होता है। इस दिन नाग या सर्प की पूजा होती है। आमतौर पर उन्हें दूध पिलाने के लिए कहा जाता है। मगर यह एक प्रचलित मुहावरा मात्र है। शास्त्रों के अनुसार दूध से स्नान कराना होता है। दूध पीने से नाग की मृत्यु हो सकती है। इस दिन पशुओं को नदी, तालाब में ले जाकर नहलाने की परंपरा है। गाँवों में कुश्ती का आयोजन होता है। कई स्थानों पर मेले लगते हैं। यह जानकर हमारी समझ को और विस्तार मिल सकता है कि हिंदुस्तान में मकान की नींव में सर्प को प्रतीक रूप में पूजन करके जरूर बिठाया जाता है। नागों को यों ही पाताल लोक का निवासी नहीं कहा गया है।

वर्षा ऋतु में वर्षा जल धीरे-धीरे धरती में समाकर साँपों के बिल में भर जाता है। अत: श्रावण मास के समय साँप सुरक्षित स्थान की खोज में बाहर निकलते हैं। संभवत: उस समय उनकी रक्षा तथा उनके प्रति कृतज्ञता व्यक्त करने हेतु सनातन संस्कृति में इस दिन नागपूजन और उपवास की व्यवस्था की गई। इस तरह से जनमानस को सर्प भय से मुक्ति भी मिलती है। जीव प्रेम का इससे बेहतर उदाहरण किसी संस्कृति में नहीं हो सकता। नागों को उचित स्थान देने के उद्देश्य से ही इसे शिव के गले में और विष्णु को शेषनाग की शैया पर सोते दिखाया गया है। गीता में भगवान् श्रीकृष्ण कहते हैं—'मैं नागों में अनंत (शेषनाग) हूँ।' पुराणों के अनुसार धरती शेषनाग के फण के ऊपर टिकी है। सनातन संस्कृति यहाँ भी प्रतीकों के माध्यम से अपना संदेश देने में पूर्णत: सफल है।

❑

अध्याय-15

हरियाली तीज और हरियाली अमावस्या

हरियाली तीज और हरियाली अमावस्या, ये दोनों प्रकृति पर्व हैं। हरियाली तीज श्रावण मास में शुक्ल पक्ष तृतीया को मनाया जाता है। यह महिलाओं का उत्सव है। यह उनके भावों को प्रकट करनेवाला त्योहार है। सावन में संपूर्ण प्रकृति हरी चादर ओढ़कर महिलाओं के मन को आनंद-विभोर करती है। इस आनंद को उत्सव रूप में मनाने के लिए वृक्ष की शाखाओं में झूले पड़ जाते हैं। हर उम्र की महिलाएँ अपनी सखी-सहेलियों के संग खूब झूला झूलती हैं और सामूहिक नृत्य होता है। पूर्वी उत्तर प्रदेश में इसे कजली तीज के रूप में मनाया जाता है। आस्था, उमंग के साथ ही प्रेम और सौंदर्य का यह उत्सव शिव-पार्वती के पुनर्मिलन के उपलक्ष्य में मनाया जाता है। सावन में चारों ओर होनेवाली हरियाली के कारण इसे हरियाली तीज कहते हैं। झूला झूलते हुए इस दिन महिलाएँ लोकगीत गाती हैं और प्रकृति के साथ मिलकर खुशियाँ मनाती हैं।

नवविवाहिता के प्रथम सावन में माँ के घर आकर हरियाली तीज मनाने की परंपरा है। इस दिन हरे रंग का श्रृंगार किया जाता है। यह साज-श्रृंगार और आनंद का उत्सव है। इसके पीछे धार्मिक, पारंपरिक कारणों के साथ ही वैज्ञानिक कारण भी हैं। महिलाओं के एकत्र होने के कारण इसका सामाजिक पक्ष भी है। इस दिन विशेष रूप से मेहँदी लगाई जाती है। मेहँदी की शीतल तासीर प्रेम और उमंग को संतुलन प्रदान करने के काम आती है। क्योंकि ऐसा माना जाता है कि सावन में काम की भावना बढ़ जाती है। मेहँदी का औषधीय गुण इस भाव को नियंत्रित करता है। इस दिन घर की बड़ी महिलाएँ नई बहुओं को सुंदर-सुंदर वस्त्र, हरी चूड़ियाँ और श्रृंगार सामग्री के साथ मिठाई भी भेंट करती हैं। इससे घर में दो पीढ़ियों के बीच परस्पर प्रेम और भावनात्मक संबंध कायम होते हैं, जो परिवार के सुख-समृद्धि और शांति में सहायक होते हैं।

ऐसी मान्यता है कि इस दिन माता पार्वती सैकड़ों वर्षों की साधना के पश्चात्

भगवान् शिव से मिली थीं। कहा जाता है कि भगवान् शिव को पति के रूप में पाने के लिए पार्वती माता ने 107 बार जन्म लिया, फिर भी माता को पति के रूप में शिव 108वीं बार में इसी दिन मिले थे। यही कारण है जो इस दिन व्रत रखने की परंपरा है। सुहागिन स्त्रियों को इस व्रत से सौभाग्य की प्राप्ति होती है तो कुँवारी कन्या इस व्रत से योग्य वर की कामना करती है। यह पति की लंबी आयु के लिए भी होता है। यहाँ इन व्रतों में भावना का महत्त्व है। जैसी भावना होगी, वैसे ही विचार और फिर कर्म होंगे।

यह स्पष्ट है कि हरियाली तीज सिर्फ पारपंरिक और पारिवारिक त्योहार नहीं बल्कि प्रकृति का उत्सव है। बारिश के इस मौसम में वन, उपवन, खेत सब हरियाली की चादर लपेटे होते हैं। संपूर्ण प्रकृति का रंग मनोरम होता है। यह मन को तृप्त भी करता है और चंचल भी। ऐसे में कन्या का माता-पिता के घर भेजने के पीछे भी कारण हैं। और उस चंचलता को अपनी सखियों के साथ उत्साहपूर्वक मनाने का प्रयोजन भी।

हरियाली अमावस्या भी प्रकृति पर्व है। श्रावण मास की कृष्णपक्ष की अमावस्या को हरियाली अमावस्या के नाम से मनाया जाता है। यह सिर्फ धार्मिक पर्व न होकर बल्कि पर्यावरण के लिए मनाए जानेवाले सामाजिक त्योहारों का सर्वश्रेष्ठ उदाहरण है। इस दिन विशेष शिव पूजा के अतिरिक्त शुभ मुहूर्त में पौधे लगाए जाते हैं। विशेष रूप से आम, आँवला, पीपल, वटवृक्ष, नीम के पौधे रोपे जाते हैं। वर्षा के कारण परिस्थितियाँ अनुकूल होती हैं। इस तरह हम संस्कृति-परंपरा के द्वारा प्रकृति का संरक्षण करते हैं। इस पर्व का उद्देश्य प्रकृति के करीब ले जाना और प्रकृति के महत्त्व को समझना है। इस दिन पीपल की पूजा और फेरे भी लगाए जाते हैं। तुलसी पूजन की भी परंपरा है। इस दिन हल को पूजने का भी रिवाज है। ऐसी अनेक स्थानीय परंपराएँ हैं, जो स्थान और आवश्यकता के अनुसार भिन्न-भिन्न रूप लिए मिलेंगी। मगर सब में प्रकृति-प्रेम ही होगा। इसे पौधरोपण दिवस भी कह सकते हैं, जिसके लिए सनातन संस्कृति ने सदियों से एक दिन सुनिश्चित कर रखा है। यह हमारे पूर्वजों की सूझबूझ का प्रत्यक्ष प्रमाण है। यह उनकी प्रकृति-पर्यावरण के महत्त्व और आवश्यकता की समझ को प्रदर्शित करता है। यही कारण है, जो सनातन संस्कृति को प्राकृतिक संस्कृति भी कहा जाना चाहिए। वेदों की ऋचाओं में पृथ्वी, आकाश, जल, वनस्पति एवं ओषधि को शांत रखने के लिए कहा गया है। ऋषि-मुनि जानते थे कि अगर ये सब संरक्षित और सुरक्षित होंगे तो हमारा जीवन भी सुरक्षित, सुखी और समृद्ध होगा। दुर्भाग्य से हम आधुनिक काल में इस अटल सत्य को नहीं समझ पा रहे।

❑

अध्याय-16

छठ पूजा

सूर्य के महत्त्व को समझना है तो पश्चिम के सन-बाथ का एक उदाहरण के तौर पर यहाँ विश्लेषण किया जा सकता है। सूर्य की ऊर्जा ग्रहण करने के लिए नग्न शरीर के साथ समुद्र किनारे लेटे रहने की परंपरा वहाँ पर है। मगर इस तरह के प्रयोजन में सिर्फ शरीर ही हिस्सा लेता है, जबकि सनातन संस्कृति में इसे धर्म-आस्था के साथ जोड़ते ही मन-मस्तिष्क भी साथ आ जाते हैं। ऐसे में सूर्य की ऊर्जा का अधिक सकारात्मक प्रभाव आप पर पड़ता है।

छठ पूजा सूर्य की उपासना का पर्व है। छठ पर्व या छठ कार्तिक शुक्ल पक्ष की षष्ठी को मनाया जाता है। इसे छठी, छठी माई की पूजा, डाला छठ, डाला पूजा, सूर्य षष्ठी नाम से भी जाना जाता है। छठ षष्ठी का अपभ्रंश है। यह दीपावली के छठे दिन मनाया जाता है, जिसका मुख्य उद्देश्य सर्वकामना पूर्ति है। सूर्य की विशिष्ट पूजा और निर्जला व्रत के द्वारा इसका अनुष्ठान पूरा होता है। व्रती को भोजन के साथ ही बिस्तर पर सोने का भी त्याग करना पड़ता है। अमावस्या को दीवाली मनाने के बाद, इस चार दिवसीय पर्व में, महत्त्वपूर्ण रात्रि कार्तिक शुक्ल की षष्ठी की ही होती है। यह वर्ष में दो बार मनाया जाता है। पहली बार चैत्र में, दूसरी बार कार्तिक में। चैत्र शुक्ल पक्ष षष्ठी को 'चैती छठ' और कार्तिक शुक्ल पक्ष की षष्ठी को 'कार्तिक छठ' कहा जाता है। दोनों में प्रमुख पर्व कार्तिक छठ ही है।

इस व्रत को लेकर भी अनेक लोककथाएँ प्रचलित हैं कि जब पांडव सारा राजपाट जुए में हार गए तो द्रौपदी ने छठ व्रत रखा था। तब उनकी मनोकामना पूरी हुई और राजपाट वापस मिला। लोक मान्यता के अनुसार सूर्यदेव और छठी मैया का संबंध भाई-बहन का है। यह भी कहा जाता है कि श्रीराम सूर्यवंशी थे। जब वे लंका पर विजय प्राप्त कर वापस अयोध्या आए तो उन्होंने अपने कुल देवता सूर्य की उपासना की। उन्होंने देवी

सीता के साथ षष्ठी तिथिवार व्रत रखा और सरयू नदी में पहले डूबते सूर्य को फिर उगते सूर्य को अर्घ्य दिया।

इस पर्व का प्राकृतिक दृष्टिकोण भी है। इस तिथि को, (छठ) को एक विशेष खगोलीय परिवर्तन होता है। इस समय सूर्य की पराबैंगनी अल्ट्रा वायलेट रेज पृथ्वी की सतह पर सामान्य से अधिक मात्रा में पहुँचती हैं। सूर्योदय और सूर्यास्त के समय ये और सघन हो जाती हैं। इसके कुप्रभावों से यथासंभव रक्षा करने का सामर्थ्य पर्व पालन की पारंपरिक व्यवस्था के द्वारा हो सकता है। इससे सूर्य के हानिकारक प्रभाव से जीवों की रक्षा भी संभव है। ज्योतिष गणना के अनुसार यह घटना कार्तिक और चैत्र मास की अमावस्या के छठे दिन आती है। इसलिए इस पर्व में डूबते हुए सूर्य को अर्घ्य, यानी जल और दूध अर्पण करते हैं और अंतिम दिन उगते हुए सूर्य को अर्घ्य देते हैं।

छठ पर्व चार दिन का त्योहार है। पहले दिन अर्थात् चतुर्थी को अरबी, चावल, घी और कद्दू की सब्जी आदि का प्रसाद लिया जाता है। अर्थात् तामसिक भोजन से दूर पूरी तरह शुद्ध शाकाहारी भोजन ही लेते हैं। अगले दिन अर्थात् पंचमी को उपवास आरंभ होता है। अन्न, जल त्यागकर देर शाम पूजा के उपरांत सिर्फ खीर का प्रसाद ग्रहण किया जाता है। तीसरे दिन अर्थात् षष्ठी को डूबते हुए सूर्य को अर्घ्य, यानी दूध अर्पण करते हैं। अंतिम दिन अर्थात् सप्तमी को उगते हुए सूर्य को अर्घ्य चढ़ाते हैं। चारों दिन पूजा में पवित्रता का विशेष ध्यान रखा जाता है और भक्ति गीत गाए जाते हैं। छठ के प्रसाद में विशेष रूप से ढेकुआ, जिसे कुछ लोग टिकरी भी कहते हैं, के साथ ही चावल के लड्डू भी बनाए जाते हैं।

छठ हम सब जीवों की ऊर्जा के केंद्र सूर्य की आराधना का पर्व है। हिंदू धर्म में सूर्य ही ऐसे देवता हैं, जिन्हें मूर्त रूप में देखा जा सकता है और जब वे क्रोधित हों या हानि पहुँचाने की स्थिति में हों तब उनकी आराधना करने से बेहतर और क्या हो सकता है। वैसे भी सूर्य शक्ति का प्रतीक है। प्रात:काल में सूर्य की पहली किरण (उषा) और सायंकाल में सूर्य की अंतिम किरण (प्रत्यूषा) को अर्घ्य देकर दोनों का नमन किया जाता है। सूर्य की शक्ति का मुख्य स्रोत उनकी पत्नियाँ उषा और प्रत्यूषा ही हैं।

उगते सूरज को तो सभी प्रणाम करते हैं, लेकिन डूबते सूरज के रूप में अपने पितरों को सादर आमंत्रण देने का पर्व है छठ। पितरों से प्रार्थना की जाती है कि इसी धरती पर इसी वंश में कल फिर आइएगा, आज की तरह ही सूरज बनकर। यह हम सभी मानव के सूरजवंशी होने का अभिमान है। यह स्वार्थ के उलट परमार्थ का पर्व है। यह सभी को एक घाट पर लाने का पर्व है। हम सब सूरजमुखी बन सूरज की तरह चमकें, इस संस्कार का पर्व है छठ। जब तक डूबते सूरज का अस्तित्व है, तब तक उगते सूरज का भी है, और तभी तक छठ पर्व की परंपरा भी जिंदा रहेगी।

भारत में सूर्योपासना वैदिक काल से होती आ रही है। इसका वर्णन विष्णु पुराण, भगवदपुराण आदि में विस्तार से है। देवता के रूप में सूर्य की वंदना का उल्लेख पहली बार ऋग्वेद में मिलता है। उत्तर वैदिक काल के अंतिम कालखंड में सूर्य के मानवीय रूप की कल्पना होने लगी थी। कालांतर में सूर्य की मूर्ति पूजा और पौराणिक काल आते-आते अनेक स्थानों पर सूर्यदेव के मंदिर बनाए जाने लगे। इस समय तक सूर्य को आरोग्य देवता भी माना जाने लगा था। क्योंकि तब तक सूर्य की किरणों में कई रोगों को नष्ट करने की क्षमता का अनुभव हो चुका था। ऋषि-मुनियों ने अपने अनुसंधान के क्रम में किसी खास दिन इसका प्रभाव विशेष पाया। यही छठ पर्व की शुरुआत थी। ऐसी कई पौराणिक कथाएँ हैं, जब देवताओं की बीमारी में सूर्य की उपासना काम आई। भगवान् श्रीकृष्ण के पौत्र शांब को कुष्ठ रोग हो गया था। इस रोग से मुक्ति के लिए विशेष सूर्य की उपासना की गई थी। ऐसे ही अनेक उदाहरण रामायण और महाभारत काल में भी हैं।

छठ पूजा का सबसे महत्त्वपूर्ण पक्ष इसकी सादगी और पवित्रता है। शास्त्रों से अलग, इस पर्व की जनसामान्य द्वारा अपनी पारंपरिक रीति-रिवाज व उपासना पद्धति है, जो अति विशिष्ट है और ध्यान आकर्षित करती है। यह लोक-आस्था का महापर्व है। सूर्योपासना का यह अनुपम पर्व पूर्वी भारत के बड़े भू-भाग में मनाया जाता है। इस दौरान पूरे बिहार का माहौल भक्तिमय हो जाता है। धीरे-धीरे यह त्योहार न केवल पूरे भारत में बल्कि प्रवासी भारतीयों के कारण विश्व भर में प्रचलित हो गया है। छठ में कोई मूर्तिपूजा नहीं होती। इसको मनाने की विशिष्ट प्रथा, औरतों का विशिष्ट शृंगार, विशिष्ट भोजन, सबकुछ इसे विशिष्ट बनाता है। इसमें की जानेवाली हर कर्मकांड और परंपरा का वैज्ञानिक दृष्टिकोण भी है। वैज्ञानिक दृष्टिकोण तो अब जाकर समझा और समझाया गया, मगर हमारे पूर्वज इस बात को पहले से जानते व समझते थे। यह अधिक महत्त्वपूर्ण है, और यही हमारे पूर्वजों को विशिष्ट बनाता है।

❑

अध्याय-17

आँवला नवमी

आँवला नवमी को प्राकृतिक ओषधि का पर्व कहा जाना चाहिए। यह कार्तिक मास की शुक्ल पक्ष की नवमी को मनाई जाती है। इसे अक्षय नवमी और कूष्मांड नवमी के साथ ही आरोग्य नवमी के नाम से भी जाना जाता है। अब यहाँ सीधे-सीधे आँवला को आरोग्यता से जोड़कर देखें तो सबकुछ साफ हो जाएगा।

अक्षय नवमी का शास्त्रों में विशेष महत्त्व है। ऐसी मान्यता है कि द्वापर युग का आरंभ इसी दिन से हुआ था। कहा जाता है कि आज ही के दिन विष्णु भगवान् ने कुष्मांड दैत्य का वध किया था। यह भी कहा जाता है कि आज ही के दिन से श्रीकृष्ण बाल-लीला को त्यागकर अपने कर्तव्य-पथ पर आगे बढ़े थे। इस दिन से ही वृंदावन की परिक्रमा शुरू कर दी जाती है। इन सब आस्थाओं के साथ ही यह नवमी उत्तर और मध्य भारत में एक पारिवारिक उत्सव के रूप में पारंपरिक रूप से मनाई जाती रही है। आधुनिक काल आते-आते इस दिन पिकनिक में जाने की योजना बनने लगी। मगर केंद्र में आँवला का वृक्ष ही रहा।

आँवला कितना गुणकारी होता है। यह इस बात से प्रमाणित होता है कि अक्षय नवमी को महर्षि च्यवन ने आँवला खाया था तो उन्हें पुनः नवयौवन प्राप्त हुआ था। संस्कृत में आँवला को अमृत और अमृतफल नाम भी दिया गया है। आयुर्वेद के अनुसार हरड़ और आँवला दो सर्वोत्कृष्ट औषधियाँ हैं। इन दोनों में भी आँवला अधिक गुणकारी है। चरक के मत के अनुसार शारीरिक अवनती को रोकनेवाले द्रव्यों में आँवला प्रथम स्थान पर है। यही कारण है जो महर्षि च्यवन को आँवला खाने पर नवयौवन से जोड़ा गया है। आँवला वीर्य को दृढ़ और अनेक रोगों के उपचार में काम आता है। आँवला में विटामिन-सी प्रचुर मात्रा में होता है। देवभूमि भारत आँवले की खेती के लिए सर्वाधिक उपयुक्त है। इसके स्वास्थ्यवर्धक होने का पता सदियों पहले से हमारे पूर्वजों को था।

आँवले का वृक्ष कार्तिक माह में फलता है। यही कारण है, जो सदियों पहले आँवला नवमी कार्तिक मास में मनाई जाती रही है। इस दिन आँवले की पूजा और आँवला जरूर खाया जाता है। आँवले के पेड़ की पूजा, परिक्रमा और फिर उसके नीचे बैठकर भोजन ग्रहण करने की परंपरा रही है। ऐसा करने से आपका स्वास्थ्य सेहतमंद होना स्वाभाविक है। एक पर्व के द्वारा एक संस्कृति अपनी सभ्यता को ओषधि का सेवन करवा देती है। इसका यह एक सर्वश्रेष्ठ उदाहरण है। यही परंपराएँ सनातन को अन्य सभ्यताओं से भिन्न और विशिष्ट बनाती है।

❑

अध्याय-18

ओणम

यह कृषि से संबंधित त्योहार है। यह दक्षिण भारत, विशेष रूप से केरल में मनाया जाता है। इसका केरल राज्य में वही महत्त्व है, जो उत्तर भारत में दीवाली का है। यह दस दिनों का त्योहार है। इस पर्व में घरों की साफ-सफाई के बाद आकर्षक साज-सज्जा के साथ ही तरह-तरह के पकवान बनाने की भी परंपरा है। मूलत: यह नई फसल आने की खुशी में मनाया जाता रहा है। ऐसे में हर घर के सामने फूलों की रंगोली और दीप जलाने की परंपरा है। एक-दूसरे को गले मिलकर शुभकामनाएँ दी जाती हैं। सभी परिवार के सदस्य साथ मिलकर आपस में खुशियाँ बाँटते हैं।

इस मौके पर केरल में बोट महोत्सव का आयोजन होता है। इसे सर्प नौका दौड़ भी कहते हैं। जिसे देखने लाखों लोग तट पर पहुँचते हैं। हाथियों को सजाकर इस त्योहार के दिन उनकी रैली भी निकाली जाती है। ओणम के अवसर पर संपूर्ण केरल नौका स्पर्धा, नृत्य-संगीत, महाभोज कार्यक्रमों से जीवंत हो उठता है। और यह पर्व सामूहिक उत्सव बन जाता है। प्रत्येक घर में सुंदर-सुंदर रंगोलियाँ डाली जाती हैं। इसका आकार प्रतिदिन बढ़ता चला जाता है। उन रंगोलियों के चारों तरफ युवतियाँ गोला बनाकर उल्लासपूर्वक नृत्य करती हैं। यह केरलवासियों के जीवन के सौंदर्य को सहर्ष स्वीकार करने का पर्व है। प्रतीक है। उत्सव है। यह भारत के सबसे रंगारंग त्योहारों में से एक है। यह केरल की पहचान है। इस त्योहार का संबंध केरल के लोकप्रिय राजा महाबली की याद और प्रतिष्ठा में मनाने की भी एक परंपरा है। राजा महाबली केरल के महान् राजा थे। इनके राज में प्रजा अति प्रसन्न थी। माना जाता है कि वे इस दिन साल में एक बार अपनी प्रजा को देखने आते हैं। उसके स्वागत में यह उत्सव मनाया जाता है।

श्रावण मास में यों तो भारत में हर तरफ हरियाली होती है, किंतु केरल में इस दौरान मौसम बहुत ही सुहावना होता है। एक तरफ फसल के पकने की खुशी, दूसरी तरफ

प्रकृति का मनोरम सौंदर्य, ये दोनों मानव में उमंग, उत्साह, ऊर्जा भर देता है। मलयाली समाज की आत्मा में उठ रहे आनंद का प्रतीक है ओणम पर्व। इस प्रसन्नता में श्रावण देवता और फूलों की देवी का पूजन घर-घर होता है। दस दिनों तक फूलों से घर को सजाने का कार्यक्रम, अंत में श्रावण मास की त्रयोदशी को ओणम में मनाकर संपूर्ण होता है। इस समय केरल में चाय, अदरक, इलायची, काली मिर्च और धान की फसल तैयार हो रही होती है। साथ ही नारियल और ताड़ के वृक्षों की छाया में जल से लबालब भरे तालाब भी बहुत सुंदर लगते हैं। कह सकते हैं प्रकृति भी ओणम मनाती है।

❑

अध्याय-19

रक्षाबंधन

यह एक अनूठा पर्व है, जो शायद सिर्फ भारत में ही मनाया जाता है। यह परिवार और विशिष्ट रिश्तों को परिभाषित और भावनात्मक धरातल पर सुदृढ़ करनेवाला एक महत्त्वपूर्ण पर्व है। यह भाई और बहन के पवित्र रिश्तों की गरिमा का त्योहार है। श्रावण पूर्णिमा के दिन बहने अपने भाइयों को रक्षासूत्र बाँधती हैं। इस रक्षासूत्र के नाम पर बाँधे गए एक धागे के टुकड़े की महिमा अपरंपार है, जो दो खून के रिश्ते अर्थात् सगे भाई और बहनों के अतिरिक्त भी किसी स्त्री और पुरुष के बीच बाँधे जाने पर उन्हें भाई-बहन के अद्‍भुत रिश्ते में बाँध देती है। इसमें अपूर्व शक्ति और स्नेह है।

इस पर भारतीय संस्कृति में अनेक लोकथाएँ प्रचलित हैं। श्रीकृष्ण ने युधिष्ठिर को इंद्र और इंद्राणी की कहानी सुनाई थी। कथा अनुसार लगातार राक्षसों से हारने के बाद इंद्र को अपना अस्तित्व बचाना मुश्किल हो गया, तब इंद्राणी ने श्रावण मास की पूर्णिमा के दिन विधिपूर्वक रक्षाकवच इंद्र के दाहिने हाथ पर बाँधा। इसमें इतना प्रताप था कि इंद्र युद्ध में विजयी हुए और यह पर्व मनाने की प्रथा चल पड़ी। जब श्रीकृष्ण ने सुदर्शन चक्र से शिशुपाल का वध किया तब उनकी तर्जनी में चोट आ गई। द्रौपदी ने उस समय अपनी साड़ी फाड़कर उनकी उँगली की पट्टी बाँधी। यह श्रावण मास की पूर्णिमा का दिन ही था। श्रीकृष्ण ने इस उपकार के बदले चीरहरण के समय उनकी साड़ी की लंबाई बढ़ाकर उनकी लाज बचाई थी। यह मात्र कहानी नहीं, इसमें संदेश भी है। परस्पर एक-दूसरे की रक्षा और स्नेह-सहयोग की भावना का पर्व रक्षाबंधन इसी से प्रारंभ हुआ। यह रक्षासूत्र बाँधते समय वचन दिया जाता है। 'येन बद्धो बली राजा दानवेन्द्रो महाबलः, तेन त्वां प्रतिबध्नामि रक्षे मा चल मा चल।' अर्थात् जिस रक्षासूत्र से महान् शक्तिशाली दानवों के महाबली राजा को बाँधा गया था, उसी सूत्र से मैं तुम्हें बाँधता (बाँधती) हूँ, जो तुम्हारी रक्षा करेगा। हे रक्षे (राखी), तुम अडिग रहना, तुम चलायमान मत होना, मत होना,

अपने संकल्प से कभी विचलित न होना। यहाँ राखी एक रक्षासूत्र ही है। कहा जाता है कि यज्ञ में जो यज्ञसूत्र बाँधा जाता था, संकल्प लेने के दौरान, वही आगे जाकर ब्राह्मण द्वारा यजमानों को रक्षासूत्र के रूप में बाँधा जाने लगा। यहाँ ब्राह्मण अपने यजमान से कह रहा है कि जिस रक्षासूत्र से दानवों के राजा बलि धर्म के बंधन में बाँधे गए थे, उसी सूत्र से तुम्हें बाँधता हूँ अर्थात् धर्म के लिए प्रतिबद्ध करता हूँ। इसके उपरांत पुरोहित रक्षासूत्र से कहता है कि हे रक्षे तुम स्थिर रहना स्थिर रहना। यहाँ प्रत्येक रक्षासूत्र में भावार्थ संकल्प का ही है और कामना धर्म स्थापना की है।

यह रक्षासूत्र कन्याओं द्वारा अपने पिता को भी बाँधा जाता है। अपने ईष्ट, बुजुर्ग और समाज के सम्मानित व्यक्ति को भी बाँधा जाता है। यह प्रकृति संरक्षण के लिए पेड़ों को भी बाँधे जाने की परंपरा है। प्राचीन काल में जब स्नातक अपनी शिक्षा पूरी करके गुरुकुल से विदा लेता था तो वह आचार्य का आशीर्वाद प्राप्त करने के लिए उन्हें रक्षा सूत्र बाँधता तो आचार्य भी अपने विद्यार्थी को रक्षासूत्र के बंधन में बाँधता था, जिससे वह अपने ज्ञान के साथ-साथ अपने आचार्य की रक्षा और धर्म से बँधा रहे। रक्षाबंधन पर्व सामाजिक और पारिवारिक एकबद्धता और एकसूत्रता का सांस्कृतिक उपाय है। यह रिश्तों को जोड़ने का महत्त्वपूर्ण कार्य करता है। रक्षाबंधन वास्तव में स्नेह, शांति और रक्षा का बंधन है। विश्वमानव एक-दूसरे को रक्षासूत्र बाँधकर विश्व कल्याण का मार्ग प्रशस्त कर सकता है।

❑

अध्याय-20

श्रीकृष्ण जन्माष्टमी

श्रीकृष्ण द्वापर युग के महानायक। ईश्वर के वरदान। श्रीकृष्ण की संपूर्ण जीवनलीला, उनका दुष्टों से लड़ना, सज्जनों की रक्षा करना, उनकी राजनीतिक क्षमता, सूझबूझ और सबसे महत्त्वपूर्ण गीता के द्वारा विश्व को दिया गया संदेश, उनका कर्मयोग भारतीय संस्कृति की अमूल्य निधि है। प्रत्येक को श्रीकृष्ण के जीवन-चरित्र से प्रेरित होने की आवश्यकता है।

भगवान् श्रीकृष्ण अकेले ऐसे अवतार हैं, जिनके जीवन के हर पड़ाव के अलग रंग हैं। हर उम्र की मुश्किलें और कठिनाई भिन्न हैं। उससे उनका सामना करने की क्षमता भी भिन्न-भिन्न रूपों में प्रकट हुई है। उनका बचपन लीलाओं से भरा पड़ा है तो जवानी रासलीलाओं की कहानी कहती है। एक राजा और मित्र के रूप में वे अद्वितीय हैं। श्रीकृष्ण ही ऐसे देवता हैं, जिन्हें अलग-अलग रूपों में पूजा गया। श्रीकृष्ण में अहंकारहीन स्वभाव तथा निस्स्वार्थ मैत्रीभाव था। अर्जुन और सुदामा इसके श्रेष्ठ उदाहरण हैं। अर्जुन को उत्साहित कर कर्तव्य-पालन में तत्पर करने की दृष्टि से योगेश्वर श्रीकृष्ण ने जो उपदेश दिया, वह महाभारत की सर्वाधिक महत्त्वपूर्ण घटना है। इस अमर उपदेश को महाभारत के रचयिता महर्षि व्यास मुनि ने भगवद्गीता के रूप में ग्रंथित किया। गीता में उन सिद्धांतों की व्याख्या है, जिनके अनुसार व्यक्ति लोक हितकारी जीवन व्यतीत कर सकता है। योग और कर्म की जो व्याख्या श्रीकृष्ण ने गीता में दी है, वह युगों-युगों तक मानवजाति का पथ-प्रदर्शन करती रहेगी। संसार के महान् दर्शनशास्त्रों में गीता का स्थान विशिष्ट है। गीता के बताए पथ पर चलकर ही विश्व का कल्याण संभव है।

गीता का अध्ययन करने पर हर बार नए अर्थ निकलते हैं। यह हर युग के लिए संदर्भित है। श्रीकृष्ण कर्म-पुरुष थे। न्याय-पुरुष भी हैं। उनका प्रकृति-प्रेम सर्वविदित है। गायों से उन्हें विशेष प्रेम था। माखन चोरी के किस्से उनकी बाल लीलाओं का अद्‌भुत

प्रस्तुतीकरण है। देवकी पुत्र को यशोदा ने पाला, इसमें भी संसार को एक संदेश है। उनके द्वारा स्त्री रक्षा के अनेक प्रसंग हैं। श्रीकृष्ण से संबंधित गोवर्धन पूजा में प्रकृति-प्रेम ही है। यह श्रीकृष्ण का विराट् व्यक्तित्व है, जो जन्माष्टमी दुनिया भर में मनाई जाती है। श्रावन माह की कृष्णपक्ष की अष्टमी को श्रीकृष्ण का जन्म हुआ था। जन्माष्टमी की रात्रि को मोहरात्रि भी कहा गया है। इस रात ध्यान, नाम, मंत्र जपने से संसार की मोह-माया से आसक्ति हटती है। इस रात जगने की परंपरा है। क्योंकि उस रात भी तो सभी जागे थे, देवकी-वसुदेव भी और कंस भी। इस दिन के व्रत को व्रतराज कहा गया है।

एक महान् व्यक्तित्व की याद कराने के लिए ही उनके जन्मदिवस को एक पर्व के रूप में मनाने की परंपरा है। आज के युग में श्रीकृष्ण-सा व्यक्तित्व सर्वाधिक अपेक्षित है। राजनीति, सत्ता और शक्तियों का पतन इस हद तक हो चुका है; लोभ, मोह-माया इतना हरेक के सिर पर हावी है, ऐसे में विश्व मानव को कोई चमत्कारी पुरुष ही सर्वनाश से बचा सकता है। ऐसी सनातन आस्था है कि जब-जब असुरों का अत्याचार बढ़ा है और धर्म का पतन हुआ है, ईश्वर ने पृथ्वी पर मानव का अवतार लेकर सत्य और धर्म की स्थापना की है। सनातन जीवनदर्शन यह भी कहता है कि ब्रह्म हम सबके भीतर है, हर आत्मा परमात्मा का ही अंश है, ऐसे में हमें अपने अंदर के श्रीकृष्ण को जाग्रत् करना होगा। कह सकते हैं कि आज का कलियुग अपने श्रीकृष्ण के इंतजार में है।

❑

अध्याय-21

श्राद्ध

आश्विन कृष्णपक्ष के 15 दिन सनातन धर्मियों में पितृपक्ष अर्थात् पितरों के दिन माने जाते हैं। यों तो इस कर्मकांड के पीछे निहित है अपने पितरों के प्रति श्रद्धाभाव को प्रकट करना, अगर हम इसका भी सूक्ष्म विश्लेषण करें तो इसमें भी कहीं-न-कहीं प्रकृति-प्रेम ही है। और साथ है विश्व कल्याण की भावना। शास्त्रों के अनुसार मनुष्य के तीन ऋण कहे गए हैं। देव ऋण, ऋषि ऋण व पितृ ऋण। इसमें पितृ ऋण प्रमुख है और यह सबसे बड़ा ऋण माना जाता है। अब ऋण तो चुकाने के लिए ही होता है। चुकाया भी जाना चाहिए। क्या कभी कोई कर्जदार सुख और शांति का जीवन व्यतीत कर सकता है? नहीं। पितृ ऋण से मुक्ति के लिए ही श्राद्ध किया जाता है। पितरों के निमित्त विधिपूर्वक जो कर्म श्रद्धा से किया जाए, उसी को श्राद्ध कहते हैं।

माना जाता है कि श्राद्ध के उपरोक्त दिनों में पितृलोक के द्वार खुल जाते हैं और पितृजन अपनी संततियों (वंशज=परिवार) को देखने की लालसा के चलते पृथ्वी लोक का विचरण करने लगते हैं। सनातन धर्म में माता-पिता और पूर्वजों को देवों से भी ऊँचा स्थान दिया गया है। धर्मग्रंथों के अनुसार यदि संतान का हृदय अपने पूर्वजों के प्रति स्नेह से भरा हो तो ऐसी संतान की आराधना से देव प्रसन्न हो जाते हैं। अत: इन संस्कारों के द्वारा हम न केवल जीवित माता-पिता, बल्कि मृत पूर्वजों के लिए भी आदरभाव जाग्रत् करते हैं। इससे हम अपने जीवित बुजुर्गों की सेवा करन को प्रेरित होते हैं।

मृत पूर्वजों की उपासना कर पितृ ऋण से मुक्त होने का उपक्रम ही श्राद्ध है। पितरों की संतुष्टि हेतु तथा उनकी अनंत तृप्ति हेतु और उनका शुभ आशीर्वाद प्राप्त करने के लिए प्रत्येक मनुष्य को श्राद्ध करना चाहिए। आखिर हम अपने पूर्वजों की संपत्ति का उपभोग भी तो करते हैं। यही नहीं, उन्होंने हमारा लालन-पालन कर हमें कृतार्थ किया, उससे हम उनके ऋणी हैं। समर्पण और कृतज्ञता की इसी भावना से श्राद्ध पक्ष प्रेरित है।

शास्त्रों के मतानुसार पितृ पक्षों में किए गए कार्यों से पूर्वजों की आत्मा को शांति प्रदान होती है और कर्ता को पितृ ऋण से मुक्ति मिलती है।

वैदिक दर्शन मरणोपरांत के जीवन अर्थात् पूर्वजन्म-पुनर्जन्म की अवधारणा के साथ विकसित हुआ। ऐसी मान्यता रही है कि जीव किसी भी योनि को प्राप्त कर सकता है। अतः पितृत्व के दिनों में न केवल पूर्वज अपितु निराश्रितों तथा समस्त जीवों व योनिधारियों को जलदान करने का विधान है। इसी कर्मकांड को तर्पण कहा जाता है। तृप्ति के लिए ही तर्पण किया जाता है। जन्म व मृत्यु का रहस्य अत्यंत गूढ़ है। वेदों और दर्शनशास्त्र में इस पर विस्तृत विचार है। सरल शब्दों में जन्म और मृत्यु प्रकृति का चक्र है। जहाँ आत्मा अर्थात् ऊर्जा कभी नष्ट नहीं होती। इस आत्मा की तृप्ति किसी पदार्थ, सामान, वस्तु आदि से नहीं हो सकती बल्कि विचार, भावना, चेतना के स्तर पर श्रद्धाभाव से ही उन्हें तृप्त किया जा सकता है।

श्राद्ध शब्द श्रद्धा से ही बना है तो श्रद्धा का श्राद्ध में अनिवार्य व प्रधान तत्त्व होना स्वाभाविक है। वैसे भी अपने पितरों-पूर्वजों के प्रति श्रद्धा होनी भी चाहिए। यों तो पुराणों के अनुसार श्राद्ध की वस्तुएँ सुनिश्चित की गई हैं, लेकिन श्राद्ध में सामग्री प्रधान नहीं, श्रद्धा ही प्रधान है। अपनी क्षमता अनुसार सामग्री आदि देना अर्थात् अपने आप में त्याग, बलिदान की भावना को जाग्रत् करना मात्र है। यहाँ देने की प्रवृत्ति विकसित करके ही विश्व मानव का कल्याण संभव है। जिसके पास कुछ भी नहीं, सामान और समय भी नहीं, वह भी आकाश की ओर हाथ उठाकर नमन करते हुए श्राद्ध पूरा कर सकता है। इस तरह श्राद्ध के द्वारा दानशीलता, त्याग, परोपकार, श्रम और ममत्व के भाव जागते हैं। श्राद्ध के द्वारा अप्रत्यक्ष रूप से माता-पिता को सर्वोपरि स्थान प्राप्त होता है। अंततः यह अनेक पीढ़ियों को एक परिवार के रूप में बाँधने का काम करता है। जब परिवार संगठित और खुशहाल होगा तो समाज भी समृद्ध होगा। जहाँ समाज समृद्ध होगा, वहाँ विश्व मानव का कल्याण होगा।

श्राद्ध वसुधैव कुटुम्बकम् की भावना का पोषक है। क्योंकि श्राद्धीय तर्पण में न केवल ब्रह्मांड के सभी जीवों के लिए अपितु नदी, पर्वत, सागर, वनस्पति और ओषधि के लिए भी जलदान अनिवार्य माना गया है। श्राद्ध का एक उद्देश्य श्वान (कुत्ता), काक (कौआ), चींटी आदि जीवों की रक्षा हेतु प्रेरित किया जाना भी है। तर्पण के द्वारा हम पर्यावरण व जीवों के प्रति अपने दायित्व के लिए सजग भी हो जाते हैं। इसीलिए सुबह स्नान फिर पितरों का श्राद्ध और फिर जलदान और अन्नदान करके देवताओं का तर्पण करते हैं। पक्षी-पशु को भोजन देते हैं। श्राद्ध पक्ष का आरंभ सावन-भादों की समाप्ति के बाद आता है। सावन-भादों अर्थात् वर्षा ऋतु। बरसात में वर्षा का जल अपने साथ गंदगी को लेकर नदियों में समा जाता है, जिसके कारण जलीय जीव-जंतुओं का प्राकृतिक

भोजन या तो नष्ट हो जाता है या फिर बहकर समुद्र में पहुँच जाता है। चारों तरफ की गंदगी नदी में पहुँचने से वह प्रदूषित हो जाती है। उसे शुद्ध करने के लिए जलचर जीवों की वृद्धि आवश्यक है और यह तभी संभव है, जब वहाँ प्रचुर मात्रा में उनका भोजन हो, इसलिए हमारे ऋषियों ने नदियों में पिंडदान करने की परंपरा को संस्कृति का हिस्सा बना दिया। कौओं को भोजन देने के पीछे भी यही कारण है, क्योंकि वर्षा काल में कौओं और अन्य का भोजन नष्ट या प्रदूषित हो जाता है। कौवे अपशिष्ट पदार्थों का भक्षण करनेवाले पक्षी होने के कारण इनका अधिक-से-अधिक होना हमारे लिए ही उपयोगी है। इनके द्वारा प्रकृति का चक्र पूरा होता है और वातावरण शुद्ध तथा स्वच्छ बना रहता है। इस तरह से हम श्राद्ध के द्वारा प्रकृति के संरक्षण और संतुलन का काम करते हैं। विज्ञान तो कोई उपाय नहीं सुझा पा रहा, जबकि सनातन ऋषियों ने प्राकृतिक व्यवस्था सदियों पहले कर दी थी। यह है श्राद्ध का प्रकृति पक्ष।

श्राद्ध पर व्यक्ति जिन परिस्थितियों में भी हो, उसी के अनुरूप श्राद्ध कर्म संपन्न किया जाना चाहिए। यह गरीबों, बेसहारा, बीमार, वृद्धों की सेवा करके उन्हें भोजन देकर, उनके साथ दो पल बिताकर और कुछ नहीं तो आसपास के किसी पेड़-पौधे पर जल चढ़ाकर भी श्राद्ध किया जा सकता है। यह भी नहीं कर सकते तो अपने मन में श्रद्धा के भाव ही जाग्रत् कर लें, श्राद्ध मान लिया जाएगा।

सच कहें तो इस महान् सभ्यता और समृद्ध संस्कृति को नमन, जो संपूर्ण ब्रह्मांड को एक परिवार मानने की शिक्षा देती है और मरणोपरांत भी श्रद्धा भाव रखने के लिए प्रेरित करती है। इन संस्कारों को हर एक के जीवन में स्थापित करने के लिए सतत प्रयत्नशील रहना सनातन परंपरा को विशिष्ट बनाता है।

❑

अध्याय-22

1. नवरात्रे

नवरात्रि का अर्थ नौ रातें। इन नौ रातें और दस दिन के दौरान शक्ति-देवी के नौ रूपों की पूजा की जाती है और दसवें दिन दशहरा पर्व होता है। तीन देवियों महालक्ष्मी, महासरस्वती और दुर्गा के नौ स्वरूप को ही नवदुर्गा कहा जाता है। यह पापों की विनाशिनी हैं। शास्त्रों के मतानुसार नवदुर्गा नौ विशिष्ट औषधियों में विराजमान हैं। दुर्गा का मतलब ही है दुख को हटानेवाली। दुःखों को हरनेवाली। शक्ति की उपासना का पर्व, शारदीय नवरात्र, प्रतिपदा से नवमी तक निश्चित नौ तिथि, नौ नक्षत्र, नौ शक्तियों के साथ सनातन काल से मनाया जाता रहा है। नवरात्रि के दौरान शक्ति, धन, समृद्धि और ज्ञान की प्राप्ति के लिए देवी के विभिन्न रूपों की पूजा की जाती है। श्रीराम ने शारदीय नवरात्र की पूजा समुद्र तट पर की और दसवें दिन लंका पर विजय प्राप्त की। इस त्योहार को महिषासुर वध से भी जोड़ा जाता है।

नवरात्रि भारत में अलग-अलग तरह से मनाई जाती है। गुजरात में डांडिया और गरबा के रूप में मनाया जाता है। यह देवी की आराधना में भक्तिनृत्य है। पश्चिम बंगाल में तो दुर्गा पूजा मुख्य त्योहार है। यह दक्षिण में मैसूर में विशेष रूप से मनाई जाती है।

नवरात्रि वर्ष में चार बार क्रमशः चैत्र, आषाढ़, आश्विन और माघ की शुक्ल पक्ष की प्रतिपदा से नवमी के बीच आता है। इन चार में दो प्रमुख हैं, एक वसंत और दूसरा शरद ऋतु से संबंधित। यह इसका प्राकृतिक महत्त्व है, जो अप्रत्यक्ष रूप से परंपरा का हिस्सा बना। नवरात्रि वसंत की शुरुआत और शरद ऋतु की शुरुआत का संदेश लेकर आती है। जलवायु और सूर्य के स्थान का परिवर्तन और उनके प्रभावों को प्रदर्शित करने का पर्व है। यह दो ऋतुओं का संगमकाल भी है। चौमासे में जो कार्य स्थगित थे, उनके आरंभ करने का यह समय है। नवरात्रि पर्व, माँ दुर्गा की अवधारणा और शक्ति की पूजा, यह शुभकाल है। यह पूजा वैदिक काल से पूर्व प्रागैतिहासिक काल से चली आ

रही है। नवरात्रि के दौरान उपवास स्वास्थ्य और समृद्धि के संरक्षण के लिए रखते हैं। अधिकांश भक्त इस दौरान मांस या अन्य तामसिक भोजन नहीं करते। नवरात्रि मौसम परिवर्तन का काल है। इस दौरान शरीर की पाचनशक्ति कमजोर होती है। शरीर की अपनी ऊर्जा ऋतु-परिवर्तन के अनुकूल बनाने में लगी होती है। ऐसे में गरिष्ठ भोजन से बचना स्वास्थ्य के लिए हितकारी है। उपवास के दौरान हम अपने शरीर का शुद्धीकरण कर लेते हैं। उपवास शरीर में पड़े अपच भोज्य को नष्ट करके अंदर से हमें स्वच्छ करता है। नौ दिन तक उपवास अर्थात् यह हमारे आत्मबल को भी बढ़ाता है। इस दौरान भक्त अन्य बुरी लतों से बचने का संकल्प लेते हैं। इस तरह से यह पर्व जन-जन के आत्म-निरीक्षण और शुद्धि का पर्व बन जाता है। यह हमारी नकारात्मकता को समाप्त कर हमें सकारात्मक बनाता है, जो आज के युग के लिए अति आवश्यक है।

2. विजयादशमी

यह विजय का पर्व है। यह अधर्म पर धर्म की जीत का उत्सव है। यह असत्य पर सत्य की स्थापना का दिन है। यह नौ दिन तक तप करने के बाद दसवें दिन अपनी इंद्रियों पर नियंत्रण कर लेने की खुशी में मनाया जानेवाला त्योहार है। जिस प्रकार माता सरस्वती की पूजा विद्या और बुद्धि के लिए की जाती है, ठीक उसी प्रकार विजयादशमी में माता दुर्गा की पूजा शक्ति और साहस के लिए करने की परंपरा है। किसी भी राष्ट्र, समाज और सभ्यता के सर्वोन्मुखी विकास के लिए विद्या और शक्ति दोनों ही आवश्यक है। विजयादशमी में कई तरह की पूजा का विधान है, नवरात्र पूजा, दुर्गापूजा, शस्त्र पूजा। जहाँ इन तीनों का संबंध 'शक्ति' से है, वहीं अतीत में देवी ने दुष्ट-दानवों का वध करके सामान्य जन और धरती को अधर्मियों से मुक्त किया था। यही संदेश है इस पर्व का।

पुराण में विजयादशमी की चर्चा अनेक रूप में मिलती है। कहा जाता है कि इसी दिन श्रीराम ने दुर्गा की पूजा करके आततायी रावण पर विजय प्राप्त की थी। बंगाल के लोकमत के अनुसार आसुरी शक्तियों का संहार कर इसी दिन माँ दुर्गा कैलास पर्वत की ओर चली गई थीं। माता दुर्गा द्वारा महिषासुर वध से भी इस पर्व को जोड़ा जाता है। कहा तो यह भी जाता है कि इसी दिन देवराज इंद्र ने महादानव वृत्तासुर का वध किया था और देवलोक की रक्षा की थी। एक धारणा है कि इसी दिन पांडवों ने द्रौपदी का वरण (चुनाव) किया था। एक मान्यता यह भी है कि नवरात्रि में माँ अपने मायके आती हैं और दसवें दिन उनकी विदाई है।

इसे दशहरा के नाम से भी जानते हैं। इसके पीछे तर्क है कि महाविधाओं और

इंद्रियों की संख्या दस ही है तथा दुर्गा की आराधना और उपासना करके इन दसों महाविधाओं और इंद्रियों पर विजय प्राप्त की जा सकती है। कुछ लोग इसे दशहरा इसलिए कहते हैं कि रावण के दस मुख थे, जिसका गर्व हरण भगवान् श्रीराम ने इसी दिन किया था। अर्थात् दस पापों को हरने के कारण इस दिन का नाम दशहरा पड़ा।

विजयादशमी का पर्व आश्विन शुक्ल दशमी को होता है। नवरात्रि व विजयादशमी के अवसर पर भारत के गाँव-गाँव व नगर-नगर रामचरितमानस के नाट्य रूप का मंचन होता है, जिसे 'रामलीला' के नाम से हम जानते हैं। इसके माध्यम से समाज में अच्छे-बुरे प्रसंग की चर्चा होती है और हर नई पीढ़ी को संदेश मिलता है। धर्म और कर्तव्य की प्रेरणा मिलती है। यह शक्तिपूजा का पर्व है। यह इस बात का प्रमाण है कि सनातन संस्कृति वीरता की पूजक और शौर्य की उपासक है। मगर यह वीरता सिर्फ दुष्टों के लिए है। संदेश के रूप में देखें तो यह अपने अंदर की नकारात्मकता, जैसे काम, क्रोध, लोभ, मोह, अहंकार, आलस्य और हिंसा पर भी विजय का पर्व है। विजयादशमी का दिन शुभ माना जाता है। इस दिन लोग नया काम प्रारंभ करते हैं, जैसे अक्षर लेखन, अर्थात् विद्यारंभ, नया व्यवसाय-उद्योग, बीज बोना। ऐसी मान्यता है कि जो कार्य इस दिन आरंभ किया जाता है, उसमें सफलता प्राप्त होती है। पुराने समय में राजा-महाराजा इसी दिन रणयात्रा के लिए प्रस्थान करते थे। सदियों से इस दिन रावण दहन होता है। बंगाल में स्त्रियाँ देवी के माथे पर सिंदूर लगाती हैं और देवी को विदाई करती हैं, फिर आपस में सिंदूर खेलती हैं। एक-दूसरे को सिंदूर लगाकर पर्व मनाया जाता है। नारी का त्योहार, नारी के द्वारा, नारी के लिए। मैसूर की तरह हिमाचल में कुल्लू का दशहरा विश्व प्रसिद्ध है। स्त्रियाँ-पुरुष नए वस्त्र पहनकर, अपने वाद्य, तुरही, बिगुल, ढोल, नगाड़े, बाँसुरी बजाते हुए, पहाड़ी ग्रामीण देवता का धूमधाम से जुलूस निकालकर पूजा करते हैं। बस्तर में दशहरे पर माँ दंतेश्वरी की आराधना करते हुए स्थानीय पर्व मनाया जाता है। माँ दंतेश्वरी भी दुर्गा का ही रूप हैं। दक्षिण भारत में माँ दुर्गा और माता चामुंडेश्वरी की पूजा की जाती है, जिन्होंने चामुंडा की पहाड़ियों पर असुरों का नाश किया था। कश्मीर में लोग स्थानीय खीर भवानी के दर्शन के लिए जाते हैं।

सनातन के अन्य त्योहारों की तरह ही दशहरे का भी प्राकृतिक दृष्टिकोण है। भारत कृषिप्रधान है तो यहाँ हर पर्व का कृषि-प्रकृति से सीधा संबंध होता ही है। सीधे-सीधे कहें तो यह कृषि का उत्सव है। इसी दिन आमजन अपने खेत से अनाज रूपी संपत्ति घर लाता है। इस प्रसन्नता के लिए वो ईश्वर का धन्यवाद करता है और उसे प्रकट करने के लिए पूजन करता है। इस समय तक वर्षा समाप्त हो चुकी होती है, नदी की बाढ़ भी थम जाती है और आवागमन प्रारंभ हो जाता है। प्रकृति के परिवर्तन के साथ तालमेल

बिठाते हुए नौ दिन के उपवास के बाद, यह हर्ष-उल्लास, आनंद मनाने का पर्व है। दशहरा मौसम परिवर्तन का प्रतीक है। इस दिन से सर्दियों की शुरुआत होती है। इस समय खरीफ की कटाई होती है। और आनेवाली दीवाली के बाद रबी की बुआई करने की तैयारी शुरू कर दी जाती है। सनातन, जीवन के हर घटनाक्रम को उत्सव के रूप में मनाकर उसके हर पक्ष को सुदृढ़ करते हुए परंपराओं को प्रभावी बनाता है।

❑

अध्याय-23

1. दीपावली

धनतेरस, नरक चतुर्दशी, दीपावली-लक्ष्मीपूजा, गोवर्धन पूजा-अन्नकूट, भाईदूज।

दीपावली—दीवाली अर्थात् दीपों की पंक्ति-शृंखला या दीपों की माला। कार्तिक अमावस्या की रात जब चारों ओर घनघोर अंधकार होता है, तब यह त्योहार मनाया जाता है। यह अंधकार पर प्रकाश की विजय का पर्व है। इसीलिए इसे दीपोत्सव-प्रकाश पर्व भी कहा जाता है। दीपावली के पाँच दिवसीय महोत्सव के प्रमुख दिन को धन और समृद्धि की देवी लक्ष्मी से जोड़ा जाता है। इस दिन लक्ष्मी पूजन की विशेष परंपरा है। ऐसी मान्यता है कि दीवाली देवी लक्ष्मी का जन्मदिवस है। इस पर्व का उल्लेख उपनिषदों में भी मिलता है। गरमी की फसल के बाद के त्योहार के रूप में इसका पुराणों में भी वर्णन मिलता है। अनेक विदेशी यात्री-इतिहासकारों ने इस पर विस्तार से लिखा है।

यह आम धारणा है कि श्रीराम जब लोकपीड़क रावण का संहार कर वापस अयोध्या लौटे थे, तब सभी नगरवासियों ने इस घटनाक्रम को चिरस्मरणीय बनाने के लिए घर-घर दीप जलाया। इस त्योहार के संदर्भ में यह भी कहा जाता है कि इसी दिन भगवान् विष्णु ने नृसिंह अवतार लेकर हिरण्यकशिपु का वध कर भक्त प्रह्लाद की रक्षा की थी। इसी दिन भगवान् विष्णु के पाँचवें अवतार वामन अवतार ने देवी लक्ष्मी को राजा बलि से मुक्त करवाया था। कुछ लोग इसे विष्णु की बैकुंड वापसी के रूप में मनाते हैं, इसीलिए लक्ष्मी इस दिन प्रसन्न होती है। एक मान्यता यह भी है कि श्रीकृष्ण ने राक्षसों के राजा नरकासुर जैसे आततायी का वध किया था तथा उसके कारागार में बंदी सोलह हजार कन्याओं का उद्धार किया था। तब नगरवासियों ने दीपों को जलाकर अपने आनंद और उल्लास को प्रकट किया था। महाभारत के अनुसार कार्तिक अमावस्या को पांडव अपना 12 साल का वनवास एवं एक वर्ष का अज्ञातवर्ष काटकर वापस आए थे, जो कि उन्हें कौरवों से चौसर में हारने के परिणामस्वरूप मिला था। यह पांडवों की वापसी का प्रतीक

है। आज ही के दिन भारत के महान् राजा विक्रमादित्य का राज्याभिषेक हुआ था। जैन धर्मावलंबियों का मानना है कि इसी दिन जैनधर्म के चौबीसवें तीर्थंकर महावीर स्वामी पृथ्वी पर अपनी ज्योति फैलाकर महाज्योति में विलीन हो गए थे। आज ही के दिन आर्य समाज के संस्थापक स्वामी दयानंद सरस्वतीजी ने अवसान लिया। मोक्ष प्राप्त किया। तीसरे सिख गुरु अमरदासजी ने दीवाली को एक विशेष दिवस के रूप में संस्थागत किया था, जिसमें सभी श्रद्धालु गुरु से आशीर्वाद लेने पहुँचे। दीवाली के दिन ही अमृतसर में हरिमंदिर साहिब (स्वर्ण मंदिर) का शिलान्यास किया गया था। इस तरह समय के साथ दीपपर्व का महत्त्व और बढ़ता चला गया।

इस पर्व की सबसे बड़ी विशेषता है कि यह पर्व अकेले नहीं आता बल्कि अपने साथ अनेक पर्व और संस्कृतियों के समागम का अनुभव भी लाता है। सबसे पहले दिन धनतेरस का त्योहार आता है। धनतेरस अर्थात् घर के लिए धन का आना। इस दिन बरतन-चाँदी-सोना आदि खरीदना शुभ माना जाता है। इस त्रयोदशी पर्व को धनतेरस का यमदीप जलाया जाता है। मान्यता है कि मृत्युदेवता यमराज अकाल मृत्यु से उनकी रक्षा करेंगे। इसी दिन धन्वंतरि जयंती भी मनाई जाती है। धन्वंतरि देवताओं के चिकित्सक हैं। इनका पूजन अर्थात् जनमानस के लिए स्वच्छता का पूजन है। भगवान् धन्वंतरि से स्वास्थ्य की कामना, इससे बड़ा धन क्या हो सकता है।

अगले दिन छोटी दीपावली होती है। चतुर्दशी को नरक चतुर्दशी का त्योहार मनाया जाता है, जिसका पारंपरिक अर्थ है कि नरकासुर का वध। दूसरा महत्त्वपूर्ण अर्थ है, नरक अर्थात् गंदगी और रोग का अंत। यही कारण है कि दीपावली में घर की साफ-सफाई, लिपाई-पोताई की जाती है। दीपावली के मुख्य दिन पर लक्ष्मी और गणेश की विशेष पूजा होती है। भगवान् गणेश सभी देवों में प्रथम पूजनीय हैं। यही कारण है, जो लक्ष्मी के साथ गणेश की पूजा की जाती है। लक्ष्मी पूजन सभी इच्छाओं की पूर्ति करने की कामना का पर्व है। इसके अगले दिन गोवर्धन पूजा की जाती है, जिस दिन श्रीकृष्ण ने ब्रजवासियों को इंद्र के प्रकोप से बचाया था। इस दिन लोग अपने गाय-बैलों को सजाते हैं तथा गोबर का पर्वत बनाकर पूजा करते हैं।

पाँचवें दिन भैयादूज का त्योहार मनाया जाता है। इसे यम द्वितीया भी कहते हैं। इस दिन बहन-भाई की आरती उतारकर तिलक लगाकर मंगल कामना करती है। छह दिन बाद छठ की पूजा होती है, जिस दिन नदी-तालाब में खड़े होकर सूर्य की पूजा होती है।

दीपावली को मनाने के पीछे अनेक पौराणिक, सांस्कृतिक, धार्मिक और जनसंस्कृति की परंपरा के साथ प्राकृतिक कारण भी हैं। प्राचीन काल से कार्तिक माह की मुख्य फसल के त्योहार के रूप में इसे जाना जाता रहा है। फसल अर्थात् लक्ष्मी। यहाँ ध्यान देनेवाली विशिष्ट बात है कि जब तक सनातन संस्कृति में फसल अर्थात् अन्न

को लक्ष्मी-धन माना जाता रहा, संस्कृति समृद्ध थी, जब से भौतिक विलास (अन्न के अतिरिक्त बातों) को धन माना जाने लगा हमारा पतन शुरू हुआ। अंत में जो हमें इस हाल में ले आया। आजकल की दीवाली अब सनातन लक्ष्मी का पर्व नहीं रहा, अब यह भौतिक कलियुगी धन के फेर में पड़कर विनाश की ओर अग्रसर है।

सनातन संस्कृति में अपने मूल रूप में दीवाली का वर्णन पद्मपुराण और स्कंद पुराण में है। दीप को स्कंद पुराण में सूर्य का प्रतिनिधित्व करनेवाला माना गया है। सूर्य जो समस्त जीव-जंतु के लिए प्रकाश और ऊर्जा का स्रोत है। वहीं सूर्य कार्तिक माह में अपनी स्थिति पृथ्वी के सापेक्ष बदलता है। हिंदुओं का ये प्रमुख त्योहार, विभिन्न क्षेत्रीय मिथक, किंवदंतियों और मान्यताओं के कारण अनेक रूप लेता है, मगर यहाँ कर्मकांड महत्त्वपूर्ण नहीं बल्कि इन सबके पीछे हिंदू दर्शन को समझना होगा। और वह है भीतर के प्रकाश का जश्न। स्वच्छता का पर्व। किसान की प्रमुख फसल आने की खुशी में मनाया जानेवाला उत्सव। यह तन और मन को दीप की तरह प्रज्वलित करने का महान् पर्व है, जो विज्ञान के युग में आध्यात्मिक कम व्यावसायिक अधिक हो गया है।

2. गोवर्धन पूजा

दीवाली के अगले दिन, अर्थात् कार्तिक शुक्ल पक्ष की प्रतिपदा के दिन गोवर्धन पूजा की जाती है। इसे अन्नकूट के नाम से भी जाना जाता है। गोवर्धन में गोधन, यानी गाय की पूजा। यह लोकजीवन का एक महत्त्वपूर्ण पर्व है। यहाँ मानव का प्रकृति के विशिष्ट जीव (गाय) के साथ सीधा संबंध बनाया जाता है। वैसे इस पर्व से संबंधित अपनी एक लोककथा और मान्यता है। लेकिन मूल रूप से यह गायों के साथ उनके महत्त्व को प्रदर्शित करने के लिए है। गोवर्धन का संबंध श्रीकृष्ण से है और श्रीकृष्ण गोपाल भी कहलाते हैं। वे गोकुल निवासी हैं। श्रीकृष्ण के जीवन में गोमाता का क्या स्थान रहा होगा, उसके लिए ये वर्णन ही काफी है। सनातन परंपरा और शास्त्रों के अनुसार गाय गंगा की तरह पवित्र है और मानव जीवन के लिए परम उपयोगी भी। इसलिए गाय को लक्ष्मी का स्वरूप कहा गया है। यह समृद्धि लाती है। लक्ष्मी देवी जिस तरह धन-धान्य संपत्ति और समृद्धि लाती है, वैसे ही गोमाता से दूध और दूध से अनेक भोज्य व्यंजन तथा गाय से बछड़ा, जो फिर खेत में काम आता है। गाय के गोबर से लेकर मूत्र की चर्चा हम पहले ही कर चुके हैं और गोमाता क्यों आदरणीय और पूजनीय है, इसके बारे में विस्तार से जान चुके हैं। आज का दिन विशेष रूप से उनके लिए सनातन संस्कृति में परंपरागत ढंग से रखा गया है। आज के दिन उनके प्रति श्रद्धा प्रकट करने की यह विशिष्ट परंपरा है।

लोककथाओं में मूसलधार वर्षा में श्रीकृष्ण द्वारा ब्रजवासियों के बचाने के लिए

गोवर्धन पर्वत उठाने का दिन माना जाता है। यह इंद्र के अहंकार को तोड़ने का पर्व है। इसके द्वारा मानव समाज को स्पष्ट संदेश है। तब से गोवर्धन पूजा करके अन्नकूट उत्सव मनाने की परंपरा रही है। इस दिन गाय-बैल के स्नान, फूलमाला, रंग डालकर गुड़-चावल खिलाया जाता है। गोबर के गोवर्धन की पूजा की भी परंपरा है। अन्नकूट एक तरह से सामूहिक भोजन का आयोजन है। पूरा परिवार/वंश एक जगह बनाई गई रसोई से भोजन करता है। इसमें चावल, बाजरा, साबुत मूँग तथा सभी सब्जियाँ एक जगह मिलाकर बनाई जाती है। मंदिरों में भी अन्नकूट का प्रसाद ही बँटता है। आज ही के दिन भगवान् विश्वकर्मा की पूजा भी होती है। अर्थात् सभी कल-कारखाने बंद होते हैं। आधुनिक मशीनों-उपकरणों की भी पूजा की जाती है। इस दृष्टि से भी देखें तो सनातन कमाल की संस्कृति है।

❑

अध्याय-24

शरद पूर्णिमा

हमारी संस्कृति में प्राचीनकाल से सूर्य व चंद्रमा को देवताओं के रूप में स्वीकार करके उनकी पूजा की जाती रही है। तारों को ऋषियों का उच्च स्थान दिया गया है। ग्रहों-नक्षत्रों में चंद्रमा शांति और शीतलता का प्रतीक माना जाता है। वैदिक और पौराणिक साहित्य में चंद्रमा के अनेक प्रसंग हैं। चंद्रमा अपने सौंदर्य एवं निर्मलता के लिए साहित्यिक उपमाओं का आधार भी रहा है। संस्कृत साहित्य में चंद्र का विशेष स्थान है। कालिदास एवं अन्य कवियों की रचनाओं में इनके विविध प्रभावों का वर्णन है। प्रकृति वर्णन और उसके मानवीय मन पर प्रभाव को चित्रित करने में संस्कृत कवियों को महारत हासिल थी। चंद्रमा के प्रति धार्मिक भावनाएँ भी उच्चकोटि की हैं। हमारे अनेक व्रत और पर्व चंद्रमा आधारित हैं। चंद्र की पूजा, नारियों के लिए अपनी मनोकामना के पूर्ण होने का माध्यम है। चंद्रमा वैसे भी प्रेम का आधार रहा है।

ज्योतिष शास्त्रानुसार शरद पूर्णिमा के दिन चंद्रमा अपनी पूर्ण सोलह कलाओं के साथ अवतरित होता है। इस दिन चंद्रमा पृथ्वी के बेहद करीब आ जाता है। इस रात आकाश साफ होता है। ऐसी मान्यता है कि इस दिन चाँद अमृतवर्षा करता है, जिससे बहुत-सी बीमारियों का नाश होता है। इसलिए चाँद की छाँव में रात्रि जागरण का आयोजन होता है और खीर बनाकर चाँदनी में रखने का विधान है। खान-पान पर इसका सकारात्मक प्रभाव माना जाता है। विशेषकर चाँदनी में रखी गई खीर का स्वाद दोगुना हो जाता है। इसकी मिठास असामान्य रूप से विशिष्ट हो जाती है। वैज्ञानिक इसे अब चाहे जो नाम दें, लेकिन हम सदियों से जानते हैं कि दुग्ध में अमृत तत्त्व होता है, यह चंद्र किरणों से अधिक मात्रा में शक्ति को शोषित कर सकता है। चावल के अपने विशिष्ट गुण होने के कारण यह प्रक्रिया और आसान हो जाती है। इसी कारण शरद पूर्णिमा की रात घर के बाहर खीर रखने की परंपरा है। इस रात्रि को रात 10 से 12 बजे कम वस्त्रों

में खुले में घूमने पर अतिरिक्त ऊर्जा प्राप्त होती है। ऐसी लोककथा है कि रावण शरद पूर्णिमा की रात किरणों को अपनी नाभि में ग्रहण करके पुनर्यौवन शक्ति प्राप्त करता था। इस पौराणिक कथा की व्यावहारिकता पर बहस करना व्यर्थ है, इसके द्वारा दिया गया संदेश महत्त्वपूर्ण है। हम कहानी के चित्रण पर उलझकर उसके अंदर छिपे ज्ञान से वंचित होने लगे हैं। यह पश्चिमी शिक्षा पद्धति के दुष्परिणाम हैं।

शरद पूर्णिमा ऋतु-परिवर्तन का भी प्रतीक है। इस दिन से वर्षाऋतु की समाप्ति और शरद का प्रारंभ माना जाता है। इसका संबंध हमारी कृषि से बेहद निकट का है।

शरद पूर्णिमा अश्विन मास के शुक्ल पक्ष की पूर्णिमा को कहते हैं। शरद पूर्णिमा से ही व्रत-स्नान प्रारंभ हो जाता है। शरद पूर्णिमा को रास पूर्णिमा भी कहते हैं। इसी दिन कौमुदी व्रत भी रखा जाता है। इसी दिन श्रीकृष्ण ने महारास रचाया था। शरद पूर्णिमा से जुड़ी अनेक प्रचलित लोककथाएँ हैं, जो अपने संदेश देते चलती हैं। आवश्यकता है हर पौराणिक कथाओं में छिपे ज्ञान को जन-जन तक पहुँचाने की। दुर्भाग्यवश सनातन संस्कृति भी कर्मकांड में अधिक फँसती चली जा रही है और उस पर बाजार के व्यवसायीकरण का प्रभाव है, जो मानव को प्रकृति के नजदीक जाने से वंचित कर रहा है। शरद पूर्णिमा की रात कोजागरा भी कहा जाता है। कोजागरा का मतलब ही है—कौन जाग रहा है। शास्त्रों के अनुसार जो इस रात जागकर चंद्रमा पूजना करता है, वह समृद्ध होता है। जो रात को जागेगा, वह चाँद के प्रकाश के संपर्क में आएगा ही और लाभान्वित भी होगा। मगर हमारे आधुनिक जीवन ने इन परंपराओं से दूर कर हमें इसके द्वारा मिलनेवाले लाभों से भी दूर कर दिया।

❑

अध्याय-25

सरहुल

यह हमारे आदिवासी समाज का पर्व है। आदिवासी समाज हमारे ही बीच का वह वर्ग है, जो आज भी नगरीय समाज से दूर जंगल से सटे हुए इलाकों में रहकर अपना जीवन व्यतीत कर रहा है। यह भौतिक व उपभोक्तावादी विकास से दूर अपनी जिंदगी में अब भी मस्त जीवन जी रहा है। और कई अर्थों में बेहतर जी रहा है। ये प्रकृति के नजदीक है। आदि संस्कृति के साथ है। इनकी सबसे बड़ी विशेषता सामूहिकता है, अर्थात् जीवन के लगभग सभी उत्सव सामूहिक रूप से मनाए जाते हैं। ये अपने विचार और मानसिकता में खुले जीवन के समर्थक होते हैं। तथाकथित शहरी सभ्य समाज इनकी चाहे जितनी आलोचना करे, लेकिन ये प्रकृति के साथ हैं, इसलिए स्वस्थ, स्वतंत्र और सुखी हैं।

कृषि आधारित सभ्यता के समानांतर जंगल में भी एक संस्कृति पनपी और विकसित होती चली गई। कालांतर में इन्होंने भी कृषि को तो स्वीकारा मगर नगरीय सभ्यता के अन्य पैमानों से खुद को दूर ही रखा। यह उनका अपना चुनाव था। मगर आज जहाँ हम खड़े हैं वहाँ से हम इनसे सीख ले सकते हैं, जबकि बाजार की शक्तियाँ इनको हमारी तरह उपभोगवादी बनाने पर तुली हैं।

इन आदिवासियों के भी पर्व और उत्सव हैं। मगर इसमें वे स्वाभाविक रूप से प्रकृति के अधिक नजदीक मिलेंगे। यह हम इस एक त्योहार के माध्यम से देख-समझ सकते हैं। सरहुल आदिवासी समाज का प्रमुख त्योहार है। यह प्रकृति पर्व पूरे हर्षोल्लास के साथ मनाया जाता है। यह प्राकृतिक भव्यता का पर्व है। यह वसंत ऋतु के सखुआ फूल के खिलने से प्रारंभ हो जाता है। यह नए साल की शुरुआत है। यों तो सरहुल विशेष रूप से उराँव नामक जनजाति का त्योहार है, लेकिन इसे अन्य आदिवासी जनजातियाँ अपनी-अपनी भौगोलिक और सांस्कृतिक स्थितियों के अनुसार मनाती हैं। इस समय

पेड़-पौधों पर नई पत्तियाँ आ रही होती हैं। यह उनके स्वागत का उत्सव है। इसमें वृक्षों और अन्य प्रकृति के तत्त्वों की पूजा की जाती है। इस दिन विशेष रूप से 'साल' की पूजा होती है। इसी से इसका नाम सरहुल पड़ा। यह त्योहार धरती को समर्पित है। यह मूलत: कृषि आरंभ करने का त्योहार है, जहाँ पवित्र कुंज की पूजा की जाती है। साफ-सफाई, घर की लीपा-पोती, दीवार पर आकृतियाँ और फिर सामूहिक नृत्य के द्वारा उत्सव को उल्लास से मनाना। दूर-दूर से घर की ओर परिवार के सदस्यों का आना, अर्थात् परिवार का आपस में मिलना। यह वसंत से संबंधित है और आमतौर पर चैत्र मास में मनाया जाता है। इसी समय कृषि कार्य प्रारंभ होता है। इस दौरान गाँव के देवता की पूजा की जाती है, जिन्हें ये अपना रक्षक मानते हैं। इसके बाद घंटों खा-पीकर मस्त होकर खूब नाचना-गाना होता है। नगाड़े, मृदंगी और बाँसुरी पर थिरका जाता है। कुछ लोगों द्वारा व्रत भी रखा जाता है। इनके पूजन की भी अपनी विशिष्टता है। पूजा के मंत्र के समय पारंपरिक ढोल बजाए जाते हैं। यह सब प्रकृति के नवजीवन के आगमन पर खुशी व्यक्त करने का उपक्रम है।

यह आदिवासियों का वसंत उत्सव है। जहाँ जीवन में उल्लास-ही-उल्लास है, सुख-ही-सुख है। इस उत्सव को देखकर कोई भी कह सकता है कि इनके जीवन में न दुख है, न शोक है, न रोग है, न बुढ़ापा है, न उद्वेग है और न ही मृत्यु का भय है। जो कुछ है, बस इस मिट्टी के जीवन में है, जिसका हर पल भरपूर जी लेना है। मगर सबसे विशिष्ट इस आनंद-मस्ती में कहीं उपभोग नहीं है, भौतिकता नहीं है, बाजार और व्यवसाय नहीं है। अगर कुछ है, तो प्रकृति का सौंदर्य। इन सरल, निष्कपट, आनंदमूर्ति मनुष्यों के पर्व से आधुनिक मनुष्य को बहुत कुछ सीखने की आवश्यकता है।

❑

अध्याय-26

देवशयनी एकादशी और देवउठनी एकादशी

देवशयनी एकादशी के दिन से अगले चार मास तक भगवान् विष्णु सोए रहेंगे और देवउठनी एकादशी को ही जागेंगे। कार्तिक माह की शुक्ल पक्ष की एकादशी देवउठनी एकादशी है, जिसे प्रबोधिनी एकादशी भी कहते हैं। इसी दिन तुलसी विवाह का पर्व है।

इस दो एकादशी के बीच चतुर्मास में विवाह उपनयन जैसे कोई भी शुभ काम नहीं होंगे। ऐसी सनातन संस्कृति में परंपरा है। यह प्रकृति की व्यवस्था के बीच अपनी व्यवस्था बनाने का बेहतरीन उदाहरण हो सकता है। आज भी पानी, बरसात, बाढ़, कीचड़ के बीच कोई पारिवारिक कार्यक्रम करना ठीक नहीं माना जाएगा।

हिंदू धर्म में एकादशी का व्रत महत्त्वपूर्ण है और साल में चौबीस एकादशियाँ होती हैं। आषाढ़ मास की शुक्ल पक्ष की एकादशी को देवशयनी एकादशी कहा जाता है। इसी दिन से चतुर्मास का प्रारंभ होता है। इन चार माह में बादल और वर्षा के कारण सूर्य और चंद्रमा का तेज क्षीण हो जाना अर्थात् विश्व में शक्ति और ऊर्जा का कम हो जाना। मानव के शरीर की शक्ति भी कम हो जाती है। आज का विज्ञान भी यह मानता है। इस दौरान विविध सूक्ष्म रोग जीवाणु जन्म लेते हैं। जल की बहुलता और सूर्य की कमी इसका कारण है। इस बात को हमारे पूर्वज सदियों पहले जान गए थे।

शास्त्रों में लिखा है कि आषाढ़ शुक्ल एकादशी अर्थात् देवशयनी एकादशी से लेकर कार्तिक शुक्ल एकादशी अर्थात् देवउठनी एकादशी तक मनुष्य को भलीभाँति धर्म का आचरण करना चाहिए। यहाँ धर्म शब्द को समझने की आवश्यकता है। यह पुरोहितों द्वारा कराया जानेवाला कर्मकांड नहीं है, बल्कि जीवन के आचरण से है, जिसमें भोजन, कार्य, व्यवहार आदि से लेकर ब्रह्मचर्य तक है। ये सब प्रकृति की प्रतिकूल परिस्थिति, उससे मनुष्य और परिवार-समाज को उसके प्रभाव से बचाने का प्रयोजन है। यह है सनातन धर्म में छिपा जीवनदर्शन।

❑

अध्याय-27

नर्मदा परिक्रमा

नदी परिक्रमा—सभी प्रमुख और पवित्र नदियों की परिक्रमा के बारे में पुराणों में उल्लेख है। क्या किसी सभ्यता की किसी संस्कृति में किसी भी नदी के लिए ऐसी आस्था सुनी-देखी है ? नहीं। ऐसा सोचा भी नहीं जा सकता। मगर यह हिंदुस्तान की सनातन संस्कृति में सदियों से चला आ रहा है।

सब परिक्रमाओं में नर्मदा परिक्रमा का ही ज्यादा महत्त्व रहा है। कहा जाता है कि जिसने नर्मदा या गंगा में से किसी एक की परिक्रमा पूरी कर ली, उसने अपनी जिंदगी का सबसे बड़ा काम कर लिया। उसने मरने से पहले वह सब जान लिया, जो वह यात्रा नहीं करके जिंदगी में कभी नहीं जान पाता। नर्मदा परिक्रमा की प्रदक्षिणा यात्रा में एक ओर जहाँ रहस्य, रोमांच और खतरे हैं, वहीं अनुभव का भंडार है। इस यात्रा के बाद आपकी जिंदगी बदल जाएगी। परिक्रमायात्री लगभग 1312 किलोमीटर के दोनों तटों पर निरंतर पैदल चलते हुए परिक्रमा करते हैं, जिसमें यह यात्रा लगभग 3 वर्ष 3 माह और 13 दिन में पूर्ण हो सकती है।

नर्मदाजी वैराग्य की अधिष्ठात्री मूर्तिमान स्वरूप हैं। गंगाजी ज्ञान की, यमुनाजी भक्ति की, ब्रह्मपुत्र तेज की, गोदावरी ऐश्वर्य की, कृष्णा कामना की, सरस्वती विवेक के प्रतिष्ठान के लिए संसार में आई हैं। सारा सनातन संसार इनकी निर्मलता, ओजस्विता एवं मांगलिक भाव के कारण श्रद्धा से इनका पूजन करता है। मानव जीवन में जल का क्या महत्त्व है, यही महत्त्व इन यात्राओं में समझ आता है और यही महत्त्व जीवन को परमार्थ से जोड़ता है और परिक्रमा करते-करते मानव से जुड़ जाता है। यात्री मानव और प्रकृति के गहरे संबंधों को समझ पाता है। प्रकृति संरक्षण कैसे किया जाना चाहिए, उसे आप परिक्रमा के सामान्य नियम से समझ सकते हैं। परिक्रमावासी को बाल नहीं कटवाना चाहिए, श्रृंगार आदि का उपयोग नहीं, तेल आदि का प्रयोग नहीं, साबुन का

उपयोग नहीं। सिर्फ शुद्ध मिट्टी का प्रयोग ही उचित है। दक्षिणा-दान न लें। हाँ, भोजन भिक्षा से प्राप्त हो तो उत्तम है। वाणी का संयम और सत्यवादी बने रहने का प्रयत्न करें। प्रतिदिन नर्मदा में स्नान करें। इतना भर कर लेने से सिर्फ परिक्रमा करनेवाले का ही पूर्णतः हृदय-परिवर्तन नहीं होगा, बल्कि समाज भी प्रेरित होगा। जिस समाज में इसका प्रचलन होगा, वह समृद्ध होगा। आधुनिक विश्व मानव के लिए यही एकमात्र विकल्प है। काश! सभी अपनी-अपनी नदियों की पदयात्रा करने लगें तो विश्व समाज की आधी समस्यााएँ समाप्त हो जाएँगी।

तीर्थयात्रा के लिए शास्त्रीय व्यवस्था पदयात्रा में ही जाने की है। हिंदू धर्म में परिक्रमा का बड़ा महत्त्व है। परिक्रमा से अभिप्राय है किसी स्थान या किसी व्यक्ति के चारों ओर उसकी दाहिनी तरफ से घूमना। इसलिए इसको प्रदक्षिणा करना कहते हैं। दुनिया के सभी धर्मों को परिक्रमा का प्रचलन हिंदू धर्म की ही देन है। पौराणिक कथाओं में देखें तो गणेश और कार्तिकेय ने भी परिक्रमा की थी। अपने दक्षिण भाग की ओर गति करना प्रदक्षिणा कहलाता है। प्रदक्षिणा करते समय व्यक्ति का दाहिना भाग-अंग देवता की ओर होता है। शास्त्रों में कहा गया है देवता को उद्‌देश्य करके दक्षिणा-व्रत-भ्रमण करना ही प्रदक्षिणा है।

प्रदक्षिणा का प्रारंभिक कारण सूर्यदेव की दैनिक चाल है। एक दार्शनिक महत्त्व और है। संपूर्ण ब्रह्मांड में प्रत्येक ग्रह-नक्षत्र किसी-न-किसी तारे की परिक्रमा कर रहा है। यह तारा भी अपने समूह के साथ निरंतर चक्र लगा रहा है। यह परिक्रमा ही ब्रह्मांड का सत्य है। व्यक्ति का संपूर्ण जीवन भी एक चक्र है। इस चक्र को समझने-समझाने के लिए ही परिक्रमा जैसे प्रतीकों को निर्मित किया गया। इस तरह से कोई परिक्रमा करके हम यह मान सकते हैं कि हमने पूरी सृष्टि की परिक्रमा कर ली। सनातन परंपरा में अनेक परिक्रमाएँ हैं। एक गोवर्धन परिक्रमा है। एक है चौरासी कोस परिक्रमा। एक है प्रयाग पंचकोशी। एक पंचकोशी यात्रा उज्जैन में। एक है उत्तराखंड में आयोजित छोटा चार धाम परिक्रमा। एक है तिरुमलै और जगन्नाथ की परिक्रमा। एक अति महत्त्वपूर्ण है, भारत भू-खंड की परिक्रमा। वैसे सोमवती अमावस्या में महिलाएँ वृक्ष की 108 परिक्रमा करती हैं।

वेदों में अनुसार नर्मदा सतयुग से निरंतर प्रवाहित हो रही है। यही कारण है इसे चिरकुमारी कहा जाता है। जिस बात को सनातन शास्त्रों में कहा गया, वही अब विज्ञान कहने लगा है। रिसर्च के अनुसार नदियों में नर्मदा सबसे प्राचीन है। यहाँ मिले जीवाश्मों के आधार पर युगों के सफर का आकलन किया गया। कई शोधकर्ताओं के अनुसार मानव सभ्यता का जन्म नर्मदा वैली में ही हुआ था। नर्मदा पहली सभ्यता की उत्पत्ति की साक्षी है। यही कारण है जो इस नदी की परिक्रमा का विशेष महत्त्व सनातन परंपरा का हिस्सा है। एक तरह से आप मानव इतिहास की परिक्रमा कर रहे हैं। कई परिक्रमावासियों

ने महसूस किया कि कई अदृश्य शक्तियाँ, नर्मदा की परिक्रमा करती रहती हैं। गुरु द्रोणाचार्य के पुत्र अश्वत्थामा आज भी नर्मदा की परिक्रमा कर रहे हैं। आधुनिक विज्ञान के अनुसर नर्मदा जल में बैक्टीरिया को खत्म करने की अद्‌भुत शक्ति है। और उस जल को लगातार परिक्रमावासी ग्रहण करके शारीरिक रूप से भी स्वस्थ होता चला जाता है।

आज का आधुनिक समाज नदी किनारे पिकनिक मनाने जाता है। उसमें वह क्या-क्या फेंककर आता है, वो विज्ञान के कचरा-संस्कृति की देन है। ऐसा करते समय हम भूल जाते हैं कि हमारे द्वारा प्रदूषित की गई नदी का पानी ही हमारे काम आता है। आधुनिक काल में हम जिस डाली पर बैठे हैं, उसे ही हर पल काट रहे हैं। पिकनिक मनाने वाले परिक्रमा के भाव को आत्मसात् कर लें, तो विश्व मानव की अनेक समस्याओं का समाधान अपने आप होने लगेगा।

❑

अध्याय-28

कुंभ मेला

कुंभ पर्व विश्व में किसी भी धार्मिक प्रयोजन हेतु भक्तों का सबसे बड़ा संगम है। लाखों की संख्या में भक्त इस पावन पर्व में एक स्थान पर इकट्‌ठा होते हैं। इसका इतिहास अति प्राचीन है। ईसा पूर्व हजारों वर्ष पुराना। कुंभ का संस्कृत में अर्थ है—कलश। इस पर्व में श्रद्धालु कुंभ पर्व स्थल प्रयाग, हरिद्वार, उज्जैन और नासिक में स्नान करते हैं। इनमें से प्रत्येक स्थान पर प्रति बारहवें वर्ष इस पर्व का आयोजन होता है। हरिद्वार और प्रयाग में दो कुंभ पर्वों के बीच छह वर्ष के अंतराल में अर्धकुंभ भी होता है। यह मेला मकर संक्रांति के दिन आरंभ होता है। यह पवित्र नदियों के तट पर मनाया जाता है। हरिद्वार में गंगा, उज्जैन में शिप्रा, नासिक में गोदावरी, प्रयाग में संगम, जहाँ गंगा-यमुना और सरस्वती मिलती हैं।

कुंभ मेले का संबंध खगोलीय महत्त्वानुसार, बृहस्पति तथा सूर्य के भिन्न-भिन्न राशि में प्रवेश के साथ जुड़ा है। प्रयाग में कुंभ तब लगता है, जब माघ अमावस्या के दिन सूर्य मकर राशि में और गुरु मेष राशि में हो। विष्णु पुराण के अनुसार जब गुरु कुंभ राशि में और सूर्य मेष राशि में प्रवेश करता है तो कुंभ हरिद्वार में लगता है। सूर्य और गुरु जब दोनों ही सिंह राशि में होते हैं, तब कुंभ का आयोजन नासिक में होता है। उज्जैन का कुंभ मेला, जिसे सिंहस्थ के नाम से भी जानते हैं, यह तब मनाया जाता है, जब सूर्य मेष राशि में और गुरु सिंह राशि में हो। यहाँ महत्त्वपूर्ण बात यह है कि कुंभ का आयोजन नवग्रहों की विशेष स्थिति पर निर्भर करता है। इन विशेष अवस्थाओं का विशिष्ट असर पृथ्वी के जीवों पर पड़ता है। मान्यता है कि ग्रहों की स्थिति हरिद्वार में बहती गंगा के किनारे पर स्थित हर की पौड़ी के स्थान पर गंगाजल को ओषधिमय करती है और उन दिनों यह अमृतमय हो जाती है। अपनी आत्मा की शुद्धि हेतु भक्तजन इन पवित्र स्थानों के पर आते हैं।

कुंभ मेला एक महामेला है। कुंभ पर्व को लेकर अनेक पौराणिक कथाएँ हैं। इसमें से एक समुद्र-मंथन से प्राप्त अमृत को लेकर भी है। इन कथाओं के संदेश से इतर यह सामूहिक रूप से पर्व मनाने का सर्वश्रेष्ठ उदाहरण है। व्यक्ति समय-समय पर अध्यात्म और धर्म-ज्ञान का लाभ लेता रहे, इस परंपरा का यह भी एक पक्ष है।

❑

अध्याय-29

महाशिवरात्रि

शिव की महान् रात्रि। फाल्गुन कृष्ण चतुर्दशी को महाशिवरात्रि का विशेष पर्व मनाया जाता है। पौराणिक कथाओं के अनुसार इस दिन सृष्टि का आरंभ हुआ। अधिकांश का मत है कि इस दिन शिव का विवाह देवी पार्वती से हुआ। कई कथाओं में इस दिन भगवान् शिव ने समुद्र मंथन से निकले विष को अपने कंठ में रख लिया था। यह है आस्था। इसके गहरे सांकेतिक अर्थ भी हैं।

सनातन संस्कृति में हर दिन कोई-न-कोई पर्व, उत्सव, त्योहार होता रहा है। हर त्योहारों को अलग-अलग कारणों और जीवन के अलग-अलग उद्‌देश्यों से जोड़ा जाता रहा है। विशेष मौके, जैसे फसल की कटाई, बोना, काटना, पकना आदि-आदि के समय तो सामूहिक त्योहार होते ही हैं, अन्य समय पर पारिवारिक खुशियाँ और अन्य अनेक करणों से कोई-न-कोई उत्सव जरूरत मनाया जाता। मगर महाशिवरात्रि आध्यात्मिक दृष्टि से विशिष्ट है। चंद्रमास की चौदहवें दिन अर्थात् अमावस्या से एक दिन पहले शिवरात्रि होती है। इस तरह से वर्ष में बारह शिवरात्रि हुई। इस दिन चंद्रमा सूर्य के समीप होता है। यह जीवन रूपी चंद्रमा का शिवरूपी सूर्य के साथ योग मिलन होता है। यही शिवरात्रि का महत्त्व है। इन बारह शिवरात्रि में, फरवरी-मार्च में आनेवाली शिवरात्रि, जिसे महाशिवरात्रि कहा जाता है, वह अति विशिष्ट है। और इसका कारण है, इस रात धरती के उत्तरी गोलार्ध की स्थिति ऐसी होती है कि इनसान के शरीर में ऊर्जा कुदरती रूप से ऊपर की ओर बढ़ती है। इस दिन प्रकृति मानव को अपने आध्यात्मिक चरम पर पहुँचने के लिए प्रेरित करती है। इसी का लाभ उठाने के लिए एक खास तरह का त्योहार मनाया जाता है, जो रात भर चले और हम इस त्योहार में अपनी रीढ़ को सीधा रखते हुए रात भर जागें। इस दिन व्रत रखने की भी परंपरा है। यह गृहस्थ, आध्यात्मिक, योगी सभी के लिए उपयोगी और लाभदायक है। यह एक तरह की प्राकृतिक योग का समय

है। कइयों का मत है कि शिव जो प्रथम गुरु आदिदेव के साथ ही आदिगुरु भी हैं, सदियों तक ध्यान में रहने के बाद इसी दिन पूरी तरह स्थिर हो गए थे। अब इस लोकमत को ऊपर दिए विज्ञान मत और खगोलीय मत से जोड़कर देखें, कई संदर्भ संकेतों के साथ साफ-साफ नजर आने लगेंगे। सनातन प्रत्येक को अपने मत बनाने की पूरी स्वतंत्रता देता है। और तब तक उसे स्वीकार करता है, जब तक वह विश्व के लिए कल्याणकारी है।

यह त्योहार पूरे भारत में मनाया जाता है। कश्मीर शैव मत में इस त्योहार को हर रात्रि और बोलचाल में 'हेराथ' भी कहते हैं। शैव मत के अनुसार, इसी रात को महादेव ने संरक्षण और विनाश के नृत्य का सृजन किया था। नेपाल के पशुपतिनाथ मंदिर में महाशिवरात्रि विशेष रूप से भव्यता के साथ मनाई जाती है। इस रात्रि को अनेक अन्य पौराणिक कथाओं के साथ भी जोड़ा जाता है। मगर मूल विशेषता यही है कि ग्रहों की स्थिति ऐसी होती है, जिससे मानव में ऊर्जा की शक्तिशाली प्राकृतिक लहर बहती है। ये कथाएँ हमें सचेत करती हैं। पर्व हमें ग्रहों की विशेष स्थिति का लाभ उठाने के लिए पारंपरिक रूप से जाग्रत् करते हैं।

❑

अध्याय-30

सनातन पर्वों का समाज शास्त्र

सनातन के सभी त्योहार-उत्सव, जो भारत भू-खंड के कोने-कोने में हर राज्य/प्रांत में मनाए जाते रहे हैं, वे भी सदियों से, सनातन सभ्यता की समृद्ध संस्कृति के प्रतीक हैं। यह सब प्रमाण है कि हिंदुस्तान में पूरब से पश्चिम, उत्तर से दक्षिण, सुदूर गाँवों, कस्बों में हर त्योहार-पर्व मूलतः प्रकृति से जुड़े हैं और इन सबका उद्देश्य विश्व का कल्याण तथा मानव की सुख-शांति है।

सनातन संस्कृति के केंद्र में व्यक्ति के संस्कार रहे हैं, जो फिर खुशहाल परिवार और सभ्य समाज का निर्माण करते हैं। मनुष्य के सामाजिक और पारिवारिक जीवन के लिए अनेक पर्वों की परंपरा बनाई गई। सनातन संस्कृति में स्त्री परिवार के केंद्र में है, वह पत्नी बनकर करवाचौथ का व्रत रखती है तो अहोई अष्टमी का व्रत रखकर बेटे-बेटी के सुखमय दीर्घायु की कामना करती है। वह बहन बनकर राखी बाँधती है और भैयादूज का तिलक लगाती है। वह सावन के सोमवार का उपवास करती है, वह बड़े-बुजुर्गों के लिए आशीर्वचन प्राप्त करने के लिए कई पारंपरिक कार्य करती है। वहीं पुरुष हर व्रत-पर्व में कर्मशील है। वह धर्म के लिए वचनबद्ध है। वह विश्वशांति के लिए यज्ञ करता है। वह श्राद्ध करता है तो औरतें छठ का पूजन। इस तरह के अनेक त्योहारों के द्वारा रिश्तों को बाँधा गया है और एक आदर्श स्थिति उत्पन्न की गई, जिसका सीधा संबंध प्रकृति और प्राकृतिक परिवर्तन के साथ ही कृषि से रखा गया। यही कारण है, जो परिवार व समाज प्रकृति की तरह निरंतर बना रहा।

आखिरकार यह शरीर, यह जीवन सबकुछ प्रकृति का ही है। प्रकृति के द्वारा दिया गया, प्रकृति से है, जिसे फिर प्रकृति में ही मिल जाना है। इस शरीर को प्रकृति के हिसाब से जीने में ही आनंद है। सनातन संस्कृति इस परम सत्य को सरलता से कहती आई है। इसीलिए उसने प्रकृति से प्रेम करना सिखाया। वो प्रकृति-पूजक है। उसके देवता प्रकृति ही है। प्रकृति परिवर्तनशील है, इसलिए सनातन भी परिवर्तनशील है। प्रकृति सबको साथ

लेकर चलती है, इसलिए सनातन भी सबको साथ लेकर चलता है। प्रकृति में सबको अपनी तरह से जीने का हक है और यही सिद्धांत सनातनी का मूल सिद्धांत है। ऐसा लगता है कि सनातन का समाजवाद और कुछ नहीं बल्कि प्रकृतिवाद ही है।

सनातन के समाजवाद को समझना है तो इसे एक खुशहाल परिवार के उदाहरण से समझा जा सकता है। एक परिवार में किस तरह का समाजवाद होता है? यहाँ कोई वामपंथ की तरह समानता की बात नहीं की जाती। यह हास्यास्पद होगा। पिता और पुत्र का अपना-अपना रोल और स्थान है। दोनों समान नहीं हो सकते। घर में सभी के काम बँटे होते हैं। और कर्म कभी भी छोटा-बड़ा नहीं होता। कभी समान नहीं हो सकता। फिर भी परिवार एकजुट रहता है, जिसके अनेक कारण होते हैं। ठीक इसी तरह सनातन समाज में भी समाजवाद है। यह कर्म आधारित व्यवस्था है, जहाँ कोई भी कर्म निम्न या उच्च नहीं। इसी भावना की झलक सनातन पर्वों में मिलेगी।

सनातन के सभी संस्कारों, कर्मकांडों और उत्सवों में ऐसी व्यवस्था की गई कि समाज का सभी वर्ग आपस में जुड़े। इसके अनेक उदाहरण हैं। ऐसा प्रयोजन बनाया गया कि विवाह के समय समाज में एक विशेष जाति से संबंधित स्त्री द्वारा बनाए गए चूल्हे पर ही सभी शुभ कार्य होंगे। कुम्हार द्वारा दिए गए मिट्टी के कलश पर ही देवताओं का पूजन होगा। वृक्षों के पत्तों से पत्तल/दोने जो एक विशेष जाति द्वारा बनाए गए हों, उन्हीं पर रखकर सामूहिक भोजन होता है। विश्वकर्मा द्वारा बनाए गए लकड़ी के आसन पर ही देवता पूजन के लिए स्थापित होते हैं। एक विशेष प्रजाति द्वारा मरणोपरांत प्रथम मुखाग्नि दी जाती। सभी वर्ग के लोग जब किसी भी संस्कार में आते तो उनके लिए मंगलगीत गाए जाते और दक्षिणा देकर ही उन्हें विदा किया जाता। समाज को इस तरह से जोड़ा गया था कि ब्राह्मण किसी भी संस्कार कार्यक्रम में एक विशेष जाति के प्रतिनिधि से पूछता कि क्या सभी वर्गों के लोग आ गए हैं। उसके 'हाँ' कहने के बाद ही कोई मंगल कार्य प्रारंभ हो पाता।

हमारे अनेक त्योहार अपने समय के निरंकुश सत्तावाद के प्रतिरोध और उनकी पराजय के प्रतीक हैं। ध्यान से देखें तो होली, दशहरा, दीवाली सब अधिनायकवादी सत्ता के खिलाफ हुए संघर्ष में मिली विजय के स्मृति-संदर्भ हैं। रावण, महिषासुर और हिरण्यकशिपु सभी अधर्म, अन्याय के प्रतीक हैं।

सनातन का समाज व्यावहारिक रूप से समान है। वह समाजशास्त्र की आदर्श व्यवस्था है। इसे बनाए रखने में सनातन पर्व-उत्सव एक प्रमुख भूमिका निभाते हैं। आधुनिक समाजशास्त्र, जो आज व्याख्या करता है, उसका व्यावहारिक रूप से क्रियान्वयन सदियों पहले से सनातन संस्कृति में हो रहा है। आज की पाठशालाओं में सनातन परंपरा के उदाहरण द्वारा समाजशास्त्र को पढ़ाया जाना चाहिए।

❑

अध्याय-31

सनातन पर्वों का अर्थशास्त्र

हमारे पूर्वजों ने व्रत-त्योहार-उत्सव में किए जानेवाले कर्मकांड और रीति-रिवाज को गढ़ा ही इस तरह से है कि इससे समाज के हर तबके-वर्ग के लोगों का आर्थिक उन्नयन हो सके। यह पर्व-उत्सव की प्राकृतिक और सामाजिक पक्ष से इतर उसका आर्थिक पहलू है। त्योहार समाज के सभी वर्गों को न केवल आपस में जोड़ते हैं, बल्कि सबको एक-दूसरे पर निर्भर भी बनाते हैं। यह कार्य पुरोहित जाने-अनजाने कर जाते हैं, जब वे किसी भी पूजा और व्रत में उन सब चीजों की सूची सौंपते हैं, जो अनेक वर्ग के आर्थिक व्यवसाय से संबंधित रखता है। वे अकसर जो सूची सौंपते हैं, उसमें पुष्पमाला, फूल, पत्ते, पंच मेवा, शहद, शक्कर, दूध, दही, घी, फल, मिष्टान्न, इलायची, लौंग, चौकी-आसन, चंदन, जनेऊ, कपड़े, तांबूल पत्र, कुमकुम, चावल, हल्दी, रुई, रोली-मौली, सिंदूर, सुपारी आदि-आदि होते हैं।

इस सूची पर नजर डालें तो यह समाज के हर पेशे से सम्मिलित लोगों का हित साधती है। इसमें कुम्हार से लेकर छोटे किसान, बढ़ई, तेली, दूधवाला, कपड़ेवाला, दुकानदार, फूलवाला, मिठाईवाला, तकरीबन समाज के सभी वर्ग मिल जाएँगे। इस तरह से पर्व-उत्सव-त्योहार-पूजन सबको एक सूत्र में बाँधते हैं। कुछ एक और उदाहरण से यह और स्पष्ट होगा। दीवाली पर कुम्हारों द्वारा बनाए गए मिट्टी के दीये जलते हैं, जो पूरे वर्ष के लिए उसके अर्थ का इंतजाम कर दे। मुंडन संस्कार से नाई जाति का सीधा संबंध था और यह उनके व्यवसाय का सांस्कृतिक पहलू था। नाई और नाईन हर कार्यक्रम के हिस्सा होते और चाचा-चाची पुकारे जाते। इसके द्वारा ये समाज के सभी वर्गों से जुड़े रहते तथा सब इनसे जुड़े रहते। छठ पूजा में सूप और टोकरी की इतनी बिक्री होती है कि इसे बनानेवाले एक विशेष जाति के लोगों का पूरे साल का खर्चा निकल जाता। ब्राह्मण वर्ग की जीविका पूर्णतः इन धार्मिक पूजन-संस्कार पर ही निर्भर करती।

यह व्यवस्था इतनी सुदृढ़ रही आई है कि सनातन संस्कार में से एक अंतिम संस्कार पर समाज का एक पूरा वर्ग सदियों से आर्थिक रूप से निर्भर है।

सनातन के अर्थशास्त्र को समझने के लिए ब्राह्मण का उदाहरण लेते हैं। एक मंदिर का पुजारी, उसके परिवार के चार सदस्य मंदिर पर पलते हैं तो मंदिर के बाहर औसतन दो पूजन सामग्री की दुकानों से दो परिवार का पालन-पोषण होता है। इसी तरह होली का रंग बनानेवाले, गणेश-नवदुर्गा में मूर्ति बनानेवाले, पूजा-विसर्जन-पर्व-उत्सव में ढोल बजानेवाले और पूजन सामग्री के उत्पादक-वितरक के कार्य में लगे लोगों की संख्या ही लाखों-करोड़ों में पहुँच जाएगी। इस तरह से मात्र कर्मकांड के द्वारा असंख्य लोगों की जीविका चलती। सनातन समाज का अर्थशास्त्र बेहद सूक्ष्मता से बुना गया था।

पर्व-त्योहार और उसमें लगनेवाले मेले समाज के बड़े वर्ग के आर्थिक हितों का संचालन और नियमन भी करते हैं। आज के उपभोक्तावादी युग में बाजार ने हिंदू त्योहार पर कब्जा कर लिया और पूँजीपति और अमीर होते चले जा रहे हैं। इसके परिणामस्वरूप आर्थिक के साथ ही सामाजिक संतुलन बिगड़ रहा है, जिसका खमियाजा हम सब भुगत रहे हैं।

सनातन के अर्थशास्त्र में पूँजी नहीं है। यहाँ न तो जीवन में व्यापार है, न ही व्यापार जीवन है। यहाँ पूँजी अन्न रही है, न कि कोई भौतिक वस्तु। आवश्यकताओं के लेन-देन पर टिकी सनातन जीवन की अर्थव्यवस्था में न तो पूँजीवाद है, न ही वामपंथ। यहाँ प्रकृति का समाजवाद है। कौटिल्य का अर्थशास्त्र, आदि संस्कृति सनातन का अमूल्य ग्रंथ है, जो विश्व की अनमोल धरोहर है।

❑

भाग-4

सनातन जीवनदर्शन

मानव की विशेषता उसका बौद्धिक बल है। यह बुद्धि उसके लिए वरदान है तो अभिशाप भी। जो इस बात पर निर्भर करती है कि इस बुद्धि बल का सदुपयोग हुआ या दुरुपयोग। प्राकृतिक रूप से मानव जीवन सरल और सहज है, मगर उसे कृत्रिम बनाकर उसे क्लिष्ट बना दिया गया। मानव का जीवन कल्याणकारी हो, आनंदमय व्यतीत हो, सुख और शांति बनी रहे, उसके लिए वैचारिक स्तर पर उसके बौद्धिक बल को नियमित किया जाए, यह है जीवनदर्शन का प्रारंभिक बिंदु। सनातन ने इसे बड़ी खूबसूरती से विकसित किया। सनातन जीवनदर्शन ध्यान, मनन, चिंतन और अनुभव आधारित है। सनातन वो मार्ग है, जहाँ हरेक की अपनी यात्रा है। वह हर यात्री को अपने जीवन को अपनी दृष्टि से देखने की स्वतंत्रता देता है। उद्देश्य एक ही है, अपनी चेतना को जाग्रत् करना और विवेक को जीवंत बनाए रखना।

अब तक हमने सनातन संस्कृति में प्रकृति पूजा देखी। सनातन पर्व-उत्सव-त्योहार के सभी पक्ष देखे। यह कर्मकांड है। इसके साथ ही सनातन संस्कृति में संस्कार देखे। ये कर्मकांड को नियमित करनेवाले संस्कार हैं। अर्थात् सनातन जीवन के कर्मकांड को पहला स्तर माने तो संस्कार दूसरा स्तर कहलाएगा। ये सब मिलकर सनातन समाज की जीवन संस्कृति का निर्माण करते हैं। मगर इसे निर्देशित करने के लिए विचारों की आवश्यकता होती है। विचारधारा जो आपके संपूर्ण जीवन के आचरण, सोच, मानसिकता, उद्देश्य और लक्ष्य को नियंत्रित भी करती है और नियमित भी। मानव जीवन को किस तरह से देखा जाना चाहिए? इस सवाल का जवाब अति महत्त्वपूर्ण है। यह नींव है, मूल है पेड़ की। यह जीवनदर्शन के मूल में है। यह संस्कृति का सबसे ऊपर का तीसरा स्तर हुआ। बुद्धिजीवियों का समाज में जो महत्त्व होता है या होना चाहिए है, वही जीवनदर्शन का है। इस तरह से इसे कुछ-कुछ समझा जा सकता है। कुछ-कुछ इसलिए कि अब बाजार समाज को नियंत्रित और नियमित करने लगा है। बाजार की भोगवादी संस्कृति और उसके अर्थशास्त्र ने विश्व राजनीति, शासन व्यवस्था, कुल मिलाकर विश्व मानव सभ्यता पर कब्जा कर लिया है। अब सबकुछ बाजार के हाथों में है। सीधे कहना हो तो पूँजीपति अब विश्व मानव समाज के रेगुलेटर हैं। सनातन में ऐसा नहीं था। इसमें

अर्थव्यवस्था समाज के सभी वर्ग के जीवनयापन और उनकी मूलभूत आवश्यकताओं को पूरा करने का माध्यम मात्र था। उसका किसी और क्षेत्र में कोई दखल नहीं होता। सनातन की विचारधारा व्यक्ति की इंद्रियों को नियंत्रण में रखने पर जोर देती। बाजारवाद इसके ठीक उलट है। आधुनिक अर्थशास्त्र की अति और पाश्चात्य संस्कृति का अविवेक से मानवता के समक्ष संकट पैदा हो गया है। हमारे ऋषि मानव की प्रकृति को समझते थे, इसीलिए सनातन में विचार और दर्शन प्रमुख बनाए गए और उन्हें केंद्र में रखा गया। जैसे विचार होंगे, वैसे ही भाव पैदा होंगे और वैसी ही जीवनशैली तथा दिनचर्या होगी। अगर विचारों के स्तर पर सब ठीक है तो आगे ठीक होना ही है। एक तरह से कह सकते हैं कि अगर स्त्रोत शुद्ध है तो जलधारा भी शुद्ध होगी या यों कहें कि स्त्रोत जैसा होगा वैसे ही जलधारा निकलेगी। बाद में उसमें मिलनेवाली बाहरी धाराएँ अपनी गुणात्मकता के हिसाब से मुख्यधारा पर प्रभाव डालेगी। अब जैसे कि गंगा में यमुना मिली तो पवित्र संगम बन गया। लेकिन अगर कोई नाला किसी नदी में मिले तो उसे प्रदूषण कहते हैं। सनातन समय-समय पर संस्कृत अर्थात् बेहतर और शुद्ध होता चला गया। इसीलिए जिसने सारस्वत (शास्त्रीय) समाज बनाया, वह विश्व में सदा श्रेष्ठ कहलाया। सनातन (निरंतरता) इसकी खूबी भी है और विशेषता भी। यह दीगर बात है कि आधुनिक काल में विचारधारा के स्तर पर कई नाले इस सनातन धारा में आकर मिल गए, जिसका खामियाजा हम भुगत रहे हैं।

मूल रूप में देखें तो सनातन जीवनदर्शन अध्यात्म और धर्म, विचार और व्यवहार के स्तर पर शुद्ध है, पवित्र है, श्रेष्ठ है, मानवीय है और प्राकृतिक है। इसलिए इससे नियंत्रित और नियमित सनातन धर्म, सनातन जीवन संस्कृति और सनातन कर्मकांड भी श्रेष्ठ, पवित्र, शुद्ध, मानवीय और प्राकृतिक हैं। आज अगर इसमें कोई दोष उत्पन्न हुआ है, जिससे इनकार नहीं किया जा सकता और जो दिखाई भी देता है, जिस पर चर्चा भी की जाएगी। लेकिन इस दोष को पहचानकर उसे शुद्ध करने का, उसे सुधारने का, समयानुसार और आवश्यकतानुसार हर स्तर पर परिवर्तन करने की शक्ति भी सनातन के मूल गुणों में अंतर्निहित है। यह सनातन का सर्वश्रेष्ठ गुण है।

सनातन पृथ्वी पर जीवनदर्शन की मुख्यधारा है। जिस तरह हिमालय से अनेक नदियाँ निकलती हैं और अंत में समुद्र में मिलती हैं। सनातन से भी अनेक धाराएँ निकलीं, जो फिर कई धाराओं में एक-दूसरे से जुड़ती-मिलती अंत में सनातन में ही विलीन हो गईं। सनातन जीवनदर्शन हिमालय की तरह बृहत् और समुद्र की तरह गहरा है। यह पर्वत-समुद्र दोनों की तरह स्थिर और स्थायी भी। इससे ही सब निकलते हैं और इसमें ही सब समाहित हो जाते हैं। सनातन में से बौद्ध, जैन और शैव दर्शन निकले हैं तो नास्तिक दर्शन को भी उचित स्थान प्राप्त है। न्याय दर्शन, वैशेषिक दर्शन, योग दर्शन, पूर्व मीमांसा

दर्शन, शक्ति दर्शन जैसी अनेक धाराएँ निकलती हैं। जहाँ द्वैतवाद है तो अद्वैतवाद भी है। ये सभी भिन्न होते हुए भी समान हैं। ठीक उसी तरह से जैसे एक पेड़ की असंख्य पत्तियाँ-शाखाएँ।

सनातन जीवन संस्कृति में अनेक ऋषि-मुनि हुए। सभी संत पूजनीय हैं। लेकिन संतों के नाम कभी अति महत्त्वपूर्ण नहीं रहे। उन्होंने किस भाषा में कहा यह भी अधिक महत्त्व का नहीं। इन सब पर विशेष ध्यान ही नहीं दिया जाता। अधिक महत्त्वपूर्ण है कि क्या कहा गया। जो कहा गया वह सनातन सम्मत है या नहीं? वह धर्म के अनुसार है या नहीं? विश्व मानव के हित में है या नहीं? और इन सब पक्षों के सकारात्मक होते ही संबंधित संत हमारे लिए पूजनीय हो जाते हैं। फिर चाहे वो महर्षि वाल्मीकि हों या संत तुलसीदास, मूर्तिपूजक रामकृष्ण या फिर आर्य समाजी महर्षि दयानंद सरस्वती। संत रविदास, कबीरदास, गुरुनानक, महावीर, बुद्ध सभी पूजनीय हैं, वंदनीय हैं। यह सूची अंतिम नहीं। सनातन में कुछ भी अंतिम नहीं।

सनातन जीवनदर्शन में न तो पूँजीवाद है, न ही वामपंथ है, न ही तथाकथित समाजवाद और साम्यवाद। यहाँ तो शुद्ध प्रकृतिवाद है। प्रकृति ही प्रेरणा का स्रोत है। प्रकृति ही ऊर्जा देती है। प्रकृति के नियम को ही माना गया है। प्रकृति की पूजा है। प्रकृति के प्रतीकों की वंदना है।

जीवनदर्शन। जीवन का दर्शन। जीवन को देखना। जीवन को कैसे और क्यों देखा जाना चाहिए। जीवन को जानना, समझना, पहचानने का प्रयास। यह सब अकादमिक रूप से अर्थात् क्लिष्ट होकर समझना-समझाना यहाँ उद्देश्य नहीं। इसे छोटे-छोटे उदाहरण से समझने का प्रयास करते हैं।

एक जगह आदिशंकराचार्य कहते हैं—तीर्थ करने के लिए कहीं जाने की जरूरत नहीं, सबसे अच्छा और बड़ा तीर्थ आपका अपना मन है, जिसे विशेष रूप से शुद्ध किया गया हो। यह सनातन संस्कृति ही है, जहाँ मृत शरीर अर्थात् शव को लोकभाषा में मिट्टी कहा जाता है। अर्थात् मिट्टी (प्रकृति) का शरीर वापस मिट्टी (प्रकृति) में विलीन हो जाना।

एक और उदाहरण से हम सनातन जीवनदर्शन को थोड़ा और समझ सकते हैं। यहाँ फूल चुनने की संस्कृति है, तोड़ने की नहीं। यहाँ तात्पर्य उन फूलों से है, जो परिपक्व होकर डाल से टूटकर गिर गए हैं। उन्हें समेटकर ईश्वर को समर्पित करने का प्रावधान है। न कि खिले हुए फूलों को तोड़ने का। इससे यह तो साफ नजर आता है कि सनातन संस्कृति में पर्यावरण की सुरक्षा और प्रकृति के संरक्षण-संवर्धन का ध्यान रखा गया है मगर इसके पीछे छिपे मानवीय दृष्टिकोण को सँवारने के प्रयास को हम आसानी से समझ नहीं पाते।

अन्नं ब्रह्म। अन्न ब्रह्मस्वरूप है। अन्न देवता कहा जाता है। यह सनातन दर्शन का अद्‍भुत पक्ष है। सरल शब्दों में कह दिया गया, 'जैसा खाए अन्न, वैसा होय मन'। अन्न के सारतत्त्व से ही शरीर का निर्माण होता है। सिर्फ यही नहीं भोजन के निर्माण और ग्रहण के वातावरण और मानसिक अवस्था के प्रभाव को भी महत्त्वपूर्ण माना गया। स्वस्थ शरीर में स्वस्थ मन होता है और स्वस्थ मन में स्वस्थ शरीर। लोक जीवन में आम कहा जाता है 'स्वस्थ रहने के लिए कम खाओ।' आवश्यकता से कम खाने के पीछे संयम है। यह विचार व आचरण जिह्वा और तृष्णा पर भी संयम करवा देता है। पौराणिक कथाओं में योग और तप के बल पर ऋषियों के स्वस्थ और दीर्घ आयु का वर्णन मिलता है। इसके संदेश के आधार में भी उपरोक्त तत्त्व ही हैं।

भारत के ऋषि-मुनियों द्वारा लंबे समय तक मानवीय जीवन पर अनुसंधान, शोध, अध्ययन और विचार-विमर्श किए गए। चिंतन-मनन हुआ। सभी अनुभवों को उसमें समावेश किया गया और उसके पश्चात् मतैक्य समर्थित सिद्धांतों पर निर्देश जारी किए गए। यहाँ निर्देश है आदेश नहीं। यह अनुभव आधारित है, व्यक्ति आधारित नहीं। यह आसमानी दिशा-निर्देश नहीं बल्कि जमीन की वास्तविकता पर उगा जीवनदर्शन है। इस जीवनदर्शन पर आधारित जीवनयापन कर परस्पर शांति, सुख, समृद्धि के मार्ग पर सतत अग्रसर होने का नाम ही सनातन है। यहाँ चिंता से चिंतन है। चिंता व्यक्तिगत होती है, लेकिन जब यही चिंता विश्व मानव के लिए की जाने लगे तो चिंतन बन जाता है। सनातन जीवनदर्शन चिंतन आधारित है, यहाँ चिंता का कोई स्थान नहीं।

सनातन जीवनदर्शन विश्व को आर्यों की देन है। सनातन धर्म ही आर्य धर्म है। यहाँ आर्य जाति या धर्म नहीं बल्कि श्रेष्ठ होने से है। अर्थात् जो मन, वचन, कर्म से श्रेष्ठ है, वही आर्य है। और इस तरह से आर्य धर्म अर्थात् श्रेष्ठ समाज का धर्म। प्राचीन भारत को आर्यवर्त कहा जाता रहा है, जिसका तात्पर्य ही है श्रेष्ठजनों की भूमि। जहाँ पनपी एक ऐसी संस्कृति जो श्रेष्ठ जन ने दी है तो उसका श्रेष्ठ होना स्वाभाविक है। यहाँ श्रेष्ठ होना भौतिक नहीं है। साथ ही धर्म अर्थात् वह कर्म, विचार और प्रथाएँ, जो विश्व मानव को शारीरिक व मानसिक रूप से शांति और आनंद प्राप्त करने में मदद करे और अंत में परमात्मा से आत्मा के मिलने में सहयोग करे। धर्म वह है, जो कर्तव्य की बात करे, अधिकार की नहीं। यह सब विचार व भाव सदियों से इस देवभूमि पर जन-जन में विचर रहे हैं। यह इस देवभूमि पर शाश्वत है। अर्थात् यह हमेशा बने रहनेवाला है, जिसका आदि है न अंत। यही सनातन है, जो सृष्टि के प्रारंभ से है।

सृष्टि में जिसका भी जन्म हुआ है, वह कभी स्थिर नहीं रहता। रह भी नहीं सकता। उसको यात्रा करनी ही पड़ती है। यह यात्रा कई तरह की हो सकती है। यह परिवर्तनशीलता है। यह स्थान, स्वरूप, आकार आदि-आदि में होनेवाले परिवर्तन की

तरह भी हो सकती है। यह सनातन वैदिक का मूल सिद्धांत है कि प्रकृति के हर अंश को अपनी यात्रा करनी पड़ती है और अंत में अपने अंशी में विलीन हो जाना पड़ता है। तब जाकर यह स्थिर हो पाता है। वरना तब तक चलायमान ही होता है। चंद्रमा पृथ्वी का अंश है, तो पृथ्वी का चक्कर लगाएगा। पृथ्वी सूर्य का अंश है तो सूर्य के चक्कर लगाएगी। सूर्य एक महासूर्य के अंश के कारण उसका चक्कर लगाता रहेगा। अंत में उसमें विलीन हो जाएगा। ठीक इसी तरह आत्मा परमात्मा में विलीन होगी और फिर से पुनर्जन्म। और फिर विलीन होने से पूर्व एक यात्रा। यह प्रक्रिया सतत चलती रहती है। आदि से अनादि तक। यही कारण है सनातन जीवनदर्शन आर्यों को 'चरैवेति-चरैवेति' का आदेश देता है। चलो और चलते ही रहो, अपने अंशी में विलीन होने तक चलते रहो। यह चलना ही जीवन है। चूँकि इस दौरान हम चैतन्य हैं। इसलिए हमारा स्वभाव है जानना। यही गुण है हमारा। यही तो सनातन वैदिक हिंदुत्व का एक और मूल मंत्र है 'जानना'। निरंतर जानने की प्रक्रिया। यह हमारा गुण होना चाहिए। वेद हमें इसी गुण के लिए सजग करते हैं।

सनातन संस्कृति उत्सव की संस्कृति है। यहाँ कोई शोक दिवस नहीं मनाया जाता। मरणोपरांत भी अनेक कर्मकांड हैं। पूर्वजों के लिए श्राद्ध है। सनातन दर्शन में जीवन एक यात्रा मात्र है। यहाँ यात्री अपने जीवन का सफर तय करता है। यह कितना सुरक्षित और सुखमय कटे, इसका प्रबंध करवाया गया है। साथ ही कह दिया गया है कि अपने जानमाल की सुरक्षा यात्री की जिम्मेवारी है। मृत्यु यहाँ मंजिल नहीं बल्कि एक ठहराव मात्र है, एक स्टेशन। उतर भी सकते हैं और नहीं भी। और अगर उतर गए तो दूसरी यात्रा प्रारंभ।

वेद

वेद में प्रकृति वर्णन है, प्रकृति-प्रेम है। यही प्रेम बढ़कर आराध्य भाव अर्थात् पूजा करने की स्थिति तक पहुँच जाता है। वेद में प्रकृति है। वेद प्रकृति है। यही कारण है कि वैदिक काल एक प्राकृतिक काल था (मानव के संदर्भ में)। हम सब प्रकृति का ही हिस्सा हैं। वैदिक काल में हम प्रकृति के साथ, प्रकृति में रचते-बसते, बढ़ते चले गए। इसमें प्रकृति की तरह निरंतरता थी। यही सनातन है, जो निरंतर है, अर्थात् संरक्षित है। वैदिक काल में हम सिर्फ प्रकृति को संरक्षित नहीं करते थे, उसके द्वारा असल में हम स्वयं को संरक्षित अर्थात् सुरक्षित बनाए रखने में सफल हो पाते थे। जो संरक्षित रहेगा, सुरक्षित होकर विकसित होगा, वही निरंतर होगा। जो निरंतर है अर्थात् वह संरक्षित है। इस जीवनदर्शन को ही सनातन कहा गया।

वेद आदि ज्ञान है। वेद अपौरुषेय है। वेद ईश्वर का ज्ञान है। वेद अनादि है। वेद

ईश्वरीय वाणी है। वैदिक भाषा आदि भाषा है। वेद-उपनिषद् में प्रयुक्त किए गए प्रतीकों का संदर्भ समझना जरूरी है।

वेद उपनिषद् के इन चार महामंत्रों को सनातन जीवनदर्शन के चार नींव के पत्थर माना जा सकता है।

- प्रज्ञानं ब्रह्म—आत्मा ही ब्रह्म है। प्रकट ज्ञान ब्रह्म है। वह ज्ञान के द्वारा जानने योग्य है। (ऐतरेय उपनिषद्—ऋग्वेद)
- अहम ब्रह्मास्मि (मैं ब्रह्म हूँ। जब जीव परमात्मा का अनुभव कर ले तो वह उसी रूप का हो जाता है। एकाकर हो जाता है। (वृहदारण्यक उपनिषद्-यजुर्वेद)
- तत्त्वमसि—तुम वही हो। वह ब्रह्म तुम ही हो। (तत त्वम असि) (छांदोग्य उपनिषद्—सामवेद)
- अयम् आत्म ब्रह्म (यह आत्मा ब्रह्म है) (मांडूक्य उपनिषद्—अथर्ववेद)

  चार वेदों की व्याख्या भी उपरोक्त चार महामंत्रों में है।

इसके साथ ही चार महावाक्य भी सनातन के मूलमंत्र हैं।

- नेति-नेति (यह भी नहीं, यह भी नहीं) (वृहदारण्यक उपनिषद्—यजुर्वेद)
- सर्वम खल्विंद ब्रह्म—सर्वत्र ब्रह्म ही है। (छांदोग्य उपनिषद्—सामवेद)
- यद् पिण्ड तद् ब्रह्माण्ड (योगोपनिषद्)—जो पिंड में है, वही ब्रह्मांड में है।
- चरैवेति-चरैवेति (ऐतरेय ब्राह्मण) (सतत चलना रुकना नहीं)।

सनातन जीवनदर्शन के चार वचन हैं। इन्हें पौराणिक वाक्य और नीति वचन भी कह सकते हैं।

- वसुधैव कुटुम्बकम्—समस्त विश्व एक परिवार है।
- एक सद्विप्राः बहुधा वदन्ति—सत्य एक है, विद्वान् इसे विभिन्न माध्यमों से कहते हैं।
- सर्वे भवन्तु सुखिनः—सभी का कल्याण हो, सभी सुखी हों।
- असतो मा सद्गमय (हे ईश्वर मुझे असत्य से सत्य की ओर ले चलो) (वृहदारण्य उपनिषद्)

सनातन जीवनदर्शन का एक सनातन सत्य है। सनातन सत्य में सत्य दो धातुओं से बना है। सत् और तत्। सत् का अर्थ यह, तत् का अर्थ वह। दोनों ही सत्य है। 'अहम ब्रह्मास्मि और तत्त्वमसि।' अर्थात् मैं ही ब्रह्म हूँ, तुम ही ब्रह्म हो। यह संपूर्ण जगत् ब्रह्ममय है। ब्रह्म पूर्ण है। यह जगत् भी पूर्ण है। पूर्ण जगत् की उत्पत्ति पूर्ण ब्रह्म से हुई है। इस उत्पत्ति से ब्रह्म की पूर्णता में कोई न्यूनता नहीं आई है। यह शेष रूप में भी पूर्ण है। यही

सनातन सत्य है। ब्रह्म ही सत्य है। अगर ध्यान से देखें तो आज के विज्ञान की ब्लैक होल थ्योरी, सनातन जीवनदर्शन का ही छोटा-सा अंश है। लेकिन ब्रह्म का विज्ञान के पास कोई समानार्थी शब्द नहीं है। इसे आत्मा-परमात्मा के संदर्भ में भी रखकर सोचा और समझा जा सकता है। इस तरह से सनातन जीवनदर्शन की सरलता को भी आमजन समझ सकता है। जब चारों ओर ब्रह्म है और हम सब उसका अंश और ब्रह्म ही हैं तो फिर कैसी असमानता, भेदभाव। यह एकरूपता है। सनातन जीवनदर्शन समावेशी है। अहं ब्रह्मास्मि, यह बोध करवाता है कि जिस ईश्वर ने इस सृष्टि की रचना की, जिसमें सभी ग्रह, नक्षत्र, पृथ्वी, सागर पर्वत आते हैं, मैं उसी ईश्वर का अंश हूँ। जब वह यह अहसास कर लेता है तो उसमें तेज का भाव जाग्रत् हो जाता है। तभी से उसकी नैतिक उन्नति प्रारंभ हो जाती है। और वह ज्ञान से लबालब होकर पूर्णता की ओर बढ़ता है, जो फिर उसे मोक्ष की ओर ले जाता है।

हम हैं कौन? यह प्रश्न सृष्टि के प्रारंभ से ही मानव मन को उद्वेलित करता आया है। हमारी वास्तविक पहचान क्या है? इन सब सवालों के जवाब भी उपरोक्त महामंत्रों में मिलते हैं। मैं ही ब्रह्म हूँ। यही तो मेरी पहचान है। और साथ ही 'तत् त्वम् असि'—तुम वह हो। तुम वही हो, जिसकी तुम्हें तलाश है। अर्थात् हम सभी को जिसकी तलाश है, वह कहीं बाहर नहीं हमारे भीतर ही विद्यमान है। हम सब जिस पूर्णता की तलाश में हैं, वह पूर्णता हम में ही है। हम सब अपने आप में पूर्ण हैं। इसका व्यावहारिक अर्थ देखें तो हम वही बनते हैं, जो हम चाहते हैं, जैसा हम सोचते हैं, वैसा ही हमारा चरित्र बन जाता है। यह सब अद्वैत के सिद्धांत पर आधारित है, जिसके अनुसार संपूर्ण सृष्टि में केवल एक ब्रह्म तत्त्व ही विद्यमान है। ब्रह्म ही एकमात्र सत्य है, जो की सभी चल-अचल वस्तुओं में समाया है।

'मैं ब्रह्म हूँ'—या मैं महान् हूँ या मेरी सभ्यता संस्कृति मजहब पंथ संप्रदाय महान् है, ऐसा कहनेवाले अनेक हैं। दुनिया का हर मजहब-पंथ-संप्रदाय अप्रत्यक्ष रूप से यही कहता है। अपने अनुयायी और अपने ईश्वर को श्रेष्ठ होने का भाव देता है। सिर्फ सनातन है जो इसके आगे 'तत्त्वमसि' कहता है। अर्थात् सिर्फ मैं नहीं, तुम भी ब्रह्म हो। ये मैं के साथ तुम का आना ही सनातन को विशेष बनाता है। सर्वोत्तम बनाता है। सहिष्णु बनाता है। समावेशी बनाता है।

सनातन में प्रज्ञानं ब्रह्म है। यह ज्ञान स्थिर नहीं सतत है। यही कारण है, जो सनातन किसी एक पुस्तक तक सीमित नहीं होता। उसके लिए न इति न इति (नेति-नेति), यह अंत नहीं, ब्रह्म वाक्य बन जाता है।

यह आत्मा ब्रह्म है। यह वाक्य तो विज्ञान को साध लेता है। ऊर्जा नष्ट नहीं होती। वह अपना स्वरूप बदलती है। मृत्यु एक पड़ाव है, उसके आगे भी यात्रा है। यह एक स्टेशन है, जहाँ से आगे की यात्रा के लिए नए वाहन लेने होंगे। और फिर मंजिल पर

पहुँचकर कुछ दिन ही ठहरना होता है, फिर वापसी या फिर आगे की एक नई यात्रा।

सनातन जीवनदर्शन अपनी बात किसी पर थोपता नहीं, वह प्रत्येक को पूरी आजादी देता है अपनी अनुभूति और अपने अनुभवों से अपने आप को ज्ञानी बनाने का। वह किसी को लीक पर चलने के लिए नहीं कहता। यों तो प्राचीनतम ग्रंथ वेद में कहा गया है कि वेद ज्ञान ही है, लेकिन यह अनुभूतिजन्य ज्ञान है। ऋषियों ने जब देखा कि अनुभूति की अभिव्यक्ति में शब्दों का सामर्थ्य छोटा पड़ रहा है, कई बार व्यक्त करने में शब्द की शक्ति अपर्याप्त है। ऐसे में भी उन्होंने अपने अनुभूतिजन्य ज्ञान को शब्दों में व्यक्त करने का प्रयास तो जरूर किया, मगर जब देखा कि पूरे प्रयास के बाद भी अभिव्यक्ति अनुभूति के स्तर की नहीं बन पा रही है तो ईमानदारी से कह दिया 'नेति-नेति'। अर्थात् यहाँ बात पूरी नहीं हो सकी। और हरेक इसे नए ढंग से सोचकर समझने के लिए स्वतंत्र है।

आज के वर्तमान हालात में हमें इसी सनातन स्वतंत्रता के तहत नए ढंग से सोचते हुए यह समझना है कि हम कहाँ-से-कहाँ पहुँच गए। यहाँ विकास है या पतन। कहीं हम विनाश की ओर तो नहीं बढ़ रहे। हमारी उपभोग संस्कृति ने हमें कहाँ पहुँच दिया। हम तो प्रकृति का शोषण करने लगे हैं। यहाँ पर मुरगी और अंडे की कहानी संदर्भित और सार्थक होगी। जब एक आदमी अधिक अंडों की चाह में मुरगी का पेट ही फाड़ देता है। इस भ्रम की स्थिति में हमारी मदद सनातन जीवनदर्शन कर सकता है, जो त्यागपूर्ण जीवन जीने में मानव को विचारधारा के स्तर पर प्रेरित करता है। वह आनंद व मस्ती में अंतर समझाता है। वह वसुधैव कुटुम्बकम् का पक्षधर है। यही कारण है, जो इस देवभूमि पर आनेवाले प्रत्येक बाहरी को, फिर चाहे वह आक्रमणकारी ही क्यों न हो, उसे इस सनातन समाज ने स्वीकारा। अनेक इस विराट् जीवनदर्शन में घुल-मिलकर अस्तित्वविलीन हो गए। मगर आज हम कुछेक संस्कृतियों से संघर्षरत हैं, जो सनातन के मूलदर्शन को प्रदूषित करने के लिए पिछले कुछ समय से प्रयासरत हैं। परिणामस्वरूप आज हमारी अपनी पहचान और अस्तित्व को लेकर अनेक चुनौतियाँ हैं। कुछ ऐसे तंत्र हैं, जो इस सुंदर सनातन समाज को खत्म करने पर उतारू हैं। सनातन तो शायद ही खत्म हो। वैसे भी सनातन का विनाश अर्थात् मानव समाज का विनाश। यहाँ प्रकृति का विनाश कहना मूर्खता होगी, क्योंकि सृष्टि का विनाश नहीं होता। हाँ, हम मानव को अगर सृष्टि में बने रहना है तो सनातन जीवनदर्शन को ही पकड़कर चलना होगा। सिर्फ हमें ही नहीं, पूरे विश्व को। उनको भी जो सनातन संस्कृति को खत्म करने के लिए अग्रसर हैं, उतारू हैं। कहीं ऐसा न हो कि वे हमें खत्म करते-करते खुद ही खत्म हो जाएँ। उनकी मुक्ति भी इसी जीवनदर्शन में है।

अहिंसा और धर्म

विश्व समाज को अहिंसा की अवधारणा सनातन जीवनदर्शन की ही देन है। भगवान् महावीर और भगवान् बुद्ध सनातन की मुख्य धारा से ही जुड़े हैं। 'अहिंसा परमो धर्मः' सनातन का ब्रह्म वाक्य है। यह सहअस्तित्व को चरितार्थ करता है। यह मानव के मन में संवेदना भरता है। प्रकृति के हर जीव-जंतु को जीने का समान अधिकार देता है। यह मनुष्य को दानव से मानव बनाता है। यह मानव को सहिष्णु और सामाजिक बनाता है। और इस तरह अपने अंदर की पशुता को खत्म कर मनुष्य देवत्व को प्राप्त करता है।

अहिंसा को परम धर्म बतानेवाला यही एकमात्र जीवनदर्शन है। इससे ही विश्व में शांति आ सकती है। यही विश्व समाज को समृद्ध और संस्कारित कर सकता है। आज विश्व जिस कारण से अपने विनाश की ओर बढ़ रहा है, हिंसा उसका प्रमुख कारण है। दुनिया के किसी भी पंथ, संप्रदाय, मजहब में अहिंसा का भाव इस स्तर पर नहीं है। बल्कि आज तो यह स्थिति बनती जा रही है कि अनेक पंथ मजहबी हिंसा का कारण हैं। जितना अत्याचार, अमानवीयता, हत्याएँ, शोषण मजहब पंथ संप्रदाय के नाम पर हुआ या हो रहा है, उतना किसी और कारण से नहीं।

दुर्भाग्यवश अहिंसा का पाठ पढ़ानेवाला सनातन स्वयं अस्तित्व की लड़ाई लड़ रहा है। क्योंकि उसने अपने ही जीवनदर्शन को अधूरा समझा। या यों भी कहा जा सकता है कि आधुनिक काल में आधा-अधूरा ज्ञान उसे दिया गया। यह अधूरा ज्ञान अधिक घातक सिद्ध हुआ। एक अधूरे श्लोक ने हमें इस हद तक निष्क्रिय, कर्महीन, धर्महीन बना दिया कि आज हम अपनी पहचान के लिए संघर्ष करते नजर आते हैं। असल में पूरा श्लोक यह है—

'अहिंसा परमो धर्मः धर्म हिंसा तथैव चः'

मनुष्य के लिए अहिंसा परम धर्म है और धर्म अर्थात् सत्य की रक्षा के लिए हिंसा भी उसी प्रकार श्रेष्ठ है। इसे व्यावहारिक रूप से इस तरह से कह सकते हैं कि अहिंसा परम धर्म तो है, लेकिन धर्म की रक्षा करना परम कर्तव्य है। अब इस कर्तव्य निर्वाहन के लिए कर्म तो करना ही होगा। फिर चाहे शस्त्र ही क्यों न उठाना पड़े। सत्य और धर्म की रक्षा करने के लिए यह भी आवश्यक हो जाता है। अगर ऐसा नहीं किया जाता तो रावण का वध कैसे होता? दुर्योधन और कंस का संहार कैसे होता? ये सब असुर हैं। असुर-राक्षस की समाप्ति के बिना धर्म की स्थापना कैसे हो सकती है? और फिर बिना धर्म के समाज में सुख-शांति समृद्धि कैसे संभव है? आज चारों ओर अधर्म और अराजकता अगर बढ़ी है तो उसका एक कारण यह भी है कि धर्म की रक्षा के लिए मनुष्यों ने कर्म करना, संघर्ष करना छोड़ दिया है।

यहाँ धर्म की व्याख्या आवश्यक हो जाती है। मनु ने धर्म के दस लक्षण गिनाए हैं।

धृतिः क्षमा दमोऽस्तेयं शौचमिन्द्रिय निग्रहः। धीर्विद्या सत्यम क्रोधो दशकं धर्म लक्षणम्। अर्थात् धृति (धैर्य), क्षमा (सबका उपकार करना), दम (हमेशा संयम से धर्म में लगे रहना), अस्तेय (चोरी न करना), शौच (भीतर और बाहर की पवित्रता), इंद्रियं निग्रह (इंद्रियों को हमेशा धर्माचारण में लगाना), धी (सत्कर्मों से बुद्धि को बढ़ाना), विद्या (यथार्थ ज्ञान प्राप्त करना), सत्यम् (सत्य का आचरण करना), अक्रोध (क्रोध छोड़कर शांत रहना)। इन दस गुणों अर्थात् धर्म का पालन करने पर संबंधित समाज के समृद्ध और विश्व मानव का कल्याण स्वाभाविक है। यही धर्म है। विडंबना यह है कि इस धर्म के लिए अन्य पंथ, संप्रदाय, संस्कृति में उचित शब्द ही नहीं।

सनातन में धर्म का अर्थ है—धारण करना। वह कर्म जो मानव धारण कर सके। यह गुणों को भी प्रदर्शित करता है। सिर्फ मानव के संदर्भ में नहीं बल्कि पदार्थ के लिए भी। जैसे पानी का धर्म है बहना, अग्नि का है प्रकाश-ऊर्जा देना। धर्म सार्वकालिक है और सार्वभौमिक भी। साधारण आम प्रचलन में धर्म कर्तव्य और सद्‌गुण है। जो धर्म का पालन करे, वही श्रेष्ठ (आर्य) है। जो अपने अनुकूल न हो, वैसा व्यवहार दूसरों के साथ नहीं करना चाहिए, यह धर्म की कसौटी है। जो धर्म का नाश करता है, धर्म उसी का नाश कर देता है। सरल शब्दों में समझना हो तो हमारा अधर्म ही हमारे नाश का कारण बनता है।

शांति

सनातन संस्कृति की हर पूजा-पाठ, यज्ञ, संस्कार, कर्मकांड के अंत में ॐ शांति मंत्र के जप करने की व्यवस्था सुनिश्चित की गई है। सनातन जीवन में जितनी बार शांति का पाठ होता है, किसी और मंत्र का नहीं।

शांति भी कैसी? ॐ द्यौः शान्तिरन्तरिक्षं शान्तिः, पृथ्वी शान्तिरापः शान्ति रोषधयः शान्तिः। वनस्पतयः शान्तिर्विश्वे देवाः शान्तिर्ब्रह्म शान्तिः सर्वे शान्तिः, शान्तिरेव शान्तिः, सा मा शान्तिरेधि। ॐ शान्तिः शान्तिः शान्तिः।

जहाँ जल, धरती, आकाश अर्थात् तीनों लोक में शांति की कामना की गई है। जहाँ अग्नि, पवन, वनस्पति, अंतरिक्ष से लेकर हर जीव-जंतु यहाँ तक कि कण-कण में शांति का निवेदन ईश्वर से किया जाता है। पूरे ब्रह्मांड की शांति। यहाँ एक ब्रह्मांड हमारे भीतर भी है, उसकी भी शांति। आखिरकार शांति पर इतना ध्यान क्यों? शांति के बिना सुख संभव नहीं और समृद्धि का कोई औचित्य नहीं। शांति है तो सुख भी है और समृद्धि भोगी जा सकती है।

अगर कैकेयी शांत रहती तो अयोध्या को चौदह साल अशांत न रहना पड़ता। रावण शांत रहता तो लंका नहीं जलती। अगर धृतराष्ट्र शांत होते तो दुर्योधन कपूत नहीं बनता।

और दुर्योधन शांत रहता तो न महाभारत होती और न ही कौरव वंश का नाश होता।

कलियुग की स्थिति तो बेहद अराजक है, जहाँ देखो, हर कोई अशांत है। हर देश, समाज, शहर, नगर, गाँव अशांत हैं। हर घर अशांत है। अस्पताल, कचहरी, बाजार, सिनेमा, मीडिया, अखबार, शहर का हर मोड़, हर चौराहा, हर मोहल्ला अशांत है। यहाँ तक कि देवालय से लेकर मधुशाला भी अशांत हैं। माँ अशांत है, पिता अशांत है, बेटा-बेटी, भाई-बहन, चाचा-चाची, मामा-मामी, बुआ-फूफा सब अशांत हैं। कार्यालय में बॉस अशांत हैं, घर में पति-पत्नी अशांत है। बच्चे-बूढ़े और जवान से लेकर अमीर-गरीब हर वर्ग, वर्ण अशांत है। मजहब, पंथ, संप्रदाय अशांत है तो इस युग के दूत-पूत भी अशांत हैं। डॉक्टर, इंजीनियर, वकील, व्यापारी, नेता-अभिनेता, छात्र के साथ शिक्षक भी अशांत है। मन-मस्तिष्क, विचार, भाव, बुद्धि, विवेक, चेतना से लेकर आत्मा भी अशांत है। साहित्य अशांत है, गीत-संगीत अशांत है, नृत्य भी अशांत है। इस युग को अशांत युग कह देना सार्थक होगा। हमारी अशांति का ही परिणाम है कि नदी अशांत है, तालाब, झील, झरने, सागर अशांत है। ऋतु अशांत है, पृथ्वी अशांत है, यहाँ तक कि सूर्य देवता भी अशांत है। ऐसे में शांति का अति महत्त्वपूर्ण होना यों ही स्वाभाविक रूप से समझा जा सकता है। यह वही शांति है, जो सनातन का प्रमुख उद्देश्य और अंतिम लक्ष्य भी रही है। सतानत जानता है, अगर सभी वैभव और सुख-साधन है, मगर शांति नहीं है तो सब व्यर्थ है। कहते भी हैं, जहाँ शांति है, वहीं सुख है। लड़ाई, दुःख, लालच, चाहत, इच्छाओं को नियंत्रित करने का एक सशक्त शस्त्र है शांति। सबकुछ खरीदा जा सकता है मगर शांति नहीं। आंतरिक शांति वह अवस्था है जहाँ व्यक्ति हर चिंता से मुक्त, मानसिक और भावनात्मक रूप से शांत हो। जहाँ नकारात्मक विचार तनाव पैदा करनेवाले कारक न हों। इसी अवस्था में हम शांत हो पाएँगे और हमारे विचार शांत होंगे और सकारात्मक विचार का प्रवाह होगा। इसीलिए यजुर्वेद कहता है—हे जगत् के परमपिता, परब्रह्म परमेश्वर शांति स्थापित करें। तीनों लोकों में शांति स्थापित करें। संपूर्ण विश्व में अवचेतन में शांति करे। मुझमें-तुझमें जगत् के कण-कण में शांति का भाव स्थापित करें।

सिर्फ शांति ही नहीं, सभी के निरोग, सुखी होने की कामना की जाती है। सनातन संस्कृति में विनती करते हुए कहा जाता है कि कोई भी इस जगत् में दुखी न रहे, सभी मंगलमय घटनाओं के साक्षी बने।

ॐ सर्वे भवन्तु सुखिनः। सर्वे सन्तु निरामयाः। सर्वे भद्राणि पश्यन्तु। मा कश्चित् दुःख भाग्भवेत्॥ ॐ शान्तिः शान्तिः शान्तिः॥

इंद्र

सनातन जीवनदर्शन में एक महत्त्वपूर्ण चरित्र है इंद्र। यह वैदिक काल के महत्त्वपूर्ण देवता हैं। वेदों में इनका विस्तारपूर्वक वर्णन है। साहसी, शक्तिशाली एक योद्धा। देवताओं (आर्यों) के सेनापति। एक विजेता। ये प्रतीक हैं। इनके द्वारा अनेक संदेश दिए गए हैं। ये सामान्य जीवन में भी उतारे जा सकते हैं।

कालांतर में पौराणिक कथाओं में इन्हें कुछ भिन्न रूप में दिखाया गया है। जहाँ इंद्र को अकसर भय रहता है। असुरों से कम, तपस्वियों से ज्यादा। किसी के तप करते ही इंद्र सशंकित हो जाता है। हर कथा में अमूमन दिखाया जाता है कि कैसे उसे अपने सिंहासन की चिंता सताने लगती है। यहाँ यह समझना होगा कि आखिरकार यह इंद्र है कौन? यह वह है, जो पौराणिक काल में अपने वैभवपूर्ण जीवन में विलासिता के लिए अभ्यस्त है। यह वह है, जिसकी इंद्रिया वश में नहीं। इनके सामने जब कोई सामान्य-सा मानव असामान्य तप करता है तो यह इंद्रियों से इंद्रित इंद्र भयभीत हो जाता है। यहाँ तप क्या है? भोगने का सामर्थ्य और वैभव होते हुए भी विरक्ति ही तप है। जो कष्टों से नहीं घबराता। जो मुश्किलों से नहीं डरता और टकराता है। और आनेवाले किसी भी कष्ट को साक्षी भाव से सहते हुए चलता रहता है। ऐसा व्यक्ति सशक्त चरित्र का धनी होता है। ऐसे व्यक्ति से इंद्र डरता-घबराता है। इसके बढ़ते प्रभाव से इंद्र को ईर्ष्या होती है। किसी फक्कड़ तपस्वी से अमूमन किसी इंद्रिय वशवाले धनी को तकलीफ होती है। सीधे और सरल रूप में कहना हो तो किसी सज्जन पुरुष से दुर्जन व्यक्ति को होनेवाली तकलीफ नफरत से इसे समझा जा सकता है।

वैसे वैदिक काल में इंद्र इंद्रियजयी और पराक्रमी क्षत्रिय रहे हैं, अर्थात् कर्मयोगी थे। परंतु पौराणिक कथाओं के काल में आते-आते इंद्र लोभी, विलासी, व्यभिचारी बनाकर दिखाए गए। शायद पौराणिक काल के आते-आते इस तरह के चरित्रों का निर्माण समाज में होने लगा था। शक्तिशाली एवं सामर्थ्यवान लोग ऐसे बनने लगे थे। इन सबके लिए नए वाले इंद्र के माध्यम से संदेश दिया गया। ऐसा अद्‌भुत चित्रण, वह भी देवता के चरित्र के माध्यम से किसी और समाज-सभ्यता, संस्कृति में नहीं मिलेगा। यह आज के संदर्भ में भी उचित लगता है। जब आज का धनी और शक्तिशाली, वैदिक इंद्र न होकर पौराणिक इंद्र की तरह व्यवहार करने लगा है।

आज का इंद्र तो अस्तित्वहीन है। यहाँ इंद्र हम ही हैं। जिसने हर युग में अपना चरित्र बदला। आज हमारी दुर्दशा का कारण हमारा पौराणिक कथा वाला इंद्र बन जाना है। शायद हम पौराणिक इंद्र से भी बदतर स्थिति में पहुँच चुके हैं, इंद्रियों के पूर्णतः गुलाम बन चुके हैं। जबकि आज हमें वैदिक इंद्र बनने की अधिक आवश्यकता है।

सनातन संस्कृति हर मनुष्य को पूरी स्वतंत्रता देता है। हर तरह की सोचने-समझने, आस्था, विश्वास, कर्म आदि करने की पूरी छूट। बस फर्क इतना है कि आजादी के साथ कर्तव्यबोध भी कराता है। यहाँ स्वतंत्रता उच्छृंखल नहीं है। अब जैसे कि आज हम जाति व्यवस्था जैसी कुरीतियों से जूझ रहे हैं, परिणामस्वरूप कुछेक वर्ग में आक्रोश है और यह स्वाभाविक भी है। ऐसे में सनातन संस्कृति, अपने ही लोगों को एक प्राचीन ग्रंथ मनुस्मृति को आक्रोशवश जलाने की अनुमति तो देती है, मगर साथ ही यह अपेक्षा करती है कि पहले इसे पढ़ें, समझें और अगर वर्तमान के संदर्भ में कोई खामी नजर आती है तो उसे दूर भी करें। और इस तरह से कोई नई व्यवस्था बनाएँ, जिसमें दोष न हो। असल में मनुस्मृति को जलानेवाले सनातन जीवनदर्शन को सही स्वरूप में जान ही नहीं पाते। वह सिर्फ उस पक्ष को जानकर उद्वेलित हो जाते हैं, जो सुनी-सुनाई है या फिर जो सनातन समाज में किसी और कारण से समय के साथ उत्पन्न हुई हैं। वरना सनातन समाज की व्यवस्था कर्म आधारित थी। यह प्राकृतिक थी और व्यावहारिक भी। यह सभी कर्म एक-दूसरे पर निर्भर थे। कोई ऊँचा तो कोई नीचा नहीं। हाँ, व्यवस्था बनाए रखने के लिए कुछ नियम तो जरूर बनाने होंगे। बिना नियम के तो अराजकता ही आएगी। अगर किसी नियम में खामी है तो उसे बदला जा सकता है और बदला जाना चाहिए। पूर्व में बदला जाता भी रहा है। यही तो सनातन की विशेषता रही आई है। लेकिन किसी व्यवस्था को, जो बदलने को तैयार हो, उसे खारिज नहीं किया जा सकता। वह भी तब जब आपके पास कोई और बेहतर व्यवस्था न हो।

आज विश्व मानव के पास सनातन से बेहतर कोई सामाजिक व्यवस्था नहीं। यह सिर्फ दिखाने के लिए या बोलने मात्र के लिए समानता की बात नहीं करती। यों तो प्रकृति में भी कोई दो चीज समान नहीं। आम का पेड़ और पीपल का पेड़ समान नहीं। लेकिन आम का पेड़ सामान्यत: इसलिए महत्त्वपूर्ण लगता है, क्योंकि यह आम का फल देता है। मगर सिर्फ इसी बात पर हम पीपल के पेड़ को नकार नहीं सकते कि यह कोई फल नहीं देता। यह मूर्खता होगी। क्योंकि जो पीपल का पेड़ देता, वह आम का पेड़ नहीं दे सकता। इसलिए सनातन में दोनों पेड़ों का अपना-अपना स्थान और महत्त्व स्थापित है। जो जिस योग्य है, उसे वही कर्म देकर सनातन ने उसका भी भला किया है और समाज का भी। यह स्वतंत्रता थी कि अगर क्षत्रिय का बेटा शारीरिक रूप से कमजोर है तो उसे अपनी इच्छानुसार अपनी योग्यता के बल पर अपना कर्मक्षेत्र चुनने की आजादी थी। फिर वह अपने उसी कर्म को करते हुए उस वर्ण व्यवस्था के अंतर्गत उस वर्ण में जाना जाता, जो वह कर्म कर रहा है। जब तक यह व्यवस्था थी सनातन समाज एक आदर्श था। जैसे ही यह व्यवस्था टूटी, हमारा पतन प्रारंभ हुआ। सनातन व्यवस्था में सनातन जीवनदर्शन का व्यावहारिक पक्ष को देखा और समझा जा सकता था। जब तक सनातन

सभ्यता के मूल में सनातन जीवनदर्शन रहा, तब तक सनातन सभ्यता सशक्त और सनातन संस्कृति समृद्ध रही।

सनातन वह जीवनदर्शन है, जो प्रकृति को वश में करने का समर्थन नहीं करता। यों तो प्रकृति को पराजित करके उस पर कब्जा करना संभव नहीं। मगर इस तरह की सोच आसुरी चिंतन है, जबकि सनातन दैवीय चिंतन है। यहाँ इंद्रियों को वश में करने की बात होती है। सनातन लेने की नहीं देने की संस्कृति है। सनातन मृत नहीं, जीवंत है। स्थिर नहीं, सतत है। जड़ नहीं चैतन्य है। सनातन जीवनदर्शन भौतिक, शारीरिक, पारिवारिक, सामाजिक से ऊपर उठकर आत्मिक, आध्यात्मिक और भावनात्मक स्तर पर भी संतुष्ट करता है। यह उपभोग की नहीं उपयोग की संस्कृति है। यह लाभ-लोभ की नहीं, त्याग की संस्कृति है। यह भोग की नहीं, मोक्ष की संस्कृति है। यह बाँधता नहीं, मुक्त करता है।

सनातन हिंदू, भक्षक नहीं, प्रकृति रक्षक होता है। वैदिक सनातन हिंदुत्व एक प्रकृति संरक्षक संस्कृति है। 'मैं सनातनी हूँ' कहने का अर्थ ही होता है 'मैं प्रकृति का पुजारी हूँ'।

सनातन जीवनदर्शन दानव को मानव बनाता है, मानव को देवता और देवता को ईश्वर के रूप में स्थापित कर देता है।

सनातन सिर्फ स्वयं की बात नहीं करता, सदा विश्व की बात करता है। सिर्फ आज की बात नहीं करता, बीते हुए कल का विश्लेषण कर आने वाले कल के लिए तैयार करता है। इसलिए शाश्वत है, निरंतर है। आधुनिक मानव को सनातन के इस मूल मंत्र को पकड़ना होगा, तभी हम सनातन जीवनदर्शन को समझ पाएँगे।

❑

भाग-5

विश्व मानव की आधुनिक चुनौतियाँ

इक्कीसवीं सदी में मानव के अस्तित्व को खतरा है। सर्वनाश की संभावना प्रबल है। मानव इतिहास में हम अब तक के सबसे कठिन समय से गुजर रहे हैं। विज्ञान और उसकी कचरा-संस्कृति तो एक कारण है ही। मगर और भी कई कारण बनने लगे हैं।

1. सनातन धर्म बनाम अन्य

सनातन मूलतः प्रकृति उपासक है। प्रकृति परिवर्तनशील है। इसलिए सनातन में भी परिवर्तनशीलता उसका मूल गुण बन गई। स्वाभाविक है प्रकृति की तरह ही सनातन का सरल, सहज, समभाववाली संस्कृति बनना। आप जिसकी पूजा करते हैं, अर्थात् उस पर आस्था होती है विश्वास करते हैं और उसके चरित्र को आत्मसात् करके अपने व्यक्तित्व में ढालने का प्रयास करते हैं। अतः सभी प्रकृति के गुण सनातन धर्म में आ गए। प्रकृति निरंतर है तो सनातन संस्कृति भी आदिकाल से अब तक सतत चली आ रही है।

सनातन की मूल भूमि भारत है। इस भूखंड का भी सनातन संस्कृति के विकासक्रम में महत्त्वपूर्ण योगदान रहा है। यहाँ छह ऋतुएँ हैं। अर्थात् हर दो महीने में ऋतु परिवर्तन हो जाता है। ऋतु के परिवर्तन होते ही खानपान और रहन-सहन में परिवर्तन होना स्वाभाविक है। गरमी का भोजन हम ठंड में नहीं खाते, कपड़े भी उसी तरह से बदलते रहते हैं। अर्थात् देवभूमि के निवासी के जीवन संस्कृति में परिवर्तनशीलता एक विशेष गुण के रूप में सहज रूप से जुड़ती चली गई। यही कारण है हम परिवर्तन को स्वीकार करते हैं। यही नहीं, भारत भू-खंड में कहीं पहाड़ है तो कहीं मैदान, कहीं रेतीली बंजर जमीन है तो कहीं हरे-भरे जंगल। ऐसे में हर जगह की जीवन संस्कृति को अपने ढंग से प्रकृति के साथ, प्रकृति से तालमेल बनाते हुए एक स्थानीय संस्कृति को विकसित करने की पूरी छूट। अर्थात् हमारी संस्कृति में विविधता पनपी। इसने हमें स्वाभाविक रूप से लचीला बनाया। यहाँ सवाल उठ सकता है कि फिर हम एक कैसे बने रहे? हम सब का आधार एक ही रहा 'सनातन जीवनदर्शन'। यह वही दर्शन है, जिसका एक मंत्र है नेति-नेति। यह इस बात का प्रमाण कि हम दर्शन के स्तर पर भी स्वतंत्र रूप से

सोचने के लिए, अनुभव करने के लिए स्वतंत्र हैं। संक्षिप्त में कहना हो तो हम कट्टर किसी भी तरह से नहीं हैं।

जहाँ तक 'अन्य' की बात है, फिर चाहे उसे मजहब, पंथ, संप्रदाय जिस नाम से भी पुकारा जाए, लेकिन उसे धर्म कहना उचित नहीं होगा। धर्म सिर्फ और सिर्फ सनातन ही परिभाषित करता है। इन सभी 'अन्य' में उपरोक्त प्राकृतिक गुणों का प्राकृतिक रूप से न होना ही आज मानवजाति के लिए एक विशेष तरह के संकट का कारण बनता जा रहा है। और यह संकट 21वीं सदी में हमारे सर्वनाश का एक प्रमुख कारण बन सकता है। यह जमीनी हकीकत है, इससे आँखें तो चुराई जा सकती हैं, मगर सत्य तो फिर सत्य है। यह 'अन्य' फिर चाहे व्यक्ति आधारित हो या किताब आधारित। इनके लिए समस्या भी यही है कि वे अपने ऐतिहासिक महापुरुष और ऐतिहासिक महत्त्वपूर्ण पुस्तक के बाहर सोच ही नहीं पाते। या यों कहें कि सोचने की इजाजत ही नहीं। व्यक्ति और पुस्तक आधारित पंथ-संप्रदाय-मजहब में, जो महापुरुष ने कह दिया या जो किताब में लिखा है, अनुयायियों के लिए वही अंतिम सत्य है। ऐसे में काल, स्थान, अवस्था, परिस्थितियों के भिन्न होने पर भी, समय की माँग के अनुसार जीवनशैली-संस्कृति में परिवर्तन न आ पाने के कारण कट्टरता पनपती है। परिणामस्वरूप इन पंथ-संप्रदाय-मजहब के अनुयायी एक-दूसरे के लिए समभाव नहीं रख पाते। स्थिति तनावपूर्ण तब हो जाती है, जब गरम रेगिस्तान और बर्फ से ढके हुए ठंडे क्षेत्र में पली-बढ़ी दो संस्कृति को गंगा किनारेवाले को मानने के लिए इसलिए बाध्य होना पड़ता है, क्योंकि वह किसी महानायक या किताब की बातों को मानने के लिए मजबूर किया गया है। किसी कारणवश अगर उसने उस मजहब को अपना भी लिया, फिर भी यह उसके स्वयं के लिए प्राकृतिक रूप से हितकारी नहीं हो पाता। साथ ही इस तरह का जबरन धर्मांतरण उसके व्यक्तित्व में कट्टरता पैदा करता है। यह नया अनुयायी एक बाहरी जीवनशैली को स्वीकार तो कर लेता है, फिर स्थानीय संस्कृति के साथ उसके टकराव का होना स्वाभाविक है। ऐसे में वह जिस जमीन पर रहता है, उस जमीन से अपने आप को जोड़ नहीं पाता। उस भूखंड में रहनेवाले समाज और राष्ट्र की चेतना में सहभागी नहीं बन पाता। भ्रम की ऐसी स्थिति विश्व के अनेक भू-भाग पर तेजी से फैल रही है। जिसका परिणाम है मानव के समूह धर्म-संप्रदाय के नाम पर एक-दूसरे से टकरा रहे हैं। यह टकराव आज विश्वभर का सबसे बड़ा संकट बनता जा रहा है।

अन्य पंथ-संप्रदाय में प्रत्यक्ष-अप्रत्यक्ष रूप से ईश्वर के प्रति भय है, जबकि हम (सनातन) ईश्वर में समाहित हो जाना चाहते हैं। उनके पास ईश्वर के पूत हैं और दूत भी हैं, जबकि सनातन में अवतार तो हैं, मगर सभी को स्वयं में ब्रह्म होने का परम ज्ञान दे दिया गया है। यहाँ मैं भी ईश्वर हूँ और तुम भी हो। 'अन्य' में ईश्वर पुरुष है,

जबकि सनातन में अर्धनारीश्वर की परिकल्पना है। दो आस्थाओं के इस अंतर का प्रभाव सामाजिक जीवन और मानसिकता पर किस हद तक हो सकता है, इस पर एक पूरा ग्रंथ लिखा जा सकता है। 'अन्य' में सभी अनुयायी एक निश्चित विचार योजनाओं, दृष्टि, दृष्टिकोण, दायित्वों और फलकांक्षाओं में बँधे हैं या बाँधे गए हैं, सनातन में यह संभव ही नहीं। सनातन तो स्वयं की अनुभूति की पूरी स्वतंत्रता देता है। यहाँ तो वैदिक ऋषि भी अपने ज्ञान को अंतिम मानकर निर्देशित नहीं करते।

ऐतिहासिक पुरुष (ईश्वर के अवतार) सनातन हिंदू में भी हुए। लेकिन उनका कार्य उस युग के महानायक के रूप में समाज में व्यवस्था के लिए आदर्श स्थापित करना मात्र था। वे धर्म की स्थापना के लिए आते रहे हैं। वे एक नहीं हैं। आदिदेव महादेव हैं तो त्रेता में श्रीराम आए और द्वापर में श्रीकृष्ण। साथ ही अनगिनत देवी-देवता हैं। इनके उपासकों के बीच में कभी प्रतिस्पर्धा नहीं हुई। सभी अवतारों ने स्वयं भी प्रकृति की उपासना की। जीवन संस्कृति में परंपरा में चले आ रहे तमाम संस्कारों और कर्मकांडों को इन्होंने भी ठीक उसी तरह से किया, जैसा अन्य उपासक करते आए थे। सरल शब्दों में कहें तो सनातन वैदिक हिंदुत्व के मूल को किसी भी अवतार ने भी कभी नहीं छोड़ा।

वेदों का सार, जिसमें परमेश्वर को सृष्टि रूप में स्वीकार किया गया है, अर्थात् निराकार को भी एक आकार देकर पूजा गया है। अगर हम अग्नि की पूजा कर रहे हैं तो अग्नि भी एक प्रतीक रूप में मूर्ति की तरह स्थापित की जा सकती है। हाँ, जिस दिन हम प्रकृति की उपासना छोड़ देंगे, अन्य पंथ-संप्रदाय की तरह ही हम भी विश्व समस्या का कारण बनेंगे। आधुनिक युग में यह कुछ-कुछ कहीं-कहीं दिखाई भी दे रहा है। मूर्ति पूजा और कर्मकांड के अपने निहित कारण हैं। इसके पीछे आमजन के लिए ईश्वर को प्रतीकों के रूप में सरलता से प्रस्तुत किया जाना और ध्यान को केंद्रित करने में सहयोग करना मात्र है। और यह अपनी तरह से आवश्यक भी है। मगर सिर्फ मूर्तिपूजा पर ही केंद्रित हो जाना अर्थात् प्रकृति को नजरअंदाज करना, किसी भी तरह हितकारी नहीं हो सकता। मूर्तिपूजा और कर्मकांड का एक सीमा से अधिक बढ़ना अर्थात् ज्ञान की व्याख्या का कम होना। यह स्थिति तब ही होती है, जब कर्मकांड करवानेवाला आध्यात्मिक स्तर पर बौद्धिक रूप से कमजोर हो। इस संकट से हम सनातनियों को भी बचना है। आधुनिक काल के हिंदुओं को सनातन वैदिक मूल्यों को पुनः आत्मसात् करना है, वरना हम भी अपनी ही मानवजाति के सर्वनाश का कारण बनेंगे।

एक नजर हम विश्व के मानचित्र पर डालें तो अनेक प्राचीन और समृद्ध सभ्यताओं का आज नामोनिशान नहीं है। एक तरफ अरब के रेगिस्तान से निकली गरम तूफानी हवाओं ने विश्व के बहुत बड़े क्षेत्र को अपने अंदर समेट लिया, जिसमें ईरान और इराक की प्राचीन सभ्यताएँ समाप्त हो गईं। दूसरी तरफ अमेरिका, जो आज दुनिया का एकमात्र

सुपर पॉवर बनता है, उसका खुद का निर्माण कई सवाल खड़े करता है। ऐसा तो है नहीं कि अमेरिका में पूर्व में कोई मानवीय सभ्यता नहीं रही होगी। मगर उसके अस्तित्व को पूरी तरह मिटा दिया गया। उस पूरे महाद्वीप पर कब्जा कर लिया यूरोप की संस्कृति ने। यह वही संस्कृति है, जिसने सुदूर ऑस्ट्रेलिया, न्यूजीलैंड में भी अपनी सभ्यता बसा दी। यह वही संस्कृतियाँ हैं, जो पूरी तरह से उपभोगवाद पर टिकी हुई हैं, जिसे बाजार नियंत्रित करता है। क्या हश्र है इन देशों का? अपने वैज्ञानिक अस्त्र-शस्त्रों के कारण आज यह दुनिया को डराकर अपना प्रभुत्व बेशक चला रहे हों, मगर यह सोच ही हमें विनाश की ओर ले जा रही है। कब्जा करना, यह आसुरी चिंतन है। लोभ-लालच से ये धर्म-परिवर्तन का एक खतरनाक खेल खेल रहे हैं। मगर इससे होगा क्या, यह इन्हें स्वयं भी नहीं पता। इनकी चमचमाती उपभोगवादी जीवन संस्कृति आकर्षित करती है, मगर इसने संपूर्ण जीवन-मूल्यों को समाप्त कर दिया। ये दोनों मजहबी संस्कृतियाँ अधिक पुरानी नहीं हैं, लेकिन विश्व इनके साथ इतने में ही हाँफने लगा है।

सनातन में 'मैं' के साथ 'तुम' भी है और इसके आगे जाकर 'हम' हैं। जबकि अन्य में सिर्फ 'मैं' है। यह 'मैं' अन्य को कट्टर बनाता है, जो फिर विनाशकारी, सर्वनाशी है।

2. राजनेता-पूँजीपति-धर्मगुरुओं का गठजोड़

राजनीति पूर्व में राज्य की नीति होती थी। यह आमजन में व्यवस्था बनाए रखने के काम आती। इसका उद्देश्य होना चाहिए—सर्वजन सुखाय सर्वजन हिताय। मगर अब यह सत्ता-प्राप्ति का मार्ग है। जब उद्देश्य बदल जाएँ तो रास्ते बदल जाते हैं। पूर्व में सनातन व्यवस्था में राजा को नियंत्रित और नियमित करने के लिए राजगुरु होते थे। राज्य के बाहर कुटिया में ऋषि-मुनि रहते थे। जिनके प्रभाव से किसी भी चक्रवर्ती सम्राट् का भी बच पाना असंभव था। आज स्थिति भिन्न है। आज की सत्ता में बैठा सत्ताधारी किसी के भी नियंत्रण में नहीं, वह निरंकुश हो चुका है। प्रजातंत्र भी एक छलावा है। यह भीड़तंत्र बन चुका है। और भीड़ भेड़ से बनती है, जिसे हाँकना सबसे आसान है। ये सत्ताधारी अपनी सत्ता बनाए रखने के लिए किसी भी हद तक जाने को तैयार हैं। ये आमजन की भावनाओं के साथ खेलते हैं, उनकी इच्छाओं को उकसाकर उसका दुरुपयोग करते हैं। पहले ये शारीरिक शोषण किया करते थे, आजकल मानसिक शोषण कर रहे हैं। इसमें मीडिया, बाजार और धर्म-मजहब-संप्रदाय का साथ मिल रहा है। इन सत्ताधारियों की भूख-चाहत ही मानवजाति के सर्वनाश का एक कारण बनेगा। पश्चिम के विकास का मॉडल असल में विनाश का मार्ग है। विश्वमानव एक दुश्चक्र में फँस चुका है। और इन्हें फँसाया है राजनेताओं और पूँजीपतियों ने, जिनका सहयोग कर रहे हैं अनेक धर्मगुरु। पूँजीपति की भूख कभी खत्म नहीं हो सकती। सनातन संस्कृति में पूँजी होती थी गाय

और अन्न। उद्देश्य होता था स्वस्थ शरीर, आनंदित जीवन। मगर अब पूँजी भौतिक हो चुकी है। पहले जीवन में व्यापार नहीं था, न ही व्यापार को ही जीवन बनाया गया था। अब व्यापार हर मानव के जीवन का अभिन्न अंग है। अब पैसा कमाना ही उद्देश्य बना दिया गया है। मगर यह पैसा किसलिए कमाना है, यह कोई नहीं बताता। इसने लाभ और लोभ की ऐसी भूख पैदा की, जिसका कोई निदान नहीं। सनातन समाज में भी इसके दुष्प्रभाव को देखा जा सकता है। सनातन के सभी पर्व-उत्सव अब विज्ञान की कचरा-संस्कृति से प्रभावित हैं, वे भी अब प्राकृतिक और पारंपरिक नहीं रह गए। अब हर त्योहार पर बाजार का कब्जा है। हालात इतने खराब हो चुके हैं कि एक समस्या के जो उपाय खोजे जाते हैं, वे एक नई बड़ी समस्या पैदा कर देते हैं। चिकित्सा विज्ञान में इसे देखा जा सकता है। अस्पताल अब व्यापार के बड़े-बड़े केंद्र हैं। ये भी अब बाजार और पूँजीपतियों के नियंत्रण में हैं। राजनेता, पूँजीपति और धर्मगुरुओं का गठजोड़ हमारे विनाश का कारण बनता जा रहा है। सवाल यह है कि क्या ये सभी स्वयं इस विनाश में बच पाएँगे? नहीं, नहीं, नहीं।

3. बुद्धिजीवी और नायक

वैदिक युग के ऋषियों की जीवनी पढ़नी चाहिए। वे लोभ-लाभ-माया से दूर रहते थे। नगर-ग्राम से दूर। सत्ता से दूर। किसी भी तरह कमजोर नहीं बल्कि शक्तिशाली होते थे। प्रभावशाली भी। राजा से लेकर रंक उनकी कुटिया में नतमस्तक होते। वे समाज को दिशा देते। हर युग के नायक भी महामानव होते थे। त्रेता युग के श्रीराम ने तो रामराज्य के लिए अपना सर्वस्व बलिदान कर दिया था। श्रीकृष्ण ने धर्म की स्थापना के लिए अनेक उपाय किए। महाभारत के युद्ध प्रसंग संदेश देते हैं।

मगर आज के नायक कौन हैं? बाजार और सत्ता द्वारा स्थापित। इनके लिए प्लांटेड शब्द अधिक उचित होगा। ये थोपे गए कागजी नायक अपने-अपने मास्टर (मालिक) के हित के लिए काम करते हैं। ऐसे में ये अपने समाज का न तो प्रतिनिधित्व करते हैं, न ही उन्हें सन्मार्ग पर ले जाने के लिए अगुवाई करते हैं। वे तो मानव सभ्यता के विनाश के खलनायक हैं। जहाँ तक रही आज के बौद्धिक वर्ग की बात, तो उन्हें बुद्धिजीवी कहना ही हास्यास्पद होगा। वे तो परजीवी हैं, सत्ता और पूँजी के मोहरे।

बौद्धिक क्षेत्र पर वामपंथी विचारधारा का कब्जा होना बेहद खतरनाक है। इसे सीधे-सीधे समझना हो तो इन वामपंथियों के नायकों का नाम ही देखना काफी होगा। कौन हैं इनके सर्वमान्य नेता—लेनिन, माओ, स्टालिन? इन्होंने मानवजाति का क्या हश्र किया, पूरी दुनिया जानती है। वामपंथियों की विरोध की राजनीति ने विश्व को कहीं का नहीं छोड़ा। और विरोध भी किसका, पूँजीवाद का। यह वही पूँजीवाद है, जिसकी

प्रतिक्रिया में वामपंथ का जन्म हुआ। अर्थात् पूँजीवाद और वामपंथ असल में एक ही सिक्के के दो पहलू हैं। ये दोनों मिलकर मानव सभ्यता का विनाश करने में लगे हुए हैं। वामपंथ पोषित बौद्धिकता ने बौद्धिक क्षेत्र को भ्रमित और संकुचित अधिक किया है। उसके पास कोई जीवनदर्शन नहीं। कोई जीवन मूल्य नहीं। कोई संस्कार और संस्कृति नहीं। एक भावहीन विचारधारा मानव का कभी कल्याण नहीं कर सकती। यही सब कारण है, जो वामपंथ का दुनिया में जहाँ-जहाँ भी शासन रहा, वहाँ सिवाय अराजकता और असंतोष के कुछ नहीं पनपा। ऐसी आधारहीन विचारधारा का बौद्धिक क्षेत्र पर एकाधिकार कितना विनाशकारी हो सकता है, इसकी सहज कल्पना की जा सकती है।

4. आधुनिक हिंदुओं में कुरीतियाँ

हम अपनी गौरवशाली समृद्ध विरासत की तुलना में आज की स्थिति को देखते हैं तो यह बेहद दुखद और हास्यास्पद नजर आती है। दुखद इसलिए कि हजारों साल की समृद्ध सांस्कृतिक विरासत को हम बहुत तीव्रता से छोड़ रहे हैं। सच कहें तो अब हम भी विज्ञान द्वारा संचालित बाजार की संस्कृति के एक ग्राहक बन चुके हैं। हास्यास्पद तो कई बिंदु हैं, पर एक उदाहरण से इसे समझते हैं। इस विशाल देवभूमि पर जहाँ ईश्वर की विशेष कृपा है, हमारे पास प्राकृतिक रूप से एक विशाल वनक्षेत्र है। मगर हम उन्हें समृद्ध करने की जगह अब बोंजाई संस्कृतिवाले छोटे-छोटे पौधों को घर में उगाकर अति प्रसन्न हो जाते हैं। जबकि घर के गमलों में तुलसी का पौधा लगाया जा सकता है, जो कि लाभदायक ही होगा। घर के बाहर भी अब हम पीपल-नीम-वटवृक्ष नहीं लगाते। यह हमारा मानसिक दिवालियापन है।

अब घरों में संस्कार का आयोजन नहीं होता, बल्कि बात-बात पर पार्टी होती है। बर्थडे पार्टी, शादी की सालगिरह की पार्टी, किटी पार्टी। पार्टी जिसमें बहती है शराब। इस नशे की नींव पर बसा जीवन कैसे स्थिर, स्थायी, शांत और समृद्ध हो सकता है? इन शराबी रातों में कुछ पल की मस्ती तो हो सकती है, मगर जीवन का आनंद नहीं मिल सकता। शराब का नशा उतरते ही जो खालीपन, विरक्ति, मानसिक अवसाद उत्पन्न होता है, उसे भरने के लिए किसी और नशे की ओर जाने के लिए व्यक्ति प्रेरित होता है। इस तरह से आधुनिक मनुष्य इस कुचक्र में घूमता रहता है।

इस सदी के अंत तक हम पृथ्वी को रहने लायक नहीं छोड़ेंगे, इसके कई उदाहरण व्यावहारिक रूप में भी हम अपने आसपास देख सकते हैं। बशर्ते हम देखना चाहें।

एक बार मैं लेह से आगे पेंग्युन झील देखने गया था। अद्‌भुत दृश्य है। यहाँ प्रकृति अपने दिव्य रूप में उपस्थित है। ऊपर अनंत आकाश और नीचे पृथ्वी पर चारों ओर

दूर-दूर तक जहाँ-जहाँ भी नजर जाती, वहाँ प्रकृति का सौंदर्य पल-पल निखरता प्रतीत होता। मगर तभी मेरी निगाह पास बने एक गड्ढे में पड़ी थी, जिसमें प्लास्टिक की बोतलें, पैकिंग, पॉलिथीन बैग आदि-आदि का मानवीय कचरा पड़ा था। यह कचरा कभी नष्ट नहीं होगा। चूँकि यह नष्ट नहीं होगा, इसलिए यह इसी तरह से अपनी बदसूरती बिखेरता रहेगा। जैसे-जैसे पर्यटक के रूप में लोग यहाँ अधिक पहुँचेंगे, इस कचरे के ढेर का आकार बढ़ना स्वाभाविक है। कुछ ही वर्षों में यह दिव्य स्थल एक प्रदूषित स्थान बनकर रह जाएगा। क्योंकि इस तरह के कचरे के पहाड़ अब शहरों में आम देखे जा सकते हैं। यह कल्पना करते ही मैं घबरा गया था और फिर प्रार्थना करने लगा कि काश यहाँ मानव न ही आए तो अच्छा है। सुना है, हम हिमालय की चोटियों पर भी कचरे का ढेर छोड़कर आते हैं। हमने पृथ्वी पर कोई जगह नहीं छोड़ी, दोनों ध्रुवों पर पहुँच अपना तंबू गाड़कर गंदगी फैला रहे हैं।

एक और उदाहरण देखिए, जहाँ हम सनातन हिंदुत्व को छोड़कर बाजार की संस्कृति की ओर अग्रसर होने का प्रमाण दे रहे हैं। यह वह संस्कृति थी, जहाँ हर घर में तुलसी का पौधा होना अनिवार्य था। तुलसी की पूजा से ही हर दिन का शुभ आरंभ होता था। मगर आज हम प्लास्टिक की क्रिसमस ट्री को सजाने में स्वयं को आधुनिक महसूस करते हैं। हमारे विकसित होने की परिभाषा तुलसी के पौधे से निकलकर प्लास्टिक के पौधे तक पहुँच चुकी है। जबकि एक तरफ तुलसी जहाँ हमारी जीवनदायिनी है, वहीं प्लास्टिक हमारे लिए विनाशकारी है।

ये उदाहरण तो हमारी सोच और समझ को दरशाने के लिए काफी हैं। हम अकसर अपने घर को साफ तो करते हैं, मगर कचरा घर के बाहर फेंक देते हैं। यह सोचकर अति प्रसन्न हो जाते हैं कि बाहर के कचरे से हमें क्या? यह कितना हास्यास्पद है। इन छोटी-छोटी बातों को हम समझने के लिए तैयार ही नहीं। हमारी यही मानसिकता हमारे लिए खतरे की घंटी है।

चौमासे में शादी-ब्याह के संदर्भ में कहा जाता रहा है कि देवता सो जाते हैं, तारे डूब जाते हैं आदि-आदि। अर्थात् वर्षा ऋतु में सनातन संस्कृति के परंपरानुसार विवाह व संस्कार आदि संपन्न नहीं कराया जाना चाहिए। यह प्रकृति की व्यवस्था के हिसाब से एक व्यावहारिक निर्णय है। जब चारों ओर बरसात हो रही हो, नदी-नाले उफान पर हों, कीड़े-कीटाणुओं का जन्म हो रहा हो, ऐसे में किसी भी तरह का पारिवारिक व सामाजिक कार्यक्रम न करना ही उचित है। इसे बड़ी खूबसूरती से धर्म-संस्कृति के माध्यम से रोक दिया गया था। आज हम उसे नहीं मानते। न मानें, मगर क्या प्रकृति के विरोध में खड़े हो जाना, अंत में कहीं से भी मानव के लिए हितकारी हो सकता है? कदापि नहीं। हमारे द्वारा बनाई गई विशाल-भव्य इमारतें, आवागमन के लिए सड़क, रेल, हवाई जहाज

आदि-आदि इन सब के माध्यम से हम विवाह कार्यक्रम का आयोजन तो कर सकते हैं, मगर ये सब निर्माण आखिरकार जाते तो प्रकृति के विरोध में ही हैं। फिर भौतिक तामझाम तो खड़े किए जा सकते हैं, मगर शरीर पर ऋतु के प्रभाव का क्या? अगर इस पर भी हम अपनी मनमानी करें, जो हम कर भी रहे हैं तो फिर उसका खमियाजा भी तो स्वयं ही को भोगना पड़ता है। मनुष्य के शरीर से लेकर समाज ने नुकसान उठाना शुरू कर दिया है और यह समस्या दिन-प्रतिदिन अधिक विकट होती जा रही है। मगर हम इसे समझने को तैयार नहीं हैं। प्रकृति के साथ चलनेवाली सनातन संस्कृति इसलिए सफलतापूर्वक हजारों साल चली, जबकि आधुनिक जीवन व्यवस्था प्रकृति का उपभोग करते हुए कुछ चंद दशकों में ही अपनी अंतिम साँसें गिन रही है।

एक भयंकर बीमारी है जातिवाद, जो आधुनिक हिंदू समाज में घर कर गई है। जबकि सनातन समाज में वर्ण व्यवस्था मूलतः कर्म आधारित थी। आज जाति-व्यवस्था पूर्णतः जन्म आधारित है। न जाने यह मूर्खता सनातन में कब से, क्यों और कैसे आ गई? यहाँ मूर्खता इसलिए कह रहा हूँ, क्योंकि काम (कर्म) तो कई प्रकार के सदा रहे हैं और रहेंगे। कर्म कभी छोटा-बड़ा नहीं हो सकता। किसी भी व्यवस्था को बनाए रखने के लिए समाज के विभिन्न वर्गों-समूहों में आपस में निर्भरता और संपर्क बनाए रखना आवश्यक होता है। यह काम सनातन में कर्म आधारित वर्ण व्यवस्था में बखूबी था। मगर जन्म आधारित व्यवस्था ने सब कबाड़ा कर दिया। अब यह कैसे संभव है कि एक विद्वान् ब्राह्मण का मूर्ख बच्चा ब्राह्मण ही बना रहे और एक वीर क्षत्रिय का दुर्बल भी क्षत्रिय धर्म निभाए। ऐसी स्थिति में तो समाज का नुकसान अवश्य होगा, क्योंकि मूर्ख ज्ञान नहीं बाँट पाएगा और दुर्बल रक्षा नहीं कर पाएगा। और यही हो रहा है। यह भी हमारे पतन का कारण बन रहा है। कई वैश्य-शूद्र के बच्चे विद्वान-गुणी और तपस्वी हो सकते हैं तो वे ब्राह्मण का कार्य क्यों नहीं कर सकते?

जन्मना जायते शूद्रः—जन्म से सभी मानव शूद्र हैं। बाद में योग्यता के आधार पर ही मनुष्य ब्राह्मण, क्षत्रिय, वैश्य अथवा शूद्र बनता है। मनु की व्यवस्था के अनुसार अगर ब्राह्मण की संतान अयोग्य है, ब्रह्मकार्य में तो उसे वही कार्य अपनाना होगा, जिसके वह योग्य है। सनातन इतिहास में ऐसे अनेक उदाहरण हैं, जहाँ ऋषि जन्म से ब्राह्मण नहीं थे। लेकिन फिर वे अपनी योग्यता के बल पर ऋषि बने। एक मछुआरे की संतान महर्षि व्यास बने। दूसरी तरफ विश्वामित्र अपनी योग्यता के बल पर क्षत्रिय से ब्रह्मर्षि बने। भगवान् महावीर और भगवान् बुद्ध जन्म से क्षत्रिय थे। महर्षि वाल्मीकि भी जन्म से ब्राह्मण नहीं थे।

सच तो यह है कि जन्म आधारित जाति व्यवस्था प्राचीन काल में थी ही नहीं। अस्पृश्यता मनुस्मृति में नहीं है। हम बिना पढ़े, बिना जाने, बिना समझे इसकी विवेचना,

आलोचना शुरू कर देते हैं। आज यह हमें भ्रमित करने का मुख्य कारण है। हमारी सोच-मानसिकता को बाजार की शक्तियाँ नियंत्रित कर रही हैं। अगर हमें जाति की बीमारी को समझना है तो इतिहास को खँगालना होगा। यह अस्पृश्यता हमें 10वीं शताब्दी के पूर्व भी नहीं मिलती। वर्ण व्यवस्था तो मिलती है, मगर जाति आधारित अछूत जैसी कोई घटना कहीं दिखाई नहीं देती। असल में यह हमारी गुलामी के दौरान हम पर थोपी गई। अब यह कैसे पैदा की गई, वह एक अलग विषय हो जाएगा। संक्षिप्त में इतना कहना ही पर्याप्त होगा कि बाहरी आक्रमणकारियों ने अपनी सत्ता हिंदुस्तान में बनाए रखने के लिए हमें आपस में इस तरह विभाजित कर दिया कि हम इस कुचक्र में फँसते चले गए। हमारे ग्रंथों और कथाओं में भी दोष उत्पन्न किए गए। आज एक बार पुनः सनातनियों की विश्व को आवश्यकता है। ऐसे में हमें पहले अपने घर को ठीक करना होगा। इसके लिए हमें अपनी पूर्व की कर्म आधारित व्यवस्था को व्यवहार में लाना होगा। समाज में कर्म आधारित वर्ग का बनना स्वाभाविक है। जो व्यक्ति प्राकृतिक रूप से जिस कार्य के लिए योग्य है, अगर उसे वही कार्य दिया जाए तो वह इसे बखूबी निभाएगा। ऐसे में ही समाज का विकास सर्वांगीण हो पाएगा।

सनातन प्रकृति उपासना की संस्कृति है। यह प्रकृति ज्ञान का धर्म है। यहाँ हर आस्था के पीछे अनुभव का भंडार है। मगर कालांतर में कर्मकांड की अति ने सब बरबाद कर दिया। उदाहरण से समझना आसान होगा। सनातन सूर्य उपासना का धर्म है। क्योंकि वह जानता है कि सूर्य ही ऊर्जा का स्रोत है। सूर्य ही जीवन है। लेकिन अगर सूर्य का मंदिर बनाकर सिर्फ उसमे कर्मकांड किया जाने लगे तो यह सनातन संस्कृति का दोष नहीं, उन लोगों का है जो इसे क्रियान्वित कर रहे हैं। अगर आप सूर्य की पूजा में नदी को प्रदूषित कर रहे हैं तो यह आपका दोष है, सनातन का नहीं।

5. सीमाएँ (बाउंडरी)

विकास का यह पक्ष बेहद हास्यास्पद है और आपत्तिजनक भी। यह हमारी बीमार मानसिकता को दरशाता है। हमने अनेक सीमाएँ बना ली हैं—सामाजिक, राजनीतिक, आर्थिक। देश की सीमा, राज्य की सीमा, शहर-नगर की सीमा। ये सीमाओं का खेल तथाकथित विकास के साथ बढ़ता ही चला गया। एक संस्कृति थी, जिसने एक पूरी दीवार खड़ी कर दी थी, इसका प्रभाव आज भी चीन की सभ्यता और मानसिकता में देखा जा सकता है। अब तो घर-घर सीमाएँ-बाउंडरी बनने लगी हैं। कुछ समय पूर्व तक घर के चारों तरफ झाड़ियों की बाउंडरी होती थी, अब सीमेंट की पक्की दीवारें बनने लगी हैं। अब ये सिर्फ जानवरों और जीव-जंतुओं के लिए नहीं होती, बल्कि मानव बनाता है दूसरे मानव से अपनी संपत्ति की रक्षा के लिए। यह दीवार किसी पहाड़ को काटकर

बने सीमेंट और अन्य महत्त्वपूर्ण प्राकृतिक संपदा से बनती है। यह देखने में एक छोटी सी दीवार लग रही होगी, मगर यह कितना नुकसान कर रही है, हर स्तर पर इसे समझने के लिए एक स्वतंत्र विचार चाहिए। यह दीवार प्रतीक है हमारी असुरक्षा की भावना और संग्रह करने की अति का। यह लोभ-लालच और संकीर्ण-संकुचित मानसिकता की दीवार है, जो अमानवीय हो न हो अप्राकृतिक तो जरूर है। आवश्यकता से अधिक जो भी चीजें जमा हो जाती है, पेट में भरे हुए अनावश्यक अन्न की तरह अपच और सड़न पैदा करती है। आज समाज संग्रह की बीमारी से जूझ रहा है और मानव सभ्यता गंदगी से बजबजा रही है।

अब कंक्रीट का जंगल खड़ा हो रहा है। यह सीमेंट प्रेम हमारा इस कदर हम पर हावी है कि हम अपने आसपास की कच्ची जमीन भी सीमेंट से पक्की कर देते हैं। हम अपने आपको मिट्टी से दूर करते जा रहे हैं। बच्चों को मिट्टी में खेलने ही नहीं दिया जाता। ये शरीर ही मिट्टी से बना है और मिट्टी से संपर्क में आकर यह जीवंत हो उठता है, इस सत्य को हम कब समझेंगे। श्मशान से निकलते ही हम भूल जाते हैं कि इस शरीर को भी एक दिन मिट्टी में मिल जाना है। जलकर राख हो जाना है। जब से हमने श्मशान की राख का तिलक लगाना छोड़ा है, हम जीते जी पल-पल मरने लगे हैं।

शरीर पुराना हो जाए, शहर पुराने हो जाए, सभ्यता पुरानी हो जाए तो उसमें दोष तो आ ही जाता है। इसमें कोई शक नहीं कि आदिकाल से चले आ रहे हिंदू संस्कृति में समय-समय पर कई दोष उत्पन्न होते रहे हैं। मगर उन्हें पहचानकर स्वीकार करते हुए समयानुसार उसे ठीक भी किया गया। हम सदा ही परिवर्तनशील रहे हैं। हाँ, ऐसा करते समय कभी भी मूल विचार (दर्शन) नहीं बदले गए। मगर आज प्रहार मूल विचारधारा पर हो रहा है। इसलिए आज की समस्या विकट है। ऐसे में इसका समाधान भी असामान्य रूप से किए जाने की आवश्यकता है।

लेखक (बुद्धिजीवी) अमूमन आगे देखने की बात करते हैं। मगर मैं तो यहाँ पीछे देख रहा हूँ। ठीक भी तो है, जब राह में आगे अँधेरा नजर आए, रास्ता न सूझे तो पलटकर पीछे देखना पड़ता है कि हमने कहीं रास्ता गलत तो नहीं चुन लिया। यहाँ भी तो यही हुआ है, विश्व मानव संस्कृति ने जो राह चुना है, उसमें आगे सिर्फ विनाश ही विनाश दिख रहा है। तो क्या हमें पीछे मुड़कर नहीं देखना चाहिए कि कहाँ और कैसे-कब हमने कौन सा गलत मार्ग चुन लिया? यही प्रयास यहाँ किया गया है। और यह सच है कि अगली सदी अगर मानव को देखनी है तो उसका एकमात्र मार्ग वैदिक सनातन हिंदुत्व ही है। यही जीवनदर्शन हमें अंधकार में भटकने से बचा सकता है। दिक्कत यह है कि राह दिखानेवाला हिंदुस्तान खुद गलत राह पर बढ़ गया है। वह उस संस्कृति के पीछे चल पड़ा है, जो स्वयं विनाश की ओर बढ़ रही है। हमारे संस्कार, जीवनशैली, सनातन

दर्शन, प्रकृति-प्रेम सब पीछे छूट रहे हैं। अब विवाह संस्कार एक ईवेंट है, जहाँ हम आनंद की जगह मस्ती के लिए विवाह उत्सव में भी शराब में डूब जाते है। जिस परिवार की बुनियाद ही शराब के नशे पर टिकी हो, उसका जीवन कैसे सुख और शांति में बीत सकता है। पश्चिम की दिक्कत यह है कि वहाँ का बुद्धिजीवी इस समस्या को समझ तो रहा है, लेकिन समाधान नहीं सुझा पा रहा, क्योंकि उसके पास यह है नहीं। दूसरी तरफ हमारे पास यह ज्ञान है, मगर हम कोई समस्या मानने को तैयार नहीं।

एक अंग्रेजी फिल्म देखी थी—स्टार वॉर। इसकी सीरीज आई है। फिल्म के निर्देशक ने भविष्य की कल्पना की है। उस भविष्य में हम मनुष्य अंतरिक्ष में भी अपने विशिष्ट यानों में बैठकर एक-दूसरे के जहाज को नष्ट कर रहे होंगे। लेकिन यह नष्ट होनेवाले जहाज भी अंतरिक्ष में कचरा बन जाएँगे। क्या इस ओर निर्देशक का ध्यान गया होगा? नहीं गया होगा। और गया भी होगा तो उस पर भी फिल्म बनाकर हॉलीवुड ने करोड़ों-अरबों कमा लिए होंगे। और समस्या वहीं-की-वहीं रह गई होगी। बल्कि समय के साथ बढ़ रही होगी। यही हमारी पश्चिम पोषित आधुनिक विज्ञान की संस्कृति है। इस संस्कृति को देखकर ताली पीटनेवालों में हम भारतीय भी हैं। हम इसी जीवनशैली-मानसिकता को तेजी से अपना रहे हैं। यहाँ सवाल उठता है कि भौतिक शास्त्री हॉकिंग, जो अंतरिक्ष में अपनी दुनिया बसाने की बात कर रहे थे, क्या वे इसी तरह के स्टार वॉर वाले मानव समाज को बसाना चाहते थे?

विज्ञान की कचरा-संस्कृति पर हॉलीवुड में अनेक फिल्म बनी हैं। सभी कलात्मक हैं और सभी बॉक्स ऑफिस पर हिट हुईं। मतलब खूब पैसा कमाया। यह कितना हास्यास्पद है कि हम अपने विनाश पर भी ताली पीटते हैं और पूँजीवादी कलाकार इससे अपनी भौतिक पूँजी बढ़ाते हैं। इन अंग्रेजी पिक्चरों में एक फिल्म WALL-E (वॉल-ई) पर चर्चा यहाँ संदर्भित है।

वॉल-ई (WALL-E)

हॉलीवुड में वर्ष 2008 में एक कंप्यूटर एनिमेटेड फिल्म बनाई गई थी। यह एक विज्ञान कथा पर आधारित है। बड़ी रोचक कल्पना है, जिसमें वॉल-ई नामक एक रोबोट (भविष्य में) कूड़े-कचरे से भरी पृथ्वी की सफाई के लिए बनाया गया है। सीधे-सीधे संक्षिप्त में कहें तो कहानी यह है कि 21वीं सदी में संपूर्ण पृथ्वी पर विश्व मानव उपभोक्तावाद से ग्रसित रहा। परिणामस्वरूप 2105 (अर्थात् 22वीं सदी का प्रवेश) तक यह ग्रह कचरे से भर गया। समस्या इतनी वीभत्स हो गई कि इससे छुटकारा पाने के लिए पृथ्वी की आबादी को खाली करवाया गया और उपरोक्त रोबोट की सेना इस ग्रह की सफाई के लिए छोड़ दी गई। बहरहाल, फिल्म में यह योजना

असफल रही और मनुष्य अनिश्चितकाल के लिए अंतरिक्ष में रह गया।

अब यह पता नहीं कि इस फिल्म के लेखक से प्रेरित होकर वैज्ञानिक हॉकिंग ने पृथ्वी छोड़ने की सलाह दे डाली थी या हॉकिंग के कथन से प्रेरित होकर इस फिल्म का निर्माण हुआ। यह जानना यहाँ महत्त्वपूर्ण नहीं। महत्त्वपूर्ण है इसके द्वारा दिया गया संदेश। यह फिल्म चली। बहुत चली। इस फिल्म ने दर्शकों को बेहद आकर्षित किया। दर्शक इस तरह की समस्या को देखकर प्रभावित तो होता है, उत्साहित भी होता है, प्रेरित भी होता है, मगर सिनेमा हॉल से बाहर आते ही भूल जाता है और एक बार फिर कचरा पैदा करने में जुट जाता है। आधुनिक मानव का यह व्यवहार आश्चर्य पैदा करनेवाला है।

फिल्म के दूसरे भाग में यह बताया गया है कि उपरोक्त रोबोट में संवेदना आ जाती है। मुझे एक दर्शक के रूप में साफ-साफ दिखाई दिया था कि ऊपर अंतरिक्ष में मानव की संवेदना धीरे-धीरे खत्म हो जाती है। बहरहाल, फिल्म में मुख्य बिंदु यह है कि वॉल-ई रोबोट को पृथ्वी पर अचानक एक नन्हा-सा अंकुरित पौधा दिखाई दे जाता है और वह उसे देखकर आकर्षित होता है। जो उसे फिर सहेजकर रख लेता है। एक अन्य रोबोट EVE, जो अंतरिक्ष में बैठे मनुष्य द्वारा वनस्पति जीवन को खोजने के लिए बनाया गया है, उसकी निगाह पृथ्वी पर घूमते-घूमते इस नन्हे से अंकुरित पौधे पर पड़ती है। इसके बाद की कहानी वॉल-ई और इस अन्य रोबोट ईवीई के बीच की है, जहाँ आगे का घटनाक्रम इस नए अंकुरित पौधे के इर्दगिर्द घूमता है। फिल्म की कहानी में मनोरंजन के लिए अनेक लटके-झटके दिखाए गए हैं। मानव के बीच की संवेदनहीनता दिखाने के लिए निर्देशक द्वारा उपरोक्त दोनों रोबोट के बीच में प्रेम दिखा दिया गया। संदेश किस हद तक गहरा है, कल्पना करें। अर्थात् मनुष्य अब प्रेम करने लायक ही नहीं बचा। फिल्म के अंत में यही अंकुरित पौधा एक पेड़ बन जाता है और इस पेड़ के प्रतीक के द्वारा यह बतलाया गया कि पृथ्वी को फिर से हरा-भरा बनाना शुरू किया जा चुका है। लेकिन इस पेड़ के दोनों तरफ उपरोक्त दोनों रोबोट ही दिखाए गए हैं। मानव सीन से गायब है।

फिल्म के निदेशक और लेखक यहाँ यह बतलाना भूल गए कि यह पेड़, जो फिल्म में मुख्य आकर्षण का केंद्र बनकर उभरता है, यही वृक्ष वैदिक सनातन हिंदुत्व का प्रतीक है, जिसके पीछे पूरी सनातन संस्कृति है। या तो पश्चिम इस परम सत्य को जानता नहीं या जानकर भी अनजान है। विश्व मानव, विशेषकर पश्चिम समाज अगर सोया हुआ है तो उसे जगाया जाना चाहिए, लेकिन अगर वह जागा हुआ है और सोने का नाटक कर रहा है तो यह हमारे लिए चिंता का विषय होना चाहिए।

एक बुद्धिजीवी मित्र एक दिन कहने लगे कि क्या सनातन की अति प्राचीन और पारंपरिक जीवनशैली में आज जीवन जीना संभव है? मैं ऐसे सवाल सुनकर हैरान हो

जाता हूँ। क्यों नहीं संभव है? वैसे भी जब सब खत्म होनेवाला हो तो हम कुछ भी मानने को तैयार हो जाते हैं। किसी एक बेहद बीमार व्यक्ति को डॉक्टर कह दे कि ये करो, वह करो, तो वह सबकुछ करने को तुरंत तैयार हो जाता है। मुश्किल इस बात की है कि आज के समाज का डॉक्टर यह नहीं कह रहा। जबकि संपूर्ण समाज अनेक गंभीर रोगों से पीड़ित है। आज का सामाजिक, राजनैतिक, धार्मिक नेतृत्व इन मामलों में चुप है। बुद्धिजीवी भी कुछ नहीं कहते। उनके पास भी सच कहने की मानो इच्छा नहीं, सामर्थ्य नहीं या फिर वे भी कहना नहीं चाहते। या कहना चाहते भी हैं तो बाजार की ताकत उन्हें कहने नहीं देती। कई बार उनका कहा लोगों तक पहुँचता नहीं। मगर बाजार चलानेवाले भी तो मानव ही हैं। क्या उन्हें समझ नहीं आता? क्या वे सर्वनाश के बाद अपनी दुकान बचा पाएँगे? सवाल उठता है कि जब सबकुछ बरबाद हो जाएगा, तब वे दुकान सजाकर क्या करेंगे? प्रकृति जो अपने कंधों पर हमारे कुकर्मों का बोझ ढो रही है, किसी दिन कुछ ऐसा न कर बैठें कि हम उसके कंधे से फेंक दिए जाएँ। इससे पहले कि यह हो, हमें अपना संतुलन बना लेना होगा।

अंत में देखें तो मानव के सर्वनाश के कई कारण बन रहे हैं। विज्ञान की कचरा-संस्कृति। पंथ-संप्रदाय-मजहब की अधर्म संस्कृति। पश्चिम की उपभोग संस्कृति। बाजार की लोभ-लाभ संस्कृति। बुद्धिजीवियों की मूर्ख संस्कृति। नायकों की खलनायक संस्कृति और विश्वमानव की इंद्रियजनित संस्कृति, आदि-आदि। इतनी सारी कु-संस्कृतियों से निकलने का आसान और एकमात्र मार्ग 'वैदिक सनातन हिंदुत्व' है, इसमें किसी को संदेह नहीं होगा। मगर घनघोर वर्षा से उफनती आक्रामक सिंधु की मझधार के बीच से हमें निकालेगा कौन? श्रीकृष्ण ही निकाल सकते हैं। सरल शब्दों में कहें तो मार्ग गीता का संदेश और लक्ष्य श्रीराम राज्य हो, तभी मानव सभ्यता बच पाएगी।

अर्थात् कलियुग में दोनों अवतारों की आवश्यकता है। श्रीराम का आदर्श और श्रीकृष्ण का कर्म। क्या करें, असुरों की संख्या और बल, दोनों इस वक्त अपने चरम पर हैं, इनसे मुकाबला करने के लिए यह जरूरी हो जाता है।

त्रेता और द्वापर के दोनों महामानव, शिव के उपासक थे। देखना होगा कि आदिदेव, इस सदी में भोलेनाथ के रूप में आकर सृजन नृत्य करते हैं या रुद्र रूप में आकर तांडव।

अरे नासमझ मानव! अगर कल का सूर्य देखना चाहता है तो अपने भीतर बैठे शंकर (ब्रह्म) को जाग्रत् कर!

❑❑❑

लेखक की आने वाली पुस्तक 'मैं आर्य पुत्र हूँ'

यह आर्यों की कहानी है। आर्य इसी धरती 'देवभूमि' के पुत्र थे, अर्थात् भूमि पुत्र। षड्यंत्र के तहत विभिन्न कारणों से यह भ्रम फैलाया गया कि आर्य बाहरी और आक्रमणकारी थे। यह पुस्तक इस भ्रम को जड़ से दूर करेगी। साथ ही आर्यों के संस्कार, संस्कृति, समाज, सभ्यता, पूजा-पद्धति, देवताओं, दर्शन और जीवन के सभी पक्षों पर प्रकाश डालेगी। यह आर्यों की आत्मकथा है। यह वैदिक काल की कथा है। यह उस काल की कहानी है, जब आर्यवर्त का स्वर्णिम युग था। हम श्रेष्ठ थे, हम आर्य थे। ···हम उसी आर्य की संतान हैं।

पुस्तक पढ़कर पाठक मोहनजोदड़ो की गलियों और हड़प्पा के नगरों में घूमता हुआ महसूस करेगा। सिंधुघाटी की ये सभ्यताएँ भी वैदिक संस्कृति का ही हिस्सा रही हैं··· कैसे ? जानने के लिए पढ़िएगा··· ***मैं आर्य पुत्र हूँ***